学校教育概论

李清雁 主编

北京大学出版社
PEKING UNIVERSITY PRESS

图书在版编目(CIP)数据

学校教育概论/李清雁主编. —北京：北京大学出版社，2015.3
（21世纪教师教育系列教材）
ISBN 978-7-301-25407-3

Ⅰ. ①学… Ⅱ. ①李… Ⅲ. ①学校教育—教材 Ⅳ. ①G4

中国版本图书馆CIP数据核字(2015)第018145号

书　　名	学校教育概论
著作责任者	李清雁　主编
丛 书 主 持	李淑方
责 任 编 辑	李淑方
标 准 书 号	ISBN 978-7-301-25407-3
出 版 发 行	北京大学出版社
地　　　址	北京市海淀区成府路205号　100871
网　　　址	http://www.pup.cn　　新浪微博：@北京大学出版社
电 子 信 箱	zyl@pup.pku.edu.cn
电　　　话	邮购部 62752015　发行部 62750672　编辑部 62767857
印 刷 者	河北滦县鑫华书刊印刷厂
经 销 者	新华书店
	787毫米×1092毫米　16开本　17.75印张　496千字
	2015年3月第1版　2022年12月第4次印刷
定　　　价	42.00元

未经许可，不得以任何方式复制或抄袭本书之部分或全部内容。
版权所有，侵权必究
举报电话：010-62752024　电子信箱：fd@pup.pku.edu.cn
图书如有印装质量问题，请与出版部联系，电话：010-62756370

前　言

本教材是为高等院校教师教育公共基础课"学校教育"编写的一本教材,是教育理论体系中对学校教育的专业介绍,是对教育学基本内容较为整体和系统的把握。学校教育是培养人的实践场所,具有自身的发展规律和相应的理论诉求,本教材试图对这种社会现象及其规律进行阐释,并紧密结合现实,力图做到让所有从事教育工作的人都理解和掌握相关知识。本教材既可以作为师范教育类的基础课程教材,也可以作为教师从业者继续教育教材和主要参考用书,并为教育工作者树立正确的教育思想、认识教育的基本规律、把握实际的教育教学工作和进一步提高教育理论修养提供必要的启发和帮助。

一、本书的指导思想和编写原则

《国家中长期教育改革和发展规划纲要(2010—2020年)》提出的教育改革发展战略主题之一是"坚持能力为重,优化知识结构,丰富社会实践,强化能力培养。着力提高学生的学习能力、实践能力、创新能力,教育学生学会知识技能,学会动手动脑,学会生存生活,学会做人做事,促进学生主动适应社会,开创美好未来"。本书从这个战略主题出发,以培养新型的教师教育人才为指导思想,本着教师"用教材教"、学生"用教材学",教材让教师教得轻松、学生学得轻松的编写理念,以"案例—问题式"为编写策略,将案例作为教学的引子,将问题作为教学的导入,重新建构编写体例和知识布局,并融入教育改革的新内容与教育发展的新成果,以使读者能够更好地适应未来教育实践的需要。

本书在编写中遵循了以下几个原则。

1. 适用性。本书主要是面向教师教育专业的,是系统阐述学校教育活动的概论性课程教材,写作内容与课程内容相呼应,满足教师教育多层次培养目标的需求,同时也是教师教育的相关人员学习和掌握教育理论及其实践的学术性书籍。

2. 专业性。本书力求体现当今教师教育的课程改革的新趋势和实施素质教育的要求,针对教师教育专业的特征和教师的职业特点,突出学科知识的发展性和现实性需求,在内容上尽量全面、科学地进行呈现,以提高教师的专业化水平。

3. 时代性。本书站在当代国际教育改革和我国基础教育课程改革的高度,力图反映教育研究的新成果,展示新的教育理念,突出学科特色,体现学术成就,力求具有"新、特、精"的特点。

4. 生动性。本书提供鲜活、现实、经典的案例,案例和正文内容紧密相关,用多种形式如图表、故事、寓言等形式来表达对原理的揭示和解释,努力做到形式生动、活泼,以达到通过形式变化使内容引人入胜的目的。同时还附有"大家谈""课后研究""在线学习资源"和"补充读物"等栏目,延伸了知识学习的丰富性。

二、本书的整体结构和内容安排

本书整体结构分三个部分,共十一章。

第一部分为学校教育的理解和认识,包含第1—4章,侧重阐发人们对学校教育活动的应然与实然的探讨,主要涉及学校教育的本质,学校教育活动的起源、历史演变和学校教育的未来发展趋势,构成学校教育的基本要素,学校教育要达到什么样的目的,学校教育与人和社会发展的关系等内容。

第二部分为学校教育的主体和内容,包含第5—8章,侧重阐发学校教育活动中教师与学生这两个基本要素和学校教育活动赖以存在的课程与教学这两个中心内容,主要涉及对教师的认识、对学生的认识和对师生关系的认识,对学校课程编制和学校教学活动及位于学校教育首位的德育进行分析和探讨。

第三部分为学校教育的管理与协作,包含第9—11章,侧重阐发学校教育活动具体如何运行及应用原理,主要涉及学校教育的内外环境和管理,包括学校班级管理与课外活动管理,学校教育的评价,以及学校和家庭、社区的互动,等等。

三、本书的使用建议

全书每章的内容结构都是相同的,除正文外,还有"学习目标""内容提要""课后研究""在线学习资源""补充读物"等五个模块,满足不同读者的学习需求,每章的内容可以参照以下几点说明来展开课堂教学和进行学习者的自主学习。

1. 每章开头的"学习目标"是全章的学习提示,用于引导读者阅读和学习本章内容,这些提示既是本章内容的基本指引,也是本章的核心教学目标。而"内容提要"是对全章内容的高度概括和提炼总结,进一步深化本章内容的教学重点,提高教学效率。这两个部分前后呼应,可以有效地检查教学效果。

2. 每章的每一节都有"案例"和"问题",对内容进行导入,意在通过与本章内容息息相关的教育事例、教育存在的问题或是真实的教育情境,激发读者兴趣,引入本章教学内容的展开。"案例"和"问题"的内容也可根据教学中不同的知识点由教师和学生共同进行创设,以此来引领本章内容的学习。

3. 每章正文后编有"课后研究",旨在培养学生的研究性学习和学以致用的实践能力,"在线学习资源"可以满足学习者的自学需要,"补充读物"用于引导读者阅读重要的参考文献,包括重要书籍章节与论文。三个内容的设置是期望读者在自主学习、查阅文献和实践作业的过程中开阔思维、拓展学习视野,紧密理论学习与生活世界的沟通,以加深读者对本章内容的认识。

四、本书的编写作者

参与本书的编写人员都具有多年的讲授本课程的工作经验,是由北华大学教授、副教授和具有博士、硕士学位的中青年教师共同构成的教研与学术团体。李清雁博士确立了本书的框架结构与写作提纲,并负责全书的统稿工作。各章撰稿人如下:

李清雁撰写了第一章、第二章、第三章;孔翠薇撰写了第四章、第九章;李艳丽撰写了第五章;郝维仁撰写了第六章;金兰撰写了第七章、第十一章;李清雁、董文、侯龙龙、吴昊撰写了第八章;何丹撰写了第十章第一节、第二节,喻冰洁撰写了第十章第三节。王虹、赵越、于潇贺对本书全稿进行了校对。

五、致谢

衷心感谢支持并出版了本教材的北京大学出版社;感谢具体负责编写联系和编审本书的李淑方、邹艳霞女士;感谢本书编写中所涉及的参考文献作者们,你们的成果给了我们编写本书的灵感智慧和丰富启迪;感谢本书编写资料的提供者。此外也要感谢所有编写者,大家的共同努力与勤勉劳动促成了本书的完成。

作为专门化的教材,书中尽可能注意汲取本领域的大量研究成果,由于我们编写者所积累的经验从总体上来说是比较少的,也由于我们的学识所限,书中难免会有不妥之处,也一定会存在着许多可商榷之处,这是我们无力克服的遗憾,真诚地希望各位读者提出宝贵意见,敬请专家学者批评与指正,使之逐渐完善。

李清雁

2014 年 11 月 30 日

目 录

第一部分 学校教育的理解与认识

第一章 学校教育的概述 … 3
第一节 学校教育的含义 … 3
第二节 学校教育的演变 … 7
第三节 学校教育的理念 … 21

第二章 学校教育与社会发展 … 27
第一节 学校教育的社会制约性 … 27
第二节 学校教育的社会功能 … 35

第三章 学校教育与人的发展 … 42
第一节 学校教育的人的制约性 … 42
第二节 学校教育促进个体发展 … 54

第四章 学校教育的目的 … 63
第一节 学校教育目的内涵 … 63
第二节 学校教育的培养目标 … 68
第三节 学校的全面发展教育 … 71

第二部分 学校教育的主体与内容

第五章 学校教育的主体 … 85
第一节 学校教师 … 85
第二节 学 生 … 101
第三节 师生关系 … 112

第六章 学校教育的课程 … 121
第一节 学校课程的内涵 … 121
第二节 学校课程的类型 … 126
第三节 学校课程的载体 … 133

第四节　我国学校课程的改革⋯⋯⋯⋯⋯⋯⋯⋯⋯⋯⋯⋯⋯⋯⋯⋯⋯⋯⋯⋯⋯⋯⋯⋯　140

第七章　学校教育的教学⋯⋯⋯⋯⋯⋯⋯⋯⋯⋯⋯⋯⋯⋯⋯⋯⋯⋯⋯⋯⋯⋯⋯⋯⋯⋯　147
　　第一节　学校教学的内涵和目标⋯⋯⋯⋯⋯⋯⋯⋯⋯⋯⋯⋯⋯⋯⋯⋯⋯⋯⋯⋯⋯　147
　　第二节　学校的教学过程和教学原则⋯⋯⋯⋯⋯⋯⋯⋯⋯⋯⋯⋯⋯⋯⋯⋯⋯⋯⋯　155
　　第三节　学校的教学方法和教学组织形式⋯⋯⋯⋯⋯⋯⋯⋯⋯⋯⋯⋯⋯⋯⋯⋯⋯　162
　　第四节　学校的教学环节和教学设计⋯⋯⋯⋯⋯⋯⋯⋯⋯⋯⋯⋯⋯⋯⋯⋯⋯⋯⋯　168

第八章　学校的德育⋯⋯⋯⋯⋯⋯⋯⋯⋯⋯⋯⋯⋯⋯⋯⋯⋯⋯⋯⋯⋯⋯⋯⋯⋯⋯⋯⋯　176
　　第一节　学校德育内容⋯⋯⋯⋯⋯⋯⋯⋯⋯⋯⋯⋯⋯⋯⋯⋯⋯⋯⋯⋯⋯⋯⋯⋯⋯　176
　　第二节　学校德育规律⋯⋯⋯⋯⋯⋯⋯⋯⋯⋯⋯⋯⋯⋯⋯⋯⋯⋯⋯⋯⋯⋯⋯⋯⋯　182
　　第三节　学校德育原则⋯⋯⋯⋯⋯⋯⋯⋯⋯⋯⋯⋯⋯⋯⋯⋯⋯⋯⋯⋯⋯⋯⋯⋯⋯　186
　　第四节　学校德育方法⋯⋯⋯⋯⋯⋯⋯⋯⋯⋯⋯⋯⋯⋯⋯⋯⋯⋯⋯⋯⋯⋯⋯⋯⋯　192
　　第五节　学校德育途径⋯⋯⋯⋯⋯⋯⋯⋯⋯⋯⋯⋯⋯⋯⋯⋯⋯⋯⋯⋯⋯⋯⋯⋯⋯　197

第三部分　学校教育的管理与协调

第九章　学校教育制度⋯⋯⋯⋯⋯⋯⋯⋯⋯⋯⋯⋯⋯⋯⋯⋯⋯⋯⋯⋯⋯⋯⋯⋯⋯⋯⋯⋯　213
　　第一节　学校教育制度的含义⋯⋯⋯⋯⋯⋯⋯⋯⋯⋯⋯⋯⋯⋯⋯⋯⋯⋯⋯⋯⋯⋯　213
　　第二节　学校教育制度改革⋯⋯⋯⋯⋯⋯⋯⋯⋯⋯⋯⋯⋯⋯⋯⋯⋯⋯⋯⋯⋯⋯⋯　223

第十章　学校教育的管理⋯⋯⋯⋯⋯⋯⋯⋯⋯⋯⋯⋯⋯⋯⋯⋯⋯⋯⋯⋯⋯⋯⋯⋯⋯⋯　230
　　第一节　学校管理工作⋯⋯⋯⋯⋯⋯⋯⋯⋯⋯⋯⋯⋯⋯⋯⋯⋯⋯⋯⋯⋯⋯⋯⋯⋯　230
　　第二节　班主任工作⋯⋯⋯⋯⋯⋯⋯⋯⋯⋯⋯⋯⋯⋯⋯⋯⋯⋯⋯⋯⋯⋯⋯⋯⋯⋯　238
　　第三节　学校教育评价⋯⋯⋯⋯⋯⋯⋯⋯⋯⋯⋯⋯⋯⋯⋯⋯⋯⋯⋯⋯⋯⋯⋯⋯⋯　248

第十一章　学校教育的协作⋯⋯⋯⋯⋯⋯⋯⋯⋯⋯⋯⋯⋯⋯⋯⋯⋯⋯⋯⋯⋯⋯⋯⋯⋯⋯　259
　　第一节　学校与家庭的合作⋯⋯⋯⋯⋯⋯⋯⋯⋯⋯⋯⋯⋯⋯⋯⋯⋯⋯⋯⋯⋯⋯⋯　259
　　第二节　学校与社区的合作⋯⋯⋯⋯⋯⋯⋯⋯⋯⋯⋯⋯⋯⋯⋯⋯⋯⋯⋯⋯⋯⋯⋯　265

参考文献⋯⋯⋯⋯⋯⋯⋯⋯⋯⋯⋯⋯⋯⋯⋯⋯⋯⋯⋯⋯⋯⋯⋯⋯⋯⋯⋯⋯⋯⋯⋯⋯⋯⋯⋯　271

第一部分

学校教育的理解与认识

>> >

第一章 学校教育的概述

学习目标

1. 掌握学校教育的本质和学校教育的要素。
2. 了解学校教育的产生与发展历史。
3. 掌握学校教育理论的演变历史。
4. 掌握当代学校教育的特征和教育理论。
5. 明晰学校教育的理念。

内容提要

学校教育是教育者按照一定目的来进行的引导人的身心自觉发展以满足人和社会需要的实践性活动,是通过求真、求善、关注个体生命和生活世界来进行的社会性活动。教育者、受教育者和教育媒介构成了学校教育的主要要素,学校教育的产生需具备一定条件,其发展经历了古代社会、现代社会和当代社会几个阶段,不同阶段分别具备不同特征。相应地,关于学校教育理论也有一个演变发展的历程,在现代出现了实验教育学、文化教育学、实用主义教育学、批判教育学和马克思主义教育学等教育学流派,对学校教育发展起了重要作用,当代社会越来越重视学校教育,学校教育与社会链接越来越紧密,学校教育功能得到进一步释放,国际化和本土化教育、终身教育和全民教育都获得很大发展,教育改革成为常态,素质教育、生本教育和全纳教育作为当代教育理念被广泛接受。

现代社会人们已经无法离开教育活动而单独存在,从一出生开始,人们就被包围在教育的旋涡之中,对教育的感知已经习以为常。根据教育的场域不同,将教育划分为家庭教育、学校教育和社会教育,三者之中学校教育对人的发展和影响起着主导作用,也是最具有专业特性的教育,因此对学校教育的研究成为教育理论的主流。

第一节 学校教育的含义

对学校教育的认识会因个人观点和立场不同而有迥然的差异,不同的社会条件、哲学基础和文化背景又使学校教育背负着时空的烙印。然而无论对学校教育认识的丰富程度如何,人们总是想要探究一下学校教育的根本,想给学校教育找出一个确之凿凿的定义,也就是要给学校教育这一社会中的实体现象得出一个形而上学的结论,即为学校教育的本质。

一、学校教育的本质

案例 1-1

电影《放牛班的春天》讲述了世界著名指挥家皮埃尔·莫昂克重回法国故地出席母亲的葬礼,

一天晚上他的旧友佩皮诺送给他一本陈旧的日记,看着这本当年音乐启蒙老师克莱蒙·马修遗下的日记,皮埃尔慢慢体味着老师当年的心境,一幕幕童年的回忆也从脑海中浮现……马修是一个才华横溢的音乐家,不过在1949年的法国乡村,他没有发展自己才华的机会,最终成为了一间男子寄宿学校的助理教师,这所学校有一个外号叫"池塘之底",因为这里的学生大部分都是一些顽皮的儿童。到任后马修发现学校校长以残暴的手段管治这班"问题少年",残酷的体罚在这里司空见惯,性格沉静的马修尝试用自己的方法改善这种状况,闲时他会创作一些合唱曲,而令他惊奇的是这所寄宿学校竟然没有音乐课,他决定用音乐的方法来打开学生们封闭的心灵。马修开始教学生们唱歌,但事情进展得并不顺利,一个最大的麻烦制造者就是皮埃尔·莫昂克。小时候的皮埃尔·莫昂克拥有天使般的面孔和歌喉,他寡言少语,却有着令人头疼的顽皮性格,循循善诱的马修把皮埃尔·莫昂克的音乐天赋发掘出来,同时对皮埃尔·莫昂克的母亲产生了一段微妙感情。最后因为失火事件,马修被校长解雇,离开时马修带走了佩皮诺。

问题

从这部电影所讲述的故事中,你能体会什么是真正的学校教育吗?学校教育要关注学生的哪些方面成长?

什么是本质?从词源上看,"本质"一词的英文拼写是"essence",源自拉丁语的"esse","是"的意思,本质就是"一个事物是其所是"。马克思也将事物的本质看做是事物内在的、深层的、必然的规定性,是此物区别于彼物的质的规定性。从学校教育产生之日起,学校教育就是人的活动,是人类社会发展到一定历史阶段而出现的现象,进而成为唯人独有的活动。

人们认为学校教育可以改变人的生存和生活状况,可以将人变成一种人力资源,改变世界的面貌,因此揭示学校教育本质并按学校教育本质的要求去进行学校教育活动,成为人们需要解决的重大问题。想求得一个普遍赞同的学校教育定义往往是勉为其难的,即使这样,教育学者们出于使命感也不能不对学校教育进行界定。

一般来说人们从两个不同的角度给"学校教育"下定义:一个是社会的角度,把"学校教育"看成是整个社会系统中的一个子系统,承载着一定的社会功能;另一个是个体的角度,一些人代表着整体来影响另一部分人,侧重于学校教育过程中个体各种心理需要的满足、心理品质的发展和完整人格的形成。无论怎样表述,对学校教育的界定都要涉及这样的一些内容:① 学校教育的目的,学校教育要干什么决定了学校教育是什么;② 学校教育的过程,学校教育作为一种人类的活动总是一个展开的过程,是依靠一种外在力量的牵引来实现人的自我发展,是外在规范与内在动力、灌输与启发的统一;③ 学校教育的关系,指学校教育作为一种制度与社会和人之间三者的关系,学校教育要适应社会还是要批判社会甚至要创新社会?或者学校教育要为新社会创造新的社会成员、传播新的价值观点和新的生活方式?学校教育是要遵循人的自然天性还是要改造人的天性?这都是学校教育所要遇到的问题。

给学校教育下定义不能以偏概全,要充分考虑它的复杂性,能有效地把学校教育与其他事物区别开来,区分清楚"学校教育是什么"(即学校教育的本来面目)与"学校教育应该是什么"(含有主观因素成分)的区别。在《中国大百科全书·教育卷》中对学校教育是这样表述的:"其含义是教育者根据一定社会(或阶级)的要求,有目的、有计划、有组织地对受教育者身心施加影响,把他们培养成为一定社会(或阶级)所需要的人的活动。"这个定义主要从学校教育与社会发展的角度来进行界定,缺乏对人的问题的关注,是不够周密的。美利坚百科全书《教育》中这样描述:"从最广泛的意义说来,教育就是个人获得知识或见解的过程,就是个人的观点或技艺得到提高的过程。"这个定义完全是从个体的角度出发的,忽略了教育的社会性。因此我们来尝试给学校教育下定义:首先,把学校教育看做是一种"社会活动",一种在现实的生活中以活动形态而存在的活动;其次,认为学校教育意味着受教育者的精神转变过程;第三,学校教育是让人向善的方向发展的;第四,学校教育是要被人接纳和认同才能发生效力的活动。综上所述,可以将学校教育界定为:学校教育是受社会委托的教育者按照一定教育目的要求,有计划有组织进行的引导人的身心自觉发展以满足人和社会需要的实践性活动。

"学校教育是什么"是一个常说常新的问题,古往今来的教育家在追问传统、审度现实的基础上,对学校教育与社会和人的关系进行了孜孜不倦的探索,特别是对学校教育与人的心灵、品格、文化精神、生活、人性等相关问题进行了论说,对学校教育的意义和终极关怀作出过阐释,这里我们也尝试着对学校教育进行一下阐释。

(一)学校教育是通过求真来发展人的过程

真理是客观事物及其规律在人的意识中的正确反映,真理在学校教育中表达为与客观事实相符合的知识,学校教育的基本过程是通过知识的学习来使人获得发展,学习知识只是工具,不是学校教育的目的。所以学校教育通过求真来发展人,最终是要让人有内在的觉醒,而不是外在的强迫和灌输。

(二)学校教育是通过求善来达到目的的过程

学校教育按照一定的目的来进行,这个目的的最终目标是人的发展,人的发展是开放性的命题。人向何处发展?学校教育是教人做好人还是教人做良民,是教人全面而和谐地发展还是教人自由地发展?追求个人与社会的和谐统一还是追求个人自身发展的和谐统一?这是学校教育的价值追求。学校教育的价值追求可以分为个体善和社会善。追求个体善就是追求人格的陶冶和人性境界的提升,这里的人格主要是指人作为人类的一员所具有的品格;追求社会善就是要通过学校教育来变革社会环境,来促进社会的和谐和稳定。学校教育要有好的价值秩序,好的价值秩序是以善为先的。

(三)学校教育是通过关注个体生命来完成使命

学校教育的使命是"使人成为人",毫无疑问学校教育所面对的人是有生命的实实在在的活生生的独立个体,是具体的人,学校教育就是要让每个具体的"人成为人"。人的发展方向不是以遗传方式固定下来的,人身心发展的无定向性包含了人的发展的极大潜在可能性,人以个体生命的存在方式接受学校教育,个体生命都是世界上独一无二的,都有自身独特的样态,学校教育也必须是按照个体生命自身成长的特性来进行。

(四)学校教育是通过生活世界来进行的社会性活动

生活世界以一种文化熏陶的方式潜移默化地影响人的心理,人接受这种影响有两种方式:一是主动地、有意识地去实现某种特定的心理沉淀;二是不自觉地接受生活世界的熏陶。生活世界同样存在两种:一种是哲学意义上的主观生活世界,建构生活的意义;一种是当下人们赖以生存的日常生活世界,是劳作和实践性的。学校教育最初是在日常生活世界进行的,但是随着生活世界的日益丰富,学校教育构成了对两种世界的链接,按照社会要求使人自觉地成为一定社会所要求的具体的人,这个过程也就是将一定社会的本质内化于个体,是影响人、培养人的社会性活动。

二、学校教育的要素

> **案例 1-2**
>
> 爱迪生在发明出电影机以后曾经错误地预言用不了多久电影放映机就将取代教师的教学工作,近年来一些未来学家又提出未来教育形式就是网络教育和网络学校,抛出了学校与教师"消亡论",有些学者基于计算机技术的发展和技术文化环境的形成认为"计算机辅助教学研究的最终目标是用计算机来代替千千万万人类教师所从事的、看似重复而实际并不重复的复杂脑力劳动"。美国学者伊凡·伊里奇明确主张在社会实行"非学校化",他说:"多少世代以来,我们企图提供越来越多的学校教育,使这个世界变得更美好。可是,迄今为止,这种努力失败了。"主张"学校消亡论"的人认为现有的制度化的学校教育,具有非人性化的弊端,严重脱离社会生活实际,随着历史的进步它势必趋于消亡,或被新的教育形式所取代。当然,大多数学者并不同意这种观点,认为"学校作为社会机构需要重新考虑其结构形式,目前它仍以 19 世纪的自上而下的科学管理模式为基础",而在终身教育和社会化教育的条件下,"学校再也不会是一个为学生的一生准备一切的地方",尤其"教育个体化是今后一种主要趋势,因此,必须有更灵活的教育制度才能适应个人需求的多样性",由此未来学校的组织结构可能发生一些变化。

问题 对上述的这些观点你是如何考量的?你认为当前教育要素中的学校和教师会消失吗?

关于学校教育的基本要素有多种划分,人们都认可学校教育活动总是在教育者与受教育者双方间展开的,任何单方面的活动,都不能称为学校教育。因此,在学校教育要素的构成上,至少存在着这样两个基本因素,即学校中的教育者和受教育者,人们争论较多的则是第三个要素的归类和表述。在南京师范大学编写的《学校教育学》中用"学校教育影响"来表述第三个要素,指"置于学校教育者和受学校教育者之间的一切中介的总和","它包括作用于受学校教育者的影响物以及运用这种影响物的活动方式和方法","是学校教育实践活动的手段"。① 郑金洲著的《学校教育通论》则认为"学校教育影响"这一词语,更多是用来指学校教育的结果,而不能充分体现学校教育过程中所使用的手段、方法、内容等。因此,用"学校教育中介"似乎更合适一些。② 叶澜著的《学校教育概论》中这样划分:构成学校教育活动的基本要素是学校教育者与受学校教育者、学校教育内容与学校教育物资。③ 这里我们采用学校中的教育者、受教育者和教育媒介的三要素划分方法。

(一)教育者

学校教育者是学校教育活动中人的要素,专指学校教育中的教师,那些具备教师资格并被学校聘任的专兼职教师。人一旦获得了学校教育者的身份,就具有了一定的客观性,担负一定的责任和使命,学校教育活动都会按照学校教育者相应承担的任务来对其进行要求。能否成为一个合格的学校教育者,其主观意识是很主要的因素,学校教育者应清醒地意识到自己的学校教育者身份和角色,才

---

① 南京师范大学学校教育系.学校教育学[M].北京:人民教育出版社,1984:24.
② 郑金洲.学校教育通论[M].上海:华东师范大学出版社,2000:10.
③ 叶澜.学校教育概论[M].北京:人民教育出版社,1999:10.

会发挥学校教育者在学校教育活动中的主导作用。

（二）受教育者

学校中的受教育者专指学生,他们是获得了入学资格并在学校进行学习活动的全日制在校学生和非全日制在校学生。在理论上说没有受教育者的存在,就没有学校教育者的存在必要,也就没有学校教育活动的存在,但是人类发展的历史说明没有学校教育是不可想象的,学校教育是和人类社会共始终的,具有永恒性,学校教育活动是现实中的一个永恒现象。因此受教育者能把外在要求转化为自己的学习和成长需求,或者善于对外在的资源做出自己的选择,这时受教育者才能成为学习的主人。

（三）教育媒介

学校教育媒介是指能让学校教育者与受教育者或者学校教育中的人与物之间产出关联的任何用于学校教育活动用途的物质。这些物质可以是有形的东西,如各种进入学校教育过程的物质资源,简称学校教育物资;也可以是无形的东西,如学校教育活动中的意识、目的、声音、眼神、会意的信息等学校教育媒介元素。如果按照类型来对学校教育媒介进行划分,可分为:物质实体性的学校教育媒介,如文字、各种印刷品、记号、有象征意义的物体、信息传播器材、教室等;信息表达性的学校教育媒介,如语言、视听内容、信息、空间结构、时间安排等等;动作状态性的学校教育媒介,指在学校教育者和受教育者之间或两者与事物之间,从中介入参与其中的活动或组织。应该说学校教育媒介是非常广泛的,常规的学校教育媒介包括了学校教育内容、活动场所、设施、媒体和手段及工具等。学校教育媒介经过精心选择和安排,是沟通学校教育者和受教者的桥梁和纽带。

总之,学校教育者与受教育者之间的关系以一定的学校教育媒介为中介,学校教育媒介是学校教育者和受教育者在学校教育活动中所依赖的一切事物的总和。在学校教育过程中,学校教育者直接掌握、控制和调节学校教育媒介,将筛选过的教育媒介呈现给受教育者,受教育者总是要受到学校教育媒介的包围和环绕,可以对教育媒介进行选择接受或认同、拒绝或排斥,学校教育者需从如何使学生获得发展的角度来研究、运用和掌握学校教育媒介。

大家谈

1. 请思考一下为什么现实中的学校教育存在着知识越多,思想越迟钝、个性越受到压抑的状况?
2. 学校教育过于注重知识传授和应试教育会对学生产生哪些不利影响?
3. 学校教育的根本在于发展学生的潜能,你认为该如何发挥学生的潜能?

第二节　学校教育的演变

我国的学校是从何时产生的呢?据有关古籍记载,在我国原始社会后期,大约四千多年前的虞舜时期,开始有了类似学校教育机构的建立,称为"庠",标志着我国学校的萌芽,学校的正式产生则是在奴隶社会的夏朝。按一般规律而言,学校的产生应具备相应的条件:第一,生产力有较大的发展,能为社会提供相当数量的剩余产品,使一部分人在脱离生产劳动的情况下,有可能专门从事学校教育和学习活动。第二,脑力劳动与体力劳动有明显的分工,社会上出现了专门从事文化活动的知识分子,其中的一部分是学校的教师。第三,科学和文化有较大的进步,特别是文字的记载和整理达到了一定的程度,使人类的间接经验得以积累和传播。第四,阶级分化和阶级对立的形成,占支配地位的阶级迫切需要培养本阶级的继承人,并且企图通过学校教育手段从精神上愚弄被支配的阶级。

一、古代社会的学校教育与教育理论

案例 1-3

据不完全统计,我国历代创建的大小书院,有7 000余所。岳麓书院(湖南长沙)与白鹿洞书院(江西九江)、嵩阳书院(河南登封)、睢阳书院(河南商丘)并称中国古代四大书院,且为我国古代四大书院之冠。岳麓书院创建于宋太祖开宝九年(976),咸平二年(999),州守李允将之扩建,奠定了书院的基本格式,祥符八年(1015),宋真宗召见山长周式,赐"岳麓书院"题额,于是"书院称闻天下,鼓简登堂者不绝"。宋室南迁后,书院于高宗绍兴元年(1165)由湖南安抚使刘珙重建。宋代著名理学大师朱熹、张栻二人主持讲学期间,是岳麓书院全盛时期,学生达1 000人,入院生徒需对经史有一定了解,赋诗作文已有一定基础,甚至还要通过一定的考试或推荐,才能选拔入学。恭帝德祐二年(1276),元将阿里海牙兵毁书院,元世祖至元二十三年(1286)郡人学正刘必大才又重建。此后,数经兵灾,屡经修复,到清康熙(1662—1720)年间,书院又有大的复兴。康熙以"学达性天"赐给书院,乾隆(1736—1795)亦赐书"道南正脉"匾额。清光绪二十九年(1903)改为高等学堂,后又改为高等师范,1918年湖南高等工业专门学校迁于此。1926年,工专、商专与政法专校合并,改为湖南大学。1956年,湖南省人民政府将它列为湖南省重点文物保护单位,1988年1月13日中华人民共和国国务院明文公布,岳麓书院为全国重点文物保护单位。

问题

古代岳麓书院既是江南一带的教育中心,又是一个学术中心,它的兴衰反映了我国古代学校教育的哪些特点?

人类自从进入阶级社会以后,学校教育就成了统治阶级的工具,我国夏朝时已经初步具备了产生学校的各种条件,夏朝已有名叫"庠""序""校"的施教机构,到了商朝和西周,又有"学""瞽宗""辟雍"等机构的设立。奴隶社会的学校教育已经完全被奴隶主阶级所垄断,国家直接控制掌管学校,在学校的设立、领导体制上,都得经过天子批准。学校分为国学和乡学。国学由天子、诸侯的高级僚属管理,乡学是由地方长官管理,并对天子、诸侯有关僚属负责,那时用的教材是简策,用毛笔或刀等工具刻写在竹简木板上保存,这些文化典籍都收藏在天子或诸侯的宫里,除了主管的官吏,其他人很难看到典籍。在这种官学里,国家的典章制度便是教材,官府的礼乐器具便是教具,掌握文化典籍的官吏就是教师,这就是历来所谓的"学术官守""学在官府""官师合一"。文化学校教育完全被奴隶主所垄断,奴隶的子弟无权问津。奴隶社会的学校教育的主要内容是六艺,有礼、乐、射、御、书、数六门课程。这些课程是在前代教学经验基础上根据统治阶级培养继承人的需要而逐渐形成的,这些学校教育的主要目的就是使奴隶主的子弟掌握管理国家、镇压奴隶和参与作战的本领。总之,奴隶社会的学校教育是奴隶主阶级用来进行阶级统治的工具,只有奴隶主阶级的子弟才有受学校教育的权利,学校教育基本上脱离生产劳动;在奴隶制的社会条件下,产生了文字,出现了学校,丰富了学校教育内容,为后来文化学校教育的发展开创了条件。

春秋时期,中国社会由奴隶制向封建制过渡。在这个历史变革进程中,鼎盛的西周奴隶制经济遭到破坏,封建经济开始出现,其结果是奴隶制官学逐渐衰废,代之而起的是私学的兴起。政治经济的变化要求学校教育也随之变化,以适应新的政治经济制度的要求。在社会大变革中,诸侯大夫为了谋富强、树声望，广揽人才，竞养谋士，于是出现了"士"阶层，"士"一部分来自贵族或贵族逃亡的子弟，一部分是庶民升上来的。随着奴隶制的没落，原宫廷中掌管文化的官吏也乘乱逃亡，流散各地，典籍也随之扩散，出现了所谓的王官失职、文化下移。那些逃亡各地的文化官吏和身通六艺降为平民的贵族，为适应社会和生活的需要，或者把扩散的书籍重新整理改造，或者著书立说，并就自己所知所能，私相传授，于是历史上出现了不同的学术派别。私学当中最有影响的要数孔、墨两家，尤其是孔子的私学，对后世影响更大。

在封建社会里，农业生产力比奴隶社会大大地提高了一步，社会的财富和人类的经验也日益增多，因而封建社会的学校教育较奴隶社会的学校教育，规模逐渐扩大，类型逐渐增多，内容日益丰富。在我国封建社会里，特别是在秦汉建立封建专制主义中央集权统治以后，逐步形成了一整套"养士"和"选士"的学校教育机构和制度。所谓"养士"，是通过学校培养和造就地主阶级的知识分子队伍，所谓"选士"，是指从地主阶级知识分子队伍中选拔官吏。这两个方面也是封建学校教育制度的基本内容，贯穿在整个封建学校教育的类型——官学、私学和书院之中。

官学，是由封建王朝亲自开办和直接控制的学校。它是适应地主阶级的需要而产生的，并随着阶级矛盾的不断深化，而日趋完备。汉朝统治者为巩固自己的统治，除了对农民实行暴力镇压外，还十分注意培养封建统治人才。汉武帝根据董仲舒的建议，在都城长安"兴太学，置名师，以养天下之士"。到平帝时，又明确规定，郡国设学，县邑设校，乡设庠，聚设序。于是从中央到地方形成了一个封建的官学学校教育系统。隋唐时期，由于封建政治、经济和文化的空前发展，统治阶级更加重视培养各方面的统治人才。在中央除设太学外，另设国子学、四门学，扩大了经学学校教育。特别值得提出的是，还设立了书学、算学、律学、医学等各种专业性质的学校。在地方，也相应设立了各级经学和医学。至此，封建官学系统已初步完备起来。明清时期，由于阶级斗争的激化，统治阶级为挽救其摇摇欲坠的统治，又增设了武学，加强了律学，以培养掌握兵、刑方面的统治人才，与此同时，还颁布了各种严酷的学规，钳制学生的思想，防范学生的越轨行为。

私学，是受封建统治阶级支持并提倡的学校教育机构。它在形式上虽然不像官学那样由封建王朝直接控制，但同样是传授儒家经典、造就士绅和官僚的场所。春秋中叶，私学的出现曾对打破奴隶主贵族垄断文化，为新兴地主阶级夺取政权，起过进步作用。秦汉以后，随着封建统治的巩固和走向专制，私学学校教育越来越腐败。一般来说，私学学校教育按程度可大致分为三个阶段：第一阶段主要是习"字书"，即识字和写字，属于蒙养学校教育阶段。第二阶段，主要是读《论语》《孝经》，宋代以后将《孝经》改读"四书"，进行志向、道德学校教育，属于专经准备阶段。第三阶段主要是学儒家经典，隋唐以后兼学诗赋和八股文，准备科举考试，属于专经应举阶段。由此可见，私学也是剥削阶级子弟晋升的阶梯，广大劳动人民子弟是无法完成私学学校教育的。所以，在两千多年的封建社会里，私学不仅遍布全国城乡各地，而且始终是封建学校教育的基础。

书院，是我国封建社会后期出现的一种学校教育组织。它开始具有私人讲学的性质，后来逐渐演变成为官立的学校教育机构。书院的名称始于唐朝，当时只是藏书和修书的地方。五代时期由于社会动乱，官学衰废，一些封建士大夫选择山林名胜之地，聚徒讲学，曰书院。宋朝以后书院增多，统治阶级常用"赐匾""赐书""赐学田"等手段，予以奖励和操纵，公开承认其学校地位。到了清朝，封建政府则下令禁止民间创办书院。书院的师长要由总监、巡抚委派，学生也要经地方官考核推荐方准入学。这时的书院，已经完全变成了官办的学校。我国封建社会的书院就其职能而言有两种：一种是书院的成员可以研讨巩固封建统治的方法，直接为封建政府出谋划策，或制造维护封建秩序的舆论；二是同官学、私学一样，传授儒家经典和科场文字，为封建的国家机器输送各级官僚。这就不难看出，书院同样是适应封建统治阶级的政治需要而产生的，并且是受封建王朝监督和控制的一种学校教育机构。

大量的事实充分说明,无论是官学、私学还是书院,究其实质来说,都是造就各种封建统治人才的工具。它们的共同特征有如下几点。① 学校的教育对象是地主阶级子弟。在我国封建社会里,统治阶级不仅掌握了政权、财权,也完全垄断了文权。以唐朝官学为例,唐中央直接设立的有"六学二馆"。"六学"是国子学、太学、四门学、律学、书学和算学,招收庶族地主以上的子弟入学,并有严格的等级限制。"二馆"是东宫崇文馆和门下省的弘文馆,此二馆专收皇帝、皇后的近亲及宰相大臣的儿子。在地方设立的学校有州学、府学、县学,由于名额所限,只有地方官吏和富豪地主子弟才有入学的机会,至于农民和手工业者的子弟,则被排斥在学校大门之外。他们为了自身的生活不得不在生产劳动的实践中,以父子相传和师徒相授的方式来接受学校教育。② 学校的培养目标是封建统治者。在我国封建社会里,儒家的"学而优则仕"已逐步制度化,并成为各级各类学校唯一的学校教育宗旨。封建统治者也极力宣扬"万般皆下品,唯有读书高"的思想,十分露骨地道破了封建学校教育的目的。③ 学校的课程设置主要是儒家经典,在我国封建社会,统治阶级为维护其反动统治,把孔子神圣化,把孔子学说宗教化。我国封建社会学校教育的主要内容是儒家经典著作,如"四书"和"五经",此外也传授一些算学、天文、医学等自然科学方面的知识,但学校教育与生产劳动基本上是脱离的。④ 学校的教育方法是体罚加注入,在我国封建社会,学校的教育教学方法完全服务于培养照章办事的官吏这一根本目标。为此,上自封建王朝下至地方官吏,颁布了各种教约训条,对学生的思想言行进行严加管束。学校和师长也经常使用各种体罚手段,强迫学生服从。在教学过程中,多采用注入式和机械的问答法。学生只能死记硬背经书上的章句,揣摩古人的语气习作科场文字。这种学校教育和教学方法,禁锢了学生的头脑,使他们变成了食古不化的书呆子。封建社会的学校教育制度,虽然是为封建的政治制度服务的,但对其中某些方面仍值得重视。如在办学形式、教学计划、教材编写等方面的合理因素,对我们还是有一定的启示。

由于学校教育实践的不断发展,人们开始对学校教育实践中所积累的经验作出了一定的总结和概括:一是关于学校教育问题的哲学思辨,一是实际教学经验的总结。这个阶段经历了漫长的岁月,我国是从春秋战国开始到清朝末年,即公元前6世纪到19世纪,如我国古代的孔子、孟子、荀子、韩愈、朱熹等,西方则有柏拉图、亚里士多德、昆体良等人。他们在阐明其他社会现象的同时,也涉及学校教育这种现象,并试图对它做出各个方面的说明。这个时期有关学校教育方面的著作有孔子的《论语》、荀子的《劝学篇》、韩愈的《师说》等,柏拉图的《理想国》、亚里士多德的《伦理学》等。他们在长期学校教育实践中所做出的经验总结,不少是符合学校教育发展的客观规律和人的认识规律的,为以后学校教育学的产生奠定了基础。

这个时期有少数理论著作开始把学校教育作为一种独立形态加以考察。最早的学校教育方面的专著有我国思孟学派的《学记》,它也是世界上最早的专门论述学校教育问题的著作。《学记》大约写于公元前的战国末年,全文仅1 229个字,却对学校教育目的、学校教育原则、教学原则、教学方法、教师和学生、学校制度和学校管理等各方面都作了系统论述,对今天的学校教育仍富有现实意义。我们熟悉的学校教育话语,如师道尊严、长善救失、教学相长等都是出自《学记》,如果要考察中国化的教育学理论渊源,应当从《学记》开始。虽然《学记》论证缺乏逻辑性,也缺乏事实依据,但正因为这样,表明它是人类教育理性思维还不发达时期的产物。这个时期西方有古罗马昆体良所著的《论演说家的学校教育》等著作,而《学记》成书时间要比《论演说家的教育》早三百多年。这个时期对学校教育这种现象已经有了不少思想、理论上的说明,其中大量的论述都包含在一个庞大的哲学体系之中,与社会政治、伦理、人生态度等意识形态交织在一起。早期教育家往往也是历史学家、哲学家和道德学家,这和人类知识在早期呈现出原始的综合性、还没有分门别类是一致的,而且在理论化的抽象概括层次比较低,论述往往为现象的描述、形象的比喻和简单的逻辑推理,缺乏科学论证。

二、近代社会的学校教育与教育理论

案例 1-4

民国时期中国教育界有四位圣人:陶行知先生是乡村教育的圣人,晏阳初先生是平民教育的圣人,黄炎培先生是职业教育的圣人,陈鹤琴是儿童教育的圣人。陶行知先后创办晓庄学校、生活教育社、山海工学团、育才学校和社会大学。提出了"生活即教育""社会即学校""教学做合一"三大主张,生活教育理论是陶行知教育思想的理论核心。晏阳初于1926年在河北定县(今定州市)开始乡村平民教育实验。1940年创办中国乡村建设育才院(后名乡村建设学院),任院长。晏阳初认为中国农民问题的核心是"愚贫弱私"四大病,提出以"学校式、社会式、家庭式"三大方式结合并举,"以文艺教育攻愚,以生计教育治穷,以卫生教育扶弱,以公民教育克私"四大教育连环并进的农村改造方案。黄炎培先后考察英、美、日本、菲律宾及南洋各地的职业教育并进行研究,1917年5月6日,联络教育界、实业界知名人士在上海发起中华职业教育社,次年创建中华职业学校,此后数十年时间的教育和社会活动主要通过中华职业教育社来展开,并创办了多所职业教育学校。陈鹤琴重视科学实验,主张中国儿童教育的发展要适合国情,符合儿童身心发展规律;呼吁建立儿童教育师资培训体系;编写幼稚园、小学课本及儿童课外读物数十种,设计与推广玩具、教具和幼稚团设备;发起组织幼稚教育研究会、中华儿童教育社等团体;创办南京鼓楼幼稚园、晓庄试验乡村师范学校等多所小学、幼稚园和中学及幼稚师范学校;提出活教育理论。

问题

民国四位教育圣人的办教育经历反映了我国近代教育的哪些特征?他们的教育理论和近代教育理论又有怎样的一致与相通?

近代社会开始以工业生产为主要特征,随着社会生产力的发展,资本主义逐渐代替了封建自然经济。资本主义制度在一两个世纪内所创造的生产力,比过去世世代代总共创造的生产力还要大,还要多。科学技术日益进步,封建学校教育的等级性和脱离实际的烦琐教学,显然不能再适应社会的需要,资产阶级为了生产上的需要,不得不在学校教育上增加自然科学的学校教育内容,扩大学校教育的对象,采用与之相应的班级授课的教学组织形式和演示、实验、实习等教学方法,实施普及学校教育,给劳动人民的子女一定的受学校教育的机会,学校教育范围因此扩大,过去只有封建地主和高级僧侣的子弟才能进学校,现在为了生产的需要,学校必须向全体儿童开放,办学形式也多样化了。但是由于资本主义社会存在着生产的社会化和生产资料私人占有的基本矛盾,劳动人民的子女与资产阶级的子女在受学校教育权上是不平等的,资产阶级的子弟由于经济和政治条件的优越,多是由小学和预备学校再到中学和高等学校,毕业后成为管理生产、经营商业、从事政治活动和科学研究的人才;劳动人民的子弟由于经济条件的限制,则多是由初等小学、高等小学到初等和中等职业学校,成为供资本家使用的工人。学校教育内容也随着生产的发展而扩大了,自然科学受到重视,数学、力学、天文、地理等都成为学校的重要学科。

中国自鸦片战争以后沦入半殖民地半封建社会,清朝政府屈服于帝国主义侵略势力,允许帝国主义在中国设立教堂,开办学校,并且为了维护他们的统治,迫于形势的要求,也在学校教育方面做些改良。废科举,兴学校,一方面沿袭封建学校教育的"尊孔""读经",另一方面学习资本主义国家的自然科学方法,实行"中学为体、西学为用"的学校教育。辛亥革命后,以孙中山、蔡元培为代表的资产阶级革命民主派,对清末的学校教育进行了一些改革,废除清末的"忠君""尊孔"的学校教育宗旨,提倡公民道德学校教育、实利学校教育、军国民学校教育和美感学校教育,废除学校里的"读经"科目,注重中、小学的兵式体操、唱歌和美术的教学。这些改革,反映了资产阶级在文化学校教育方面的进步要求,促进了科学与民主思想的发展。但是,民国成立不久,封建买办大地主阶级的军阀代表袁世凯篡夺了革命的果实,封建的文化学校教育又迅速恢复起来,中、小学里"读经"科目重新出现,"法孔孟"成为其公布的学校教育宗旨中的一项重要内容。蒋介石统治国民党时期,大力推行"党化学校教育",宣扬"一个党、一个主义、一个领袖",提倡封建的"四维八德",要学生"明礼义,知廉耻,尽忠孝,行仁义",企图以此禁锢学生的头脑,使学生忠于国民党的统治,恪守封建的道德,不犯上作乱。在学校里开设"党义""公民""军训"等课程,建立了国民党、三青团等组织,监视进步师生,迫害革命人士。一切文化学校教育机关都操纵在官僚地主、买办资产阶级手里。学校里的学生绝大多数是地主、资产阶级的子女,而广大劳动人民的子女,很少能够进入学校学习。因此,在国民党统治下的学校教育,是封建的、买办的、法西斯的学校教育。

近代的学校教育理论源于17世纪初,教育学开始从哲学中分化出来,并逐渐形成一门独立的学科,经历了一个创立过程。在创立条件方面,首先是有了自己的研究对象,学校教育现象和学校教育问题已经成为一个专门的研究领域,即人们已经能够从形形色色的社会现象和问题中区分出相对独立的学校教育现象和学校教育问题。其次,形成了专门的学校教育概念或概念体系,如教学、教师、教材、教法等这些专门的学校教育概念在17世纪以后才开始涌现。概念是思想的工具,只有在形成比较专门或系统的概念后才能进行学校教育的理论思考,概念为学校教育的理性化思维提供了工具。第三,产生了科学的研究方法,以亚里士多德为代表的逻辑推理和理性思辨的方法虽然重要,但不能创造和发现新知识,17世纪以后以培根为代表创立了用观察和实验做基础的实证研究方法,他第一次把归纳法、实验法作为科学研究的基本方法,在此基础上学校教育学也才能走出哲学家的理性思辨,拥有科学的研究方法。第四,出现了系统的学校教育学著作。17世纪以后,人们开始采用这些概念和科学的方法来研究学校教育问题,形成了系统的学校教育著作,这期间出现了许多有影响的学校教育论著,这些论著一般都具有比较完整的理论体系,如捷克夸美纽斯(1592—1670)的《大教学论》、英国洛克(1632—1704)的《教育漫话》、法国卢梭(1712—1778)的《爱弥尔》、瑞士裴斯泰洛齐(1746—1872)的《林格德与葛笃德》、德国福禄倍尔(1782—1852)的《人的教育》、英国斯宾塞(1820—1903)的《教育论》、德国赫尔巴特(1776—1841)的《普通教育学》、俄国乌申斯基(1824—1870)的《人是教育对象》、美国杜威(1856—1952)的《民主主义与教育》等等。第五,产生了专门的学校教育研究机构,一门学科能不能成为独立学科还要看它是否有专门的研究队伍或机构,18世纪以后就有了专门的研究机构。因此,教育学的创立是在上述各个方面的条件形成之后经过两百多年的酝酿,才终于从哲学中脱离出来,成为独立学科以及现在的学科群。

在创立过程方面,首先是弗朗西斯·培根,他开始运用新的方法来进行学科分类,在"论科学的价值和发展"(1623)一文中,首次把"教育学"作为一门独立的科学提出,在学科分类中预设了教育学;其次,夸美纽斯全面论述了学校教育的方方面面,为教育学体系提供了基本框架,他认为学校教育是"把一切事物教给一切人类的全部艺术";紧接着,康德第一个在大学里讲教育学,构建教育学的理论体系,裴斯泰洛齐从实践中进行学校教育改革,创立了一套新的教学方法,最终赫尔巴特把教育学确立为一门科学。一门学科建立的重要标志是形成独立的体系,教育学独立理论体系的建立,标志着人们试图对学校教育这一对象的各个方面属性及其总体做出反映,标志着这门学科的正式诞生。在苏联和东欧一些国家,把捷克的夸美纽斯的《大教学论》(1632)看做是第一本教育学著作,在西方国家一般都把德国赫尔巴特的《普通教育学》作为教育学成为一门独立学科的标志。赫尔巴特也是继康德开设教育学讲座之后,最早把教育学作为一门学科在大学里讲授的教育家。教育学之所以能够在这个时期发展成为一门独立的科学并非是偶然的,客观条件是学校教育实践的发展以及唯物主义哲学和其他各门学科的发展,特别是科学方法论的创立,使得人们对于学校教育这种现象能够具有较为抽象的和更合乎规律的认识;主观条件是学校教育学家们经过个人努力,使教育学理论化和科学化的水平有了一定程度的提高,表现在对于学校教育与人的身心发展关系产生了新的认识,开始确立了比较符合人的认识规律的教学理论。特别是18世纪中叶以后,由于心理学知识的丰富和积累,人们对学校教育、教学过程的阐发也更具有了科学的依据。教育学逐步地从现象的描述走向理论的论证,从比喻、类比走向科学的说明。虽然这段时期教育学家们对教育学的理论化和科学化的水平,有了一定的提高,但是由于价值观和世界观的局限,对学校教育的一些根本问题的说明仍是有局限性的。

马克思主义的产生是人类思想史上的革命变革,特别是哲学和社会科学领域中开创了思想发展史上的新纪元,给教育科学奠定了正确的理论基础,提供了科学的方法论,并对学校教育学中的一些根本问题做出了科学的说明,使学校教育科学走向真正科学化的阶段。马克思主义创始人从社会存在决定社会意识、经济基础决定上层建筑的基本观点出发,指明了学校教育由社会关系决定,正确揭示了学校教育与其他社会现象,特别是与政治、经济之间的关系,为科学地说明学校教育现象和属性提供了指导思想,同时还做出了人的本质是社会关系总和的论断。教育学由此出发,才能正确地把作为学校教育对象的人,看做是一个社会的人来加以考察,才能对人的发展与遗传、环境、学校教育之间的辩证关系等根本问题做出科学的说明。正是在马克思主义的指导下,苏联一些著名的政治家和教育家,为创造马克思主义教育学做了不少的尝试,编写和出版了一些教育学教科书和部分教育专著,如克鲁普斯卡娅的教育论著、马卡连柯的《论共产主义教育》和教育小说《塔上旗》《教育诗》等,对教育学科学理论体系的建立作出了一定的贡献。在出版的各种版本的苏联教育学著作中,以凯洛夫等主编的《教育学》为代表,对我国有着广泛的影响。

我国有丰富而宝贵的教育遗产,自马克思主义产生以来我国的教育工作者开始了以马克思主义观点系统研究教育的尝试。1930年,杨贤江以"李浩吾"为化名,出版了《新教育大纲》,是第一部用马克思主义观点系统论述学校教育基本原理的著作。

三、现代社会的学校教育与教育理论

案例 1-5

美国进步教育运动发生在19世纪末。当时美国为适应工业化、都市化和大量移民的需要而出现了一个资产阶级的社会改革运动,它的目的是为了通过一个有控制的、合理化的社会改革的过程,维护和发展资本主义。进步教育运动就是这一社会改革运动的组成部分,泛指不同于传统教育的教师、学校和教学方法,它反对当时美国沿袭欧洲形式主义占统治地位的旧传统学校教育。1896年教育家J.杜威在芝加哥大学开办实验学校,他把当时的手工训练、新教学方法以及学校与社会的联系等因素融在一起,这被认为是对于进步教育运动的一个重大贡献。第一次世界大战期间和战后,美国建立了许多新的学校,许多旧的学校也转向进步主义教育,特别在一些大城市的学校里,更广泛地采用活动课程和设计教学法,以及核心性质的课程。1919年进步教育协会成立,宣称它的目的在于鼓励儿童自由和自然地发展,以及为了这个目的研究儿童的身体和智力的发展,教育应以儿童的兴趣和需要为根据。第二次世界大战后,进步教育运动由于被认为不能提高知识质量而逐渐衰落。

问题
美国的进步教育运动所表现出来的对传统教育改革反映了现代社会对教育的哪些要求?它的出现对教育理论的发展有着怎样的贡献?

20世纪以来,世界经历了两次世界大战,各国都经历了很大变化。西方各主要国家的经济发展迅猛,由于竞争和垄断的结果,生产社会化有了巨大的发展,特别是科学技术的社会化,引起了生产力以前所未有的高速发展,科学技术和生产的结合越来越紧密,迫切需要劳动者掌握先进生产技术和管理技术。特别是20世纪50年代起,人类社会进入了一个不同于以往的时代,由于社会主义的兴起和科学技术革命的迅速发展,人类社会的社会化进程进入一个更加广泛、更加全面、更加深刻、更加有序的阶段,现代社会对学校教育提出了空前的要求,学校教育的独立地位逐渐建立和加强起来,学校教育成为社会发展的必不可少的一种基础。义务学校教育的年限由初等学校教育提高到中等学校教育,选拔人才的方式也发生了变化,学校教育的价值在于使社会发展,使人全面。学校教育的职能变化了,扩大了学校教育在社会上对人们所进行的选拔和分配的职能。

现代社会的学校教育具有以下明显的特点。

1. 现代学校教育的公共性

现代学校教育越来越成为社会的公共事业,面向全体国民而不是面向社会中的少数人,人人都要受学校教育已成为现代社会中的一个基本认识。各个国家都规定了普及义务学校教育的年限,而且义务学校教育的年限随着国力的增强在不断延长,学校教育日益普及和学校教育对象日益扩大,学校教育已成为社会生活中不可缺少的一部分,越来越受到政府和人们的关注。

2. 现代学校教育的生产性

现代学校教育内容日益复杂和丰富,并紧密地与现代生产和现代科学技术相联系,学校教育越来越与生产领域发生密切的、多样化的关系;学校教育不仅为生产领域培养劳动力,还直接消费生产的成果,并产生新的生产能力,学校教育不断地接受社会生产提出的新要求,不断进行变革,以期和社会生产的发展更好地契合,学校教育已成为社会生产发展的一个经济杠杆。

3. 现代学校教育的科学性

现代学校教育的科学性一方面是指学校教育的基本内容是对广大青少年进行科学学校教育,包括自然科学学校教育、社会科学学校教育和人文科学学校教育。科学学校教育的目标是科学知识的传递、科学态度和科学精神及科学信念的培养。另一方面是指学校教育的发展越来越依靠学校教育科学的指导,通过规范化的研究与实践,用科学性的学校教育理论指导学校教育活动,逐步摆脱学校教育经验的束缚和个人的主观意志。

4. 现代学校教育的先导性

现代学校教育的先导性表现在多方面,不仅现代学校教育的价值取向、人才培养规格和学校教育活动方式等会对未来社会和个体的发展产生非常大的影响,引导社会和个体的未来发展,而且现代学校教育要考虑到未来社会的发展趋势对学校教育提出的要求,学校教育要面向未来,既满足当前社会和个体发展的需求,也满足未来社会对学校教育的预期,在现代学校教育发展的过程中,各个国家都把学校教育放在优先发展的战略地位上,在资金投入、学校教育规划和学校教育目标的定位等方面,都体现了学校教育先行与导向的特点。

5. 现代学校教育的终身性

现代学校教育发展是前所未有的,学校教育制度日臻完善,各国都根据各自的政治、经济的发展和文化传统,建立起了从初级学校教育到高等学校教育、继续教育等一整套完整的学校教育体系。现代学校教育不局限于学龄阶段,而是贯穿人的一生,满足不同年龄段的受教育者的教育需求,努力创造一个适合于终身学习的社会。

6. 现代学校教育的选拔性

现代学校教育在完成培养人的同时也在完成选拔人的任务,现代学校教育的内容是多方位全面性的,现代学校教育为社会输送人才也是多规格的,通过完备的学校教育制度和评价制度,为人员在社会行业中的流动和社会阶层中的进阶提供了相应的保障,同时也通过学校教育为社会选拔精英人才。

7. 现代学校教育的拓展性

现代学校教育重视学校教育工作者素质的培养,同时注重对学生个性的培养,从各个方面展示了学校教育在社会生活中的影响力和参与度。随着现代教学方法和现代化教学手段得到广泛、普遍的运用,学校教育质量特别是高等学校教育质量的明显提高,学校教育更加具有国际化视野,从态度、知识、情感、技能等方面培养受学校教育者从小就要面向世界,培养学生具有国际意识、国际理解的能力、参与国际事务的能力,从而培养国际化时代所需要的人才。

8. 现代学校教育的变革性

现代学校教育始终处于不断的变革之中,从学校教育目标到学校教育课程、内容、方法、组织形式、评价标准、结构体系等方面都在不断地进行革新,学校教育变革已经成为学校教育活动的一种常态。现代学校教育的变革性源于现代生产和生活,以科学技术为基础,由于科学技术的本性是不断创新的,因而现代学校教育也处于不断的革新之中。

现代教育研究者从不同的认识立场出发,对学校教育进行了多样化的探究,虽然教育理论研究的目的在于求得客观公认的真理,但是教育理论在求真的过程中,由于研究的目的、观念和出发点的不同,解决问题的方式方法不同,必然有理论上的研究侧重点不同和想法观念上的分歧,而表现为教育学理论研究的流派纷呈。在众多的教育理论中,以下几种教育理论较为典型。[①]

1. 实验教育学

实验教育学是19世纪末20世纪初在欧美一些国家兴起的用自然科学的实验法研究儿童发展及其与学校教育的关系的理论。其代表人物是德国教育学家的梅伊曼和拉伊,代表著作主要有梅伊曼的《实验教育学纲要》(Outline of Experimental Pedagogy,1914)及拉伊的《实验教育学》(Experimental Pedagogy,1908)。

实验教育学的主要观点是:第一,反对以赫尔巴特为代表的思辨教育学,认为这种教育学对检验教育方法的优劣毫无用途;第二,提倡把实验心理学的研究成果和方法应用于教育研究,从而使教育研究真正"科学化";第三,把教育实验分为三个阶段——就某一问题构成假设,根据假设制订实验计划并进行实验,将实验结果应用于实际以证明其正确性;第四,提出将实验数据作为学校教育改革的基本依据,认为教育实验与心理实验的差别在于心理实验是在实验室里进行的,而教育实验则要在真

---

① 全国十二所重点师范大学联合编写.教育学基础[M].北京:教育科学出版社,2002:18-21.

正的学校环境和教学实践活动中进行,主张用实验、统计和比较的方法探索儿童心理发展过程的特点及其智力发展水平,用实验数据作为改革学制、课程和教学方法的依据。

实验教育学所强调的定量研究成为20世纪教育学研究的一个基本范式,近百年来得到了广泛的应用和发展,极大地推动了学校教育科学的发展。实验教育学的方法也是有局限性的,因为像教育目的这样涉及价值的判断和选择的问题就不能通过实验的方法来解决。当实验教育学及其后继者把科学的定量方法夸大为教育科学研究的唯一有效方法时,它就走上了教育学研究中"唯科学主义"的迷途,受到了来自文化教育学的批判。

2. 文化教育学

文化教育学,又称精神科学教育学,是19世纪以来出现在德国的一种教育学说,其代表人物主要有狄尔泰(W. Dilthey,1833—1911)、斯普朗格(E. Spranger,1882—1963)、利特(T. Litt,1880—1962)等人,代表著作主要有狄尔泰的《关于普遍妥当的教育学的可能》(1888)、斯普朗格的《教育与文化》(1919)、利特的《职业陶冶、专业教育、人的陶冶》(1958)等。

文化教育学的基本观点是:第一,人是一种文化的存在,因此人类历史是一种文化的历史;第二,学校教育的对象是人,学校教育又是在一定社会历史背景下进行的,因此学校教育的过程是一种历史文化过程;第三,因为学校教育的过程是一种历史文化过程,因此学校教育的研究既不能采用赫尔巴特纯粹的概念思辨来进行,也不能依靠实验教育学的数量统计来进行,而必须采用精神科学或文化科学的方法,亦即理解与解释的方法进行;第四,学校教育的目的就是通过文化培养完整的人格。文化可以分主观文化和客观文化,通过主观文化可以促进客观文化的发展,同时通过提升主观文化来促进客观文化的进步,在主客观文化历史和现实、普遍和个体的互动中培养人完整的人格。学校教育的目的就是要促使社会历史的客观文化向个体的主观文化的转变,并将个体的主观世界引导向博大的客观文化世界,从而培养完整的人格;培养完整人格的主要途径就是"陶冶"与"唤醒",发挥教师和学生个体两方面的积极作用,建构对话的师生关系。

文化教育学作为科学主义的实验学校教育学和理性主义的赫尔巴特式教育学的对立面而存在与发展,深刻地影响着20世纪德国乃至全世界的教育学发展,在学校教育的本质、教育的目的、师生关系以及教育学性质等方面都能给人以许多启发,突出了教育学学科的性质,对教育学的发展具有重大的影响。文化教育学的不足之处表现在它的思辨气息很浓,在许多问题的论述上具有很强的哲学色彩,这就决定了它在解决现实的教育问题上很难给出有针对性和操作性的建议,从而限制了它在实践中的应用。另外,它一味地夸大社会文化现象的价值相对性,忽视其客观规律的存在,忽略了教育受制于政治、经济,也使它的许多理论缺乏彻底性。总的说来,文化教育学基本把握了教育过程的性质,触及了教育问题的性质,有助于人们深层次地思考教育问题,给人以深刻启发。

3. 实用主义教育学

实用主义教育学是19世纪末20世纪初在美国兴起的一种教育思潮,是典型的"美国版"教育学,对20世纪整个世界的教育理论研究和教育实践发展产生了极大的影响。其代表人物是美国的杜威、克伯屈(W. H. Kilpatrick,1871—1965)等,代表著作主要有杜威的《民主主义与教育》(*Democracy and Education*,1916)、《经验与教育》(*Experience and Education*,1938),克伯屈的《设计教学法》(*Project Method*,1918)。

实用主义教育学也是在批判以赫尔巴特为代表的传统教育学的基础上提出来的,其基本观点是:第一,教育即生活,教育的过程与生活的过程是合一的,而不是为将来的某种生活做准备的,教育即生活本身,教育要与目前的生活紧密联系;第二,教育即学生个体经验持续不断地增长,除此之外教育不应该有其他目的,杜威认为经验与知识是有区别的,知识可以通过传播而为众人所共有,而经验具有个体性和情境性,教育即经验的生长表明教育不是从外在方面让学生学习与他们生活无关的一些知识,而是促进学生日常生活经验的不断改造和改组,知识是促进经验不断改造和改组的工具;第三,学校是一个社会的雏形,学生在其中要学习现实社会中所要求的基本态度、技能和知识,让学生在学校内能获得社会生活所需要的有关经验;第四,做中学的教育方法,杜威认为教育的最好方法是在实践中学习,在实践中不仅能学习知识,而且能知道知识的价值和用途,课程组织以学生的经验为中心,而不是以学科知识体系为中心;第五,师生关系以儿童为中心,而非教师为中心,教师只是学生成长的帮助者,而非领导者,教学过程应重视学生自己的独立发展、表现和体验,尊重学生发展的差异性。

实用主义教育学以美国实用主义文化为基础,是美国资本主义发展的教育学表达,对以赫尔巴特为代表的传统教育理念进行了深刻批判,推动了教育学的发展。其不足之处是在一定程度上忽视了系统知识的学习,忽视了教师在学校教育教学过程中的主导作用,忽视了学校的特质,并因此受到了20世纪美国社会及其他社会人们的连续不断的批判。

4. 马克思主义教育学

马克思主义教育学包括两部分内容:一部分是马克思、恩格斯以及其他马克思主义的经典作家对学校教育问题的论述,也就是他们的学校教育思想;另一部分是以加里宁、凯洛夫、杨贤江等为代表的教育学家们根据马克思主义基本原理(包括学校教育原理)对现代学校教育一系列问题的研究结果。

马克思主义教育学的基本观点是:第一,教育是一种社会历史现象,在阶级社会里具有鲜明的阶级性,不存在脱离社会影响的教育;第二,教育起源于生产劳动,劳动方式和性质的变化必然引起教育形式和内容的改变;第三,教育的根本目的是促使学生的全面发展;第四,现代教育与现代大生产劳动的结合不仅是发展社会生产力的重要方法,也是培养全面发展的人的唯一方法;第五,在教育与社会的政治、经济、文化的关系上,教育一方面受它们的制约,另一方面又具有相对独立性,并反作用于它们,对于促进工业社会政治、经济与文化的发展具有巨大作用;第六,马克思主义唯物辩证法和历史唯物主义是教育科学研究的方法论基础,既要看到教育现象的复杂性,不能用简单化的态度和方法来对待教育研究,又要坚信教育现象是有规律可循的,否则就会陷入不可知论和相对论的泥坑中去。

马克思主义的产生为教育学的发展奠定了科学方法论基础,但由于种种原因,在实际教育学的研究过程中,人们没有能够很好地理解和运用马克思主义理论,往往犯一些简单化、机械化的毛病,这是我们在学习和发展马克思主义教育理论时应当特别注意的。

5. 批判教育学

批判教育学是20世纪70年代之后兴起的一种教育思潮,也是当前在西方教育理论界占主导地位的教育思潮,对于教育诸多问题的研究都有比较广泛和深刻的影响。其代表人物有美国的鲍尔斯(S. Bowles)、金蒂斯(H. Gintis)、阿普尔(M. Apple)、吉鲁(H. Giroux),法国的布厄迪尔(P. Boudieu)等,代表著作主要有鲍尔斯与金蒂斯的《资本主义美国的学校教育》(*Schooling in Capitalist America*,1976)、布厄迪尔的《教育、社会和文化再生产》(*Production in Education, Society and Culture*,1979)、阿普尔的《教育与权力》(*Education and Power*,1982)、吉鲁的《批判教育学、国家与文化斗争》(*Critical Pedagogy, the State and Cultural Struggle*,1989)等。

批判教育学的基本观点是:第一,当代资本主义的学校教育并未像实用主义教育学所宣称的那样是一种民主的建制和解放的力量,是推进社会公平和实现社会公正的强有力的手段和途径,相反,它是维护现实社会的不公平和不公正的工具,是造成社会差别、社会歧视和社会对立的根源;第二,学校教育与社会政治、经济和文化之间是对应关系,有什么样的社会政治、经济和文化,就有什么样的学校教育机构,社会的政治意识形态、文化样态、经济结构都强烈地制约着学校的目的、课程、师生关系、评价方式等,学校教育的功能就是再生产出占主导地位的社会政治意识形态、文化关系和经济结构;第三,人们已经对这种事实上的不平等和不公正丧失了"意识",变得麻木了,将之看成是一种自然的事实,而不是某些利益集团故意制造的结果;第四,批判教育学的目的就是要揭示看似自然事实背后的利益关系,帮助教师和学生对自己所处的学校教育环境及形成学校教育环境的诸多要素敏感起来,即对他们进行"启蒙"和"授权",以达到意识"解放"的目的;第五,批判教育学认为学校教育现象不是中立的和客观的,而是充满着利益纷争的,因此教育理论研究不能采取唯科学的态度和方法,而要采用实践批判的态度和方法,揭示具体学校教育生活中的利益关系,使之从无意识的层面上升到意识的层面。

批判教育学继承了马克思主义的某些基本观点和方法,有利于更深刻地认识资本主义的学校教育,又对它做出了种种修正,有利于人们认识资本主义的学校教育,具有战斗性、批判性和解放能力。

四、当代社会的学校教育与教育理论

案例 1-6

"慕课"(MOOCs),"M"代表 massive(大规模),与传统课程只有几十个或几百个学生不同,一门 MOOC 课程动辄上万人;第二个字母"O"代表 open(开放),以兴趣为导向,凡是想学习的,只需一个邮箱,就可注册参与;第三个字母"O"代表 online(在线),学习在网上完成,无需旅行,不受时空限制。通俗地说,慕课是大规模的网络开放课程,它是为了增强知识传播而由具有分享和协作精神的个人组织发布的、散布于互联网上的开放课程。MOOCs 是以连通主义理论和网络化学习的开放教育学为基础的,这些课程跟传统的大学课程一样让学生循序渐进地从初学者成长为高级人才,课程的范围不仅覆盖了广泛的科技学科也包括了社会科学和人文学科。慕课课程并不提供学分,也不算在本科或研究生学位里,通常参与慕课的学习是免费的,尽管这些课程通常对学习者并没有特别的要求,但是所有的慕课会以每周研讨话题这样的形式,提供一种大体的时间表,其余的课程结构也是最小的,通常会包括每周一次的讲授、研讨问题以及阅读建议等。每门课都有频繁的小测验,有时还有期中和期末考试,考试通常由同学评分,一些学生成立了网上学习小组,或跟附近的同学组成面对面的学习小组。"慕课"(MOOCs)主要特点就是:① 大规模,指那些由参与者发布的课程只有是大型的,才是典型的 MOOC;② 开放课程,尊崇创用共享(CC)协议;只有当课程是开放的,它才可以称为 MOOC;③ 网络课程,这些课程材料散布于互联网上,人们上课地点不受局限,无论身在何处,都可以花最少的钱享受各国大学的一流课程,只需要一台电脑和网络连接即可。

问题

慕课体现了现代信息社会教育的什么特点?它给教育理论的发展提出了怎样的挑战?

进入21世纪,信息社会特征越发明显,表现在经济、社会文化生活和人们的观念更新等各个方面。在经济领域内,经济增长方式高度集约化,劳动生产率进一步提高,从事信息职业的人数大幅度增加,占据优势地位,信息经济创造的产值也位居前列,知识成为社会发展的巨大资源。在社会生活领域内,通信化、计算机化和自动化已成为主流,政府与公众的沟通日益加强,工作、娱乐和休闲成为人们生活的主要活动,人们追求更加积极健康的生活方式。在观念领域,尊重知识和尊重创造性劳动的价值观念成为社会风尚,人们对社会未来发展更加关心,具有更积极的创造未来的意识倾向,更加关注人与自然、社会、自身的和谐,对人和社会的认识比以前更加深入和清醒。因此在学校教育领域将发生一系列的变革,学校教育在当代社会的发展趋势表现为以下几个方面。

1. 学校教育功能将进一步得到全面的释放

学校教育所能发挥的作用将得到全面的理解,在学校教育政治功能和经济功能得到全面理解的基础上,学校教育的文化也将受到系统和深刻的认识,学校教育在社会中的作用将更加突出,学校教育的地位在社会中也将越来越重要,对学校教育的投入和期待也将会更高。

2. 学校教育将发生一系列变革

随着互联网等信息产业的兴起,学校教育的方式也将发生很大的变化,学校教育将不再是人们获得知识的唯一途径,但是学校教育对人的成长和社会化的作用还不能被替代,学校教育将寻求更加积极有效的方式来培育人的发展,学校教育的服务性、可选择性、公平性和公正性将成为学校改革的基本价值方向。

3. 学校教育与社会连接更加紧密

一方面表现为学校教育问题与社会问题相交叉,如我国的片面升学问题,流动人口与学校教育的问题,青少年犯罪的问题等;另一方面表现为学校教育决策、学校教育规划与学校教育科学研究一致化,现代学校教育的决策和规划须建立在科学研究的基础上。这就要求在学校教育决策和规划的过程中,重视对影响学校教育的复杂的社会因素的研究,学校教育研究领域日益扩展,从微观对学校教育对象——人的研究,扩展到对学校教育与经济、政治、文化、人口流动等方面宏观的研究,并将宏观与微观的研究相结合,预测学校教育发展的前景,研究学校教育决策和规划的社会后果,等等。

4. 学校教育的国际化和本土化趋势都非常明显

所谓的学校教育国际化就是在世界经济全球化、贸易自由化的推动下,学校教育资源在国际间进行配置,各国在人才培养目标的确定、学校教育内容的选择以及学校教育手段和方法的采用等方面要适应国际间产业分工、贸易互补等经济文化交流与合作的新形势。学校教育国际化要求重视和加强国际间的比较研究,注重国际间的学校教育交流合作;学校教育本土化就是在本国本民族的学校教育传统背景下,对外来文化进行选择和吸收。引用周远清的话说,"我们的学校教育既是国际化的,又是中国化的,既要有国际视野,又要有自己特色的学校教育体系,这就是'国际视野,中国道路'"。①

5. 教育的终身化和全民化理念成为制度学校教育改革的基本理念

自朗格朗提出终身教育思想以来,学校教育的终身化已经得到长足的进展,表现在学校教育向两头延伸,向下延伸表现在人们越来越重视儿童早期学校教育,甚至将这种早期学校教育提早到怀孕前的准备;向上延伸表现在继续学校教育的发展,离开学校走向工作岗位的人随时都可以进行充电学习,知识更新的加快也促使人们通过不断的学习和培训来掌握最新的知识和技术,而且在知识社会里典型的标志就是文盲不再是没有受过学校教育的人,而是没有掌握新知识新技术的人。

当代教育理论的发展也出现了一些新特点,如教育学与心理学的高度结合,采用新的科学的研究方法来研究教育现象和教育问题,现代先进的科技手段也运用到教育研究中来,教育学与社会学、哲学、管理学等学科的联系更加密切,出现了更多新兴的边缘学科,在新的世纪里教育学发展更是呈现显学之势,这表现在以下几方面。

---

① 孙琛辉,周远清:学校教育国际化是我国学校教育发展方向[N].科学时报,2010-05-04.

1. 教育学的研究领域日益扩大

21世纪,随着教育实践的日益丰富和迅速发展,教育学的研究领域也日益扩大,从狭义的学校教育研究扩展到广义的教育研究,从微观的教育教学活动过程到宏观的教育规划与战略,从基础教育研究扩展到高等教育及继续教育研究,从全日制教育的研究扩展到业余教育及老年教育的研究,从正常儿童的教育研究扩展到有特殊需要的儿童教育研究,从教育内部关系的研究扩展到教育外部关系的研究,教育研究的范围和触角已经覆盖到教育的全部和与教育联系的方方面面,教育学的学科研究领域日益扩大。

2. 教育学的研究基础和研究模式多样化

在教育学学科形成的早期,教育学的研究基础主要就是哲学和心理学,当今的教育学学科内涵更加丰富,研究基础囊括了生理学、脑科学、社会学、经济学、政治学、法学、人类学、文化学、科学哲学、技术学、管理学等多个学科领域,研究方法也有逻辑推理研究、实证研究、定性研究、定量研究及定性与定量的结合研究等多种,研究的视角也是多样化,研究的层次也出现了基础研究、应用研究、咨询研究和开发研究等多种类型。

3. 教育学的分支学科和交叉学科日益兴盛

从上世纪五六十年代以来,教育领域的各个方面都有较大的发展,教育问题研究领域不断扩展,教育研究的模式多样化,教育学在形成了学科体系的同时,其自身也发生了细密的分化,教育学的各个组成部分纷纷发展为独立的分支学科,这些分支学科又与其他学科进行交叉,出现了很多的边缘学科和子学科,这些学科再进行整合,出现了许多新的教育知识增长点。学科的分化与综合,打破了传统学科界限,扩展了研究视野,促进了教育学的进一步发展。

4. 教育学的理论研究与实践关系日益密切

当代教育学研究以教育问题为研究起点,更强调教育研究的现实性,教育实践中存在的疑难和矛盾,是当代教育学研究中所关心的焦点,从分析问题和解决问题出发,教育学的研究者们用理论来解释教育问题,同时教育实践的发展也呼唤用理论指导来解决教育实践问题,理论与实践的密切结合就为教育学的发展提供了强大的社会动力。

5. 教育学的自我反思形成了元研究

当代教育学发展的一个重要特征就是出现了教育学的自觉反思。教育学发展的自觉性是提高理论本身的科学性和规范性、提高理论的清晰度和明辨性的必要保证,否则就不能更好地服务教育实践。有关教育学自身的反思研究结果就形成了教育学的元理论,元理论研究先在西方国家兴起,"元"的西文为"meta",意思是"……之后""超越",它与某一学科名相连所构成的名词,意味着一种更高级的逻辑形式。元教育学即关于教育学学科自身的知识体系,这些教育学元理论的出现,极大地提高了教育学者的理论自觉性,元教育学的出现推动了我国教育学发展的科学化和特色化进程。

大家谈

1. 教育起源是探究教育如何产生的,你认为教育起源于什么?如何评价已有的生物学、心理学和生产劳动的教育起源论说?

2. 学校教育自产生以来经历了一个漫长的发展过程,从学校教育的演变历史进程中,你能得出怎样的观点和结论?

3. 教育学作为一个科学体系,是研究教育现象,解决教育问题,以揭示教育规律为宗旨的科学理论体系。你认为教育学的价值体现在哪里?教育理论对教育工作者有什么作用?

第三节　学校教育的理念

何谓"理念"？人们对"理念"的认识相对简化为"人们经过长期的理性思考及实践所形成的思想观念、精神向往、理想追求和哲学信仰的抽象概括"。[①] 这种对"理念"的认识包含了四个方面的含义：一是理性认识，二是理想追求，三是思想观念，四是哲学观点。由此我们可以得出这样的结论："理念"是一个具有能反映一类事物每个个体或一类现象每种个别现象共性之能力的普遍概念，具体说它是诸理性认识及其成果的集大成，既包含了认识、思想、价值观、信念、意识、理论、理性、思想、理智，又涵盖了上述思维产品的表现物，如目的、目标、宗旨、原则、规范、追求等，而后者使理念这一抽象的概念具有了直观的形象。很多事物都有自己的理念，"教育理念是教育思想家乃至整个民族长期蕴蓄和形成的教育价值取向的反映、体现和追求，是关于教育发展的一种理想性、精神性、持续性和相对稳定性的范型，具有导向性、前瞻性、规范性的特征"。[②] 学校教育理念随着社会需求和时代的进步，跟随受教育者的成长和需求变化，学校教育理念也会做出相应的调整，出现过创新教育、生命教育、全面教育、主体教育、生态教育、个性教育、多元教育、赏识教育等诸多教育理念，但是无论如何素质教育、人本教育和全纳教育应是当今学校教育的基本理念。

一、素质教育

案例 1-7

遵守公共秩序是公民素质良好的表现，美国教育教给孩子的基本原则是，无论任何理由都不可以侵害他人的利益与权利，由于教育的有效，优良的价值观不断重复，形成一种条件反射似的对公共秩序的遵守。有这样一个例子：美国一所学校，校长是一个五十多岁的女士，有一天突然接到通知，让家长把车子开到学校一英里之外的地方待命，学校发生了重大危机。到了学校后看到学校上空有六架直升机，校长拿着一个大话筒站在学校的楼顶上，说劫持人质发生在附近另外一个学校，枪声也来自那里，希望同学们不要惊慌。这位校长站在最不安全的地方，拿着话筒讲话，这就是一个示范，让孩子们都知道有秩序地去做某件事。另外一个例子：比如美国"9·11"恐怖袭击发生时，世贸中心大楼内的楼梯自动分成三条道，一条残疾人道，一条正常人道，一条是消防员往上走的道，于是才有四千多人的顺利撤退。遵守秩序成为一种习惯，整个民族的素质就提高了一步，这都是靠教育来完成的，而且是靠平民教育来完成的。

——引自：中国高校之窗.http://www.gx211.com/news/20141128/n3039228119.html

问题

你认为教育和国民素质之间的关系体现在哪里？教育对提升民族素质的重要作用具体表现哪些方面？

[①] 韩延明.大学理念探析[D].厦门：厦门大学，2000.
[②] 同上。

我国素质教育的理念是在20世纪80年代中期提出的。素质的含义有狭义和广义之分,狭义的素质概念是生理学和心理学意义上的素质概念,即"遗传素质"。据《辞海》:"素质是指人或事物在某些方面的本来特点和原有基础。在心理学上,指人的先天的解剖生理特点,主要是感觉器官和神经系统方面的特点,是人的心理发展的生理条件,但不能决定人的心理内容和发展水平。"广义的素质指的是教育学意义上的素质概念,通常指"人在先天生理的基础上通过后天环境影响和教育训练所获得的、内在的、相对稳定的、长期发挥作用的身心特征及其基本品质结构,通常又称为素养,主要包括人的道德素质、智力素质、身体素质、审美素质、劳动技能素质等"。

什么是素质教育?原国家教委在《关于当前积极推进中小学实施素质教育的若干意见》中作了明确解释:"素质教育是以提高民族素质为宗旨的教育。它是依据《中华人民共和国教育法》规定的国家教育方针,着眼于受教育者及社会长远发展的要求,以面向全体学生、全面提高学生的基本素质为根本宗旨,以注重培养受教育者的态度、能力,促进他们在德智体等方面生动、活泼、主动地发展为基本特征的教育。"素质教育主要包括内在素质和外在素质,内在素质主要是人对世界、环境、人生的看法和意义,包括人的世界观、人生观、价值观、道德观等,也就是一个人对待人、事、物的看法,也可以成为人的"心态";外在素质就是一个人具有的能力、行为、所取得的成就等。在《关于深化教育改革全面推进素质教育的决定》中对素质教育的一系列理论和实践问题作出了新的规范,根据"决定"的精神,素质教育的内容主要有五个方面。① 政治思想素质教育,具体包括政治素质教育、思想素质教育、道德素质教育、民主法制素质教育。江泽民说:"要说素质,思想政治素质是最重要的素质。不断增强学生和群众的爱国主义、集体主义、社会主义思想,是素质教育的灵魂。"② 科学文化素质教育,着重解决基础学科和基本知识技能的教育和训练,包括基础文化知识、基础科学知识,以及识字阅读能力、写作能力、思维能力、计算能力、基本实验操作能力和基本的劳动技能等,为适应自身的发展和现代社会生活、职业岗位选择以及科技发展的需要,奠定坚实的科学文化和技能的基础。③ 审美素质教育,主要是使学生具有正确的审美观点,形成感受美、鉴赏美、创造美的能力,能够在工作、生活中分辨真善美与假恶丑,善于以美的品位去完成工作,以美的心灵去面对社会和人生,以美的思想去创造生产和生活。④ 身体素质教育,一方面是要运用各种适当的方式,锻炼学生的体魄,增强学生的体质,使其掌握基本的体育锻炼的方法,另一方面,还要对他们进行健康教育和普及各种常见病、传染病的防治知识,保证他们健康成长。⑤ 心理素质教育主要指良好个性品质的发展,包括顽强的意志力,积极的情感,健康的兴趣、爱好、需要、友谊、交往、成就感、荣誉感以及面对困难、失败的承受能力等各种正常心态的发展培育和心理失衡、心理矛盾、心理疾病的自我调整与自我矫治。心理素质教育就是要使学生形成健康的心理和善于控制、把握自己的能力及调整心理冲突的能力。

贯彻素质教育理念首先是我国社会主义现代化建设事业的需要,通过实施素质教育,提高国民素质,增强竞争实力,将人口大国变成人力资源大国;其次有利于遏制目前基础教育中存在着的"应试教育"和片面追求升学率的倾向,有利于把全面发展教育落到实处。现代教育扬弃了传统教育重视知识的传授与吸纳的教育思想与方法,更注重教育过程中知识向能力的转化工作及其内化为人们的良好素质,强调知识、能力与素质在人才整体结构中的相互作用、辩证统一与和谐发展。针对传统教育重知识传递、轻实践能力,重考试分数、轻综合素质等弊端,现代教育更加强调学生实践能力的锻造,全面素质的培养和训练,主张能力与素质是比知识更重要、更稳定、更持久的要素,把学生综合素质的培养与提高作为教育教学的中心工作来抓,以帮助学生学会学习和强化素质为基本教育目标,旨在全面开发学生的诸种素质潜能,使知识、能力、素质和谐发展,提高人的整体发展水准,进而提升整个民族的素质。

二、人本教育

案例 1-8

我所任教的班上有一位名叫高明的男同学,是独生子,性格比较内向,对家庭及周围的人冷淡、疏远、不满、抗拒,甚至充满敌意和憎恨,总是独来独往,不愿参加集体活动。在学习动力方面,缺乏学习动机和学习毅力,上课不专心,与同学教师关系欠佳。其父离婚,文化水平较低,对孩子管教粗暴,缺乏目标,继母在家无业;生母对他貌似严格实则惯纵,且常以忙为借口,以为把孩子交给学校教育就可以了,对孩子一面之词不加分辨,对学校的教育处分多有指责。高明同学经常通宵上网、旷课,有一天,班主任向学校报告该学生已经连续一周没去上课,也未办理任何请假手续。通过学校的多方努力和学生家长的积极配合寻找,终于在一家网吧找到了连续上网近十天的高明。

针对该生怎么办?在一次上课中发生的事给我带来了一盏明灯。一天早晨,我正讲"机械制图"课,该同学低着头,手里拿着笔,好像很专注,我疾步走近一看,原来他在翻看一本电脑杂志,"你在干什么?"我轻声地问他。"我,我在……"为了不让他难堪,我也没有再多说什么,继续上课。下课后我来到他座位前,问:"喜欢看课外杂志吗?我办公室有很多杂志,尽管来拿。"接着我还饶有兴趣地向他请教起电脑问题,没想到他像个小专家似的,滔滔不绝地向我介绍起来,当谈到用电脑绘制三维立体图时,兴趣很高,我想机会来了。"好!以后我们相互为师,利用课余时间来研究三维立体图的画法。"听了这番话,他欣喜地点了点头,又不好意思地说:"一言为定。"隔了一周,我在"如何多渠道提高机械制图空间想象能力"的课堂上布置了利用电脑绘制三维立体图以快速提高读图能力的作业,高明同学费了一番心思,利用 AutoCAD 软件,绘制了三维立体模型,进行了系统的整理、归纳,我在课堂上让他为同学们分析讲解绘制三维立体模型的过程,同学们都被他高超的制作水平与精彩的讲解深深地吸引了。当然最得意的还是高明同学,他脸上洋溢着笑容,我也暗暗替他高兴。渐渐地高明同学有了很大的转变,对制图有兴趣了,上课很少分心,课后也主动向我提问,作业也能认真地完成,更令我高兴的是,他的单元测验居然有了第一个 80 分。

——引自:路惠兰.科学教育前沿[J].2011,11.
http://www.chinaqking.com/yc/2012/199962.html

问题

在这个案例当中,高明同学发生转变的动因是什么?这位老师是用什么样的教育理念支配她的教育行为的?

教育是培养人的社会性活动,对人的认识构成了人本教育的逻辑起点。人是谁?人应该是谁?不同时代有不同的认识和回答。21世纪对人的本质有了新的认识,将人作为自觉能动的主体,具有创造和自主建构特性的主体。对人本质认识的变化也导致了教育上的改变,那就是教育要以人为本位,这意味着教育是人的教育,是以人为目的的教育,教育要尊重人、解放人、依靠人和为了人,人本教育是当今世界教育的主旋律。人本教育在教育目的上,要着眼于人的个性发展,谋求社会进步与个体发展的有机统一;在教育内容上,要着眼于人的全面发展,实现科学教育与人文教育的共荣会通;在教育方法上,要着眼于人的自主发展,达成教育方法与个人成长的最佳匹配;[①]在教育效果上追求培养完善人的人格,培养人的健康心理、生活态度、发展能力和创新意识。总之人本教育更关注人的现实需要和未来发展,更注重开发和挖掘人自身的禀赋和潜能,更重视人自身的价值及其实现,并致力于培养人的自尊、自信、自爱、自立、自强意识,不断提升人们的精神文化品位和生活质量,从而不断提高人的生存和发展能力,促进人自身的发展与完善。因此人本教育的核心是以人为最高目的,强调生命创造体的主体地位。

将人本教育理念贯彻到学校教育中就是"以学生为本",就是要把学生特别是学生的发展作为教育活动的本体,一切教育活动都从学生的发展出发。运用"以人为本"的学生观,在学校教育教学活动中公正地对待每一个学生,不因性别、民族、地域、经济状况、家庭背景和身心缺陷等歧视学生,关注学生的存在与发展,尊重学生的个性特长,重视学生的兴趣和需要,促进学生自由、全面、和谐发展,人本教育理念应是当代学校教育的不二选择。

在此基础上,郭思乐教授进行了以学生为本的教育整体改革实践研究,全面贯彻以人为本的教育理念,提出了生本教育概念并进行了生本教育的实践。生本教育提出要借助学生的本能力量的调动,形成教育的新的动力方式和动力机制,在生本教育中教师应是生命的牧者,教师要创造最大的空间,迎接学生积极飞扬的学习;要变传统课堂为生本课堂,生本课堂首先是营造了民主、平等、激励、和谐的人文课堂环境,采取以学定教的教学理念,善待了学生差异;在教学中超越教材,对教材进行二次开发,以充分发挥学生的主体性;当学生在课堂中真正成为主人,自己去体验和感悟真善美,就可以使教学中饱含的真善美最大限度地进入学生本体,从而起到最大的德育作用。生本教育认为学生的美好学习生活是学校德育的基础,劳动产生自然素朴的美德,学习是学生最主要的劳动,因此课堂教学就成为最自在的、素朴的、无形的德育过程。生本教育还提倡减少或最终取消学习成长期的频繁统一考试,不干扰学生成长期的成长,把考试评价的主动权还给学生或任课教师。

学生是人,是正在成长中的人,无论学校教育怎样发展都不能够脱离这个基本事实,学校教育必须充满对学生的关怀,必须以学生为本,必须将人本教育理念贯彻到底。

三、全纳教育

> **案例 1-9**
>
> 　　从 20 世纪 70 年代起,香港政府和学校教育工作者已经认识到学习障碍学习者进入大众教育的权利。1995 年香港发布《享受平等康复和服务机会白皮书》,政府将不遗余力让所有孩子有平等的实现最大潜能的机会,使每一个孩子成为积极的富有责任心的社会一员。1999 年课程改革委员会下设的特色教育需求委员会发布"面向二十一世纪的特殊教育课程趋势",呼吁主流教育工作者能够教育富有天赋的学习者,亦能接纳那些由于认知、学习、身体以及情感的限制有学习困难的学习者,2000 年又发表了《全纳教育操作指南》,继续加强政府政策上的操作力度。如今,香港的全纳教育在"量"的方面已经达到目标,在"质"的方面还有很大完善空间。
> ——摘自:连明刚.香港、台湾和美国学习障碍学生的全纳教育[D].
> 香港:香港大学教育学院特殊教育中心.2011.

[①] 李润洲.人本教育的内涵、特征及建构[J].教育学术月刊,2010(7):7-9.

> 从这个案例中你能体会到全纳教育理念对学校教育的改变吗？全纳教育对学生发展的现实意义是什么？

全纳教育作为一种新理念新思潮，兴起于20世纪90年代，在国际教育民主化潮流中和国际组织的宣传推动下兴起和发展。全纳教育就是要面向全体学生，以一种民主的、平等的、关怀的思想来对待所有人的受教育需求，为受教育者提供优质高效的教育，是人本教育理念的进一步延伸。

1990年联合国教科文组织在泰国宗迪恩召开"世界全民教育大会"，并发表了《世界全民教育宣言》。这次大会提出的全民教育强调：教育是人的基本权利；教育对于个人发展和社会进步极为重要；必须普及基础教育和促进教育平等。全民教育的目标是满足所有人的基本学习需要。1994年联合国教科文组织在西班牙萨拉曼卡召开"世界特殊需要教育大会"并发表了《萨拉曼卡宣言》。这次大会再次强调了每个人都有受教育的基本权利；每个人都有其独特的特性、兴趣、能力和学习需要；学校要容纳全体儿童并满足他们的特殊教育需要。在这次大会中，首次提出了全纳教育。2008年11月25—28日，由联合国教科文组织（UNESCO）国际教育局举办的第48届国际教育大会在日内瓦召开。会议主题为"全纳教育，未来教育之路"。

全纳教育的含义指教育应当满足所有儿童的教育需要，每一所学校必须接受服务区域内的所有儿童入学，为这些儿童都能受到自身所需要的教育提供各种条件，并通过合适的课程、学校管理、资源利用及与所在社区的合作，来确保教育质量。据《第四十八届国际教育大会（ICE）的结论和建议》第一条："全纳教育是一个不断变化的进程，其宗旨是向所有人提供有质量的教育，并尊重学生和社区的多样性以及不同的需求、能力、特点和学习预期，消除一切形式的歧视。"全纳的核心是学校适应儿童，要具有多样性和适应"不同差异"学习者的需要。

全纳教育强调通过公共政策的制定和实施，强调重视多样性，消除各种学习障碍，以终身学习为依托，发展有质量的教育体系，建立更加全纳、公正和公平的社会。全纳教育积极反对各种排斥，它涉及所有校内外的儿童、青年和受教育者，关心他们的生存、参与和成就。态度而不是资源，经常是实施全纳教育的主要障碍，全纳教育实际上是对我们现有教育观念的一种巨大挑战。

大家谈

1. 列举你所知道的教育理念，说一说你最信服的教育理念对你有何影响？
2. 从教育理念的不断变化中，你能发现教育理念和教育现实之间的联系吗？
3. 结合你受教育的经历，谈谈教育理念的作用。

课后研究

联系自己的经历及当下的学校教育现象，谈谈你所理解的学校教育是什么？然后设计一项活动，分别调查一下：教师心目中的学校教育是什么样？学生心目中的学校教育是什么样？家长心目中的学校教育是什么样？他们心目中的学校教育和现实中的学校教育是一样的吗？如果不是，将如何调整呢？提出你自己的改进建议。

请设计好调查问卷，选择发放问卷的对象（不少于最小样本量），然后对回收的有效调查问卷进行统计分析，写出一份调查报告。

在线学习资源

1. 中国教育科学研究院,http://www.nies.net.cn/
2. 国家大学生文化素质教育基地,http://szjyjd.hfut.edu.cn/
3. 生本教育研究网,http://sb.eact.com.cn/

补充读物

1. [英]乔伊·帕尔默.教育究竟是什么?[M].北京:北京大学出版社,2008.
2. 贾馥茗.教育的本质——什么是真正的教育(第二版)[M].北京:世界图书出版公司,2006.
3. 叶澜.教育概论[M].北京:人民教育出版社,1999:1-34.
4. 全国十二所重点师范大学联合编写.教育学基础[M].北京:教育科学出版社,2002.
5. 孙培青.中国教育史(第三版)[M].上海:华东师范大学出版社,2008.
6. 吴式颖.外国教育史教程[M].北京:人民教育出版社,1999.

第二章　学校教育与社会发展

学习目标

1. 了解学校教育和社会发展之间是相互制约和相互促进的关系。
2. 掌握社会的政治、经济、文化和人口对学校教育的制约性。
3. 掌握学校教育对社会的政治、经济、文化和人口的功能。
4. 了解学校教育的正向社会功能和负向社会功能。
5. 了解学校教育的相对独立性。

内容提要

学校教育发展受到社会条件的制约,社会经济为学校教育提供物质基础,社会政治对学校教育进行全面控制,社会文化为学校教育提供价值选择,社会人口制约学校教育的发展规划;教育是促进社会进步的重要力量,教育的社会功能主要包括政治功能、经济功能、文化功能、人口功能。

社会在现代意义上是指人们为了共同利益、价值观和目标而结成的联盟,是共同生活的人们通过各种各样社会关系联合起来的集合,是进行不同社会活动的共同体,是人类在一定时空和生态下与环境相互作用而成的构成体。马克思主义认为,社会是人们交往活动的产物,是各种社会关系的总和,是以劳动为纽带和区分动物社会的标志,是长期发展而形成的。社会是高度复杂进行有序运转的由一定结构组成的有机体,根据各个社会构成单位所调节社会关系的范围不同,社会构成要素通常又分作自然的、人口的、经济的、政治的、思想的、学校教育的、文化的等,这些要素之间是相互作用和相互影响的。

第一节　学校教育的社会制约性

学校教育的社会制约性是指学校教育在发展过程中社会为学校教育所提供的保障和客观性限制要求,是学校教育社会性的最主要的表现形式。具体来说就是学校教育受到政治、经济、文化和人口等主要社会要素的制约,只有充分地认识这些社会要素制约的客观性存在,才能把握学校教育发展和改革的规律,学校教育自身才能得到更好的发展,才能更好地为社会的政治、经济、文化建设服务,促进社会的进步。

一、社会政治制度对学校教育的制约

案例 2-1

一个政府的法律是以"国家意志"形式的表达,起到方针政策不能起到的作用,是管理国家和各项事务的有力工具。用法律来管理和控制教育事业发展是现代社会的国家政府常常运用的手段。20世纪以来,很多国家通过教育立法来促进学校教育改革与发展,如英国1944年制定的

《巴特勒法》,该法促进了中等教育和技术教育的发展;美国1958年的《国防教育法》,推动了美国普通学校教育的改革;我国1984年制定的《中华人民共和国义务教育法》,推动了我国九年义务教育的普及,等等。

 国家用法律来对学校教育进行规定,体现了社会政治对学校教育制约的哪些方面内容?

一个国家的政治总是要由一个政权实体来运营,一般表现为一个国家政府的组织结构和管理体制及相关法律和制度,简称政体。在不同的历史时期,不同的国家和地域,政治体制都不尽相同,不同的政治体制对学校教育的制约性也不尽相同,政治体制通过不同手段来对学校教育发展进行决策和影响。政治制度对学校教育有直接的制约作用,而且这种制约影响到学校教育的方方面面,虽然政治制度对学校教育各方面所产生的影响作用程度并不完全等同,所产生的影响力有大有小,但对学校教育的控制是无所不在的。

(一)社会政治制度制约学校教育权

学校教育权体现的是对学校教育机构的直接领导,具体表现为规定谁能够办学校教育、学校教育者的培养与委任等内容。从人类社会的发展历史来看,统治阶级出于巩固政治、培养合乎本阶级要求的人才需要,一般都会利用国家政权的力量、经济的力量和思想上占优势的力量来控制学校教育权,使学校教育能够完全按照自己的意志来进行。现代社会的国家政府常常通过颁布政策和法令,规定办学宗旨和方针,通过组织手段任免学校教育机构领导人和教师,达到对学校教育的支配;通过在学校开设独立的政治性课程,专门对受学校教育者进行政治学校教育,同时在其他课程中进行政治思想方面内容的渗透,在学校的管理和运行方面,也注意反映政治倾向的需求;通过学校教育立法来促进学校教育改革和发展,用法律来管理和控制学校教育事业发展。

(二)社会政治制度制约学校受教育权

学校受教育权是指哪些人能受学校教育,受到什么样的学校教育。不同阶层在政治、经济上的不平等,反映在学校教育领域,便形成了不平等的学校受教育权利,尽管这种差别随着社会民主化进程的发展和社会文明程度的提高而不断缩小,但在阶级社会里则始终存在。现代社会由于社会大生产的客观要求,扩大了学校教育的对象,各国也先后颁布了义务学校教育法令,但学校教育机会均等并未得到解决,不同阶级子女接受学校教育的程度和等级有很大的差别,如英国至今还保留着学校教育的双轨制。我国由于种种历史和现实的复杂原因,学校教育不公平问题已成为社会和群众反映最强烈的问题之一,也已成为政府和学界高度关注的热点、难点问题。

(三)社会政治制度制约学校教育目的

学校教育的根本任务是培养人,学校教育目的是一定社会的经济政治制度对学校教育所提出的主观要求的集中体现,它直接反映着统治阶级的利益和需要。封建社会学校教育的目的是培养臣民,近代民主社会学校教育目的是培养国民,现代社会学校教育的目的是培养公民。臣民、国民和公民分别具有不同的含义,体现了政治对学校教育目的的影响。现代社会有两种政治制度,一是代表资产阶级利益的资本主义制度,二是代表无产阶级的社会主义制度。资产阶级追求的是资本价值的最大化,获取最大的利润。其学校教育目的具有双重性:一方面要为资产阶级培养精明的官吏、律师、经理等社会上层人物;另一方面也注意把工农子女培训成熟练劳动者。社会主义要为广大人民谋幸福,追求社会共同富裕和人类的解放,培养为社会主义现代化建设服务、德智体等方面全面发展的社会主义事业的建设者和接班人。

(四) 社会政治制度制约学校教育内容

学校教育内容是为实现学校教育目的服务的,政治制度决定学校教育目的的性质,也必然影响和支配学校教育内容的选择和编制,决定学校教育内容的体系。一定时期的学校教育内容会受到当时的社会发展程度及生产力水平的影响,受到知识总量和文化发展程度的影响,但是在知识数量范围和程度已经确定的条件下,谁来确认哪些知识有价值,谁来选择哪些知识作为学校教育内容,在这些学校教育内容中选择什么样的知识作为重点,渗透或突出什么样的思想观点,都是由政府和政党来决定的,其必然要契合政府制度和政党的阶级利益及其意识形态。因此,学校教育内容中人文社会科学的政治色彩比较浓厚,自然科学的政治色彩虽然比较淡化,但其哲学思想的阐释以及学科编排同样渗透着政治制度的影响。

(五) 社会政治制度制约学校教育投入

办学校教育需要投入一定的资金数量,学校教育发展需要人力物力财力的保障,一定时期内政府对学校教育投入的资金数量决定了学校教育发展的规模和速度,决定了学校教育发展的水平和质量。虽然学校教育发展总体上受到经济水平的限制,但是在经济发展到一定程度,在国民收入总量一定的情况下,对学校教育投入多少资金就受到政府政策的影响,政府把钱投入到学校教育上多一些,学校教育就能获得一个较好的发展。世界上各个国家都已经认识到学校教育的重要性,但是学校教育投入在国家之间却有很大差别。

二、社会经济对学校教育的制约

案例 2-2

《国家中长期教育改革和发展规划纲要(2010—2020年)》指出:中国作为一个发展中国家,经济发展水平总体上还是不高的,"穷国办大教育"是一个基本的教育国情,经济发展要求教育要为其做好人力资源的保证。如何将人口大国变成人力资源大国,教育成为关键要素。我国已经提出把教育当做发展经济的战略重点来抓,我国经济发展对教育提出的要求主要表现在下列几个方面。第一,立足未来普及基础教育。在巩固提高九年义务教育水平的基础上,进一步普及学前教育,特别是重点发展农村学前教育,加快普及高中阶段教育。第二,大力发展职业教育。将职业教育作为推动经济发展、促进就业、改善民生、解决"三农"问题的重要途径,加大职业教育投入。第三,调整高校的办学职能。高校要树立主动为社会服务的意识,不断优化高等教育结构,优化学科专业、类型、层次结构,促进多学科交叉和融合,加快发展专业学位研究生教育,优化区域布局结构。第四,加快发展继续教育。大力发展非学历继续教育,大力发展现代化远程教育,建设以卫星、电视和互联网等为载体的远程开放继续教育及公共服务平台,为学习者提供方便、灵活、个性化的学习条件,满足个人多样化的学习和发展需要。

问题

我国在基础学校教育中实行了九年普及义务学校教育,普通高等学校招生数逐年扩大,实现了高等教育的大众化,已有一千多所高校,同时远程开放的网络学校教育也得到长足发展,学校教育的这些成就说明了社会经济对学校教育哪些方面的制约?

社会经济指的是整个社会的物质资料生产和再生产,物质生产活动是人类社会赖以生存和发展的最基本的社会活动,是其他一切社会活动的基础,也是和教育发生相互作用的最基本的方面,因此社会经济对教育的制约性实质上表现为社会物质生产活动对教育的作用,物质生产活动的核心要素是生产力发展水平,因此社会经济对学校教育的制约表现为社会生产力发展水平的要求。

(一)社会生产力发展水平决定着学校教育发展的总体程度

学校教育发展需要人力、物力和财力等物质性投入,这是学校教育发展不可缺少的必备的基本条件。从人力方面看,社会物质生产能力决定了能把社会中的多少人从物质生产中解放出来,拥有足够的时间去专门从事学校教育活动,学校教育发展的程度可以从社会能提供多少剩余劳动力的角度去衡量,社会物质生产能力越强,剩余劳动力越有时间和人力去从事学校教育;从财力方面看,社会生产力是人类改造自然获得生活资料的能力,生产力水平的高低决定着社会物质财富的多寡,决定了向学校教育领域投资的资金数量,大量事实表明生产力水平落后地区学校教育也是落后的;从物力方面看,学校教育物资水平、社会生产力水平和科学技术的进步相关联,学校教育物资包括足够的校舍、教室、实验室、操场、仪器设备、图书资料、运动器材和多媒体等电教设备,学校教育物资现代化的实现是以相应的社会生产技术现代化为前提的。

(二)社会生产力发展水平决定学校教育发展的规模与速度

任何社会学校教育发展的规模和速度既取决于物质资料生产能为学校教育的发展提供的物质基础,又取决于社会生产力的发展、社会再生产对劳动力的需求程度,一定社会学校教育发展规模和速度总是与一定社会生产力发展水平相适应。一个国家有多少人能够接受学校教育、接受什么类型的学校教育以及学科和专业的设置等,绝非由人主观决定的,而是由社会生产力发展的速度和水平决定的。在现代社会的发展过程中,有时会出现这种情况,当学校教育的发展规模和速度长时间落后于生产力发展的要求时,社会经济发展将会因人才的缺乏而受到阻碍,就需要重视办学兴教,使学校教育发展速度跟上社会的发展;但当学校教育的规模和速度超过了生产力的发展,则会使生产力难以承受,培养的人才过多,就业也十分困难,给经济社会的发展造成严重影响,则需要对学校教育发展进行及时调整。

(三)社会生产力发展要求人才培养规格和学校教育结构相应变革

社会生产力发展水平总是要求学校教育为其培养符合其要求的一定规格的劳动力(包括技术、管理人才)。在古代社会,由于生产力和科学技术发展迟缓和水平低下,学校一般没有培养生产劳动者的任务,只有培养政治人才的任务。到了机器大工业生产的现代社会,手工劳动被机器操作所替代,生产经验由个人的技能转化为知识形态,并被概括和总结为各种自然科学、工艺学等,劳动中的科技含量日益增加,社会生产的变革直接导致了对劳动者需求的变化。这一变化直接影响了学校的人才培养规格,它要求学校必须培养会读写算的工人和受过训练的工程技术人员与生产管理人员,而且随着生产力和科技的不断进步和发展,对劳动者的素质要求越来越高,劳动者的智力成分日益增加,这就意味着广大的劳动后备力量都必须经过学校来完成其学校教育与训练,劳动力的素质结构影响学校教育目的和课程设置。同时也要求学校教育结构随之改变,劳动力的类型和层次都受经济发展水平和产业结构所制约,从而制约着学校教育结构及专业设置,并影响相应专业、层次的教学内容的选择确定。学校教育为生产培养的人才即使在总量上有富余,也会出现结构性失调,即有的部门或类型人才奇缺,将严重影响生产与经济的发展,而且这种经济结构的不断调整和职业的不断变动提出了终身学校教育的要求。

(四)社会生产力发展要求学校教育内容和学校教育教学方法相应变革

生产力和科学技术促进了社会发展,同时也要求学校教育要反映生产力和科学技术的发展水平,学校教育内容和教学组织形式都要与之相适应。生产力水平极低的古代社会学校,学校教育教学的组织形式是个别面授,教学方法单一,由于其生产技术只是一种直接经验,大部都还没有发展成为与直接劳动相分离的独立的知识形态,主要通过直接经验来摸索,靠师傅带徒弟的方法来传授;学校教育内容普遍重文轻理,文科(包括神学)构成课程体系的中心,大多数是属于哲学、政治、道德、宗教等人文学科以及语言、文字等工具课程,与生产力直接联系的自然科学和技术方面的课程很少。在大工业经济时代,班级授课制成为学校教育教学的基本组织形式,多种教学方法结合;各门自然科学逐一地从自然哲学中分化出来,各自构成独立的科学体系。以西欧学校为例,在14世纪自然科学方面仅有算术、几何和天文学;从文艺复兴开始到16世纪中期,这方面的课程增加了地理学和力学;到17、18世纪,社会生产力和自然科学有了进一步的发展,这时的学校课程中又增加了代数、几何、植物学、动物学、物理学、化学等。特别是近几十年来科学技术和生产力的飞速发展,在课程的结构上普遍加强了数学和自然科学方面的课程比重。学校所传授的课程内容,其中有相当一部分是属于生产力和科学技术的范畴,这一部分教学内容的产生、发展和变革也是由生产力所决定的。实践证明,世界各国许多重大学校教育改革都是以课程改革、教学内容改革为核心。而每次重大的课程教学内容改革,都反映了生产和科技发展的新水平和新要求。

(五)社会生产力发展促进学校教育教学手段和学校教育组织形式的更新

社会生产力发展还促进了学校的物质设备、教学仪器和教学手段的更新。生产力发展促进经济水平提升,国家的财政收入增多了,有更多的财力和物力可以投入学校教育教学之中,加强学校教育的基本设施的建设。学校教育教学手段是一定的生产工具和科学技术在学校教育领域的运用,都是直接由生产力的发展水平所决定的,相应地影响教学方法和组织形式的运用,从而影响教学效果。在教学手段方面,随着现代大生产的发展,照相机、幻灯机、收音机、电影机、电视机、录音机等在近代相继进入教学领域。如今,电子计算机、人造卫星、互联网等,都被应用于教学,有利于学校教育的普及和提高。教学组织形式是与教学手段相联系的,随着科学技术的进步促进生产力水平的提高进而发展了国家的经济水准,学校教育教学也由个别教学、班级教学发展到远程教学和慕课等,扩大了学校教育教学范围,引起了学校教育组织形式的巨大变革。

三、社会文化对学校教育的制约

 案例2-3

从世界上看,各国文化传统具有很大的差异,在教育上也得到体现,如美国教育在于培养能适应"民主社会"要求的理想公民,有浓厚的实用主义色彩;英国看重涵养文化、陶冶品行及形成职能的训练,有明显的绅士教育的遗风;法国注重造就才智出众的精英;德国注重培养以国家为重的公民。中国是一个具有悠久历史和儒家文化传统的国家,儒家文化的价值取向一直对我国的教育、对年青一代的价值观的形成有着重要的影响。团结友爱、尊师爱生、注重集体利益、反对个人扩张、注重精神追求、注重人格气节、反对见利忘义等,都是中国传统文化价值观念中积极的值得发扬的因素。

问题

在各国文化传统与学校教育的关系中,体现社会文化对学校教育的制约内容是什么?

文化是以价值观念为核心的知识体系、语言符号、行为习惯、宗教信仰等生活要素的集合。学校教育与文化具有特殊性关系,一方面文化本身就是一种学校教育力量,文化是学校教育的内容;另一方面学校教育本身也是一种文化,学校教育是传递文化的工具,正是借助于学校教育,文化才得以延续和发展,因此人们有时将文化与学校教育视为一个整体。在文化的诸要素中,价值观处于核心的地位,每一个社会成员都生活在一定的文化氛围中,其价值观的形成,受一定的文化传统中价值取向的影响,社会文化对学校教育的影响是广泛而直接的,其对学校教育发展的影响和制约表现在以下方面。

(一)社会文化影响到学校教育的价值选择

价值是人类用于衡量达成精神共识所耗费的物质资源的尺度标准,价值选择是对人的生存活动或实践活动、实践方式的价值取向选择,文化的价值是在整个民族发展过程中形成的,承载在民族的特性之上,当一定的主体发现了能够满足自己文化需要的对象,并通过某种方式占有这种对象时,就出现了文化价值关系。一个民族的文化通常有其系统性以及与之一体适用的价值观,价值问题是文化的核心问题,价值取向对人们的教育思想、教育态度、教育行为等都具有深刻和统领性的制约作用,以价值为核心的文化必然影响着教育的深层理念进而制约教育目的、内容、方法以及制度和管理等方方面面。不同的社会如古代社会和现代社会、西方社会和东方社会,以及不同的国家,社会文化不同,教育的价值选择也不同,比如教育的目标涉及培养什么样的人,这与社会文化的价值选择有紧密的关系。

(二)文化知识制约学校教育的内容与结构

学校教育内容的丰富和更新取决于文化的发展。学校课程内容是根据学校教育目的和学生身心发展特点,从人类文化总体中精选出来的经过教育学加工而组成的课程体系。文化是学校教育的基础,学校教育本身并无固定的内容,各级各类学校的课程内容完全来源于社会文化,即为青少年儿童参加社会生活准备的必需的知识、技能、信仰、艺术、道德、法制、习惯等,因而民族文化将大大影响人们对学校教育内容的选择。学校教育内容来自社会文化,但不是社会文化的简单复制,学校教育要"以文化人",即通过传承和创新文化来培养人才,组成学校教育内容的文化有两个方面:一是当时社会中较为先进的文化知识,二是反映了社会文化经典、具有文化传统代表的知识。文化的发展变化还对学校教育内容结构产生深刻影响,不仅影响到课程的总体结构,还影响到课程的知识结构和每一门课程的内部结构,如现代社会课程总体结构强调人文与科学的平衡,课程知识强调整合,每门课程强调知识与能力的并重。

(三)文化模式制约学校教育的环境与策略

文化模式分为特殊的文化模式和普遍的文化模式两类。特殊的文化模式是指各民族或国家具有的独特的文化体系。各民族或国家之间有着不同的文化,即文化模式不同;普通的文化模式是指一切文化都是由各个不同的部分组成的,这种文化构造适用于任何一个民族的文化。文化模式这个概念是美国著名文化人类学家本尼迪克特率先提出的,她指出一个民族或一个地区的各种文化特质倾向于整合成一个首尾一致的文化模式。文化模式影响到学校教育的策略选择。学校教育的策略包括学校教育的手段、学校教育的方式方法等。例如中国传统儒家的文化模式和西方的文化模式不同,学校教育的策略也有区别,在学校教育过程中西方的师生关系更强调民主平等,教师犯错同样要向学生认错,是西方受到罪感文化模式的影响,人都要对错误进行忏悔和反省;而东方受到耻感文化模式的影响,师生关系更强调教师的权威和尊严,教师即使犯了错也羞于承认,教师认错是很丢脸的事情。东西方的这种师生关系之间的差异实质上是东西方文化模式不同的结果,每个人都置身于一定的文化模式之中,学校教育促进个人的发展,必须受到特定的文化模式的制约。

（四）文化传统制约学校教育的传统与变革

文化传统是一个民族文化的内在精神，形成了特定文化领域中人们所共同遵守的规范。学校是社会的子系统，它所培养的人是服务于社会的，因而学校教育就一定要反映当时社会的文化规范，以便能培养出符合社会文化发展要求的人才。文化传统越久，所形成的惯性力量越大，对学校教育传统变革的制约性越大。中国文化传统对学校教育变革的影响主要表现为学校教育价值观方面，比如重功利轻发展、重共性轻个性、重服从轻自主、重认同轻创造的学校教育价值观等，这些学校教育价值观作为一种文化传统渐变为学校教育传统，进而影响到学校教育改革的政策。当代功利主义、物质至上、消费主义等思想盛行，传统文化进一步式微，多元文化的态势日趋明显，随着社会科技的发展，文化通过各种途径对人们产生的影响将越来越广，它们的作用也越来越为人们所重视，特别是对青少年或学校教育的影响更是不可低估。

四、社会人口对学校教育的制约

案例 2-4

1959年12月在巴基斯坦第一大城市卡拉奇制定了世界性的"卡拉奇教育发展规划"，由亚洲地区15个国家的代表共同制定，以小学入学率和小学生绝对数量的增加为指标，确定了亚洲地区15个国家到1980年实现小学义务教育的发展战略目标。1971年6月在新加坡召开了由15个国家教育部部长以及经济规划负责人参加的亚洲第三次地区会议，并对完成这一战略目标的进展情况进行了全面的检讨。结果发现，"卡拉奇教育发展规划"中有关增加小学生数量的目标能够预期完成，但是实现入学率大幅度提高的战略目标的可能性实在是微乎其微，原因很简单，制定此规划以后的10年间，人口增长率大大超过了当时的"卡拉奇教育发展规划"所预计的人口增长率。

我国各地区人口分布极不平衡，江苏省人口密度为每平方千米577人，而西藏每平方千米不足3人；江苏拥有70多所高校、210多所中专、4 700多所普中、440多所职中，西藏只有4所高校（每所在校生平均800人）、近20所中专、70多所普中、1所职中。不同密度的人口分布不仅决定着教育发展的规模和学校布局，而且影响着教育者人均教育费用。

问题

通过"卡拉奇教育发展规划"受阻和我国的人口分布与学校数量，你能推论出社会人口对学校教育的影响吗？

人口通常是指生活在一定社会、一定地域和时间，具有一定数量、质量和结构的人的总数量。人口构成了一个内容复杂、综合多种社会关系的社会实体，学校教育作为培养人的社会活动，无法忽视一个社会中人口的状况对学校教育的制约，学校教育和人口之间有着相互制约和相互促进的内在联系，人口增长速度的快慢、数量的多寡、质量的优劣都同学校教育有着密切的关系。从单一方面看，人口对学校教育的制约作用体现在以下几个方面。

（一）社会人口总量影响学校教育发展的规划

近代社会以来大工业发展迅猛，要求学校教育为之培养相适应的人才，学校教育作为社会中的一项公共事业得到了认可和确立，普及义务学校教育成为社会发展的一个需求，由此，作为公共事业的学校教育与社会中人的总体发生了联系。学校教育规划要明确学校教育发展的目标和任务,而人口数量的变化为学校教育提出了许多新问题和新任务,如果在规划期间,人口总量发生变化,就会影响目标的达成。学校教育任务的完成不仅要符合学校教育发展的特点和需要,还受到人口等客观条件制约,在现有学校教育条件一定的情况下,人口数量大就会将学校教育重点放在普及数量上,而人口数量少就会将学校教育重点放在提高质量上。

(二)社会人口数量影响学校教育发展的规模

社会人口数量是决定学校教育需求的一个重要因素,在一定的生产力发展水平下保持一定质量和数量的人口,得以让社会的生产和生活赖以持续进行和发展。人口增长率的变化,是影响学校教育发展规模的因素之一,在20世纪60年代前后,大多数发展中国家人口增长进入了高出生和低死亡率构成的高增长,学校教育规模和速度迅速发展阶段,学校教育逐步得到普及,义务教育的年限不断延长。随着发达国家人口增长出现低出生和低死亡构成的低增长阶段,这些国家学校教育的发展重点不是量的扩大而是质的提高,继续学校教育、终身学校教育得以迅速发展。促进学校教育规模和速度迅速发展,除了政治、经济、文化等因素外,人口增长也是其中一个重要因素。

(三)社会人口结构影响学校教育发展的结构

学校教育结构指各级各类学校、各种专业、各种强度学校教育的构成。"级"即学校的层次水平,"类"即学校与专业的种类。人口结构是指人口按照某一性质划分的集合及其不同性质的人口集合之间的比例关系,人口的年龄结构对学校教育的制约表现在学龄人口数量对学校教育规模及学校教育投入的影响。国家为了满足学龄人口的学校教育需求及相应的学校教育机会,需要在学校教育机构的数量和质量、师资培养、学校教育经费预算、校舍和学校教育设备配置等方面做好人力、物力和财力的准备。人口的就业结构是指劳动力在国民经济各部门中就业人员的比例,科学技术的迅速发展和经济结构的显著变化主要表现为劳动力的转移:① 从农业、工业向服务业转移;② 从体力劳动向智力劳动转移;③ 从一般技术向高新技术转移。转移结果是服务行业、智力劳动、高新技术生产部门就业人员比例加大,一般技术、体力劳动部门就业人数逐渐减少,就业结构的变化决定了就业人员知识结构的变化,就业结构的复杂性决定了学校教育结构的多样性。

(四)社会人口分布和流动影响学校教育资源的分配

社会人口分布是指在一定区域内的人口增长状况和实居地的人口密度,人口的地理分布和流动是政治、经济、历史、自然环境等多种因素综合作用的结果。人口密度大,学校布局密集,学校教育事业发达;人口密度过于稀疏,常常出现学校布局不合理,学校人数过少,学校教育资源利用率不高,影响该地区学校教育事业的发展。在人口分布合理的地区,学校教育相应地比较发达,能够从容发展。人口流动给学校教育也提出新的课题,近年来,我国人口流动有三种类型:一是城乡流动,主要是农村向城镇流动,出现流动儿童和留守儿童的学校教育问题,一方面农村村小生源减少实行撤点并校,另一方面加重城市的基础学校教育负担;二是贫困地区向经济发达地区流动,造成了人口分布不均,发达地区人口更密集,贫困地区人口更稀疏;三是向经济发达国家流动的移民,这是一种人力资源的丧失,因为流动的大多数是人口中文化水平较高的部分,大量流动会影响人口的质量。

(五)社会人口质量影响学校教育发展的质量

社会人口质量是一个反映人口多种构成的综合概念,常以人口的平均寿命、健康状况以及人们所具有的科学文化水平为指标,即受大、中、小学学校教育人口占社会总人口的比重,青少年人口中文盲与半文盲的人数及其人口总数中所占的比例,每万名职工中拥有工程师人数,以及具有掌握现代尖端科学技术的科研队伍状况。社会人口质量对学校教育质量的影响表现为三个方面:第一,人口中学校教育者的素质和质量是决定学校教育质量的关键;第二,人口中入学者在入学前已具备的素质和质量水平,对学校教育质量和发展水平都有很大的影响;第三,人口中年长者的素质影响着学校教育质量,年长一代对新生一代的影响是多方面的,具有一定文化水平的父母,才会重视优生和养育儿童的科学问题,老一代人的文化素养和道德水平构成新生一代生长之中的文化环境和社会环境,以耳濡目染的方式渗透到新生代的心灵之中。学校教育的质量还与社会、家庭对学校的期望、支持与协作程度有关,而这些方面都反映着社会现有的人口质量状况。

总之,学校教育是作为社会系统中的子系统而存在,不能脱离于社会而独立存在,教育的发展必定要受到整个社会发展的制约,包括社会的生产力发展水平、政治经济制度、文化传统和社会人口等因素,都对教育产生制约和影响,教育也要适应社会发展。教育的发展也只有立足于社会的现状与发展趋势,才能寻求到最佳的发展空间。

大家谈

1. 学校教育受到社会的制约,联合国教科文组织在《学会生存——教育世界的今天和明天》的报告中提出"教育先行"现象,你如何认识教育要先行?

2. 20世纪末我国出现了"教育产业化"观点,你认为该观点的危害性在哪里?

3. 当代社会出现了很多新变化,比如社会面临的全球化、信息化与城市化等现象,你如何看待这些新的社会现象对教育的影响与制约?

4. 家庭作为社会的细胞在当代也出现了很大的变化,如何看待家庭结构等方面的变化给教育带来的新挑战?

第二节 学校教育的社会功能

学校教育的社会功能是指学校教育活动自身具有何种能力以及学校教育对社会发展所产生的各种作用和影响,属于教育的派生功能(也称为工具功能),育人功能才是教育的本体功能。学校教育功能历来成为人们关注的焦点,一方面学校教育功能反映出教育的本质和教育的价值,有助于加深对教育本质和意义的认识;另一方面对于教育正向功能的实际发挥也大有裨益,学校教育功能在与人、与社会的相互关系中,体现出对社会所产生的作用或效果,对于促进社会文明进步方面具有重要作用。教育社会功能发挥效果好,促进了社会政治、经济、文化等方面的发展,反过来将有益于教育对人的培养。

一、学校教育的政治功能

案例 2-5

名牌学校在培养高级专门人才方面的作用尤为突出,国家高级政治领导人大多毕业于名牌大学。在英国,首相、国民议员有很大部分毕业于牛津大学、剑桥大学;在美国,高级政治人才大多毕业于哈佛大学、耶鲁大学等知名大学;在日本,很多高级人才毕业于东京大学;在中国,很多高级人才毕业于清华大学、北京大学等国内一流大学。

> 问题：学校教育如何通过培养人来对政治产生影响？

政治是人类历史发展到一定时期产生的一种重要社会现象，东西方或不同时代的政治家对于政治的理解并不相同，因此，政治没有公认的确切定义。从词源上看，"政治"一词是指城邦中的公民参与统治、管理、斗争等各种公共生活行为的总和。现代政治具有制度形态、活动形态、机构形态、观念形态等不同的表现形态，使得我们可以对政治加以具体把握。

（一）通过学校教育可以培养合格的政治公民

公民是一个法律概念，强调个体以一个国家成员的身份，参与社会生活、享受权利和承担义务。一个合格的政治公民，要了解基本的政治规范和常识，形成对政府、政党、政策等的肯定认同态度。中国最早的一部教育专著《学记》开篇就高度概括出了教育的政治功能——"建国君民，教学为先"，"君子如欲化民成俗，其必由学乎！"教育活动承担着使其社会成员对国体、政体、政治制度、法律制度等的普遍拥护和认可的重要使命，学校设置的政治课、品德课、公民课，直接向年青一代传递一定的政治价值和规范，系统地进行政治思想教化；带有某种政治立场或政治倾向的教师，在教育过程中也以这样或那样的方式影响学生，此外，学校还组织学生参加一定的校内外政治活动，强化和调整他们的政治思想。由此可见，学校教育在培养合格的政治公民方面具有直接的重要作用。

（二）通过学校教育可以培养高素质的政治人才

合格的政治公民是各种专门的政治人才基础，拥有大批政治素养较高的人才是管理国家和促进社会发展的重要条件，现代社会学校已经成为直接或间接培养政治人才的主要场所。随着科学的发展和政治活动日趋复杂，要求专门从事政治活动的人必须具备较高的科学文化水平、政治素养和从政与管理的能力，因此，通过办一些专门培养政治干部或提高干部水平的学校，以系统教育的方式来培养政治人才的趋势日益明显，如我国的党校、行政干部管理学院与培训中心等，对于执政党来说，提高党员的文化素养和政治觉悟，也是提高执政党领导水平，使党制定的方针、政策得以贯彻的重要保证。

（三）通过学校教育可以促进社会政治民主

民主政治的核心是人民当家做主，即人民能参与国家事务，参与对国家事务的监督和管理，享有管理政治生活、经济生活、文化生活和社会生活的权利。人民怎样才能关心、参与政治活动和国家的管理呢？最基本的一个条件就是人民群众要有一定的文化水平，历史表明，文化教育的落后，往往是产生和盛行政治上的偏激、盲从、专制主义的原因之一，而教育上的兴旺发达，又是政治上实现民主、进步的基础性保证。通过教育自身的民主化，还能养成年青一代的民主意识和民主观念，比如教育制度的民主化、受教育权利的民主化、教育决策与管理的民主化、教育资源分配的民主化、师生关系的民主化、教学过程的民主化等，都可以营造一种平等、自由、合作的民主氛围，对学生具有潜移默化的作用。

（四）通过学校教育制造政治舆论和思潮以传播思想

学校是知识分子和年轻人集中的地方，尤其是高等学校中的高级知识分子和学生们的知识丰富，思想活跃，眼光敏锐，批判意识强，具有超越和变革现实的强烈冲动，理性与情感兼备。因此，学校是研究、探讨和传播各种政治思想，形成各种政治思潮比较集中的地方，是政治上的新思想、新思潮的策源地和"集散地"，也是社会政治最为敏感的地方之一，高校师生的政治思想状态往往成为一个国家政治形势的"晴雨表"，政治运动也会从这里发端。

二、学校教育的经济功能

案例 2-6

据统计数字显示,我国大学毕业生的数量逐年增加,2000年我国大学毕业生超过212万人,2004年达到280万人,2005年338万人,2006年413万人,2007年495万人,2008年559万人,2009年611万人,2010年631万人,2011年660万人,2012年680万人,2013年699万人,2014年727万人。同时我国的国家重点实验室有100多个是依托高校建立的,占全国的三分之二强,有近30个工程研究中心和工程技术中心,形成了一批科学研究和工程技术开发基地,承担了约三分之二国家自然科学基金项目和14%以上的国家科技攻关任务。全国"两院"院士的37%以上集中在高校,全国重大科技成果的1/3出自高校。目前,我国高校从事科学技术研究与开发的人员约为67万人,占全国科技力量的22%,每年完成的科技成果和发表的科技论文约占全国总量70%以上。

这些数据说明学校教育在社会经济发展中起了什么样的作用?

教育的经济功能不是说教育能直接产生经济效益,而是通过提高生产力来推动经济发展,生产力是教育和经济发生关系的中介和桥梁。传统生产力要素包括劳动者、劳动对象和劳动工具,其中劳动者是人的因素,劳动者的素质在很大程度上决定了生产能力和水平,是生产力当中最具活力和决定性意义的因素;现代经济学观点普遍认为科学技术也是生产力,科学技术可以分别"附着"在劳动者、劳动工具和劳动对象上,进而有力地推动生产力的发展和经济的增长。因此,教育的经济功能体现在以下两方面。

(一)通过学校教育实现劳动力再生产和劳动力素质提高

劳动力就是人的劳动能力,包括体力和智力两个方面。劳动力再生产包括两个方面的内容和过程[①]:一是人的身体发育成熟的自然成长过程,主要形成人的体力;二是通过教育和训练使劳动者掌握劳动知识经验和技能技巧的过程,形成劳动者的智力和脑力。一个人在没有掌握劳动的知识经验和技能技巧时,还只是一个可能的劳动力,只有通过一定的学校教育和训练,掌握了劳动的知识经验和技能技巧,从可能的劳动力转化成为现实的劳动力,才能顺利地从事生产劳动,从这个意义上说,学校教育是劳动力再生产的基本途径。

学校教育还可以实现劳动力素质提高。现代社会经济增长更多依赖于劳动者素质特别是智力和脑力的提高,学校教育可促使劳动者素质提高。劳动力素质高表现在:第一,提高对生产过程要求的理解程度和劳动技能技巧的熟练程度,从而提高工作效率;第二,能合理操作、使用工具和机器,注意对工具机器的保养和维修,减少工具的损坏率;第三,提高学习知识和技能的能力,能缩短学习新技术或掌握新工种所需的时间;第四,提高创新意识和创造能力;第五,提高加强生产管理的愿望与能力。这五个方面都可以通过学校教育来实现。[②]

---

① 王守恒.教育学新论[M].合肥:中国科学技术大学出版社,2005:58-59.
② 叶澜.教育概论[M].北京:人民教育出版社,1991:133-134.

（二）通过学校教育实现对科学技术的传递、研究和创造

科学技术是一种知识形态的生产力,而技术是直接的生产力要素,科学技术不会自动"附着"在劳动者、劳动对象和劳动工具身上,它需要通过学校教育实现对科学技术的传递、研究和创造。首先,通过学校教育使人掌握一定的科学知识、生产经验和劳动技术是对科学技术的传递,也可称为科学技术的再生产。学校教育可以高效能地扩大科学技术再生产,将少数人掌握的科学技术在短时间内为更多人所掌握,使科学技术得到普及,先进的生产经验得到推广,从而提高劳动生产率、促进生产力的发展。其次,通过学校教育对科学技术进行基本研究及科技创新。由于高等学校学科设置齐全,知识密集,专家学者集中,还存在大量的研究所和实验室,使得科研力量比较集中,有利于开展各项科技研究。再次,高校除了创新科技之外,还进行科研成果的转化,将知识形态的科技成果"并入"生产过程,从潜在的一般生产力转化为现实的社会生产力,发挥为社会经济服务的功能。

三、学校教育的文化功能

案例 2-7

人类学家玛格丽特·米德在《代沟》一书中,从文化传递的方式出发将整个人类的文化划分为三种基本类型:前喻文化、并喻文化和后喻文化。前喻文化,是指晚辈主要向长辈学习;并喻文化,是指晚辈和长辈的学习都发生在同辈人之间;后喻文化,则指长辈反过来向晚辈学习。在前喻文化中,整个社会的变化十分迟缓微弱,是封闭式文化,拒绝变化,长辈的过去就是每一个新生世代的未来,前喻文化是老年文化。后喻文化是青年文化,其代表是孩子,而不是父母和祖父母,年轻人按照自己的首创精神自由行动,他们能在未知的方向中为长者引路,后喻文化是开放性的文化。

问题

从人类文化类型的划分中,你能得到学校教育对社会文化功能的哪些启示?

文化在广义上指人类在社会生产实践过程中创造的物质财富和精神财富的总和,由价值观、规范准则、意义与符号、物质文化等要素构成。文化在狭义上指社会的精神文化,即社会的思想道德、科技、教育、文学、艺术、宗教、社会习俗及制度规章等的复合体,由社会客观精神文化和主观精神文化构成。客观精神文化是人类主观精神的外化与客观化,如自然科学和社会科学理论、文学艺术作品、科学技术知识、社会法律条文等;主观精神文化是一定文化共同体中的人类在其长期社会活动中逐渐形成的文化倾向,如思维方式、价值取向、审美情趣、道德观念等。学校教育的文化功能指一般意义上的狭义文化,具体表现在以下几个方面。

（一）传递和保存文化

文化传递和保存是文化纵向的发展,人类文化的延续和传承首先要通过诸如实物的保存、运用语言文字在内的各种符号的记录等方式加以保存和继承,但实物和符号作为一种物质或客观化的手段,对于文化的延续是不够的,如果没有理解和懂得使用这些物质载体的人,有价值的文化只能淹没在历史之中成为死物、"废物",是人让文化活了起来。学校教育是文化传承的极为特殊和重要的方式,通过让人学习文化而使文化得到传递和保存,学校教育对于文化的保存和传递更具系统性、高效性和长久性,可以说传递和保存文化是学校教育的本体功能之一。

(二) 传播和交流文化

文化的传播和交流是文化横向的扩散,文化传播与交流可通过多种途径,如经济领域的商贸往来、军事领域的战争、宗教领域的传教活动、体育领域的竞技比赛、文艺领域的访问演出等,学校教育是传播和交流文化的重要途径之一。学校教育通过交流活动(如互派留学生、国家之间的文化交流与传播等),教育过程本身对不同文化进行学习、选择、创造来达到传播和交流文化的结果。学校教育传播文化是一个筛选的过程,是对文化的选择、重构和创造,这一过程实现了文化的融合,同时学校教育传播文化还具有较强的系统性。

(三) 选择和批判文化

教育要按照严格的标准进行文化选择。有学者提出从社会文化到教育材料的三度筛选,即"从一般文化中选择有文化价值的文化;从有文化价值的文化中选择合乎社会中占主导地位的价值观的文化,即所谓的主流文化;从符合社会主导价值观的有文化价值的文化中,挑选出具有教育价值的文化"。[①] 教育实现其选择文化的功能,一是通过教育目的或培养目标来选择文化;二是通过对教育内容的确定来选择文化;三是通过教师实现对文化的选择;四是通过校园文化的选择来实现对文化的选择。学校教育对文化进行选择的过程也是批判的过程,批判是选择的深化,具有改造和净化的功能。学校教育的文化批判功能,是指学校教育按照其价值目标和理想,对社会现实的文化状况进行分析,做出肯定或否定的评价,引导社会文化向健康的方向发展。

(四) 创造和更新文化

文化在传承过程中会有信息量的损失,再加上选择的话,文化量势必越选越少,因此学校教育的文化创造与更新功能对文化的"生存"和发展都具有极为重要的意义。学校教育创造文化的直接途径是教育直接生产新的文化,包括新的作品、新的思想和新的科学技术,如教师通过科学研究创造知识;间接途径就是创造性人才的培养,也是最根本的途径,学校教育通过传授人类精致的文化,培养人的个性和创造力,并将这种创造力的人才输送到社会各行业中去,他们在各自的岗位上直接从事文化活动,实现文化的创造与更新。

四、学校教育的人口功能

案例 2-8

美国有线电视新闻网 2011 年发布的数据显示,美国抚养孩子到 18 岁的费用约 22.69 万美元,10 年来上涨了 40%。这笔费用包括从孩子出生到 18 岁所需的除高等教育以外的各项开支。以中产阶级双亲家庭为标准计算,2000 年每个家庭抚养一个孩子从小到大所需的开支总共约为 16.5 万美元,即平均每年 9 200 美元。现如今,抚养一个孩子需要约 22.69 万美元,平均每年 1.26 万美元,这其中包括价格不菲的学前教育。38 岁的塞拉芬尼在接受采访时表示,两个孩子上幼儿园的费用占她年收入的 30%,而 31 岁的海蒙德则开始精打细算,给孩子交托费和让妻子辞去工作照顾孩子哪个给家庭带来的损失更小。如果再考虑到孩子上大学的费用,美国家庭还有一笔不小的开支,私立大学的学费通常超过六位数。也有一些美国年轻人因为惧怕成为"孩奴",不愿为人父母。据美国人口普查局数据,与 2007 年相比,2010 年的美国人口出生率下降约 10%。

---

① 励学琴.教育学是什么[M].北京:北京大学出版社.2006:351.

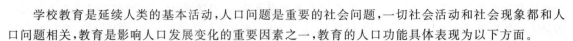

 学校教育在控制社会人口方面扮演着怎样的角色?

学校教育是延续人类的基本活动,人口问题是重要的社会问题,一切社会活动和社会现象都和人口问题相关,教育是影响人口发展变化的重要因素之一,教育的人口功能具体表现为以下方面。

(一)学校教育能够控制人口数量

学校教育能够控制人口数量取决于多种因素。① 学校教育程度的提高可使人们更倾向于用现代的、科学的眼光看待生育的价值观和社会风俗,打破"养儿防老""多子多福""重男轻女"等观念的束缚,更注重孩子能否健康成长、能否受到良好教育以及孩子的未来发展和事业成就上,将精力集中在一个或者两个孩子身上。② 学校教育程度的提高可使人们更容易理解人口增长与经济、社会发展间的相互制约关系,乐于支持政府计划生育的号召。③ 学校教育程度的提高可使人们往往更重视自身价值的实现和对人生幸福的追求,不愿意因多生育而耽误自身的发展和生活的美满。④ 学校教育程度的提高增加了妇女就业的机会,提高了妇女养育儿童的难度,人们愿意减少生育数量。⑤ 随着受学校教育年限的延长,男女结婚和生育的年龄一般会往后推移,而妇女结婚越晚,代际的数量就会越少。⑥ 社会对劳动力的文化要求提高,必然增加家庭的教育投资,增加了抚养儿童的费用,也会减少儿童的出生数量。

(二)学校教育能够提高人口素质

人口素质包括人口的身体素质、文化素质、道德素质等方面,身体素质是人口素质的自然条件和基础,文化素质是人们认识和改造世界的能力,道德素质是支配人们行为的精神境界。人口素质受很多方面的影响,教育在提高人口素质方面特别是对文化素质和道德素质所起的作用上更直接更有效,这是由教育活动的目的和功能决定的。学校教育就是要培养符合社会需求的有知识、有文化、有理想、有道德的社会公民,促进个体的个性完善和社会性成熟,一个国家人口素质的高低很大程度上取决于教育水平的高低,任何一个国家都把不断提高教育质量作为提高国民素质的重要途径。

(三)学校教育能够调节人口结构

人口结构包括人口自然结构和社会结构,自然结构包括年龄、性别等,社会结构包括人口的文化结构、职业结构、民族结构等。学校教育可以改变女性的生育观,使她们摆脱"重男轻女"的传统意识,顺应自然的性别结构;学校教育对人口年龄结构的影响主要体现在生育率的降低,导致人口老龄化倾向;学校教育的全民化和终身化可以提高人口的文化水平,通过培养相关专业的专业人才,引导、促进行业和职业结构的调整,完善从业人员的职业结构。总之,学校教育是影响和改变人口结构的重要因素。

综合学校教育的社会制约性和社会功能两个方面,可以看出学校教育有自身的特点:学校教育的存在具有必然性,是人类社会自身的需要;学校教育自身也具有质的规定性,学校教育这种现象与社会的其他现象不同;学校教育具有永恒性和继承性,随着人类社会的产生和发展而变化;学校教育还表现出对社会的能动作用,学校教育自身构成一个相对独立的社会活动领域,进行学校教育系统的自我更新改革。学校教育的独立性是相对的。学校教育的相对独立性是指在一定的社会历史背景下,学校教育作为一种特殊的社会实践活动有自己的基本规律或基本原则,这些基本规律或原则必须得到尊重或遵守,否则学校教育实践就不能实现自己的目的。学校教育的相对独立性要求学校教育既要适应社会发展的需要,又要批判和超越社会发展的需要;学校教育不仅是一种改变现实的力量,更是一种孕育未来的希望。学校教育的相对独立性启示我们,办学校教育既是一种投资也是一种消费,既是一种社会发展的工具,也是一种受到资源约束的事业,学校教育与社会发展具有不平衡性,社会发展要求学校教育具有先行性,学校教育要指向未来,具有预见性,为社会培养新人。

大家谈

1. 学校教育的社会功能基本包括政治功能、经济功能、文化功能和人口功能,但这并不是教育社会功能的全部内容,除此之外,学校教育的社会功能还包括哪些内容?
2. 你是否体会到学校教育对社会系统、社会各个方面以及社会发展的不可或缺的巨大价值?应给予教育怎样的重视和尊重?
3. 学校教育对社会发展具有促进功能的同时,是否也有对社会发展的消极影响?如何看待学校教育对社会发展的负功能?
4. 学校教育的社会制约性和学校教育的社会功能之间谁是具有决定性的?
5. 认识教育的社会功能应该以教育和社会发展的相互关系为背景,绝不能单单从教育出发去认识其社会功能,防止犯教育万能论的错误,说说你所知道的教育万能论的观点。

课后研究

请访问老、中、青三位教师,记录一下他们那个时代的社会是什么样,他们所受到的学校教育是什么样,将三位教师所受的学校教育进行对比,你能得出怎样的结论?

访问时请先设计好访问提纲,做好访谈记录,然后结合相关文献资料写成一篇访谈报告。

在线学习资源

1. 中国教育-中国教育和科研计算机网 CERNET,http://www.edu.cn/jiao_yu_yan_jiu_144/
2. 教育发展研究,http://www.cnsaes.org/homepage/html/magazine/jyfzyj/
3. ICPSR Web Site,http://www.icpsr.umich.edu/icpsrweb/ICPSR/

补充读物

1. 柳海民.教育原理[M].北京:高等教育出版社,2011:57-85.
2. 叶上雄.教育学[M].北京:人民教育出版社,2009:30-48.
3. 全国十二所重点师范大学联合编写.教育学基础(第2版)[M].北京:教育科学出版社,2008:31-57.
4. 袁振国.当代教育学(第3版)[M].北京:教育科学出版社,2004:65-81.
5. 冯建军.现代教育学基础[M].南京:南京师范大学出版社,2003:207-221.
6. 叶澜.教育概论(第二版)[M].北京:人民教育出版社,1999:104-182.
7. 胡德海.教育学原理[M].兰州:甘肃教育出版社,1998:294-311.

第三章　学校教育与人的发展

学习目标

1. 认识人的基本属性和受教育的可能性。
2. 掌握人的身心发展规律及其对学校教育的制约性。
3. 掌握学生的年龄特征及其对学校教育活动的影响。
4. 理解人性假设对学校教育的影响。
5. 掌握个体发展含义及其影响个体发展的因素。
6. 掌握学校教育促进个体发展的功能。

内容提要

学校教育与人的发展是教育学的一个永恒问题。人有自然属性、社会属性和精神属性,人具有接受学校教育的可能性,是因为人的不确定性,人的发展有无限潜能和方向的多维性,并且人的本质是永远开放和不断生成。人的身心发展具有顺序性、阶段性、不平衡性和差异性,表现在学生身上就是学生的年龄特征,这些要素都对学校教育具有制约性,对人性的假设也影响了学校教育理论倾向性。影响人个体的发展因素有遗传、环境、学校教育、主体性和实践活动,学校教育具有促进个体的个性化和社会化的功能。

学校教育与人的发展问题是教育学中的一个永恒问题,学校教育是基于人的生存和发展需要而产生的,所有学校教育主张都对人的发展做出了自己的阐述,并期待学校教育能对人的发展起促进或价值导向作用。学校教育作为培育人的活动,不可能脱离人的客观规定性来进行,要受到人的自身客观条件的制约,要以人自身条件为基础。人自身的客观条件包括两个方面:一是从总体上来说的人的数量,通常指居住在一定地域内或一个集体内的人的总数,也称人口;二是从个体上来说的人的质量,指人的行为和作风所显示的思想、品性、认识等实质,人的实质受到人身心发展规律的制约,形成了个体人独自的特性。本章着重讨论学校教育和人的发展关系,人的发展规律和理论对学校教育的制约,以及学校教育对个体发展的促进作用。

第一节　学校教育的人的制约性

人是谁?这是一个千古之问,对于人的认识也是困惑人自身的一道难题,人对自我认识的每一次突破都标志着人类认识水平的极大提升。人是社会实体与自然实体的统一,人的自然属性是指人的生物性,它构成了人发展的物质基础,而人的社会属性是人的本质属性,反映了人类社会关系的总和;人也是共性与个性的统一,共性是人在类的层面上的一致性,个性是每个人自身的独特性,由每个独特的个体组成了群体,人的个体与群体也是相统一的,通过群体每一个个体才能从一个自然人转化成为一个社会人;人还是身体与心理的统一,人就是运用体力和脑力去认识自然改造自然,并在运用这些力量的过程中发展人自身的属性。

一、人受学校教育的三重性存在

案例 3-1

1920年,在印度加尔各答东北的一个名叫米德纳波尔的小城,人们常见到有一种"神秘的生物"出没于附近森林,往往是一到晚上,就有两个用四肢走路的"像人的怪物"尾随在三只大狼后面。后来人们打死了大狼,在狼窝里发现了这两个"怪物",原来是两个裸体的女孩,其中大的年约七八岁,小的约两岁,她们被送到米德纳波尔的孤儿院去抚养,分别取名卡玛拉和阿玛拉。第二年小女孩阿玛拉死了,而卡玛拉一直活到1929年。

据记载,印度"狼孩"刚被发现时用四肢行走,慢走时膝盖和手着地,快跑时则手掌、脚掌同时着地;她们喜欢单独活动,白天躲藏起来夜间潜行,怕火和光还怕水,不让人们替她们洗澡,不吃素食而吃肉,吃时不用手拿而是放在地上用牙齿撕开吃;每天午夜到凌晨三点钟,她们像狼似地引颈长嚎,饥时觅食饱则休息,很快学会了向教养员去要食物和水,如同家犬一样;很长时间内对别人不主动发生兴趣,她们没有感情,只是当阿玛拉死的时候,人们看到卡玛拉"流了眼泪——两眼各流出一滴泪"。

据研究,七八岁的卡玛拉刚被发现时,她只相当6个月婴儿的状态,人们花很大气力都不能使她快速适应人类的生活方式,2年后她才会直立,6年后才艰难地学会独立行走,但快跑时还是四肢并用;4年内只学会6个词,听懂几句简单的话,7年内才学会45个词并勉强地学会几句话,直到死也未能真正学会讲话;在最后的3年中,卡玛拉学会在晚上睡觉,也怕黑暗了,不幸的是就在她开始朝人的生活习性迈进时死去了,估计卡玛拉死时已16岁左右,但她的智力只相当于三四岁的孩子。

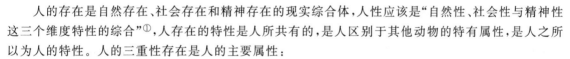

根据狼孩的种种表现,狼孩和正常人的区别是什么?狼孩能否称为人?

人的存在是自然存在、社会存在和精神存在的现实综合体,人性应该是"自然性、社会性与精神性这三个维度特性的综合"①,人存在的特性是人所共有的,是人区别于其他动物的特有属性,是人之所以为人的特性。人的三重性存在是人的主要属性:

(一)人具有自然属性

人是自然界的一部分,人的生存离不开自然界,人的生命存在需要阳光、空气和水分,人的生长和繁衍需要食物、性、睡眠和休息,人的生命有自然周期,生老病死,从无到有,生生不息。人的成长由先天的因素和后天的因素两方面来决定,先天的因素归根结底是基因型决定的,后天的因素可以归结为人的营养和卫生状况、教育与环境的影响以及个体的社会实践等方面。人要受自然规律的支配而不能违背自然规律,人的自身生物机体服从生物发展的规律,人的自然属性是人与动物相同的属性,是人类得以生存和延续的前提条件。人的自然属性表明了人和动物的联系和共同性,而不能说明人和动物的根本区别,它不能把人和动物区别开来,因而不是人的本质属性,因为本质属性不仅是该类事物的共性,而且是区别于他事物的特性。

---

① 王坤庆.教育基本理论研究[M].合肥:安徽教育出版社,2008:166.

(二) 人具有社会属性

首先,人是社会的产物。人的社会属性是由人的社会关系规定的,人类在共生关系中具有相互依存性,个人与社会是相互依存的,人降生到这个世上就融入了人类社会,单个人不能完全独立地脱离社会而生存发展,社会是人的社会,人是社会中的人,社会化程度越高,人对社会的依赖程度也就越高。在社会中,人类通过交往实现各种信息的传递,使彼此之间相互了解。人们在交往中的接触和联系是互动性的,这种互动性主要体现的是一种人与人之间的合作和竞争关系。在交往中人们必须有一些共同遵守的准则,来协调人们之间的关系,产生了社会关系的规范性,处在社会关系中的人,规范性是其社会属性的最根本的特征。人的社会属性丰富与发展的过程,实质上就是个体的社会化过程,同时也是人的个性化的过程,社会化保证了人类社会的延续与文化的传递,个性化使得个人可能具有超越现实而又改善现实的独特性与创造性,人的个性化与社会化具有同等重要的地位。

其次,人的活动具有社会性。人在社会中生活要开展各种各样的活动,人的活动既有生产性活动,也有非生产性活动,但不管怎样人的活动都是在社会关系中进行的。人不能离开劳动,劳动创造了人们的物质生活条件和精神生活条件,劳动不仅是人的自我肯定手段,是人活动的基本形式,还是人类的本质活动,通过劳动,人既确定了对自然界的统治,又确立了自己的本质。劳动不仅是生产人类所需物质的手段,而且是人的自我肯定和自我实现的手段。劳动是人的体力和智力获得发展的条件,也是人类社会历史发展的条件。人们将劳动的成果进行交换,在交换过程中构成了丰富的生活内涵,交换离不开人际活动的交往,而交往活动是社会性的,人们的生活也必然是社会性的。

(三) 人具有精神属性[①]

首先,人类精神活动的第一个重要特性是人的能动性。人的能动性表现为人对外部世界反映的目的性、主动性和选择性上,人从来不是消极地适应客观现实,而是通过自身的主观努力积极地、有目的有计划地认识客观世界、改造客观环境,从而使客观世界更好地为人类服务。精神活动的创造性是能动性的最高体现,人的精神活动的创造性表现为人具有创造和超越现实的能力。每个个体的精神活动都可以创造文化,文化通过人的传承和发展可以超越时空的限制,成为一种独立的永恒的存在,精神的能动性为人的发展提供了无限的可能性。

其次,人类精神活动的第二个重要特性是自我意识。在反映客观现实中,人不仅能够认识外部客体,而且也能够认识自我本身,认识自己的生理、心理世界,把自己从周围世界中区别开来,看清自己和他人、和世界的关系。由此出发,人类就开始了从自在性存在向自为性存在、从生物本能向自由自觉发展的历程,从而也开辟了人类自我控制、自我教育和自我完善的可能。

再次,人类精神活动的第三个重要特性是价值定向性。人类的活动,无论是认识还是实践,都是追求价值、实现价值的过程。不能取得或实现价值,人类就不会给自己提出认识世界和改造世界的任务。追求价值作为人类活动的一般目的,直接决定着主体活动的指向性,影响着主体对客体的选择。人的全部激情、意向和活动过程,无不服从经过了选择的价值目标。

综上所述,人的特性由三种属性构成,这三种属性是人性的基本要素,它们是相互依存、相互作用与相互协调的统一体。自然属性是人的形成与发展的物质和生理基础,社会属性是人之所以为人的本质属性,而精神属性的形成与发展是以人的自然属性和社会属性的形成与发展为基础的,人的精神一旦产生,就有其独特的价值与意义,它的形成和发展也有其特殊的规律性。人的自然属性、社会属

[①] 柳海民.教育原理(第3版)[M].长春:东北师范大学出版社,2006:210-211.

性和精神属性构成了人的完整结构,相互补充促进共同完成了人的发展。

二、人受学校教育的可能性存在

 案例 3-2

海伦·凯勒(Helen Keller,1880—1968),19世纪美国盲聋女作家、教育家、慈善家、社会活动家。海伦·凯勒刚满周岁那年,她的母亲发现她的观察力似乎特别灵敏,然而19个月时,海伦·凯勒莫名其妙生了一场大病,变成一个看不见听不见也不能说话的小女孩。教育一个五官健全的孩子,已经不是一件轻而易举的事了,而家庭教师安妮·莎莉文来到了海伦身边开始教海伦摸盲文、拼单词。海伦父母在她10岁时聘请了霍勒斯曼学校的莎拉·傅乐瓦老师教导其说话,而海伦最终亦学会了说话。1898年,海伦·凯勒进入了位于马萨诸塞州的剑桥女子学校(The Cambridge School for Young Ladies),1900年秋季再申请进入哈佛大学拉德克利夫学院(Radcliffe College)就读,这对于一个失明和失聪的人而言,可说是难以置信,1904年以优异成绩取得文学学士学位,并成为首位毕业于高等院校的聋盲人。这么多年来莎莉文老师则一直留在海伦·凯勒身边,并将教科书与上课内容写在海伦·凯勒的手掌上,让凯勒能了解其内容,可以说是对海伦尽心尽力。在安妮·莎莉文老师的帮助下,海伦·凯勒掌握了英、法、德等五国语言,完成了她的一系列著作,并致力于为残疾人造福,建立慈善机构,被美国《时代周刊》评为美国十大英雄偶像,荣获"总统自由勋章"等奖项,主要著作有《假如给我三天光明》《我的生活》《我的老师》等作品。1968年6月1日海伦逝世,1971年国际狮子会的国际理事宣布将每年6月1日定为"海伦·凯勒纪念日"。著名作家马克·吐温曾说:"海伦·凯勒和拿破仑是19世纪两个杰出的人物,拿破仑试图用武力征服世界,他失败了;海伦·凯勒用笔征服世界,她成功了。"

问题
海伦·凯勒的故事说明了人具有怎样的受教育可能性?

学校教育是人类所特有的一种活动,学校教育的产生需要具备一些基本的条件,如语言的产生、类经验的形成及建立在第一和第二信号系统上的传递活动等。人通过语言、文字和其他的自己创造的物质形式(如工具、产品),把个体的经验保存和积累起来,通过文字记载可以游离于个体而存在成"类经验"。人类的学校教育活动传递的就是人类社会共同积累的类经验,而不是个体的直接经验,这使得学校教育的活动具有了社会性。人作为一个生命来到这个世界上,成为宇宙的最高物种,并不意味着这个生命是真正意义上的人,是教育使人成为人,当然这里的教育是广义的,包括学校教育在内的人对人所施加的有特定影响的所有活动。如果人没有受到过人类社会里的教育活动熏陶,就不能完成对自身生物性的超越而成为人;如果人没有接受学校教育的可能性,也就谈不上学校教育熏陶,就更谈不上人从动物性向人性的转换。人受学校教育的可能性在于人的存在的不确定性,人的存在是确定性与不确定性的统一。人的存在的确定性主要是指人的存在方式的自然性、既成性和现实性;而人的存在的不确定性则表现在人的存在方式的社会性、创造性以及可能性。人的不确定性表现在如下几方面。

（一）不确定性是人本身的特性

人的存在具有自然、社会和精神三种属性，同时三种属性的相互作用也让人具有了不确定性，人和动物很大的不同就是动物基本上是按照遗传基因的预制来完成生命的历程，而人的生命历程则不是。不仅遗传变异性是人作为生物体的另一个基本特征，生物世代之间的相似即是遗传，生物个体之间的差异即变异，因为遗传与变异，人的自然属性既相似，又存在个体差异性，这是人的个性形成的生理基础，而且人的遗传素质在人的生命历程中只是影响人发展的一个要素，人可以通过后天的自主调节来超越人的生物学限制完成人的自我超越。自主调节能力是人作为生命有机体最基本的特征，它表现为一种求生存、求强大、求茂盛和求完满的趋势，是生物体通过与环境中物质、能量和信息的交换——新陈代谢而获得的，并在此基础上获得自我进步的能力，如生长、发育以及适应环境与影响环境的能力和人的本能等，人的这一特征体现了人的发展有着自身具有的内在根据。

（二）人的发展的无限潜能

现代科学指出，人在生理上由未完成向完成性转变，这种生理上的未完成性，也是人的自然属性的一个重要特征，决定或影响到人的社会性与精神性，也就是人有无限发展的可能性。如初生的婴儿是如此柔弱，需要人照料，直至他逐渐成为一个健壮的成人，这个成长过程可以说是人无休止的完善过程和学习过程，人的未完成性，也为人的可塑性提供了可能。科学研究表明：一般来说，人脑潜能只发挥了不到10%，人的能力有90%以上处于休眠状态，没有开发出来。人的潜力究竟有多大，连我们人类自己也弄不清楚。现代医学心理学认为，由于各种复杂的内部和外部原因，人的大脑机能存在着一种抑制现象，使得人们长期难以察觉自己的能力，在意想不到的强刺激条件下，这种抑制被解除，蕴藏在人体内的潜能会突然爆发出来，产生一种神奇的力量。人的发展潜能是无限的，但是人的发展可能实现是有限性的，这是因为人的生命是有限的，人的发展要受到遗传素质和环境因素的制约，人的发展是无限可能和有限实现在现实条件上的统一。

（三）人的发展的方向的多维性

人是一种不确定性的存在物，不仅无法预料他人将成为什么，而且同样也无法预计作为本体的自己将成为什么，人的发展过程是这样的，人的发展结果也是这样的，虽然人可以按照一定的目标和方向去前行，但发展的过程和结果总是存在着一定的变数，正是这一不确定性的存在，才令人具有可塑造性的宽松空间和余地。在这一点上，我们人类不应感到懊丧，而是应当感到庆幸，人可以按照自己的多维方向来发展自己。尽管人的不确定性让人较难以把握自己，然而，我们并不只是被动地接受和被限制的，我们还是可以自主自在地根据自己的意志来设计自己的人生道路及目标，这种道路和目标是多样化的，不仅表现在人和人之间发展方向的不同，也表现在人在自己的一生当中也可以进行转变，人对环境的超强适应性和人的发展的无限潜能都为人的发展方向的多维度奠定了基础。

（四）人的本质的永远开放与不断生成

人具有开放性，能够历史地形成并不断地组织自己涨落变化的本质力量，不断地建构自己内部的时空，并通过不断对象化自己的本质力量，构建不断膨胀的延展的人所赖以生存和发展的功能圈。人的开放性首先建立在人生理结构的非特化性和官能匮乏性的基础上，人是未定型的存在物，这是人本质力量形成和扩展的基础。人具有生成性，人的本性不是一种抽象的形而上学的规定性，而是一种未确定性，这种未确定性给人的发展提供了无限广阔的空间，人永远都是未完成的，都是在生成的状态中，在通往完成的路途中。实践作为人的本质的存在方式，既不是纯主观的选择性活动，也不是纯客观的受动性活动，而是主客观统一的创造性活动。人的本质是不断的生成，一旦生成的过程停止,人也就不存在了。人永远不满足于或停留于已有的创造,人不断地超越已有的给定的或外部的自然,而且不断地超越、更新、重塑已有的文化造物,人总是处在一个不断开放、不断生成的进程中。

总之,作为类的人的所存在的不确定性在学校教育中具体表现为人的"可能性",是一种"作为当下在世的可能性生存",这种可能性是指人始终处于一种不断的变化之中,人自身的存在就是由各种可能事物经过现实化之后组合而成的,每一个现实的人都是由所有的可能事物形成一个最丰富的组合,并在这个组合之上寻求更进一步的可能发展,实现自我超越。学校教育便是在人的这一不确定性之上建立起来的从外向内的涵化过程,经由外在的影响—主观上的接纳和认同—人的精神上深刻转变—达成人向善的目的—完成学校教育的过程,达到学校教育的目标和成果。人的不确定性常常令人难以把握自己和设定自己,但正是因为这种不确定性,才给人提供了一种自由选择的机会和发展的余地,才为学校教育提供了内在根据。

三、人的身心发展规律对学校教育的制约

案例 3-3

意大利儿童教育专家蒙台梭利根据对婴幼儿的观察与研究,归纳出九种儿童的敏感期:① 语言敏感期(0—6岁);② 秩序敏感期(2—4岁);③ 感官敏感期(0—6岁);④ 对细微事物感兴趣的敏感期(1.5—4岁);⑤ 动作敏感期(0—6岁);⑥ 社会规范敏感期(2.5—6岁);⑦ 书写敏感期(3.5—4.5岁);⑧ 阅读敏感期(4.5—5.5岁);⑨ 文化敏感期(6—9岁)。蒙台梭利强调对儿童的充分研究与了解,要掌握儿童"敏感期"规律并遵守儿童的敏感期,给予适切性的学习,激发儿童潜能。蒙氏教育法遍及欧洲大陆,得到世界各地幼教界的普遍推崇和认同,在美国、欧洲、日本、新加坡、澳大利亚等学前教育发达国家极受关注,蒙台梭利学校已遍及一百多个国家。

问题

蒙氏的幼儿教育理论揭示了学校教育在人的发展过程中应遵循什么规律?

人在发展过程中是身心两方面的统一,包括了个体从出生到死亡的全部变化过程,在这个过程中,个体不仅有量的变化还有质的改变和完善,而这个量变和质变是人身心发展不可更改的规律,它制约着学校教育活动对人的作用,学校教育只有了解和顺应人的身心发展规律,才能更好地促进人的发展。

(一)人身心发展的顺序性

人的身心发展是一个持续不断的按照一定的顺序而行进的过程。在生理方面,人的身体生长是按照先头部后四肢、先中心后边缘的顺序,躯体的生长是自上而下的,从头部向颈部再到躯干最后到四肢的生长顺序,大脑皮层是先枕叶后颞叶再顶叶最后是额叶的发育顺序,肌肉是先发展大肌肉群,后小肌肉群。心理发展的顺序是由具体形象思维到抽象逻辑思维,由机械记忆到意义记忆,由无意注意到有意注意,由喜怒哀乐等一般情感到理智感、道德感;神经系统的发育先快后慢,初生婴儿脑重390克左右,为成人脑重的三分之一,儿童长到6岁左右时,大脑重达1 200克左右,为成年人脑重的90%,以后的发展速度慢慢降下来,直到成年。

人的身心发展顺序性是不可更改的事实,决定了学校教育活动必须根据身心发展的这一特点来进行,学校教育活动既要耐心等待人身心发展的成熟,又要循序渐进地遵从身心发展规律,学校教育活动的各项内容,无论是知识技能的学习还是思想品德的发展,都不能脱离身心发育成熟这个基础,应由浅入深、由简到繁、由易到难、由少到多、由具体到抽象,遵循人身心发展的顺序性来进行。在身心还没有达到相应成熟的时候,适当地超前教育是可以理解的,但是过早地进行开发,揠苗助长似的教育并不可取。

(二) 人身心发展的阶段性

人的身心发展是持续不断的过程,虽然是按照一定顺序进行的,但并不是平稳的发展,个体身心发展既有量变又有质变。在总的发展过程中,在不同的时间段会表现出一些不同的特征,按照年龄划分,表现出明显的年龄特征,就是在一定的年龄阶段,人的身心在大多数个体身上所表现出来的明显的典型性的共同的身心特点,也就是说,个体发展各阶段的身心特征不只是量的增加,而且有质的改变。

人的身心发展的阶段性,决定了学校教育活动要根据不同年龄阶段的人的特点选择不同的教育内容,采用不同的教育方法。在现代社会,终身教育已成为一个普遍的趋势,将人的毕生发展阶段做一个明确的划分,根据这些阶段中人的身心主要特征来从事教育活动,是学校教育必须考虑的要素。

(三) 人身心发展的不平衡性

人身心发展的不平衡性,表现为生理发展的高峰期和心理发展的关键期,同一儿童在身心发展过程中非等速和非直线的特性。人的生理发展有两个高峰期,第一个高峰期出现在出生后的第一年,第二个高峰期出现在青春发育期;在高峰期内,人的身高、体重的生长比其他年龄段的生长更为迅速,脑重的增加也是第一年最快。人的心理发展存在着关键期,这一概念最早来自动物学家对印刻现象的研究,表明人的心理发展也是不均衡的。关键期指个体发展过程中环境影响能起最大作用的时期,也有研究者称为敏感期,关键期的研究在教育实践方面引起强烈反响。

近期有研究证明儿童发展的关键期多在幼儿期,幼儿期的儿童具有巨大的潜能。与儿童发展的关键期相对应,研究者提出了学校教育工作的最佳期,促使父母、教师注意选择最佳时机对儿童进行教育,使知识技能容易为儿童掌握,智力及性格容易形成。学校教育要适应年青一代身心发展的不均衡性,掌握儿童发展的关键期和最近发展区,适时而教、因材而教,以促进儿童得到更好的发展。

(四) 人身心发展的差异性

人的身心发展有共性也有个性,每个人类个体都生活成长于特定的社会与文化环境中,由于遗传、生活条件和主观能动性的不同,个体的发展表现为千差万别,个体的发展过程也必然会打上特定的社会历史和文化的烙印。人的身心发展差异性既可以表现为群体间的差异,也表现为个体间的差异。群体间的差异表现为男女性别的差异以及由此带来的生理机能和社会角色的区别;个体间的差异表现为不同儿童的同一方面发展的速度和水平各不相同,有早有晚,有高有低,也表现为不同儿童具有不同的个性心理倾向,在兴趣爱好、能力和气质性格等方面不同。

人身心发展的个体差异性决定了教育活动要根据每个儿童自身的特点来进行,要发扬儿童自身的优势,扬长避短,学校教育中任何要求整齐划一的做法都是错误的,儿童的个体差异性形成了儿童发展的多元化,学校教育要根据儿童的实际情况分别促进儿童发展,做到因人施教。

四、学生的年龄特征对学校教育的制约

案例 3-4

表 3-1 人的毕生发展分期①

期次	发展阶段	发展重点	期限
1	孕育期	生理发展	从受孕到出生
2	婴儿期	动作、语言、社会依恋	从出生到二三岁
3	幼儿期	发展良好的口语,性别开始分化,喜爱团体游戏,完成入学准备	二三岁至六七岁
4	儿童期	认知发展,人格渐趋独立,性别认同确立	六七岁至十一二岁
5	青少年期	价值观确立,开始承担职业与家庭、父母与社会的角色	十一二岁至20岁
6	成年早期	成家立业,对婚姻、子女、职业的适应	20岁至35或40岁
7	成年中期	事业发展到顶点,考虑重新调整生活	35或40岁至60或65岁
8	成年晚期	享受退休的家居生活,自主休闲与工作,面对不可避免的身心适应问题	60或65岁以后

从上面的毕生发展分期的内容中你能获得对教育的什么启示?

(一)年龄特征的教育学意义

人生是分阶段的历程。从人的生物属性来讲,人经历了出生后的软弱无能、独立行走、性的成熟与退化直到衰老而死亡的过程;从人的社会属性来讲,人经历了心理的混沌与分化、人格的独立、社会身份的获得与退出的过程;从人的精神属性来讲,人经历了灵魂的从无到有、从贫瘠到丰富、从浅显到深刻的过程。人生的过程以时间为顺序,在不同的时间段有着显著的特点和主要的生活内容,也就是人生发展呈现阶段性,在这个阶段内的人大致要经历相同的生理、心理和精神上的变化,虽然每个个体在相同的阶段内的成长变化还是有差异的,具有个体的特殊性,但是每个人还是有相同的生活内容存在,这就是"年龄特征"的概念。

所谓年龄特征,是指人的不同年龄阶段在身心发展方面会表现出来不同的特点,而这些特点在人的相同的年龄阶段中呈现出一般的、典型的、本质的共同特征。对于每个个体而言,年龄特征是和其他人共通的,是每个个体身上存在的作为人的属性中的共性,除年龄特征之外,每个个体还有自身的特殊性,表现为和其他人的差异性。个体身上的年龄特征和差异性很难分清楚谁优谁劣,只能说年龄特征是基础,在此基础上个体所表现出来的特征是多样化的,呈现出人和人之间的差异。年龄特征伴

---

① 黄希庭.心理学导论(第二版)[M].北京:人民教育出版社,2007:118.

随人的一生,从终身教育的角度来看,人的一生就是活到老学到老,不同的年龄阶段解决不同的教育问题,满足人对教育的终身需求,终身教育主要关注人的个性化需求;从学校教育的角度来看,人在学校受教育期间,是要获得人类共性的文明成果,以年龄特征为开展教育的前提是首位的,个体的差异性虽受到关注却离不开年龄特征的基础,学校教育主要关注学生的共性化发展。

年龄特征对于教育学的贡献是让学校教育活动获得了内在性根据,学校教育目的的制定、学校教育内容的选择和学校教育方法的运用都有了来自人自身的生理和心理上的依据,并将学校教育活动和人的身心成长进行匹配,以求提高学校教育活动的效率和获得学校教育活动的最佳效果。因此古今中外的先哲和教育家们都对人生进行了阶段的划分并相应地提出了各个阶段的教育主张。孔子说过"吾十五有志于学,三十而立,四十不惑,五十知天命,六十耳顺,七十从心所欲不逾矩"。柏拉图在《理想国》中也做过专门论述,他认为从出生到6岁主要是游戏,7岁到17岁进入学习阶段,学习音乐、体育、数目和计算等科目,18岁到20岁进行体格和军事训练,20岁到30岁进入学习的第二阶段,学习数学、几何、天文学和音乐理论等,30岁到35岁进入学习第三阶段,学习辩证法,35岁到50岁从事公务,50岁以后从事学问或当统治者。近代的教育家夸美纽斯提出以六年作为一个阶段分期,将人从出生到成熟分为四期,并按照自然生长的顺序安排相应的学校教育。卢梭也将个体成长分为四个阶段,每个阶段的年限和受教育时间的长短是不均等的,受教育的内容也不相同,卢梭把个体成长的自然经历作为教育的基础,推崇教育要顺应人的天赋成长之规律。现代对人生阶段的研究主要体现为心理学家对人生命阶段的划分,其显著特征就是把人作为生理、心理和社会的统一体,从人与环境交往及活动的自主水平来划分,人的身心发展的成熟程度、所参与的社会活动的性质和承担的社会角色决定了对人生阶段的划分。

(二)年龄特征对学校教育的制约

学校教育是根据儿童身心发展的年龄特征来进行阶段性划分的,从低到高有幼儿园、小学、初中、高中和大学教育阶段,每一阶段都规定了相应的入学条件、教育任务等内容,每一阶段的入学儿童都有和学校教育相适应的年龄特征,学校在进行教育活动时要符合学生的身心发展规律就不能不受到学生的年龄特征制约,以满足学生的成长之需。

1. 学前儿童的年龄特征对学校教育的要求

学前儿童主要指在专门的学前教育机构——幼儿园里接受正规教育的3~6岁儿童,也常被称作幼儿。3~6岁儿童身体仍在迅速地发展,一般每年身高平均增长约5厘米,体重约增加2公斤,各种机体组织和器官在解剖上逐渐形成完整,机能也有所发展,脑的发育较快,3岁时脑重已是出生时的3倍,约为1 000克,至6岁时脑重约为1 250克(成人脑重约为1 400克),脑的功能也不断趋向成熟,大脑皮层的分层、细胞的风化、神经纤维外层髓鞘的形成以及大脑皮层对外界刺激反应的调节都日趋完善,但神经体统的兴奋与抑制往往不平衡,单调的或过多过久的活动容易引起疲劳,但由于大肌肉群的发展,幼儿会不知疲倦地从事各种活动。3~6岁儿童的各种心理过程带有具体形象和不随意的特点,抽象的和随意的思维只是刚刚开始萌芽,语言发展迅速,情感容易激动、变化、外露而不稳定,个性倾向开始出现。

3~6岁儿童是个性形成的关键时期,由于身心各方面的发展,3~6岁儿童开始产生参加成人的社会实践活动特别是劳动和学习活动的愿望和需要,但是由于弱小、知识经验和能力的缺乏,还不能真正地进行劳动和学习性活动。为了让3~6岁儿童了解成人世界,为步入上一级学校做准备,幼儿园教育的主要形式是:① 通过游戏活动和形象化进行教育,让幼儿对生活的周遭世界进行认识和体验,学会调控自己的需求和欲望,游戏和各种认识活动有利于促进幼儿身心的发展;② 通过玩具和对话问答进行教育,启发和满足幼儿的求知欲;③ 通过故事和各种文化学习进行教育,培养幼儿的表达能力。在幼儿园，3～6岁儿童由于环境、教育条件和遗传的因素不同，身心发展已出现个体差别，逐渐表现出性格、兴趣、能力等方面的个人特点，幼儿园教师在促进幼儿的身心共性发展的同时应精心培育幼儿的个性。

2. 小学生的年龄特征对学校教育的要求

小学阶段儿童的发展变化比较大，一是小学生自身的身心发展有了很大变化，二是客观环境发生了很大变化。整个小学阶段儿童生长发育进入了平稳期，随年龄的增长而增长，小学生的身体比例不断发生变化，头部生长减慢，四肢增长逐渐加快，身体的生理组织和机制趋向成熟，但还没有完成骨化；随着大脑皮层的发育生长，小学生脑的兴奋过程与抑制过程逐渐趋向平衡，觉醒时间延长，睡眠时间缩短，到12岁左右为9～10小时，条件反射形成的时间也缩短，形成后不易泛化，也较为巩固，内抑制形成速度加快，加强了皮层对皮层下的控制，心理稳定性逐渐增强。这个时期小学生的思维主要以具体形象思维为主要形式，在三、四年级时开始向抽象思维过渡，能进行一定的抽象思维，但仍以形象思维为主，模仿性强，是非观念淡薄，喜欢过群体生活，对男女性别行为有了明确认识，对自我有一定的评价，兴趣广泛，个性特质越来越固定，个性倾向性也越来越明显。

由于上述年龄特点，小学生表现为活泼好动，爱竞赛爱冒险，容易疲劳和出意外，因此学校要经常对小学生进行安全教育，合理安排学校的作息时间，培养小学生良好的学校习惯和学习态度，培养小学生良好的个性品质和道德行为习惯，培养小学生的语言表达能力和观察事物的能力，促进小学生的思维从具体形象思维向形象抽象思维过渡。小学生的个性可塑性很大，完成学习任务的效果有很大差距，因此学校教师要帮助小学生养成良好的品行，启迪小学生的智慧，对学生坚持正面教育，从德、智、体全面发展的标准来要求学生，防止不平等、歧视等不良现象在学校教育中出现，关照小学生的全面发展和个体差异，促进小学生的身心发展。

3. 初中生的年龄特征对学校教育的要求

初中生是半成熟半幼稚的时期，是独立性与依存性并存交错的时期，生理上的急剧变化使初中生的心理又一次发生飞跃，生理上发生的巨大变化使初中生在心理整合的持续性环节和统一性环节上出现了暂时的混乱。初中时期是第二次发育高峰期，身高、体重增长很快，身体的个体系统和器官的生长发育很不平衡，运动的协调性发生改变，但运动的速度、频率和跳动高度在这个时期增长最为迅速，尤其是性的发育几乎达到成熟；初中生的脑发育主要是神经纤维的增长和脑功能的复杂化，兴奋过程相对强于抑制过程，表现为精力旺盛，情绪易激动不善自制，行为不易预测，对父母和教师的情感也具有矛盾性，依恋和反感并存；初中生以具体形象思维做支柱的抽象逻辑思维占主导地位，并出现反省思维，独立性和批判性有所发展，自我意识有了质的飞跃，同时社会性发展增强，同伴群体的作用增加，很在意别人的评价，自我的接纳和认同成为初中生心理发展的一个重要特征。

初中生的年龄特点，要求学校教育能提供促进初中生身心发展的课程和活动，课程内容丰富和活动多姿多彩的学校能够受到初中生的青睐，教学严谨水平高、尊重学生独立性、态度民主公正的教师常常受到初中生的尊敬，教师对学生的客观公正评价能引领学生的发展，否则容易激发学生的对立情绪。学校教育要依据初中生的年龄特征，注意对初中生青春期卫生与性的教育，发展初中生的身体运动能力，促进学生的抽象逻辑思维发展，充分调动初中生的学习热情和参与各项活动的积极性与创造性，教育学生善于调控自己，尊重他人，引导学生自己教育自己，逐渐完善个性。需要注意的是初中生之间存在很大的个别差异，在同一个班级里，有些初中生已经跨入下一个发展阶段，而有些初中生还停留在小学生阶段，但大部分初中生的年龄特征是相同的。

4. 高中生的年龄特征对学校教育的要求

高中阶段是人一生中的黄金时期，是人生观、世界观形成同时增长知识和才干的重要时期。经研究发现高中生的身体已臻成熟,身高、体重、胸围已跟成年人相差无几,性机能基本成熟,男女生体型明显分化,神经系统发育基本完成,兴奋和抑制过程基本平衡;高中生的抽象逻辑思维从"经验型"向"理论型"转化,思维独立性和批判性更加鲜明,情绪情感趋于理智,社会交往扩大,对异性关注度上升,对自我的认识更加客观;高中时期对人生的思考开始自觉,对社会认识开始增强,对现实和理想开始关注,独立生活能力和社会适应能力有所发展,对职业的选择出现较为理性的思考,能结合自己的兴趣、能力、社会价值取向以及切身利益的需求思考问题,但由于高中生的社会经验和社会认识具有局限,辨别力不如成人,出现求知欲强与识别力有限之间的矛盾。

高中时期学校教育要进一步发展高中生的逻辑思维,培养学生的自学能力,学校要为高中生提供良好的学习环境和学习氛围,为高中生的身心发展提供多种多样的机会和条件,协调高中生的社会性交往一致性,避免造成高中生的行为角色冲突;学校要通过理想教育、动机教育和思想品德教育,积极引导高中生树立正确的人生观和世界观,增强高中生的社会责任感,自觉地把个人发展和社会的发展结合起来,不断发展个性和完善个性,做合格的社会公民;由于受到高中生的年龄特征影响,高中学校教育要特色鲜明,教育内容要丰富起来,为学生步入社会和进入高等学校学习做好充足的准备。

五、人性的假设前提对学校教育的制约

案例 3-5

在苏联的一所学校,校园的花房里开出了美丽的玫瑰花,每天都有很多同学前来观看,但都没有人去采摘。一天清晨,一个四岁的小朋友(就读于该校幼儿园)进入花房,摘下了一朵最大的玫瑰花。当她拿着花走出花房时,迎面走来了该校的校长。校长十分想知道小女孩为什么要摘花,便弯下腰亲切地问:"孩子,你可以告诉我你摘下的花是送给谁的吗?""送给奶奶的。奶奶生了重病,我告诉她学校里有一朵很大的玫瑰,奶奶不信,我就摘下来送给她看,希望她早点好起来,等奶奶看完了之后我会把花送回来。"听完孩子的回答,校长的心颤动了。他牵着小女孩的手,从花房里又摘下了两朵大玫瑰花,说道:"这一朵是奖给你的,你是一个懂事的孩子;这一朵是送给你奶奶的,感谢她养育了你这样的好孩子。"这位校长是谁呢?他就是伟大的教育家、万世景仰的育人楷模苏霍姆林斯基。

问题

苏霍姆林斯基看到小朋友摘花为什么没有直接告诉她摘花是不好的行为?为什么又摘了两朵花送给小女孩?他对孩子教育的假设前提是什么?

学校教育的对象是人,学校教育的世界是人的世界,学校教育总是建立在某种人性假设基础之上的。教育家福禄倍尔有句名言:"只有对人和人的本性有了彻底的充足的认识,从而得出教育人所必需的一切知识,才能使教育开花结果。"学校教育人首先应当全面地了解人,在中外教育史上,由于在人性问题上的假设不同和认识分歧,因而在学校教育目的、学校教育作用和学校教育任务上的主张也有根本的不同,对学校教育原则和学校教育方法的选择就会不同。在一定意义上说,人性论乃是学校教育的立论依据。

(一)人性论与学校教育

人性论是关于人的本质是什么的学说,它所要解决的是人到底是怎样的问题;而学校教育是培养

人的一种社会活动,它要解决人应当是什么样的、这样的人该如何培养的问题,因此人性论与教育观有着密切联系的内在逻辑性。学校教育活动离不开人,同样教育理论也不可能跨越人性问题,古今中外的教育家都自觉地将人性与教育关联在一起,人性论是确立教育观的理论基础,很多思想家和教育家都对人性问题发表过自己的见解,从而产生了多种人性理论和基于该理论的教育理论。

第一种,性善论。我国古代一些著名思想家对人的本性问题很早就发表过自己的见解,如孟子提出"人性本善",认为恻隐之心、羞恶之心、辞让之心、是非之心人皆有之,这四者是仁、义、礼、智的开端,是先天的、不学而能的"良知""良能"。因此教育要发人善端,把人的先天的善引导出来。古希腊的思想家柏拉图认为,人性中天生有善,"善的确就是一切事物中的一切正确和美的原因,就是可见世界中创造光和光源者,在可理知的世界中,它本身就是真理和理性的决定性的源泉,任何人凡是能在私人生活或公共生活中行事合乎理性的,必定看见了善的理念"。① 因此柏拉图认为教育就是指引人心灵转向的学习活动。卢梭也是持性善论的,他认为人的"自然状态"都是好的,人本性热爱正义和秩序,渴望平等。从人性善出发的教育往往视教育为一种引导的力量,人的可教性在于人自身存有先天的善。

第二种,性恶论。荀子主张"人之性恶",认为"目好色、耳好声、口好味、骨体肤理好愉逸",人们为了追求这些生理需求和欲望,必然造成冲突和斗争。所以教育要"化性起伪",通过人为的教育来消除人性中的恶,通过教育人性可得到完善。他在《劝学》中说:"积善成德,而神明自得,圣心备焉。"英国思想家霍布斯认为人性是自私的,人的本性就是自我保存、趋利避害,无休止地追求个人利益,人本性自私,恐惧而贪婪,残暴而无情,彼此相互敌对和防范,因此战争不断。学校教育要培养人的理性,培养人性中的美好情愫,学校教育要关注人性中的各种合理欲望的诉求,来遏制人性中的恶。

第三种,中性论。很多思想家对人性的认识不是执著于善或恶一个方面,而是将人性看做是有善有恶的综合体。孔子认为"性相近,习相远",主张根除人性恶,发扬人性善,重视"有教无类",用教育来培养文质彬彬的君子,这种君子要具有"直、仁、忠、恕"的人格,认为人的成才主要在于后天教育的引导和塑造。董仲舒认为人性中"有美必有恶,有顺必有逆,有喜必有怒",故主张人性"三品说",即上天赋予人"圣人之性""中民之性""斗筲之性"。教育对具有不同品性的人所起的作用不同,具有"圣人之性"的不需要教育,对"斗筲之性"的人要加强制约,大多数人是"中民之性",他们是主要的教育对象,教育对他们有决定性作用。宋代程朱理学将人性看做是个人所禀受的人之理,人禀受的气理不同,人性就不同,天理是至高无上的,人欲是万恶之端。人人都可以让自己需求到万物之理,其方法就是格物致知,即要通过教育来达到存天理、灭人欲的目的。西方在文艺复兴运动后,人性被看做是感性、理性、欲望、自由、平等、博爱等多元素的综合体,伴随着现代化的进程,物质生活的富裕和精神世界的失落,引发了人们对人性的重新思考,人的生命价值得到肯定,人性中的自由、理想、个性、尊重、仁爱、意志、情感等主题重新回归。学校教育要培养人的理性,培养具有人性中这些美好品质的人,在学校教育内容上强调百科全书式的教育。

(二)马克思主义的人性主张

马克思主义反对抽象地谈论人和人性,对人性持一种发展的观点,认为人性即人的属性,是受人的本质支配的。人性是人的多重属性的总和,它包括人的自然属性、社会属性和精神属性等多方面的内容。人的需要与人性之间,有着紧密的内在关联。首先,人的需要决定了人性的形成状况,人性是人为了满足自己需要而进行活动时的产物,人的丰富需要推动了丰富人性的形成并与其相互对应。其次,人的需要表现着全部的人性,它是一切人性特征得以展示的途径和场所,人的需要是一切实践活动的内在原动力,它作为一种内在的必然性全面地规定着人的活动,从根本上影响着作为人的活动

---

① [古希腊]柏拉图.理想国[M].郭斌,张竹明,译.北京:商务印书馆,2002:276.

产物的全部人性的形成。最后,人无限丰富和发展着的需要,本身就是人的一种重要特征,是丰满人性的一个重要组成部分。马克思主义肯定人的自然属性,同时认为人的本质是人的社会性,社会存在决定社会意识,人性是现实性和超越性的统一。在马克思提出的人类愿景中,劳动将成为人的第一需要,在优越的社会制度下,人性的完满得以实现。

基于马克思主义的人性假设论,成功的学校教育必须适应人的本性发展规律。学校教育应充分考虑人的复杂性,一切活动、要求都应以能满足人的需要、促进人的发展为目的。学校教育要适应社会发展和人的发展需要,学校教育要与生产劳动相结合,把人的体力劳动和脑力劳动相结合,培养全面发展的人,也是造就全面发展的人的唯一方法。马克思主义反对教育史上的遗传决定论,人的本质是由社会关系决定的,人的发展是由社会生活条件决定的,人是在生活于其中的社会关系和各种实践活动的影响下形成自己的,因此从这个意义上来说,环境和学校教育对人的发展起着决定性的作用,但这种作用必须通过个体的具有能动性的社会实践来实现。人可以通过能动性的实践去改变环境,改变生活于其中的社会关系,同时又改变自身,接受教育。环境的改变和人的改变都是以人的实践为基础的,人的实践活动中,在改造环境的同时也改变着自己。

综观各种人性论,虽然有明显的区别,但有一个基本的共识是都承认环境、学校教育在人性发展中具有重大作用,人与生俱来的本性只不过是人性发展的前提和基础。古今中外大量的事实表明,凡持有不同的人性观的思想家、教育家,就会有不同的教育思想与实践。如:性善论者主张通过教育发展人性;性恶论者主张通过教育改造人性;性无善恶论者主张通过教育塑造人性,人性的塑造关键就在于教育与学习。教育中的人性图式不过是一个理想化的构想,不同的社会对人性的评价标准不同,不同的思想家、教育家基于身份和立场的不同对人性的看法也不相同,没有永恒不变的人性,所有的人性都是当下的、具体的,所有的教育都是一定社会制度下的教育,人性假设左右着现实的教育,人性问题也是教育问题的起点和归宿。

大家谈

1. 人的生命有三个维度——生物性、社会性和精神性,在这三者中决定人本质的属性是什么?你怎么看这三者之间的相互关系?

2. 人的不确定性使人有了受教育的可能,人的身心发展规律规定了受教育的特性,这两个方面说明学校教育在培养人时要受到人自身条件的制约,说一说各级学校教育要充分考虑学生的哪些特征?

3. 你怎么看待人性?人性论在学校教育中起怎样作用?

第二节 学校教育促进个体发展

人是学校教育的对象,学校教育的目的在于促进人的发展,教育科学要对人及人的发展问题有清晰而深刻的认识。除了教育科学之外,哲学、生物学、人类学、社会学、人才学乃至营养学等学科都在研究人,也产生了丰富的理论成果,这些学科的研究成果是教育科学的重要理论基础,成为教育学的重要理论借鉴。人的发展有总体人的发展和个体人的发展,总体人的发展指人类在地球上出现和进化的过程,在这个意义上,我们可以说是文明的发展、社会的发展等,总体人的发展既是个体人发展的结果,也是个体人发展的条件和资源。教育学中所研究的"学校教育与人的发展"中的"人的发展"主要指个体人的发展,探究学校教育在个体发展中的影响地位和现实作用。

第三章 学校教育与人的发展

一、个体发展的含义

案例 3-6

1809年,在美国肯塔基州一个荒凉的农场里,亚伯拉罕·林肯出生了。他15岁时开始认字母,每天要走4英里的森林小路到校求学。他买不起算术书,特地向别人借,再用信纸大小的纸片抄下来,然后用麻线缝合,做成一本自制的算术书。他以不定期上课的方式在校求学,知识都是一点一点学的。他所受的正规教育,总计起来不过12个月左右。林肯进驻白宫前的简历:1816年,家人被赶出了居住的地方,他必须工作以抚养他们。1818年,母亲去世。1831年,经商失败。1832年,竞选州议员但落选了!1832年,工作也丢了,想就读法学院但没进去。1833年,向朋友借钱经商,但年底破产了,接下来他花了16年才把债还清。1834年,再次竞选州议员却赢了!1835年,订婚后即将结婚时,未婚妻却死了。1836年,精神完全崩溃,卧病在床六个月。1838年,争取成为州议员的发言人没有成功。1840年,争取成为选举人却失败了。1843年,参加国会大选落选了。1846年,再次参加国会大选,这次当选了,前往华盛顿特区,表现可圈可点。1848年,寻求国会议员连任失败了。1849年,想在自己的州内担任土地局长的工作被拒绝了。1854年,竞选美国参议员落选了。1856年,在共和党的全国代表大会上争取副总统的提名得票不到一百张。1858年,再度竞选美国参议员,再度落败。1860年,当选美国总统。

问题

从林肯的个体发展过程中所经历的成功与失败,你对个体发展的含义有怎样的认识和深刻的理解?

个体发展是一个多层次多维度的复杂现象,从内容上去界定"个体的发展"并不容易。从生物学和心理学的角度去认识,往往把个体的发展归于身心两方面的发展,即身体和心理的发展,将个体发展定义为一个人在外界环境的刺激下,身心各方面结构与功能的不断优化和增强,这种变化的实质是个体人所具有的潜能在一定的条件下不断地转变为显能,提高自己适应和改造环境的能力。从教育学的学科视野看,个体发展除了"身心发展"之外,还有社会属性和精神属性的发展,把个体发展理解为个体的全面发展更符合教育学的本意。"全面发展"是指个体尽可能多方面地、完整地、自由地、和谐地发展,不仅包括个体生理构造(形式)的完善和机能的增强,也包括态度、认知、情感、意志、需要等心理品质以及个性心理方面的和谐发展,还包括个体社会认知、适应、交往、沟通、创造等方面能力的发展,是个体的社会性和个性的全面发展过程,也就是个体在生理层面、心理层面和社会层面的发展。这三个层面的发展相互影响、相互制约,表现出种种复杂的发展状态。虽然这种概括比较笼统和模糊,但是无疑会更贴近学校教育促进人发展的本质。

对个体发展的认识离不开对人的本质的认识,人的本质是人的发展的依据,也是个体发展的基础。关于人的本质,有多种说法:人是政治的动物,人是有理性的动物,人是有情感的动物,人是文化的动物,人是运用符号的动物,等等。马克思从人的一般本质和特殊本质两个方面去认识人的本质,人的一般本质在于说明人和动物的区别,反映出人类的共同性即"类特性",诸如,人类的语言、意识和劳动能力,以及理智、情感、意志力等都是人类所具有的共同的"种"的特征;而人的特殊本质在于说明人和人的区别,反映出人的差异性,个人由于社会生活条件不同,社会关系有所差异,遗传和主观能动性也有不同,每个人必然具有各自的独特性即个性,如智力、体力、兴趣、爱好、性格、气质、才能、志向等。马克思认为"人的本质并不是单个人所固有的抽象物,从其现实性来看,它是一切社会关系的总和"。[①] 人是自然实体和社会实体的统一,既具有自然性也有社会性,社会属性是人的本质,社会性决定了一个人是人而非物,谈个体发展不能脱离人的本质。基于对人的本质的认识,把个体发展理解为个体社会性和个性的全面发展过程。

个体发展是贯穿于生命全程的,不是只属于人生的某个阶段,对于个体发展有以下几方面认识。第一,个体发展的动因是内外因相互作用与转化。发展是唯物辩证法的基本概念,主要是指事物由小到大、由简单到复杂、由低级到高级、由旧质到新质、由生长到衰亡的有规律的变化过程,这个过程对于任何一个人来讲都不例外。个体一出生就处在由人和人结成的群体之中,影响个体发展的因素很多,比如生理基因、生活环境、所处群体以及各种各样的客观条件,个人的主体意识将这些因素进行综合处理,不断形成新的生命样态。第二,个体发展的基本线路是身心发展。人出生后,所经历的婴幼儿期、儿童期、少年期、青年期、壮年期、老年期,都在人的发展的范围内,虽然人生历程有高峰有低谷,有成长有衰退,但并不是随着年龄的增长,人在所有的方面都衰退,在心理方面人会随着年龄增长更加成熟,经历了个体从无到有、从弱到强、从单一到丰富、从低级到高级的积极变化过程。第三,个体发展的实质是个体生命的多种潜在可能转化为现实个性的过程。个体的全面发展是一种理想、追求和信念,既是个人的理想、追求和信念,也是社会的理想、追求和信念。个人不断将追求变为现实并在现实基础上做新的追求。个体要对自身发展抱有信念,并不断地追求最大限度的发展,充分发挥自身潜能。

二、影响个体发展的因素

案例 3-7

格塞尔(1929)曾以单卵性孪生儿(同卵双生子)的登梯实验,来说明人的素质成熟程度同教育的关系。格塞尔选定单卵孪生姊妹二人做爬楼梯试验。对甲从生后第46周开始训练登梯,每天练习10分钟,对乙不做训练。经过6周的训练后,甲用26秒完成登梯动作,乙则用了45秒。从第52周开始对乙也做登梯训练,两周后再次测验,乙只用了10秒钟就完成了登梯动作。

问题

这个实验说明了遗传素质的成熟阶段是教育的重要条件,教育只有根据素质的成熟程度及时施教才会事半功倍,主体的参与和实践活动的训练必不可少。在个体发展的过程中,都有哪些因素分别起着怎样的作用?我们该如何正确地认识这些因素?

在影响个体发展因素理论中,很多学者持有不同的观点。苏联教育家凯洛夫首次提出了遗传、环境和教育的三因素论,还有学者提出了生物因素和社会因素的二因素论,此后的还有四因素、五因素等多因素论对个体发展影响的论述更加全面和深刻,综合因素论强调影响人发展的因素是多系统、多层次的,各个因素密切相互作用,关键是研究因素的总和作用。叶澜提出"二层次三因素论",她以

---

① [德]马克思,恩格斯.马克思恩格斯选集(第一卷)[M].北京:人民出版社,1972:18.

对人的发展的影响的性质为依据,把影响人发展的因素分为两个层次即可能性因素和现实性因素。其中可能性因素包括个体自身条件和环境条件,现实性因素是指发展主体所进行的各种类型的活动,个体自身条件、环境条件和活动即为三因素。此外,还有学者提出了不同的划分角度和观点,如冯建军的"动静因素说"、柳海民的"内外因说"等。由于个体发展的复杂性以及动态变化性,这里从遗传、环境、主体性、实践活动、学校教育五大因素来谈影响个体发展的观点。

(一) 遗传素质为个体发展提供可能性

遗传素质是指个体从祖先那里继承下来的外在的和内隐的解剖生理特征,如机体的构造、形态、神经类型、感受性等。遗传是个体自身条件的生物因素,是生物世代之间的连续性和相似性,遗传素质是个体从上一代继承下来的生理解剖特点,遗传素质细分起来还可以分为由基因所携来的以及由生命诞生和分娩时的外部环境所带来的永久性影响。遗传素质是个体发展的生物学前提,影响了个体后天发展的差异性和可能性,对人的生理发展、心理发展和社会性发展都起着重大的作用。遗传素质的个体发展的影响表现在:① 遗传素质提供必要的生物前提和潜在可能性;② 遗传素质的生理成熟程度制约着人的身心发展过程和阶段;③ 遗传素质的差异性对人的发展有一定影响;④ 遗传素质在个体发展的不同阶段,其影响作用不同。因此,遗传决定论的观点是错误的。遗传决定论认为个体的遗传素质在其后天的发展过程中起决定性的作用,儿童的智力和品质在其生命刚诞生时的生殖细胞中就已经被决定了,后天的环境和教育对于儿童的影响只能起延迟或加速这些先天遗传能力的实现,但不能从根本上改变它们,其代表人物是英国人类学家高尔顿、美国心理学家霍尔和奥地利心理学家彪勒。遗传决定论看到了遗传素质对人后天发展的巨大作用,但是夸大了这种作用。遗传素质只是人的发展的先天条件,是个体发展的基础,为个体发展提供了可能性,但不决定人的发展。在不同的社会生活环境、教育的影响下,在个体主体性不同发挥的条件下,人可能朝着肯定或否定的方向发展,朝着积极或消极的方向发展。由此针对遗传素质所产生的问题要采取优生优育的措施,在教育上相应地实施素质补偿,开发个体的潜能,矫正先天缺陷的策略。

(二) 环境为个体发展提供现实性

环境因素是指那些对人的发展产生影响的外部世界,包括自然环境和社会环境两个相互联系的部分。自然环境对人的发展有不可忽视的作用,是个体发展的客观前提,社会环境包括宏观社会环境和微观社会环境。宏观社会环境包括我们所处历史时代的生产力发展水平、社会制度、文化传统、社会关系、社会意识等大的生活条件,提供个体发展所需的物质和社会背景,制约着人们发展的方向和水平,其作用表现在:① 社会生产力的发展水平决定个体发展的程度与范围;② 社会关系影响个体的发展方向和性质;③ 社会精神文化影响个体的身心发展内容;④ 社会环境不同可能造成个体发展的巨大差异。微观社会环境是指人的生活活动圈,是由家庭、邻里、同伴、集体、学校、娱乐场所、新媒介环境等构成的,微观社会环境对个体发展具有直接影响作用,其作用表现在:① 构成人的发展的巨大动力;② 影响人的发展的价值方向;③ 影响人的发展的内容;④ 对个体发展本身具有一种广义的教育作用。不过由于环境因素自身的复杂性,环境因素有自发性和偶然性,对人的发展的影响既可能是积极的,也可能是消极的。环境对人的作用的大小与环境本身的性质、变化相关,也与个体发展水平相关,个体不是消极被动地接受外部环境的影响而是能动地反应,同样的环境影响,在不同的个体身上可以产生不同的反应。个体按照他已有的知识、经验以及在这种知识、经验基础上产生的需要和兴趣等来对客观环境做出反应。环境决定论主要观点是个体发展的一切差异都是由后天的环境因素特别是社会因素所决定的,先天的遗传素质和个性特征在个体发展中几乎没有什么作用,有什么样的环境就会产生什么样的个体人。其代表人物是法国18世纪的思想家爱尔维修、美国的行为主义心理学家华生和文化人类学家本尼迪克等。这种观点看到了环境在人的发展中的巨大作用,但是却把这种作用夸大到不适当的程度。教育者要认真研究环境对个体发展提出的要求,重视成长环境的建设,包括家庭环境、社会环境、学校环境和班级环境的建设,利用环境中的积极因素,转化环境中的消极因素,创造出有利于人的成长的环境因素。

(三) 主体性是个体发展内动力

主体性是个体自身条件的主观因素,体现为个体的主观能动性、自我意识和自身努力等。主观能动性是人的主观意识对客观世界的反应和能动作用,它是人的主观意识方面的特性,故称为主观能动性。人的主观能动性体现出人的一种自觉意识,人的活动是有目的有意识的自觉活动,人的主观能动性包括人的需要、动机和目的等主观方面的特性。个体的自我意识是个体良好的自我认知、自我评价和自我体验,一个人只有具备正确的自我认知和自我评价,形成自我认同感,并能追随内心,才能实现自己的目标和理想。而个人的主观努力体现为人的一种积极的行动状态,有自觉意识、有正确认知,还要有勇往直前、克服困难、坚持不懈的精神,为了目标而做出不懈的努力。作为个体,在发展过程中只有具备这些特性才有成功的可能。主体性在个体发展中起最后的决定性作用,学校、环境和遗传素质只是为个体的发展提供了外在条件,这些条件如何发挥作用,完全在于个体自己。在内外条件大致相似的条件下,主体性具有决定意义,这是因为人是能动的主体,具有认识和改造外部世界和自己的能力,主体性在个体发展过程中始终起着定向、动力和基础作用;人具有自我意识,发展到一定阶段具有规划自己未来和为未来的发展创造条件的能力。主体性缺失会导致个体丧失发展的内在性,造成个体发展的被动性、外在性和异化,最终阻碍个体的发展。因此,要充分发挥个体的主体性在个体发展中的作用,牢固树立教育是通过"自我教育"而实现的信念,通过环境和学校教育提升个体发展的理想和志向水平,提高个体的成就愿望和发展需要,增强个体发展的内在动力。

(四) 实践活动对个体发展具有决定意义

实践是人类自觉自我的一切行为,这里所指的实践活动,特指从个人的角度出发,个人所从事的活动,即个人活动。实践活动从总体上看是人的发展的基本途径,人是在实践活动中使自己获得发展的。因为个人活动往往是个体能够自己把握和掌握的,在稳定的外在环境下,个人从事何种活动,即活动的性质、层次和水平反映了个人的知识、经验和兴趣,体现出个体的主体性、能动性以及个人的目的和需要。在同样的外在条件下,个体如果从事积极的、有益的、高水平的活动,个体将获得好的发展,反之,个体如果从事的是消极的、有害的、低劣的活动,个体只能朝着负面方向去走,发展也无从谈起。个人活动从内容或范围上讲,涉及任一个领域或层面,可大可小,大的方面如个体从事的学习活动,小的方面或具体的方面如个体参加的某一次活动。实践活动是影响个体发展的动态因素,是内外因统一的因素,也是现实性因素,它能使潜在的转化成显性的,促成事情发生实际的变化,因此在很多时候对于个体具有决定性意义。

(五) 学校教育对个体发展起主导作用

学校是按照一定的目的和制度组织起来的促进学生发展的特殊环境。学校因素是指那些影响学生发展的目的、制度、内容、人员、环境、手段等因素。学校教育是由专职人员和专门机构承担的有目的、有计划、有组织的,以影响个体身心发展为直接目标的社会实践活动。学校因素在人的发展中起综合的作用,即根据学生的身心发展规律把人的遗传素质与社会影响综合起来,提出适宜的发展目标,设置适宜的课程体系,采用适宜的教育手段、方法和评价形式,从而促进学生在一定时间内的最大发展。学校教育相对于其他因素具有一些优势,例如:学校教育有目的地培养人,遵循个体发展的规律,引导个体发展方向;学校教育有计划和系统性,影响个体较全面、科学、深刻,专门以促进学生的有价值发展为己任;学校教育有组织性,有专门的教育工作者,有丰富的发展资源和发展反馈手段;个体的遗传因素和社会环境都有一部分是受教育影响的结果,因此学校是个体发展的主渠道,学校教育在个体发展过程中具有主导作用。不过,学校教育在个体发展中起主导作用是有条件的。从学校教育内部来讲,取决于教育的物质条件;取决于教师的素质;取决于教育管理水平;取决于教育过程是否尊重学生的身心发展规律和是否充分地调动学生的主观能动性等。从学校教育外部来讲,取决于社会影响与学校教育影响一致性的程度;取决于家庭教育与学校教育的配合程度。总之,学校教育的主导作用不是无条件产生的而是要受到多方面因素的制约。同时,还要认识到学校教育对人的发展的主导作用是有限的,认为学校可以解决社会生活中不能解决的问题的学校决定论的观点是不可取的,例如通过学校教育解决社会分配中的贫富不均问题等。这种观点看到了学校在人的发展中的独特作用,但是没有看到人的发展的复杂性,夸大了学校作用,比如学校教育对人的身体发育和发展以及人的思想意识与道德品质的发展不一定能起到主导作用,是一种具有浓厚的乌托邦色彩的主张。

三、学校教育促进个体发展功能

案例 3-8

学校的公民课堂上,老师常用心理学家柯尔伯格虚构的道德两难故事来对学生进行教育,先讲故事然后让学生进行讨论,在这个过程中促进学生个体发展。故事讲道欧洲有个妇女患了癌症,生命垂危,医生认为只有本城一个药剂师新研制的药能治好她。配制这种药的成本为200元,但销售价却要2 000元。病妇的丈夫汉斯到处借钱,可最终只凑得了1 000元。汉斯恳求药剂师,他妻子快要死了,能否将药便宜点卖给他,或者允许他赊账。药剂师不仅没答应,还说:"我研制这种药,就是为了赚钱。"汉斯别无他法,在晚上撬开药剂师的仓库门,把药偷走了。请问:1.汉斯应该偷药吗?为什么?2.汉斯偷药是对的还是错的?为什么?3.汉斯有责任或义务去偷药吗?为什么?4.人们竭尽所能去挽救另一个人的生命是不是很重要?为什么?5.汉斯偷药是违法的,他偷药在道义上是否错误?为什么?6.仔细回想故事中的困境,你认为汉斯最负责任的行为应该是做什么?为什么?

问题

案例中的两难故事和用于讨论的问题对学生的道德社会化有怎样的帮助和促进?学校教育在促进个体发展过程中除了道德社会化还有哪些功能?

(一)学校教育促进个体社会化

个体社会化是指个体将社会行为规范、准则内化为个体自身的行为规则,以求得与社会生活相适应的过程,是将人由生物人变为社会人的过程。对一个社会人来说,社会化是其最基本的内容,人要在社会上生存和发展,必须适应社会的要求,接受社会文化,掌握和遵守社会规范,参与社会生活,承担社会角色,因此必须不断学习他所处的那个时代长期积累下来的知识、技能、行为规范等,从一个自然的生物个体成为一个合格的社会成员,这个过程就是个体的社会化过程。个体的社会化是持续一生的过程,它不会因为任何外在原因而中断,也不会因为个体主观意愿而消失。个体社会化过程大体经历三个主要时间顺序:家庭、学校和社会。一般情况下,一个人6岁开始上学,6岁之前大部分的社会化过程主要在家庭完成(现在儿童3岁左右开始上幼儿园,这在事实上也开始了学校教育社会化的过程)。之后的十多年里,学校成为个体社会化的主要场所。而大学毕业之后,社会将成为个体社会化的主要场所。当然这三种影响不是按照时间段落截然分开的,家庭、学校及社会对人的影响是无时不有、无处不在的,是互相交融的。个体社会化的基本途径包括两个方面:一是社会教化,二是个体内化。社会教化包括正规的学校教育与非正规教育,也包括社会环境、传播媒体等社会影响;个体内化是指个体自身要把外在的社会文化内化为自身的一部分,从内心真正接纳整个社会规范,行为体现社会的基本要求,如果没有个人内化,那么社会外在的自发或自觉的影响也将大打折扣。学校教育是由专门教育机构和施教人员承担的,以促进人的发展为目标的社会活动,它的专门性、目的性、组织性、计划性、稳定性等特点使得它在促进个体社会化方面更具专门性、高效性、系统性和科学性。因此,学校教育在促进个体社会化方面具有主导作用,是其他教育形态和影响因素无法比拟的。学校教育促进个体社会化功能具体体现在以下几个方面。

1. 学校教育促进个体智力与能力的社会化

个体智力的发展是通过获得知识的过程发展的,知识是教育促进个体社会化功能实现的中介和桥梁,掌握和运用知识又是能力发展的表现。学校教育内容具有思想性和科学性,组织编排具有逻辑性和系统性,能够促进个体的智能社会化。第一,学校教育内容反映着社会主流文化和核心文化;第二,学校教育内容需要与时俱进,学生在学校中可以掌握符合时代需要的专业知识,以便学生能适应社会工作;第三,学校教育内容紧密联系生活实际,让学生了解和学习一般生活能力,方便学生适应社会生活。

2. 学校教育促进个体思想与观念的社会化

个体思想是在意识中经过思维活动对客观存在的反映,是人类一切行为的基础,人因思想而伟大,人因思想而崇高;个体观念是个体在社会生活中形成的对于人或事物的看法,它是支配个体行为的内在力量。在个体思想与观念社会化的过程中,学校教育起着主导作用,这是因为个体思想与观念的形成,首先来自学校教育内容的深刻而系统的影响,学校教育内容反映了社会主流价值和观念;其次来自学校教育活动组织的计划性和严密性以及教育形式的活泼性和多样性,使得学生更容易接受社会主流价值观念,形成稳固和完整的思想观念体系;再次,教师作为社会的委托和发言人的角色,在个体社会化思想观念形成方面也起到关键性作用。

3. 学校教育促进个体道德与行为的社会化

社会化品质是个体在社会生活中与人交往、做人、做事所具备的精神品质,如合作、礼让、责任等品质;社会化行为是符合社会基本要求或社会规范的个体外在行为,是思想观念的外化;个体的品质与行为综合表现为个体的道德样态。学校既是学习型组织,也是社会性组织,学校即社会,教育即生活,学校教育一方面要把社会规范作为一种知识文化去传递,让学生个体掌握并内化为自身的社会化思想观念,另一方面可以通过知识授受、榜样示范、情感陶冶、说服教育、行为塑造、活动组织、自主管理等方式,帮助个体形成社会性道德品质和社会化行为。

4. 学校教育促进个体职业与角色的社会化

学校教育是为个体就业和生活做准备的教育,个人接受教育的主要目的就是可以顺利地走入社会生存和发展,承担社会角色和职业工作,这既是个人生存和发展的需要,是个人自我价值实现的需要,同时也是承担社会责任、为社会作贡献的主要方式。教育是以知识为中介、促进人和社会发展为目标的社会活动,因此教育特别是学校教育是个体适应职业角色、承担社会责任的必由之路。教育可以促使个体树立职业理想、培养个体的职业角色意识、使个体获得专业知识和职业技能,为个体最终实现职业理想、胜任职业角色、承担社会责任奠定基础。

(二)学校教育促进个体个性化

个体个性化是指个体在成长过程中逐渐形成的具有一定倾向性和相对独特与稳定的心理特征,是一个人区别于他人的质的规定性。在个体成长过程中,个体一方面要适应社会的需求,成为一个具有社会性的人,另一方面要发展自己的个性,成为具有一定特征的个体。社会化是对个体与众相同的共性要求,而个性化是个体与众不同的自主性与独特性的表现,如个体的兴趣爱好、优势特长、个性特点和其他独特表现等。人是共性和唯一性的统一,也是社会性和个性的统一。人的个性受社会环境的制约和影响,在社会生活中实现和完成,反映社会发展的客观要求;个体只有更好地发展自己,才能更好地理解社会、适应社会和服务于社会。学校教育在很多人看来,对个体个性的尊重和培养是十分不利的,因为现代学校教育的高度专门性、组织性和系统性,特别是班级授课制这一教学组织形式的全面运用,对个体个性的养成确实存在消极影响,但不能就此全面否定学校教育在促进个体个性化方面的作用。学校教育一方面要对个性进行更新性解读,另一方面要不断进行改革以消除不利影响。学校教育促进个体个性化的作用具体表现在以下几个方面。

1. 学校教育能够促进个体的主体意识和主体能力的发展

个体的主体意识以自我意识为基础,是个体对自身作为主体存在的强烈体认,首先体现为一种独立意识,独立不仅仅是生活上的不依赖,更重要的是精神上或情感上的独立;其次表现为个体对自身能力的自为意识;再次表现为奋发有为的实践意识。主体能力表现为个人的自我意识、自我调控和自我适应的能力。学校教育活动就是要教给人一种可以独立生存的本领,当然这种本领不仅仅是知识层面的、技术层面的,还有思想精神层面的;学校教育过程也是不断提升个体自我认识的过程,包括对人、对己、对社会的基本认知,个体只有对自己、对他人、对社会有着成熟合理的认知才能安身立命。学校教育只有能促进个体独立意识、主体意识和主体能力的发展,才能培养出一个真正意义上的人以实现个体的发展。

2. 学校教育能够促进个体的个性差异和个体特征的发展

个体特征表现出来就是人的个体差异性,世界上没有两片相同的树叶,也没有完全相同的两个人,每个个体都有他人所不具有的独特性。遗传是形成个体差异的内在根源,而后天的环境、教育是个体个性发展的外在因素,个体的主观能动性是个性发展的内在动力。学校教育作为影响人的发展的主导因素,对促进个体特征发展方面具有独特作用,因材施教就是针对个体差异性特征而提出来的重要的教育原则。一方面,通过不同的教育内容、教育手段进行因材施教,达到尊重个性和促进个体特征发展的目的;另一方面,在教育活动中有很多途径和形式,相比较课堂教学,更有利于促进个体特征发展,如课外活动、社会实践活动等,让个体个性得到了最大限度的尊重,能力得到了最大程度的锻炼和培养。

3. 学校教育能够促进个体的自我价值实现

学校教育对个体具有的最重要的个人意义,就是能够促进个体的自我价值实现,个体的自我价值实现是通过对他人和社会的意义来表达的。一个人如果对他人和社会没有贡献,那么将无法去确认他的个体价值;从某种意义上讲,一个人实现了社会价值,也就实现了其个体价值,因为个体得到了他人和社会的认可与尊敬。个体的自我价值实现并不是一件容易的事情,马斯洛认为自我价值实现是人的最高需求层次,而自我价值的实现就是一个不断发现自我、挑战自我、超越自我的过程。在个体实现自我价值的过程中难免会遇到各种各样的难题和逆境,缺乏克服困难的勇气和耐力等,学校教育能培养个体战胜种种艰难险阻的信心和坚韧不拔的毅力,让个体认识到生命的意义和存在的价值,朝自我实现的目标去努力。

大家谈

1. 学校教育要教会学生在社会中存在的知识技能、与社会相协调的行为规范和帮助学生发展潜能,现在的学校教育是否达到了这样的要求?
2. 学校教育对人的身心发展起"主导作用",这种主导作用的特点是什么?是相对于哪些因素而言的?
3. 学校教育的主导作用等同于决定作用吗?学校教育对个体发展的功能是巨大的,这个功能的实现需要什么样的条件?
4. 在遗传、环境、教育等因素都一定的情况下,个体的主体性对人自身的发展起什么样的作用?

课后研究

观看教育电影《死亡诗社》,请根据学校教育与人的发展相关理论写一篇电影文本分析。做电影文本分析,首先要将电影看熟看懂,其次挑选多个用于文本分析的典型的具体片断,然后根据教育理论知识从挑选出的片断中再挑选最有影响的故事情节和电影桥段进行分析。

在线学习资源

1. 中国学校教育网,http://www.zgxxjy.cn/
2. 中国文明网——未成年人,http://www.wenming.cn/wcnr_pd/

补充读物

1. [德]恩斯特·卡西尔.人论[M].甘阳,译.上海:上海译文出版社,2004.
2. 姚本先.儿童发展与教育心理学[M].合肥:安徽大学出版社,2002.
3. 刘电芝.儿童发展与教育心理学[M].北京:人民教育出版社,2006.
4. 魏薇,王红艳.中外学校教育经典案例评析100篇[M].济南:山东人民出版社,2010.

第四章　学校教育的目的

学习目标

1. 了解教育目的的含义。
2. 把握学校教育的培养目标。
3. 掌握学校的全面发展教育。

内容提要

教育目的有广义和狭义之分。广义的教育目的是指各种教育活动要实现的预期结果。狭义的教育目的即学校教育目的,是根据一定社会的生产力、生产关系的需要和人自身发展的需要来确定的,国家对培养人才的质量规格的总要求,是学校教育活动结果在人们头脑中的反映。教育目的具有定向、调控、激励、评价功能。学校教育的培养目标是教育目的的下位层次,是总体教育目的的具体化,包含基础教育的培养目标(小学教育的培养目标、初中教育的培养目标、高中教育的培养目标)、高等学校教育的培养目标等。全面发展教育是我国教育目的的应有之义,实施素质教育是实现全面发展教育的时代选择。

目的性是人的实践活动的本质特征,教育作为一种培养人的实践活动,首先必须明确教育目的是什么。即教育为谁培养人？教育应该培养什么样的人？学校作为一种专门的教育机构,更要明确教育的目的,这既是教育实践的基本问题之一,也是教育理论的核心课题。因此,认识和思考学校教育的目的,是学校教育活动的第一要素与前提,是教育实践活动的起点,也是教育实践活动的归宿。

第一节　学校教育目的内涵

作为一种专门的教育机构,学校教育的目的包含着学校作为一种社会组织的目的和学校教育活动所追求的目的两层含义,这两层目的的实现是相互联系的,学校组织目的的达成最终体现在学生各方面素质的不断扩展、丰富和提高上,学校教育活动所追求的目的的达成则体现在学校应该培养什么样的人的问题上。因此,明确学校教育目的的内涵关乎学校教育本质属性,关乎学校教育目的对学校教育实践活动的重要作用。

一、学校教育目的的定义

> **案例 4-1**
>
> **你的用途,绝非一种**
>
> 1983 年,一位名叫普洛罗夫的捷克籍法学博士在做毕业论文时发现:50 年来,纽约里士满区

一所穷人学校圣·贝纳特学院出来的学生在纽约警察局的犯罪记录最低。普洛罗夫向纽约市市长申请到一笔市长基金以便就这一课题深入开展调查。

凡是在圣·贝纳特学院学习和工作过的人,只要能打听到他们的地址或邮箱,普洛罗夫都要给他们邮寄一份调查表,问他们:"圣·贝纳特学院教会了你什么?"

在将近6年的时间里,他共收到3 756份回函,在这些回函中74%的人回答,他们在学校里知道了一支铅笔有多少种用途。

这是怎么回事呢?普洛罗夫走访纽约市最大的一家皮货商店的老板,得到了答案。

这位老板就是在圣·贝纳特学院就读过的,他说:"贝纳特牧师教会了我们一支铅笔有多少种用途。我们入学的第一篇作文就是这个题目。当初,我认为铅笔只有一种用途——写字。谁知道铅笔不仅能用来写字;必要时还能用来替代格尺画线;还能作为礼品送给朋友表示友爱;能当商品出售获得利润;铅笔的芯磨成粉后可以做润滑粉,演出的时候可以临时用来化妆;削下的木屑可以做成装饰画;一支铅笔按照相等的比例锯成若干份,可以做成一副象棋;可以当做玩具的轮子;在野外缺水的时候,铅笔抽掉芯还能当做吸管喝石缝中的水;在遇到坏人时,削尖的铅笔还能作为自卫的武器……总之,一支铅笔有无数种用途。贝纳特牧师让我们这些穷人的孩子明白,有着眼睛、鼻子、耳朵、大脑和手脚的人更是有无数种用途,并且任何一种用途都足以使我们成功。我原来是个电车司机,后来失业了。但是你看,我现在是一个皮货商了。"

普洛罗夫后来又采访了一些圣·贝纳特学院毕业的学生,发现无论贵贱,他们都有一份职业,并且生活得非常乐观。而且,他们都能说出一支铅笔至少20种用途。

普洛罗夫大受启发,调查一结束他就放弃了在美国找律师工作的想法,匆匆回国了,后来当上了捷克最大的一家网络公司的总裁。

如何认识学校教育培养目标的多向度与多层次?

人类社会的各种活动无不带有目的性,并在根本上区别于动物的本能的生命活动。教育是人类特有的一种社会实践活动,这种实践活动也具有一定的目的。从其产生来看,是基于人类及其生产和生活经验、知识得以延续的需要而进行的一种有目的、有意识的培养人的活动;从其运行过程来看,一切教育内容的确定、教育方法的选择及具体培养目标的制定等,无一不是依据教育目的来进行的。①

那么,什么是教育目的?可以根据"目的"在《汉语词典》中的定义:"目的:意欲所达之境。"②来解释,教育目的即教育意欲达到的归宿所在或所预期实现的结果。它是教育活动的出发点和归宿,本身就反映着办教育的主体对教育活动在努力方向、社会倾向性和人的培养规格标准等方面的要求和指向。

教育目的有广义和狭义之分。广义的教育目的是指各种教育活动要实现的预期结果。狭义的教育目的即学校教育目的,是根据一定社会的生产力、生产关系的需要和人自身发展的需要来确定的,

---

① 全国十二所重点师范大学联合编写.教育学基础(第2版).北京:教育科学出版社,2008;59.
② 中国辞典编纂处.汉语词典(重印第1版).北京:商务印书馆,1957;121.

国家对培养人才的质量规格的总要求,是学校教育活动结果在人们头脑中的反映。[1] 由于学校的层次、类型的不同,因此具体学校的教育目的也是有差别的,如小学教育目的不同于中学和大学,普通学校教育目的不同于职业学校、特殊学校,中国学校教育目的也不同于国外学校教育目的。但不论有何不同,学校教育目的的本质都在于"育人",即通过学校教育培养出与一定社会要求相一致的人,在于培养完整的"人",即使人的理性、道德、精神力量、个性得到最充分的发展,引导学生学会学习、学会合作、学会生存、学会做人。

在教育目的中含有不同层次预期实现的目标系列,其结构层次有上下位次之分。最上位层次的概念是教育方针,其次是教育目的,再次是培养目标。培养目标之下还有各育目标、教学目标等。教育目的与上位层次的教育方针和下位层次的培养目标等是自左而右地相互制约与自右而左地逐级达成关系。如图4-1所示。

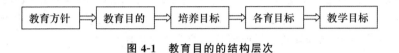

图 4-1 教育目的的结构层次

至于各育目标、教学目标等则是培养目标下位层次的概念,它们是上位概念在各育活动和教学活动中的进一步具体化。教学目标之下还可以有单元教学目标、每次课的目标等。各位次名称的含义及所产生作用的特点既有相同性,也有各自的独特性,在具体教育实践中重点厘清教育方针与教育目的、教育目的与培养目标之间的区别与联系。在教育中,应注意是在怎样的层次来考虑教育目的(或目标)问题。要清楚懂得,哪一层目标可以在考虑具体性的教育活动时作为直接依据,哪一层次的目标不能作为直接的依据;哪一层次的目的在考虑宏观性教育时是主要的依据,哪一层次不是主要的。[2]

二、学校教育目的的作用

> **案例 4-2**
>
> 2005年7月29日,温家宝总理看望钱学森时,钱老向温总理建言:要培养具有创新能力的人才。钱老说:"有科学创新能力的人,不但要有科学知识,还要有文化艺术修养。小时候,我父亲让我学理科,同时又送我去学绘画和音乐。艺术上的修养能开拓科学创新思维。现在,我要宣传这个观点。中国之所以还没完全发展起来,重要原因之一是没有一所大学按照培养科学技术发明创造人才的模式去办学,没有自己独特的创新的东西,所以老是冒不出杰出人才。"

如何处理好学校教育目的的理论规定性与现实操作性之间的矛盾?

---

[1] 朱家存,王守恒,周兴国.教育学.北京:高等教育出版社,2010:107.
[2] 全国十二所重点师范大学联合编写.教育学基础(第2版).北京:教育科学出版社,2008:64.

目的是人类对活动结果的一种指向和规定。学校的一切教育活动都是为了实现学校教育目的而有组织、有计划、有系统地进行,学校的一切教育过程都是实现学校教育目的的过程。学校教育目的对学校的教育实践活动有着极其重要的作用和影响,具体体现在以下几个方面的功能中。

(一) 定向功能

学校教育目的是学校教育工作的起点和归宿,它既是学校教育办学的指导思想,也规定了学生发展的根本方向,学校只能根据教育目的的要求来办学。具体体现为以下几点。一是明确指出培养人的方向性问题:"为谁培养人?"即对教育社会性质的定向作用。二是规定了社会所需人才的质量规格要求,即对人的培养的定向作用,任何一个层次一个类别的教育活动在开展之前、在进行之中都必须时时围绕教育目的去修正自己的培养目标。三是决定了教育内容的选择取舍,即对课程选择及其建设的定向作用。课程是学校教育实践的实体,教学内容是课程的具体化和实践上的展开。学校开设什么课程,讲授什么内容,这是由学校的教育目的和培养目标决定的。四是决定了教学的重点和质量标准,即对教师教学的定向作用。除了对培养学生能力和技能方面的教学定向外,还有对培养思想品德方面的价值定向作用,使教师知道自己所要教的最重要的是什么。

(二) 调控功能

学校教育目的自身的各种内在规定性对整个教育过程具有较强的调控功能。具体体现为:一是某种学校教育目的总是被赋予特有的价值取向要求,并成为衡量教育活动意义及质量的内在根据,起到调控实际教育活动的作用;二是学校教育目的对人才培养的基本质量规格的规定是开展教育活动的基本依据,直接调控着教育内容或教学方式的选择等;三是学校教育目的自身衍生的一系列各级各类教育目标,起着具体调节和控制教育活动的作用。

(三) 激励功能

学校教育目的是一种结果指向,也是对教育美好未来的设想,它反映了人的需要和动机,共同的目的一旦被人们认识和接受,它不仅能指导人的实践活动行为,而且能够激励人们为实现一系列目标而努力。教育者因为学校教育目的中蕴涵着人们的观念价值与期望的目标的存在,因此便动用自己的智慧力量,发挥创造的能力去达成目标,"目标就是价值,假如目标有价值,并且人们愿意获得它(实现它),那么,它便能使学习者付出为达到该目标所需要的力量"。[①] 因此,人们对教育目标价值的认识程度越高,目标实现的可能性也就越大,则目标越能激发教育者和受教育者的信心与决心,越能发挥教育目的的激励功能。

(四) 评价功能

学校教育目的不仅是教育活动应遵循的基本指导原则,也是衡量学校教育办学质量以及学生发展质量的根本标准。其评价功能具体体现在:一是依据教育目的,评价各级各类学校的培养目标、总体办学方向,办学思想是否正确、是否清晰、是否符合社会的发展方向和需要;二是依据教育目的,评价教育质量是否达到了教育目的的要求,达到了教育目的规定的规格和标准;三是依据教育目的,评价学校的管理是否科学有效,是否符合教育目的的要求,是否遵循了教育规律和人的身心发展规律,促进了学生的健康发展和成长。

学校教育目的的上述功能是相辅相成的,每一种功能的作用都不是单一表现出来的,综合体现在学校教育活动之中。定向功能一方面为调控功能、激励功能、评价功能提供了目标方向,另一方面,定向功能的发挥又直接依托于其他功能的实现。而激励功能在某种程度上就是一种积极调控

---

① 瞿葆奎.教育学文集·教育目的.北京:人民教育出版社,1989:320.

形式和评价手段,离开了评价功能的发挥,则可能会使调控功能和激励功能缺少方向和进一步的完善。因此,在学校教育中应重视并合理把握学校教育目的的多方面功能,促进学校教育目的的实现和不断完善。

资料链接:中华人民共和国教育目的的历史回顾

1949年12月,教育部在北京召开第一次全国教育工作会议,确定了全国教育工作的总方针:"中华人民共和国的教育是新民主主义的教育,它的主要任务是提高人民文化水平,培养国家建设人才,肃清封建的、买办的、法西斯的思想,发展为人民服务的思想。这种新教育是民族的、科学的、大众的教育,其方法是理论与实际一致,其目的是为人民服务,首先为工农兵服务,为当前的革命斗争与建设服务。"这个方针后来被称为新民主主义文化教育方针。

1957年,根据我国当时政治、经济上的要求,并针对教育实践中出现的学生负担过重、忽视劳动教育和思想政治教育等问题,毛泽东在《关于正确处理人民内部矛盾的问题》中提出:"我们的教育方针,应该使受教育者在德育、智育、体育几方面都得到发展,成为有社会主义觉悟的有文化的劳动者。"这段话是对培养全面发展的社会主义新人的第一次概括性表述,对我国教育事业的发展和人才的培养起了非常重要的指导作用。

1958年,《中共中央、国务院关于教育工作的指示》指出,"党的教育方针是教育为无产阶级政治服务,教育与生产劳动相结合"。这是中华人民共和国成立后党和政府对教育方针的第一次明确表述,奠定了社会主义中国教育发展的基调。

1978年,我国的教育目的在第五届人大会议通过的《宪法》中被表述为:"我国的教育方针是教育必须为无产阶级政治服务,教育必须同生产劳动相结合,使受教育者在德育、智育、体育几方面都得到发展,成为有社会主义觉悟的、有文化的劳动者。"

1981年,党的十一届六中全会通过了《关于建国以来党的若干历史问题的决议》,对教育目的作了这样的规定:"坚持德智体全面发展、又红又专、知识分子与工人农民相结合、脑力劳动与体力劳动相结合的教育方针。"在同年11月的第五届人大的政府工作报告中,又提出:"使受教育者在德育、智育、体育几方面都得到发展,成为有社会主义觉悟的有文化的劳动者和又红又专的人才,坚持脑力劳动和体力劳动相结合,知识分子与工人农民相结合。"

1982年,在《中华人民共和国宪法》第四十六条中对我国现阶段的教育目的作了这样的规定:"中华人民共和国公民有受教育的权利和义务。国家培养青年、少年、儿童在品德、智力、体质等方面全面发展。"这是中国当代历史上第一个以法律的面貌出现的教育目的。

1985年,《中共中央关于教育体制改革的决定》中指出:"教育体制改革的根本目的是提高民族素质,多出人才,出好人才。"教育必须"面向现代化、面向世界、面向未来,为90年代至下世纪初叶我国经济和社会的发展,大规模地准备新的能够坚持社会主义方向的各级各类合格人才"。明确指出:"所有这些人才,都应该有理想、有道德、有文化、有纪律,热爱社会主义祖国和社会主义事业,具有为国家富强和人民富裕而艰苦奋斗的献身精神,都应该不断追求新知,具有实事求是、独立思考、勇于创造的科学精神。"

1986年,第六届全国人民代表大会第四次会议通过的《中华人民共和国义务教育法》规定了我国义务教育的目的:"义务教育必须贯彻国家的教育方针,努力提高教育质量,使儿童、少年在品德、智力、体质等方面全面发展,为提高全民族的素质,培养有理想、有道德、有文化、有纪律的社会主义建设人才奠定基础。"

1990年,《中共中央关于制定国民经济和社会发展十年规划和"八五"计划的建议》把教育方针和教育目的明确表述为:"教育必须为社会主义现代化建设服务,必须与生产劳动相结合,培养德、智、体全面发展的建设者和接班人。"

1993年,中共中央、国务院正式印发的《中国教育改革和发展纲要》,总结了中华人民共和国成立40多年来,特别是十一届三中全会以来教育改革和发展的经验,提出了20世纪90年代我国教育改革和发展的目标、方针、政策和措施。《纲要》提出:"教育改革和发展的根本目的是提高民族素质,多出人才,出好人才。各级各类学校要认真贯彻'教育必须为社会主义现代化建设服务,必须与生产劳动相结合,培养德、智、体全面发展的建设者和接班人'的方针,努力使教育质量在90年代上一个新台阶。"

1995年,在《中华人民共和国教育法》中对《纲要》提出的教育方针进一步确认,重新表述为:"教育必须为社会主义现代化建设服务,必须与生产劳动相结合,培养德、智、体等方面全面发展的社会主义事业的建设者与接班人。"在新的提法中对人才素质的培养规格提出了德、智、体等方面的全面发展;在"培养什么人"的问题上更强调的是"社会主义事业的建设者和接班人"的性质和方向,这就更进一步明确了我国教育的社会主义性质和方向。

1999年,《中共中央、国务院关于深化教育改革全面推进素质教育的决定》把教育目的表述为:"以提高国民素质为根本宗旨,以培养学生的创新精神和实践能力为重点,造就'有理想、有道德、有文化、有纪律'的德智体美等全面发展的社会主义事业建设者和接班人。"

2001年,《国务院关于基础教育改革与发展的决定》提出的教育方针是:教育必须为社会主义现代化建设服务,为人民服务,必须与生产劳动和社会实践相结合,培养德智体美等全面发展的社会主义事业建设者和接班人。

2002年,党的十六大报告《全面建设小康社会,开创中国特色社会主义事业新局面》中提出:"全面贯彻党的教育方针,坚持教育为社会主义现代化建设服务,为人民服务,与生产劳动和社会实践相结合,培养德智体美全面发展的社会主义建设者和接班人。"

2006年,第十届人大第二十二次会议修改通过的《中华人民共和国义务教育法》规定:"义务教育必须贯彻国家的教育方针,实施素质教育,提高教育质量,使适龄儿童、少年在品德、智力、体质等方面全面发展,为培养有理想、有道德、有文化、有纪律的社会主义建设者和接班人奠定基础。"

2010年7月颁布的《国家中长期教育改革和发展规划纲要(2010—2020年)》强调:"促进德育、智育、体育、美育有机融合,提高学生综合素质,使学生成为德智体美全面发展的社会主义建设者和接班人。"

大家谈

1. 如何理解教育目的的理想性与现实性?
2. 如何认识学校教育目的四种功能的内在逻辑性?
3. 结合我国教育目的,谈谈当下的教育是否与教育目的相一致?

第二节 学校教育的培养目标

学校教育的培养目标是教育目的不同层次目标系列中的一个层次,是教育目的的下位层次,是总体教育目的的具体化,包括基础教育的培养目标(小学教育的培养目标、初中教育的培养目标、高中教育的培养目标)、高等学校教育的培养目标等。

一、学校教育培养目标的含义

 案例 4-3

2013年12月15日,全国中小学校长(园长)"校长的教师领导力"高峰论坛暨北京市大兴区第十二届校长教育思想论坛在北京隆重开幕。在主论坛上,北京四中校长刘长铭进行了主题为"学校文化的核心——教育价值观"的讲座。据刘长铭校长介绍,北京四中学生的培养目标概括为培养杰出的中国人,即培养忠诚(国家、团队)和服务(社会、他人)精神,以及追求卓越的职业与生活态度,使学生学会在未来优雅地工作和生活,成为职业领域与个人生活的成功者及有益于社会的公民。

问题 试析北京四中培养目标与我国的学校教育目的的关系。

教育目的可以具体化为学校的培养目标、课程目标和教学目标等。学校培养目标是指各级各类学校根据国家教育目的分别设定的教育目标,这是总体教育目的的具体化。如:基础教育的培养目标(小学教育的培养目标、初中教育的培养目标、高中教育的培养目标)、高等学校教育的培养目标等。

二、基础教育培养目标

 案例 4-4

在四川省一个边远的少数民族地区,一位专家考察了非常贫苦、非常偏僻的乡村小学。在交谈中,这位专家发现,当问到孩子们未来的希望是什么时,几乎所有的孩子都回答"上大学",在场的学校校长和老师满意地露出了微笑。但是这位专家知道,差不多20年来,这所小学别说大学生,就连高中生也没有考上一个。他们学的内容是非常"城市化的"——城市里的孩子有什么课,他们就学什么课。但是,他们在为注定没有希望的希望而学习。

问题 如何处理基础教育目标的共性要求与地方特殊条件的限制之间的矛盾?

基础教育的培养目标在教育目标体系中属中间层次,它比较具体地规定了各级教育所应达到的人才培养的具体要求。

(一)小学教育的培养目标

① 德育方面:使学生初步具有爱祖国、爱人民、爱劳动、爱科学、爱社会主义和爱中国共产党的思想感情,初步具有关心他人、关心集体、诚实、勤俭、不怕困难等良好品德,以及初步分辨是非的能力,养成讲文明、懂礼貌、守纪律的行为习惯。

② 智育方面：使学生具有阅读、书写、表达、计算的基础知识和基本技能，掌握一些自然、社会和生活常识，培养观察、思维、动手操作和自学能力，以及有广泛的兴趣和爱好，养成良好的学习习惯。

③ 体育方面：培养学生锻炼身体和讲究卫生的习惯，具有健康的体魄。

④ 美育方面：培养学生爱美的情趣，具有初步的审美能力。

⑤ 劳动技术教育方面：培养学生良好的劳动习惯，会使用几种简单的劳动工具，具有初步的生活自理能力。

小学教育的培养目标是根据我国社会主义教育的目的、任务和学龄初期学生身心发展的特点提出来的。小学教育是基础教育的基础，因此，在这个阶段为学生今后全面和谐充分发展打下"初步"基础，是小学教育培养目标的重要特征。

(二)初中教育的培养目标

① 德育方面：使学生具有爱祖国、爱社会主义、爱中国共产党的思想感情，初步树立辩证唯物主义、历史唯物主义的基本观点，初步具有为人民服务的思想和集体主义观点，具有良好的品德，以及一定的分辨是非和抵制不良影响的能力，养成文明礼貌、遵纪守法的行为习惯。

② 智育方面：掌握必需的文化科学基础知识和基本技能，具有一定的自学能力，运用所学知识分析问题、解决问题的能力和动手操作能力，培养学生实事求是的科学态度和不断追求新知识的精神。

③ 体育方面：初步掌握锻炼身体的基础知识和正确方法，养成讲卫生的习惯，具有健康的体魄。

④ 美育方面：具有一定的审美能力，初步形成健康的志趣和爱好。

⑤ 劳动技术教育方面：掌握一定生产劳动的基础知识和基本技能，了解择业的一般常识，具有正确的劳动观点、劳动态度和良好的劳动习惯。

初中教育是小学教育的继续，又是为普通高中、职业高中和成人高中打基础的教育。初中教育阶段的学生处于学龄中期(少年期)。学龄中期是从儿童到少年又由少年走向青年的过渡时期，是人的成长、发展过程中非常重要的一个转折时期，因而也是为学生全面发展、全面提高素质打基础最关键的时期。初中教育的培养目标，要在小学阶段使学生"初步"得到全面发展的基础上，为促进他们的身心健康、和谐发展打好坚实的基础。初中教育最重要，但目前又是最薄弱的一环。因此，教育界和全社会都十分关注初中教育目标的全面实现。

(三)高中教育的培养目标

高中教育在义务教育的基础上进一步提高学生思想道德素质、科学文化素质、身体心理素质，并且使学生的个性得到健康的发展，为培养社会主义建设者和接班人奠定良好的基础。其主要目标如下。

① 德育方面：使学生具有社会主义和共产主义理想，热爱社会主义祖国和社会主义事业，热爱中国共产党，具有为国家富强和人民富裕而艰苦奋斗的献身精神，树立辩证唯物主义和历史唯物主义的观点，具有社会主义和共产主义道德品质，使学生具有道德思维和道德评价能力，具有自我教育的能力和习惯，养成遵纪守法、文明礼貌的行为习惯。

② 智育方面：使学生在初中教育的基础上进一步掌握必需的文化科学基础知识和基本技能，特别要打好语文、数学、外语的基础，要发展学生的志趣、特长，培养学生具有不断追求新知识的热忱以及自学能力和分析问题、解决问题的能力，具有实事求是、独立思考、勇于创造的科学精神。

③ 体育方面：掌握锻炼身体的基础知识和技能、技巧，学会科学锻炼身体的方法，逐步养成自觉锻炼的习惯，使学生的身体素质全面发展，具有健康的体魄和从事生活、生产所需的身体活动能力，养

成良好的卫生习惯。

④ 美育方面:培养学生正确的审美观,使他们具有感受美、鉴赏美和创造美的能力。

⑤ 劳动技术教育方面:使学生具有劳动观点、劳动习惯和学习生产技术的兴趣,掌握现代生产技术的一些基础知识和基本技能,学会使用一般的生产工具,掌握组织生产和管理生产的初步知识和技能。

高中教育阶段的学生处于青春早期,学生的身体和心理的发展将达到基本成熟。他们在已有的文化科学知识、生活经验和思想道德水平的基础上,初步形成了一定的世界观、人生观和道德观。这个阶段也是学生立志择业,为走向生活、走向独立做准备的时期。因此,培养目标要体现出上述各项特点。

培养目标具有导向性、规范性和一定的"可操作"性。上述所列中小学各阶段的培养目标,体现了中小学教育在不同阶段培养德智体全面发展的人的不同的基本要求。

大家谈

1. 请思考基础教育培养目标的"基础性"体现在哪里?
2. 结合实际谈谈如何将基础教育培养目标落到实处。
3. 小学、初中、高中学校教育目标指向的是个体整体发展中的阶段性任务,如何实现阶段性中的连续性并做好衔接,最终实现学生个体发展的完整性和完满性?

第三节 学校的全面发展教育

为了实现社会主义教育的目的,全面培养人的素质,必须实施全面发展教育。学校的全面发展教育是指教育者根据社会主义社会的政治经济要求与人的身心发展规律和特点,有目的、有计划、有组织地对受教育者实施的一种旨在促进人的素质结构全面、和谐、充分发展的系统教育。为了更好地正确理解和把握我国教育目的中全面发展这一实质,在实施全面发展教育中,必须正确认识和处理好各育之间的关系。

一、全面发展教育的指导思想

案例 4-5

"韩寒、满舟现象"

韩寒、满舟之所以典型,是因为两人都有多门不及格课程,包括语文都不及格,却又都在17岁写成20多万字的著作——分别为《三重门》《黑客攻击防范秘技》,前者成为我国著名的长篇小说作者,后者成为我国第一部反黑客著作编著者。不同的是,满舟强烈要求进大学,韩寒却认为不一定非进大学不可。

问题 "韩寒、满舟现象"对全面发展教育指导思想的挑战在哪里?

人的全面和谐发展是人类千百年来的追求。在马克思主义关于人的全面发展学说提出以前,历史上就曾有一些思想家和教育家对人的全面发展做了论述。

古希腊哲学家亚里士多德早在两千多年前就提出了身体、德行、智慧和谐发展的观点。17世纪意大利人文主义教育家维多利诺主张通过智、德、体、美诸育的普遍实施使儿童的身心得到和谐的发展。瑞士著名教育家裴斯泰洛齐,基于其适应自然的原则,主张教育的目的在于发展人的天性和形成完善的人,在于使人的天赋才能得到充分的和谐的发展,使之成为有智慧、有德行、身体强健、能劳动的人。特别值得一提的是早期空想社会主义者莫尔、康帕内拉、欧文、傅立叶等人的全面发展思想。他们主张消灭私有制,实行公有制,建立乌托邦式的社会主义。在《乌托邦》里,莫尔设想在新乌托邦岛上和"太阳城"中,实行公共教育制度,所有儿童入校接受智育、体育、道德教育和劳动教育,实行教育与生产劳动相结合,借以消灭体力智力的差别。到19世纪,欧文和傅立叶更明确提出了人的全面协调发展的思想。傅立叶把人的智力和体力的全面发展作为他理想社会中协作教育的主要目的。欧文在设想未来理想社会的儿童教育时,则明确要求:"培养他们的智德体行方面的品质,把他们教育成全面发展的人。"在欧文看来,未来社会的新人,从出生到成熟,都应生活在优良的美德环境之中,接受合理的教育,并一直参加劳动,成长为理性与道德力量充分发展的人。

马克思对欧文的教育实验及其思想见解给予了高度的评价:"正如我们在罗伯特·欧文那里可以详细看到的那样,从工厂制度中萌发出了未来教育的幼芽,未来教育对所有已满一定年龄的儿童来说,就是生产劳动同智育和体育相结合,它不仅是提高社会生产的一种方法,而且是造就全面发展的人的唯一方法。"马克思主义批判地吸取了历史先哲们关于人的和谐发展的思想,尤其是直接吸收了欧文关于教育与生产劳动相结合的思想精华,使人的全面发展由空想变成科学,从而创立了马克思主义关于人的全面发展的学说。

在马克思主义关于人的全面发展学说中,核心问题是马克思主义关于人的全面发展的含义或规定性的问题。关于人的全面发展马克思并没有一个经典的定义,而散见于其浩瀚著作的一些篇章里;马克思主义关于人的全面发展学说的内涵论述,是马克思和恩格斯共同的思想结晶。我们要避免界说上的片面性,就必须抛弃主观随意性,从马克思主义关于全面发展的整个体系中去寻求其客观的答案,从马克思在不同场合对全面发展的不同侧重论述的综合分析中去寻找符合实际的理解。因为作为科学的人的全面发展的概念,既是多维的,又是历史的。

1844年,马克思在《经济学—哲学手稿》中,从作为生产力的要素的人的角度论述了人的全面发展,认为人的全面发展是人的劳动能力的发展。什么是人的劳动能力呢?马克思指出:"我们把劳动力或劳动能力,理解为人的身体即活的人体中存在的、每当人生产某种使用价值时就运用的体力和智力的总和。"1845年恩格斯《在爱北斐特的演说》中开始提出"每一个人都无可争辩地有权全面发展自己的才能"的主张。1845—1846年马克思、恩格斯在《德意志意识形态》这部著作中,开创性使用"个人全面发展"这一概念时指出,个人全面发展实际上就是"全面发展其才能","就是全面地发展自己的一切能力"。1847年恩格斯在《共产主义原理》中把全面发展的个人叫做"一种全新的人",这种全新的人是能够"根据社会的需要或他们自己的爱好,轮流从一个生产部门转到另一个生产部门",是"各方面都有能力的人,即通晓整个生产系统的人"。1867年马克思在《资本论》中指出:"大工业又通过它的灾难本身使下面这一点成为生死攸关的问题:承认劳动的变换,从而承认工人尽可能多方面地发展是社会生产的普遍规律。"1878年恩格斯在《反杜林论》中进一步具体指出:"通过社会生产,不仅可能保证一切社会成员的富足的和一天比一天充裕的物质生活,而且还可能保证他们的体力和智力获得充分的自由的发展和运用。"

综合上述及马克思、恩格斯在众多篇章里所阐述的关于个人全面发展的思想,可以认为,所谓个人全面发展,就是每个社会成员的智力和体力都获得尽可能多方面的、充分的、自由的和统一的发展。依据马克思、恩格斯在上述论述里所阐述的个人全面发展的主张,个人全面发展的本质特征可集中概括为如下三个方面。① 个人智力和体力的尽可能多方面发展,这是发展的量的方面特征;② 个人智力和体力充分的、自由的发展,这表现为发展的质的方面特征;③ 个人智力和体力的统一的发展,这表现为发展的度的特征。

我国教育目的蕴涵着全面发展的要求,这一点与马克思主义关于人的全面发展学说有着密切的关系。要理解我国的教育目的,实施好全面发展教育,必须认识马克思主义关于人的全面发展学说及其人的全面发展学说所确立的科学的人的发展观,对我国教育目的的确立所具有的重要理论指导意义,具体体现在以下几点。

一是确立了科学的人才发展观,为教育目的的确立提供了方法论指导。在马克思主义产生之前,人们多从"神的意志"或"人的本性"出发来探讨人的多方面和谐发展问题,马克思在批判继承前人思辨的、抽象的方法的基础上,提出必须"从人们现有的社会联系,从那些使人们成为现在这种样子的周围生活条件来观察人们"[①],进而说明"个人是什么样的,这取决于他们进行生产的物质条件"。用这种科学的人的发展观作指导,有助于人们深刻理解人的发展的社会必要性和社会制约性。在确立和实现教育目的中把人的发展和社会的发展结合起来。[②]

二是指出了人的全面发展的历史必然性,为社会主义人才培养指明了方向。马克思主义明确指出:"生产力发展到大工业生产以后,消灭了脑体分离和以对立为基础的旧式分工,现代生产力的高度发展提出了人的全面发展的要求,并为人的全面发展的实现提供了必要的物质条件和基础,承认这一劳动的变换,就是承认工人尽可能多方面地发展是社会生产的普遍规律。"马克思主义关于人的全面发展学说揭示了人的全面发展是一个历史发展的过程,为我国社会主义人才的培养指明了方向,丰富了人才观认识,推动了我国教育事业的发展。

在马克思主义关于人的全面发展学说的指导下,全面发展教育一直是我国社会主义教育目的的核心内容。在我国教育目的表述中,全面发展集中体现为德、智、体、美诸方面的全面发展,这也是各级各类学校教育的基本指导思想。尤其是素质教育的实施,使得全面发展的内涵和外延得到了进一步的丰富和深化。

二、全面发展教育的价值取向

> **案例 4-6**
>
> 如何改变为了分数和升学率,教师累、学生疲、校园死气沉沉的现象?苏州市近年来打出素质教育"组合拳":明确规定小学、初中每天结束课堂教学后,用 1 个小时让学生开展活动;明确规定公办小学、初中学生免试入学,任何学校、任何机构、任何个人不准组织任何形式的入学选拔考试,民办小学和初中不得采用笔试或变相笔试的方式选拔学生,公办、民办中小学不得举办各种

---

① 上海师范大学教育系.马克思恩格斯论教育.北京:人民教育出版社,1979:26.
② 全国十二所重点师范大学联合编写.教育学基础(第 2 版).北京:教育科学出版社,2008:86.

形式的重点班和实验班;明确规定不准组织任何形式的节假日整班补课,严格规范教师有偿家教,同时全力打造高效课堂,提高教学水平,鼓励学校特色发展,并出台了一系列监督机制。在政府、社会、家庭、学校的合力推动下,学生负担减轻了,校园生机重现了,中高考升学率提高了,百姓满意了,苏州教育初步实现了培育全面发展,具有创新精神、实践能力的新时代人才的教育目标。

问题 如何认识全面发展教育的理论预设性与实践操作性的矛盾?

全面发展教育的指导思想解决的是理论认识与理论基础问题,如何实现全面发展教育还需要正确的教育理念。科学的全面发展教育理念是确保全面发展教育得以实现的关键。关于教育理念,其含义虽说见仁见智,但"教育理念是教育思想家乃至整个民族长期蕴蓄和形成的教育价值取向的反映、体现和追求,是关于教育发展的一种理想性、精神性、持续性和相对稳定性的范型,具有导向性、前瞻性、规范性的特征"①的表述还是具有代表性的,其要旨在于揭示了教育价值取向之于教育理念的核心地位,换言之,教育理念科学与否某种程度上取决于教育价值取向的客观性,而教育价值取向的客观性则取决于教育目的价值取向的客观选择。

教育目的的价值取向,是指教育目的提出者或从事教育活动的主体依据自身的需要对教育价值做出选择时所持的一种倾向,也就是选择什么样的教育价值作为自己行动的方向或准则等。全面发展教育需要个人本位与社会本位的统一、科学主义与人文主义融合的教育理念。

(一)个人本位与社会本位的统一

个人本位的价值取向主张教育目的应根据人的本性需要来确定,这种观点曾在18世纪和19世纪上半叶广泛盛行于西方,其主要代表人物有法国哲学家卢梭、瑞士教育家裴斯泰洛齐、德国教育家福禄倍尔、法国的萨特、美国的马斯洛等。个人本位的价值取向从人的本性、本能的需要出发,认为教育目的在于使人成为人,使人性得以发展,使人性得以完善化,个人的价值高于社会的价值。古希腊一些哲学家认为,人是万物的尺度,是理性的动物,教育的目的、理想和价值,就在于弘扬人性,使人得到和谐发展。文艺复兴时期的人文主义者以人道主义和人性论为基础,反对宗教神学对人的压抑,把摆脱宗教神学束缚、求得人的解放和个体自我意识觉醒、培养独立个人作为教育的根本目的。18—19世纪自然主义者卢梭反对把培养公民作为教育的目标,主张不施加任何影响的"自然教育",以顺应人的天性的发展。这种个人本位的教育目的学说,在剥削阶级占统治地位的社会里,作为反对社会对人的摧残,反对教育上宗教神学对人的思想禁锢,反对封建蒙昧主义,反对封建主义强加于人的一切教育要求,提倡人的个性解放,尊重人的要求和人的价值,都有着历史进步意义。直到今天,也有值得学习的合理之处。但在变革社会和教育的探讨过程中,不免带有历史唯心主义色彩和过激的观念意识。在提出教育目的的时候,一味强调个人本位,无视人的发展的社会要求和社会需要,甚至把满足人的需要和满足社会需要对立起来,把教育的个人目的和社会目的看成是不可调和的矛盾,这种倾向极易在现实中导致个性、自由和个人主义的绝对化。因此,个人本位的价值取向在社会发展中显然是片面的。

---

① 韩延明.大学理念探析[D].厦门:厦门大学,2000.

社会本位的价值取向主张教育目的应根据社会要求来确立,其主要代表人物有法国的孔德、涂尔干及德国的那托尔普、凯兴斯泰纳等。从19世纪下半叶开始,西方出现了一种"社会学派",他们认为教育的一切活动都应服从和服务于社会需要,教育除了社会的目的以外并无其他目的,个人的一切发展都有赖于社会,教育的结果也只能以其社会的功能来衡量,因此教育目的应当根据社会的要求来确定。如法国实证主义哲学家孔德认为:"真正的个人是不存在的,只有人类才存在,因为不管从哪方面看,我们个人的一切发展,都有赖于社会。"另一位社会学家那托尔普也认为:"在教育目的决定方面,个人不具有任何价值,个人不是教育的原料,个人不可能成为教育的目的。"同时期的涂尔干也说,"教育在于使青年社会——在我们每个人之中,造成一个社会的我,便是教育的目的",教育除了造就每个人乐于为社会而生活,并乐于贡献其最优力量于人类生活的保存和改善以外,不能有别的目的。社会本位的价值取向重视教育的社会价值,强调教育目的从社会出发,满足社会的需要,具有一定的合理性。事实上,人的存在和发展是无法脱离一定社会的,离开社会,人也就无法获得其发展的社会条件。人获得发展的社会条件客观上是需要每个人遵守并维护社会要求来实现的。从这一意义上说,社会本位的价值取向具有不可否定的意义。但它过分强调人对社会的依赖,把教育的社会目的绝对化、唯一化,甚至认为"个人不可能成为教育的目的"。这种极端的主张,完全割裂了人与社会的关系,单纯把人当做社会工具,而不是把人作为社会主体来培养,造成对人本性发展的严重束缚和压抑。这种价值取向的教育目的很容易把人培养成为同一规格的标准件。

个人本位和社会本位价值取向的争论持续了许多年,随着时间的推移和人类对教育认识的加深,人们已经逐渐认识到单纯考虑个人还是社会都是不全面的,都割裂了人与社会的相互联系。只有将社会发展需要与个人发展需要正确地结合起来,才是唯一科学的观点。教育是发展人的一种特殊手段,一方面,教育需要将人类的文化成果内化为个体的身心素质,这是一个"社会化"的过程;另一方面,个体所创造的知识文化也经由教育为社会其他成员所认识,成为社会的共同知识,这是一个"化社会"的过程。而"社会化"与"化社会"就成为教育解决社会发展与人的发展矛盾的基本途径。在"社会化"与"化社会"的过程中,教育不应该且事实也并非单纯地站在社会的立场(社会本位)强调"社会化",或者站在个体的立场(个人本位)强调"化社会",而应保持自身的相对独立性。[①] 教育目的既要反映社会对人的需要,也要反映作为社会生活主体的人对自身发展的追求,两种价值取向有着内在的统一性,不是截然对立的。

(二)科学主义教育和人文主义教育的融合

现代意义上的科学和科学主义教育产生于西方。从科学发展史的观点来看,文艺复兴(14至17世纪上半期)是不可缺失的环节。然而,值得注意的是,科学并不是这段历史的主要任务。17世纪第一次科学革命催生了"科学主义"思潮。它在后来的几次科学革命和产业革命中渐渐壮大,最终形成声势浩大的科学主义运动,影响到社会各个领域,但教育由于不仅受制于科学因素,还受制于其他社会因素,所以其惰性相当大,它并没有在科学主义出现的时代就匆匆向科学主义教育的方向蜕变。科学主义和科学主义教育思潮不是同步产生的,但后者的出现离不开前者。科学主义,起初还仅是一种社会运动层面上的思潮,随科学的发展,最终上升为哲学学说,形成与人文主义的分野,造成了科学文化与人文文化的紧张对立。科学教育运动在一定程度上是由于科学主义者的推动产生的,其积极意义很明显:一方面批判了虚饰无用的古典主义教育传统,使教育与社会实际相联系;另一方面为科学研究储备了人才,推动了科学进步。但至19世纪后半叶,对科学的崇尚已发展成为对科学极端迷信的泛科学主义,成为一股强大的社会思潮。在19世纪末20世纪初这个关键时段内,脱胎于早期人文

---

① 张海波,杨兆山."教育问题"探析[J]. 教育研究,2011(11):109.

主义的科学主义思潮终于在大学取得"霸权"地位。科学主义教育理念无疑是相当危险的。西方资产阶级启蒙运动的纲领是理性主义和人道主义,借此否定神圣文化的价值体系,肯定世俗文化的价值,开启了现代主义的先河。启蒙学者尝试用科学理性来战胜神圣的思辨理性,鼓吹理性是工具,可以用它来改造自然、控制社会。科学便以其"不可阻挡的功利效应为工具理性的泛滥提供了合法性依据",乃至纵容"工具理性"对"价值理性"的淹没。这在教育上表现为偏重专业科学知识的传授,缺乏德行修养和人文精神的培育。

早在15世纪,在自然科学尚未分化、成熟的条件下,"人文科学"一词就获得了比较准确和专门的意义,人文教育早于科学教育而专业化并在大学里占据了主导地位。但人文主义的教育理想是培养智慧之人、"自然"之人,它把人文教育和科学教育融合在一起,甚至不排除神学教育,表现出兼容并蓄的气度。人文主义教育极大解放了人们的思想,为近代科学的兴起做好直接准备。作为对科学主义的回应,新人文主义也应运而生。新人文主义者自然不能容忍科学主义对人类主体价值的漠视,于是试图纠偏,重新强调人性中情感、直觉的一面。然而,他们矫枉过正,自诩包容了"人"的全部,视科学为道德堕落的渊薮。至此,近代人文主义由最初科学主义的启蒙者变为科学主义的掘墓人。为了将这种反科学主义的哲学思潮区别于古典人文主义和文艺复兴时期的新人文主义,我们不妨将其统称为"人本主义",并将近现代教育中出现的人本主义价值取向称为"人本主义教育"。与现代科学主义思潮相比,现代人本主义的激进程度比近代有过之而无不及。它紧紧抓住20世纪以来由科学负面效应引发的灾难,申斥科学理性,否定科技文明,认为科学是造成现代文明危机的罪魁祸首,使生活丧失了存在的意义。在20世纪,历史又一次抛出一个悖论:一方面,对科学技术展开了全方位的反思和批判;另一方面,科学技术为20世纪创造了空前的繁荣,各国政府都大力支持本国的科学研究,大力加强科学教育,而人文教育却受到不同程度的削弱。人文主义和科学主义教育思潮的交锋并没有因人类对科学功能的认识加深而终结,而是时时贯穿于这个世纪的始终。

其实,就在科学主义教育和人文主义教育在19世纪展开论战的时候,就有一些人认识到二者的矛盾并不是不可调和的,而是可以相互融合的。约翰·密尔主张把人文教育与科学教育共同作为教育的内容,赫胥黎则主张建立新的自由教育观,把科学教育引入自由教育之中。进入20世纪后,人们逐渐认识到,科学主义教育所大力倡导的科学教育自身并不能保证人类一定会将科学技术用于造福人类的目的,同时也无助于解决人与自然、人与人以及人内心的矛盾和冲突,反而会加剧这些矛盾和冲突,使人类面临严重问题甚至生存危机。这时人们认识到科学主义教育所倡导的科学教育和人文主义教育所倡导的人文教育都只是教育的一半,它们所能培养出来的都只是半个人,只有将二者结合起来,实现二者的互补,教育才是完整的教育,它所培养的人才是完整的人。英国著名哲学家、教育家怀特海(Alfred North Whitehead)指出:"没有纯粹的技术教育,也没有纯粹的人文教育,二者缺一不可。"[①]他还说:"没有人文教育的技术教育是不完备的,而没有技术教育就没有人文教育,……教育应该培养学生成为博学多才和术精艺巧的人。"[②]1957年,英国著名学者斯诺(C. P. Snow)发表了题为"两种文化与科学革命"的演说。在演说中,斯诺指出,本来整合的文化已分裂为两种文化即人文文化和科学文化,两种文化之间存在着一个相互不理解的鸿沟,造成人类的知识体系支离破碎,而要改变这种状况,实现科学文化和人文文化的融合,就必须重新思考我们的教育,改变过分重视科技发展而产生的过分专门化倾向,实现科学教育与人文教育的整合。如图4-2所示。

---

① 转引自:国家教委教育发展与政策研究中心.发达国家教育改革的动向和趋势(第三集)[M].北京:人民教育出版社,1990:105.
② 转引自:滕大春.外国教育史(第五卷)[M].济南:山东教育出版社,1993:368.

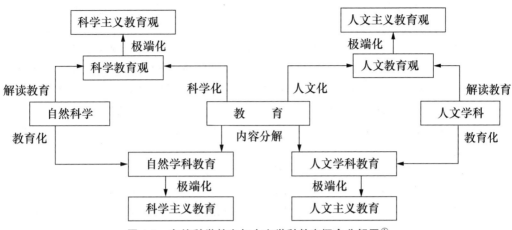

图 4-2 自然科学教育与人文学科教育概念分解图[1]

三、全面发展教育的组成部分

案例 4-7

黄思路无疑是"好孩子"的典范：会弹琴、学习好、能写文章、当过电视主持人、演过电视剧，却没有一般独生子女的娇气，生活能力强……从5岁获得福建省少儿钢琴比赛二等奖开始，荣誉便环绕着这个小女孩。此后，接连在小学生作文比赛、福建省少年儿童知识技能电视大赛、中学生书信大赛等各类比赛中获奖。仿佛是命运的格外垂青，黄思路生逢其时地被作为素质教育的典型推出，1995年因"全面发展"而获得第四届全国"十佳"少先队员的称号。1999年暑假获美国爱斯本音乐学校全额奖学金赴美学习古典音乐。2000年夏天，记录其在美经历的《十六岁到美国》及其文章结集《第四节是物理课》出版。

黄思路却反对媒体把自己作为"好孩子"典型与"坏孩子"韩寒作对比，她认为，什么样的孩子都有，唯独没有"好孩子"和"坏孩子"。

问题 试析"好坏之辨"与全面发展含义的关系？

我国的全面发展教育由德育、智育、体育、美育和劳动技术教育等几个部分组成。各育的划分是相对的，是为了学习与研究的方便。在实际教育教学过程中这五育是融为一体的，是将多方面的教育任务和促进学生多方面的发展有机地结合在一起，有所侧重，又有所兼顾。

（一）德育

德育是培养人思想道德的教育，是向学生传授一定社会思想准则、行为规范并使其养成相应思想品德的教育活动。德育包括思想教育、政治教育、道德教育、心理健康教育、法制教育等方面。

---

[1] 刘德华.科学教育与人文教育：历史的透析[J].现代大学教育，2003(3)：59.

历来统治阶级或集团都非常重视德育,这是因为德育的主要功能是把社会意识转化为个体的思想品德,从而推动社会和受教育者个体的发展。任何社会和阶级意识只有被人们所接受,转化为人们的思想品德,支配人们的行为才能发挥作用。这种作用可以对社会的政治、经济制度发生影响,促进或阻碍生产力的发展,影响伦理文化的继承与发展,还可以促进个体发展。不仅如此,在我国社会主义初级阶段,德育具有特别重要的意义,需要通过德育培养年青一代与现代化生产和商品经济发展相适应的观念、道德、理想等;进行现代化建设,需要把年青一代培养成为有理想、有道德、有文化、有纪律的社会主义公民;在社会主义初级阶段,旧思想、旧习惯仍然不同程度地支配许多人的言行,影响儿童和青少年,需要通过德育,对年青一代进行社会主义思想的教育,抵制各种不良思想的侵蚀,帮助年青一代坚定社会主义必胜的信念;我国政治经济制度不完善,需要调整各种人民内部的利益关系,需要通过德育来帮助人们处理这些问题,使人们认识到建设社会主义还需要长期艰苦的努力。此外,德育也是各育发展的重要保障。德育既是其他各育的方向和统帅,也是其他各育的动力和能源。正如苏霍姆林斯基曾指出的:"人的所有各个方面和特征的和谐,都是由某种主导的首要的东西所决定的,在这个和谐里起决定作用的、主导的成分就是德育。"加强德育有助于推动学生各育的发展,促进全面发展教育目标的实现。然而,当前教育中的一个重要问题是德育被边缘化、外在化、知识化,这是不利于学生健全发展的。

德育的主要任务包括:第一,培养学生正确的政治方向,使学生形成正确的政治信念,具有为国家富强和人民富裕而努力奋斗的献身精神;第二,培养学生正确的世界观、人生观,使他们形成科学辩证的思想方法,正确认识世界和人生,在社会生活中追求新知,解放思想,实事求是,勇于创造;第三,培养学生良好的道德品质,使学生成为具有良好社会公德和文明行为习惯的遵纪守法的好公民;第四,培养学生良好、健康的心理品质,使学生能正确认识自己,讲究心理卫生,提高心理素质,形成完善人格等。

(二) 智育

智育是传授系统科学文化知识、形成科学世界观、培养基本的技能技巧和发展智力的教育。智育是继承、传递和创造人类社会文明的手段。人类的文明必须靠智育来传承,如果没有智育,人类的文明就不能继续发展创新。智育也是培养人才的重要手段,国家的发展靠科技,科技的发展靠人才,而人才的培养靠教育。在这其中,智育起着至关重要的作用。同时,智育也是开发人的智力和实施全面发展教育的认识基础和知识基础。

智育的任务主要是以系统的科学文化知识武装学生,给予他们基本技能、技巧的训练,使他们具有运用知识于实际的本领,发展他们的智力。它能帮助学生认识自然规律和社会规律,提高提出、分析和解决问题的能力,掌握从事社会工作的实际能力。在当今信息社会里,发展智力尤为重要。智力的发展以掌握知识为前提,以技能形成为中介,同知识掌握、技能获得互相促进、辩证发展。

此外,智育还有一个重要的任务就是发展学生的非智力品质。智育的过程不仅是教师指导学生掌握知识、技能,发展智能的过程,而且是培养学生非智力因素的过程。学生的智力因素与非智力因素二者是相辅相成、互相促进的。一方面,发展学生的非智力因素是学生智能发展的催化剂。学生智能的发展是一个主动的过程,学生必须具有强烈的动机、兴趣等,才有可能投入积极的智力活动。在进行智育的过程中,如果不注意培养这些非智力品质,学生智能的发展就缺乏动力,也就不能取得良好的效果。另一方面,学生智能的发展、学业的成功,也有助于推动和加强学生非智力品质的提升。只有将发展智能与培养非智力因素结合起来,才能实现学生全面和谐的发展。

(三) 体育

体育是传授健康知识和体育运动技能,发展体力,增强体质,促进健康,提高人们生活质量的教育。

体育历史悠久,古今中外一直受到重视。在我国的商代,"序"就是专门为奴隶主子弟学习骑射的场所。西周"六艺"中的"射""御"就是当时开设的重要的体育科目。古代斯巴达的学校教育不仅把体育列为重要内容,而且着重于训练强健的体魄、匀称健美的躯体和灵活适度的动作。到了现代社会,人们更加重视体育的作用。体育关系到几亿学生的健康成长,它可以提高儿童身体机能及脑力和体力劳动能力,为青少年顺利完成学习任务奠定了物质基础,是学生学习科学文化知识的重要保证,也是对学生进行道德品质教育的重要手段。此外,体育对形成学生集体意识、养成动作的准确协调以及振作精神、培养文明的举止习惯也有促进作用,还有助于形成和发展学生的审美观点和能力,促进社会和人类文明的健康发展。总之体育是人的全面发展不可缺少的重要组成部分,是其他各育发展的物质前提,也是促进各育发展的必要条件。毛泽东同志早年在《体育之研究》一文中就明确指出:"体者,载知识之车而寓道德之舍也。""体育一道,配德育与智育,而德智皆寄予体,无体是无德智也。体育于吾人,实居第一之位置,体强壮而后学问道德之进修勇而收效远。"形象、生动地说明了体育的重要意义。

体育的主要任务包括:第一,指导学生身体锻炼,促进身体的正常发育,增强学生体质,促进健康水平;第二,使学生掌握身体运动锻炼的科学知识和基本技能,掌握运动锻炼的方法,增强身体运动能力;第三,使学生掌握身心卫生保健知识,养成良好的身心卫生习惯;第四,发展学生良好品德,养成好的文明习惯。

(四) 美育

美育是培养正确的审美观,发展感受美、鉴赏美和创造美的能力,培养高尚情操和文明素质的教育。

美育也有着悠久的历史。早在春秋战国时期,孔子就提出了以仁学为基础的美学思想和美善结合的美育思想,认为"兴于诗,立于礼,成于乐"。"六艺"中的"礼"和"乐"都含有丰富的美育内容。古希腊的柏拉图和亚里士多德也都认为音乐有净化心灵的作用。1750年,德国哲学家鲍姆嘉通出版了《美学》一书,第一次使美学成为一门独立的学科。1793年,德国浪漫主义诗人席勒出版了《美育书简》,第一次使用了"美育"概念。1911年,我国近代著名教育家蔡元培在《对于教育方针之意见》中首次把美育作为全面教育的一个重要组成部分。

美育给学生积极的思想影响,能引导学生区分什么是真、善、美,什么是假、恶、丑,抵制庸俗低级东西的影响,培养人们健康的审美情趣,使人们精神生活丰富多彩、充分愉快,并提高人们的审美能力,达到以美怡情。不仅如此,美育对其他各育都有促进作用,美育有利于知识的获得和智力的发展,发展人的创造能力,达到以美启真;美育能净化灵魂、陶冶性情,促进人的品德的培养,达到以美启善;体育是健与美的结合,审美活动又有益人的健康;美育也与劳动技术教育有密切联系,劳动创造了美,人又按照美的规律建造世界。由此可见,美育不仅有其独特的作用,而且能够很好地协调各育的发展,是全面发展教育不可缺少的组成部分,具有辅德、益智、促体、助劳的功能,因此没有美育的教育是不完全的教育。

美育的主要任务包括:第一,培养学生对自然、社会和艺术的正确的审美观点,使他们具有感受美、理解美、鉴赏美和追求美的知识和能力;第二,培养学生从事艺术活动的兴趣和技能,发展他们体现美和创造美的能力;第三,培养学生美好的心灵和行为,陶冶他们的情操,提高他们的精神境界,使他们在生活中体现内在美与外在美的统一。

(五)劳动技术教育

劳动技术教育是传授基本的生产技术知识和生产技能,培养劳动观念和劳动习惯的教育。劳动技术教育包括劳动教育和技术教育两个方面。劳动教育主要是培养学生的劳动观念、劳动习惯。技术教育主要是指学生掌握一些基本的生产技术知识和劳动技能。劳动教育和技术教育两方面不是截然分开的,而是有机联系的。劳动教育应重视生产技术知识与技能的掌握,技术教育也应重视劳动观念和劳动习惯的培养。

劳动技术教育侧重于传授一般性的工农业生产的基础知识和基本技能,不完全等同于职业技术教育,也不完全等同于勤工俭学,劳动技术教育有时是通过勤工俭学的活动来进行,但劳动技术教育是全面发展教育的组成部分之一,着重在"教育"二字,勤工俭学则是学校的一项活动。实施劳动技术教育只是教育与生产劳动相结合中的微观结合的一个方面,即通过适当的生产劳动对学生进行劳动教育和技术教育,不能把二者等同起来。

重视劳动技术教育是促进学生全面发展的需要。教育与生产劳动相结合"不仅是提高社会生产的一种方法,而且是造就全面发展的人的唯一方法"。实施劳动技术教育,可以使学生掌握应用于现代生产的科学技术,形成劳动的基本技能;可以提高学生对劳动的认识,端正劳动态度,促进良好品德的形成;可以扩大学生的知识面,促进学生把所学知识应用于实践,提高解决问题的能力,发展学生智力;也可以增强学生的机体功能,促进其身体健康;可以使学生在生产劳动中广泛接触美、感受美和体验美,激发创造美的欲望。总之,劳动技术教育能使学生在德、智、体、美等多方面得到发展。

重视劳动技术教育是解决当前学生缺乏劳动能力与劳动观念淡薄的现实需要。由于社会、家庭等诸多因素的影响,反映在学校中的突出问题之一就是青少年的劳动能力日渐萎缩,劳动观念日渐淡薄。很多孩子怕吃苦、重享受,缺少勤俭节约精神,缺乏工作责任感。据某些城市中学调查表明,初中生在家不做家务的达80%以上,"衣来伸手,饭来张口"现象很普遍,不珍惜他人劳动成果,浪费现象严重,只知索取,不知奉献,缺乏参加实际工作的劳动技能,没有一技之长。因此重视劳动技术教育,不只是要培养他们的劳动态度、习惯及生产技能,更重要的是使学生继承我们优良的民族精神与美德,热爱劳动,热爱劳动人民。这关系着国家、民族的前途和未来。此外,加强劳动技术教育是提高全民族科学文化素质的需要,劳动技术教育的推广是世界各国教育的共同趋势。

劳动技术教育的任务主要包括:第一,培养学生良好的劳动品质;第二,使学生掌握现代生产基本原理与基本生产技术知识和某种职业技术知识;第三,通过劳动技术教育实践,增强体质,陶冶爱美的情趣,促进学生身心的健康发展,并注意在劳动中培养学生观察、思维、想象的能力和创造精神。

综上,五育作为全面发展教育的有机组成部分,各有其特定的任务和不可替代的作用。德育是各育实施的方向统帅和动力源泉;智育是各育实施的认识基础、智力支持;体育是各育实施的物质前提,是人的一切活动的基础;美育提升人的精神境界和生活情趣,协调各育的发展;劳动技术教育是各育的实践基础。五育紧密相连,不能偏废,不可替代,共同促进人的全面发展。因此,在教育实践中,应坚持"五育"并举的精神,防止教育的片面失衡。同时五育作为全面发展教育的不同方面,它们是相互依存、相互渗透、相互促进的。在教育实践中,应树立整体观念,发挥教育的整体功能,综合设计"五育"实施的过程,提高教育实效。

五育之间的关系可以用图 4-3 表示。[①]

[①] 杨兆山.教育学——培养人的科学与艺术[M].长春:东北师范大学出版社,2006:181.

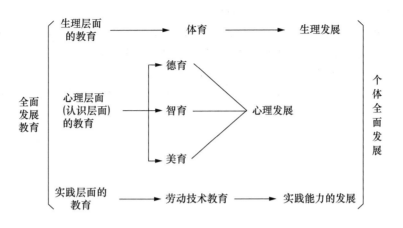

图4-3 五育关系图

大家谈

1. 结合实际,谈谈"五育"与"全面"的辩证关系。
2. "韩寒、满舟现象"与"语、数、外、生、史、地、物、化样样平衡"之于全面发展教育理念的解读?
3. 如何认识"五育"是全面发展教育到个体全面发展的逻辑必然?

课后研究

请走访3~5所基础教育学校,记录他们各自在贯彻学校全面发展教育中的典型事例,对这些典型事例进行分析,你能得出怎样的结论?

走访前请设计好走访方案,走访时做好相关记录和材料的搜集,然后结合相关教育基本理论,与同学开展交流和讨论。

在线学习资源

1. 北京师范大学网络教育课程教育学原理《学校的目的》教学录像:http://jpkc.bnude.cn/jyxyl/html/content/video/chap0103/index.html
2. 安徽师范大学国家精品课公共教育学《教育目的》的教学录像:http://210.45.192.19/kecheng/2009national/06/2012/duanzb1.htm
3. 浙江师范大学公共教育学《教育目的论》的教学录像:http://course.zjnu.cn/jyx/coUrse_tv.htm
4. 腾讯教育,文理分班是个错误 人才不分一等二等:http://edu.qq.com/a/20141022/046514.htm?pgv_ref=aio2012&ptlang=2052

补充读物

1. [英]约翰·怀特.再论教育目的[M].李永宏,等译.北京:教育科学出版社,1997.
2. 扈中平.教育目的论(修订版)[M].武汉:湖北教育出版社,2004.

3. 王坤庆.现代教育哲学[M].武汉:华中师范大学出版社,2005.
4. 全国十二所重点师范大学联合编写.教育学基础(第2版)[M].北京:教育科学出版社,2008.
5. 游永恒.重新思考我们的教育目的[J].清华大学教育研究,2004(2):35-40.
6. 扈中平.教育目的应定位于培养"人"[J].北京大学教育评论,2004(3):24-29.
7. 刘黎明.基于马克思主义的教育学中人之问题再认识.[博士学位论文].上海:华东师范大学,2007.

第二部分

学校教育的主体与内容

>> >

第五章　学校教育的主体

学习目标

1. 明确学校教师的概念、学校教师的权利和义务。
2. 了解学校教师职业的产生与发展、学校教师职业的职责与价值。
3. 理解学校教师的劳动特点和学校教师的专业角色。
4. 掌握学校教师的专业素养。
5. 树立正确的学生观。
6. 明确和谐师生关系的特点及建构策略。

内容提要

教师和学生是学校教育的主体,学校中的任何教育活动都离不开教师和学生的相互作用。学校教师职业有其演变的过程;在当代,学校教师和学生都具有法律赋予的权利和义务;学校教师具有独特的劳动特点;学校教师要承担多种专业角色,要具备多方面的专业素养,要树立正确的学生观,要构建和谐的师生关系。

在哲学体系中,主体是实践活动和认识活动的承担者,而在学校教育中,教育活动的主要承担者是教师和学生,他们是学校教育活动中最重要、最活跃的因素,所以教师和学生是学校教育的两大主体,而教师发展的真正意义和价值在于促进学生发展。因此,本章我们将对学校教育的两大主体——教师和学生的有关理论和知识以及他们之间的相互关系进行分析和探究。

第一节　学校教师

学校教师是传递和传播人类文明的专职人员,是学校教育职能的主要实施者。随着学校教育的发展,学校教师职业特征、专业角色、素质要求等均不断发生变化。在当代,学校教师的职责和使命比以往任何时代都显得重要,同时对学校教师专业化程度的要求也越来越高。学校教师不仅是发展学校教育、推进学校教育教学改革的主体力量,更是促进学生发展的重要他人。

一、学校教师的内涵

> **案例 5-1**
>
> **赵老师的维权**
>
> 某校化学教师赵某参加了县教育学会组织的为期一天的学术研讨会。事先未向学校请假,也没有和教同班课程的其他教师串课,致使他所任教的两个班各有一节化学课没有上。学校根

据有关规定按旷职论处,扣发其当日的工资和本月全勤奖,并在全校职工大会上提出批评。教师赵某对学校做出的处理决定不服,向这所学校的主管部门提出了申诉。

其申诉请求是:返回扣发的工资和奖金,在校职工大会上取消对其所做的批评。

申诉理由是:根据《中华人民共和国教师法》第十七条:"教师享有从事科学研究、学术交流、参加专业的学术团体、在学术活动中充分发表意见的权利。"教师参加的是县教育学会的学术活动,学校对其进行处罚侵犯了其合法权利。

——资料来源:教育法在线(http//edulawonline.com)

问题

这是一个学校教师维权的案例,你觉得赵老师维权合理吗?他能胜诉吗?通过这个案例你对学校教师的内涵有怎样认识?

教育,是与人类社会共始终的一种永恒的社会现象。而专门从事教育工作的学校教师产生于脑力劳动和体力劳动开始分工的奴隶社会。因此,教师职业是人类社会最古老的职业之一,也是人类社会一种永恒的职业。

(一)学校教师的概念

"教师"一词是我们在学习中频繁涉及的一个概念,但对学校教师概念的理解和解释却存在很大不同,并且随着社会的发展、时代的变迁和学校教育的变革,对学校教师本质的理解也在不断变化和深化。"师者,教人以道者之称也。""师也者,教之以事,而喻诸德者也。""职如泉源,行可以为仪表者,人之师也。""师者,人之模范也。""师者,所以传道、授业、解惑也。"我国古代这些定义或是从学校教师的功能、作用,或是从学校教师应有的品质方面加以界定,在一定程度上反映了学校教师职业的某些特征。

到了近现代,一些思想家、教育家对学校教师概念的界定较以往的认识则更全面、更深刻,如英国哲学家培根曾把学校教师称为"知识种子的传播者""文明之树的培育者""人类灵魂的设计者"。苏联教育家加里宁认为"教师"这个词有两种含义:"按狭义解释,是专门学科的讲授者;按广义解释,是指有威望的、明智的、对人们有巨大影响的人而言。"虽然近现代教育家对教师的解释更趋于学校教师的本质含义,但更多的是对学校教师崇高地位和伟大作用的颂扬与赞美。

在《中华人民共和国教师法》未颁布之前,学校教师通常是对在学校中工作的人员的总称。《中华人民共和国教师法》的颁布和实施,赋予了教师特定的法律含义。《中华人民共和国教师法》第三条规定:"教师是履行教育教学职责的专业人员,承担教书育人、培养社会主义事业建设者和接班人、提高民族素质的使命。教师应当忠诚于人民的教育事业。"但是,要想从学校教育的视角全面理解和准确把握学校教师这一概念,必须从学校教师的教育活动出发,结合学校教师的教育职责和学校教师与活动对象的关系中进行考察。由此我们把学校教师定义为:受社会的委托,在学校中对学生的身心施加特定影响,把其培养成为社会所需要的人,以此为主要职责的专业人员。[1]

---

[1] 曲铁华,周晓红.教师学与教学论[M].长春:东北师范大学出版社,2006.

(二) 学校教师职业的历史演变

学校教师职业是人类文明社会初期出现的少数几个职业之一,并且是与人类社会共存的一种职业。随着社会的进步、文化的变迁、教育的发展,学校教师职业的专业化程度也在不断提高。学校教师职业发展至今,其历史演变过程可分为三个阶段。

1. 学校教师职业的非专门化阶段

教师职能和教师活动是随着人类社会产生而产生的。教师成为一种职业,则是从学校产生开始的。在奴隶社会,随着生产力的发展,教育从生产劳动和日常生活中分离出来,社会上也出现了脑力劳动和体力劳动的分工,由此产生了专门的教育机构——学校,而学校教师这一职业也随着学校的产生而产生了。但此时学校教师的职责一般是由官吏或宗教人员来承担的,是他们的兼职,即所谓的"以吏为师""僧侣为师""官师合一""僧师合一"。虽然在我国的春秋战国时期,随着文化下移而兴起了私学或书院,私学教师开始以教学作为主要的谋生手段,但他们也只是掌握了更多的文化知识,而并不具有从教的专业技能。所以古代学校教师职业是非专门化的,没有专门机构、专门人员和专门过程来进行专门培养和培训,此时学校教师职业并没有成为一种独立的社会职业。

2. 学校教师职业的专门化阶段

到了近代,经济的发展和社会形态的改变给教育带来了巨大变化。工业化生产要求发展职业技术教育和普及义务教育,这不仅要求增加学校教师的数量,而且要求学校教师掌握丰富的文化科学知识和从教的专业技能,因而产生了专门培养学校教师的机构——师范教育机构,也使学校教师职业由兼职走向独立,进入了专门化阶段。

1681年法国天主教神甫拉萨尔(La Salle,1651—1719)创立了第一所师资训练学校,成为世界独立师范教育的开始。1695年德国法兰克在哈雷创办了一所师资养成所,施以师范教育,成为德国师范教育的先驱。1795年法国在巴黎设公立师范学校,1810年设立高等师范学校。1832年法国颁布统一的师范学校系统,统一隶属中央。1833年的《基佐法案》明确规定各省均设师范学校一所。从1870年到1890年,世界许多国家均颁布法规设立师范学校,中国也是在这个时代,即1897年创立了以专门培养学校教师为主的师范学校。

3. 学校教师职业的专业化阶段

随着学校教师职业的蓬勃发展,欧美发达国家在20世纪50年代开始实行了教师资格制度,对从事学校教师职业的人提出入职要求和进行选择、确认等。此时,以独立设置的师范院校为主体的师范教育体系开始被师范院校、综合大学等多种教育机构共同参与学校教师培养的教师教育体系所取代,学校教师的培养模式更加多元化,师资培养的质量标准随之提高,促使学校教师职业进入专业化阶段。特别是1966年国际劳工组织和联合国教科文组织在《关于教师地位的建议》中,提出"教育工作应被视为专门的职业。这种职业是一种要求教员具备经过严格而持续不断的研究才能获得并维持专业知识及专门技能的公共业务;它要求对所辖学生的教育和福利具有个人的及共同的责任"[①]。由此开始,国际组织和各国政府纷纷在理论上、政策和法律上确立学校教师职业的专业性,并为提高学校教师的专业化水平不断努力。在当代,学校教师专业化成为许多国家提高教师质量和职业地位的共同目标和措施。

---

① 联合国教科文组织.全球教育发展的历史轨迹:国际教育大会60年建议书[M].赵中建,译.北京:教育科学出版社,1999:534.

(三) 学校教师职业的责任和价值

1. 学校教师职业的责任

学校教师职业的责任是指从事学校教师职业的人必须承担的责任,它往往是通过具有法律和行政效力的职业章程来规定的。可见,学校教师职业的责任巨大。第一,对学生负责。学校教师是学生的引路人,学生的成长和教师的教育引导密切相关。学校教师对学生的影响不仅是深远的,而且是广泛的。因此,学校教师要对学生的全面发展负责,要对每一个学生的成长与发展负责,教他们如何学习、如何生活、如何做人。第二,对社会负责。学校教师的职责是培养人,是为社会培养人。学生是祖国的未来、人类的希望,国家和人民把培养教育年青一代的重任赋予了人民教师,这是一项光荣而艰巨的任务,是国家和人民对教师的无比信任。因此,学校教师要全面理解和坚决贯彻教育方针,对教育事业要有强烈的责任感,要忠于职守,在工作中尽心、尽责、尽职,对人民负责、对社会负责、对国家负责,把学生培养成为社会的有用之才。第三,对家长负责。从家长把孩子送入学校那天起,也就把孩子的前途和命运交到了学校教师的手里。教师要像对待自己孩子一样对待学生,不仅关心他们的学习,还要关心他们的健康成长,还家长一个健康、快乐、积极进取的孩子。所以,作为学校教师,一定要知责任、明责任、负责任、尽责任。

2. 学校教师职业的价值

学校教师职业是人类社会中不可或缺、不可替代的一种专门的职业,具有悠久的历史,它在整个人类社会的发展过程中起了非常重要的作用。但学校教师职业的价值不仅仅体现在社会方面,还表现为自身价值的体现上。因此,学校教师的职业价值应包括社会价值和个体价值两个方面,而这两方面是统一的。

学校教师职业的社会价值即外在价值。首先,学校教师是人类文化的传播者,学校教师职业在人类文明的传承和发展中,在人类社会的延续和更新中起着桥梁和纽带的作用。它连接着人类的过去、现在和未来。社会越发展、科学越进步、知识积累得越多,学校教师职业的这一作用就越大。其次,学校教师职业承担着为社会培养新人的责任。教师通过塑造学生的人生、挖掘学生的潜能、把学生培养成社会需要的各种各样人才,以推动社会的发展和人类的进步,使其社会价值得以实现。

学校教师职业的个人价值即内在价值。首先,现代学校教师不仅要强调奉献精神,也要强调教师作为人的尊严和需要,要进行自我实现。也就是说,学校教师热爱自己的职业,把培养学生当成最大的快乐,因此他们会在付出、给予和奉献的过程中体会到教师职业给自己带来的劳动欢乐,体验到从事教师职业的幸福感和满足感。其次,随着时代的发展,"创新""创造"已成为学校教师内在生命价值的源泉,是学校教师职业个人价值最重要的体现。所以学校教师不断学习、不断实践、不断创新,不断提高教育教学水平和能力,增长教育智慧以完善自我、发展自我。这样学校教师从自身职业的"创新""创造"中享受到了职业的乐趣,获得了自豪感和成就感,也充分体现了自己的生命意义和人生价值。

(四) 学校教师的权利和义务

学校教师的权利和义务是教育的法律法规赋予教师职业的一种属性。学校教师的权利和义务是统一的、不可分割的。法律在赋予教师权利的同时,也规定了教师的义务。

1. 学校教师的权利

学校教师的权利是指学校教师在教育教学活动中享有的由国家相关法律赋予的权利,表现为国家对教师在教育教学活动中可以做出或不可以做出一定行为,以及要求他人做出或不做出一定行为的许可和保障。学校教师的权利具有不可侵犯性,它是学校教师顺利开展工作和维护其合法利益的法律保证。《中华人民共和国教师法》第七条明确规定,学校教师享有下列权利。

(1) 教育教学权。学校教师有"进行教育教学活动,开展教育教学改革和实验"的权利。这是学校教师为履行教育教学职责必须具备的基本权利,任何个人或部门都无权干涉。

(2) 科学研究权。学校教师有"从事科学研究、学术交流,参加专业的学术团体,在学术活动中充分发表意见"的权利。

(3) 管理学生权。学校教师有"指导学生的学习和发展,评定学生的品行和学业成绩"的权利。

(4) 获取报酬待遇权。学校教师有"按时获取工资报酬,享受国家规定的福利待遇以及寒暑假期的带薪休假"的权利。

(5) 民主管理权。学校教师有"参与教育管理权即对学校教育教学、管理工作和教育行政部门的工作提出意见和建议,通过教职工代表大会或者其他形式,参与学校民主管理的权利"。

(6) 进修培训权。学校教师有"进修培训权即参加进修或者其他方式培训的权利"。

此外,《中华人民共和国义务教育法》中对义务教育教师的权利也作了相关规定:"教师享有法律规定的权利","全社会应当尊重教师","各级人民政府保障教师工资福利和社会保险待遇,改善教师工作和生活条件;完善农村教师工资经费保障机制","教师的平均工资水平应当不低于当地公务员的平均工资水平","特殊教育教师享有特殊岗位补助津贴。在民族地区和边远贫困地区工作的教师享有艰苦贫苦地区补助津贴"。

2. 学校教师的义务

学校教师的义务是指学校教师依照相关的法律规定,在教育教学活动中必须履行的责任,表现为要求学校教师在教育教学活动中必须做出一定行为或不得做出一定行为。教师的权利可以行使,也可以不行使,甚至可以放弃,但教师的义务是必须要履行的,它是由法律规定并以国家强制力保障其履行的。《中华人民共和国教师法》第八条明确规定,学校教师必须履行下列义务。

(1) 遵纪守法的义务。学校教师有"遵守宪法、法律和职业道德,为人师表"的义务。

(2) 完成教育教学工作的义务。学校教师有"贯彻国家的教育方针,遵守规章制度,执行学校的教学计划,履行教师聘约,完成教育教学工作任务"的义务。

(3) 对学生进行政治思想品德教育的义务。学校教师有"对学生进行宪法所规定的基本原则的教育和爱国主义、民族团结的教育,法制教育以及思想品德、文化、科学技术教育,组织和带领学生开展有益的社会活动"的义务。

(4) 热爱、尊重学生,促进学生全面发展的义务。学校教师有"关心、爱护全体学生,尊重学生人格,促进学生在品德、智力、体质等方面全面发展"的义务。

(5) 保护学生的义务。学校教师有"制止有害于学生的行为或者其他侵犯学生合法权益的行为,批评和抵制有害于学生健康成长的现象"的义务。

(6) 提高思想业务水平的义务。学校教师有"不断提高思想政治觉悟和教育教学业务水平"的义务。

此外,《中华人民共和国教育法》《中华人民共和国义务教育法》《中华人民共和国未成年人保护法》《中华人民共和国预防未成年人犯罪法》等都有关于教师义务的相关规定。

二、学校教师的劳动特点

案例 5-2

在一个寒冬的早晨,西北风呼呼地刮着。同学们在上早读,书声琅琅。我刚到校,来到班上,手插在裤兜里,脸对着全班同学。这时一个学生走进教室。我大声说:"××,你为什么又迟到?把手放下站好……"忽然,我听到有人叽咕:"……自己也迟到……"一个女同学正在向旁边的同学使眼色,脸上露出不服气的神情。我心头一惊,要发作的火一下子熄灭了。这事使我陷入了深思。平时,一些看起来很细小、很微不足道的事情,由于没有重视,结果给了学生潜移默化、耳濡目染的影响。课上,有的学生被叫到前面板演,写完后随手将粉笔往讲台上一扔,没有轻轻地放回粉笔盒;小干部用教鞭敲击讲台面要同学们安静下来……这不都是我的行为在学生身上的再现吗?我感到,在学生面前,教师的一举一动要十分审慎,数十双眼睛好像数十面明澈的镜子,照得教师毫发毕现,不容你有丝毫的懈怠。

——摘自:傅道春.情境教育学[M].哈尔滨:黑龙江教育出版社,1996:40.

1. 案例中体现了学校教师劳动的哪些特点?如何体现的?
2. 这个案例给了我们怎样的启示?

前面我们阐述了学校教师职业的专业性,而任何专业性的劳动都有其自身的特点,学校教师劳动也如此。同时,学校教师劳动的对象是人——学生,劳动的成果也是人——学生,学校教师的劳动就是培养人——学生的劳动,这一特殊性也就决定了学校教师劳动有与其他劳动不同的特点。

(一)学校教师劳动的复杂性

学校教师劳动的复杂性体现在多方面。第一,是由劳动对象自身的特点所决定的。学校教师的劳动对象——学生是有思想、有感情、有个性的活生生的人,他们正处在成长发展过程中,会受各种生物因素和社会因素的影响,学校教师面对这样一群在各方面各不相同的学生并对此进行培养,无疑是一种复杂的劳动。第二,是由劳动任务的多方面性决定的。学校教师的根本任务是教书育人,但具体任务却是多方面全方位的。学校教师既要向学生传授知识和技能,又要发展学生的智力和体力,还要使学生形成良好的品德行为习惯以及优良的个性品质;既要面向全体学生,又要照顾学生的个别差异。学校教师要将所有学生都培养成德智体美全面发展的人,这与其他职业相比要复杂得多。第三,是由劳动方式的特殊性决定的。学校教师劳动虽然以个体劳动为主,但要在学生身上形成最佳的教育效果,教师还要做好家庭、社会和学校之间以及教师之间的协调工作,以保证对学生教育影响的一致性。一旦学生受到不良影响,学校教师要及时采取措施进行补救。所以,学校教师不仅担负着塑造学生心灵的责任,还承担着改造学生灵魂的重任,这更增加了学校教师劳动的复杂性。

(二)学校教师劳动的示范性

学校教师劳动的示范性体现在以下几个方面。第一,学校教师的劳动与其他物质生产劳动不同,学校教师主要是用自己的思想、感情、学识、言行和品格等,通过示范的方式直接影响劳动对象——学生。所以,学校教师的劳动具有强烈的示范性。第二,由于学生处于身心发展的关键时期,各方面还不成熟,爱模仿,可塑性大,容易受周围人或事物的影响,而学校教师和学生接触的时间最多,是学生最经常和最直接模仿的对象。教师的思想观点、治学态度、品德行为、风度仪表、学识才能、个性品质等都对学生具有榜样示范作用。正如德国教育家第斯多惠所言："教师本人是学校里最重要的师表，是最直接的最有教益的模范，是学生最活生生的榜样。"所以，在教育过程中，学校教师一定要以身作则，时时刻刻、事事处处成为学生的表率，并通过言传身教，潜移默化地影响学生。

（三）学校教师劳动的创造性

学校教师劳动的创造性体现在以下几个方面。第一，因材施教。学校教师的劳动对象——学生是存在个别差异的，他们有不同的经历、思想、兴趣、爱好、能力、性格、品行等，而且每个学生又处在不断发展变化之中，这使得学生个体和群体都变得非常复杂，也就决定了学校教师劳动是一种创造性的劳动。所以学校教师面对千差万别的学生，不能像生产物质产品那样按固定的模式去生产，而是要针对每个学生的特点、具体情况，因人而异，因材施教，做到一把钥匙开一把锁。第二，教学内容、教学过程、教学方法的运用。虽然教学大纲和教科书明确规定了教学内容，但学校教师不是简单地教教学内容，教师要对教学内容进行选择、加工和处理，深入浅出，使学生容易接受。教学过程和教学方法是教师上课前预设的，但也不是一成不变的，教学过程是动态的、变化的，学校教师要根据实际情况及时调整教学过程和教学方法，以保证教学任务的有效完成。第三，教育机智。学校教师要具有对变化了的情况作出恰当处理的教育机智。教育机智是学校教师在教育活动中表现出来的对新的、意外的情况正确迅速地作出判断并恰当处理的随机应变的能力。教育机智是学校教师善于观察、熟悉情况、敏捷果断和富于经验的产物，是教师高度的责任感、良好的道德修养和智慧水平的结晶，它集中表现了教师的教育智慧，也是一种高超的教育艺术。

（四）学校教师劳动的长期性

学校教师劳动的长期性是由人才成长周期长这一特点所决定的。常言说："十年树木，百年树人。"说明培养人才是长久之计，不是一朝一夕就可完成的。学生对知识和技能的掌握、世界观的形成、道德品质的养成、能力的发展、体质的增强，是循序渐进、日积月累的过程。如果培养一个专门人才，少则十五六年，多则二十几年。而人才的培养是许许多多学校教师长期工作的结果，是集体劳动的结晶。另外，学校教师劳动的长期性还表现为长期有效性。学校教师劳动的长期性决定了教师劳动效果的后延性，即教师劳动的效果也需要很长时间才能得到检验。虽然学生在每个阶段的成长，也能使学校教师的劳动效果得到某种检验，但最终还是学生进入社会以后才会得到检验。"这种劳动社会效果的长期性，既表现为后效性，又表现为长效性，即人才成长和教育效果在人的一生中都将发挥作用。"[①]

（五）学校教师劳动的育人性

学校教师的劳动对象是人——学生，学校教师的根本任务是"教书育人"。可见学校教师劳动的育人性是不言而喻的。学校教师劳动的过程是知识传播的过程，也是育人的过程。学校教师要把人类长期创造和积累起来的、经过筛选的科学文化知识、技能和社会行为规范传递给学生，目的是引导学生在掌握知识、技能和行为规范的基础上，发展他们的智能，培育他们具有正确的思想、立场、观点、世界观、人生观和价值观，形成良好的道德品质以及优良的个性品质，成为适应社会发展和时代需要的人，从而推动社会文明的进步和社会的和谐发展。

（六）学校教师劳动的反思性

学校教师的劳动是一种非常复杂的社会实践活动，它在客观上与多种职责的履行和多种任务的完成紧密相关，在主观上与履行职责完成任务所依赖的自身的知识、能力、态度和具体采取的行为、策

---

① 杨淑芹.教育学教程[M].上海：华东师范大学出版社，2007：103.

略、方式方法紧密相连。因此,学校教师在教育教学活动中要不断进行反思。学校教师劳动的反思性体现在如下几个方面。第一,反思自我。学校教师通过教育教学过程中呈现出的问题和现象来反思自己的教育教学观念、角色地位、行为表现等。第二,反思教育教学活动。学校教师在进行教育教学活动设计时,反思自己或他人的经验和教训,增强教育教学设计的针对性和前瞻性;在教育教学活动中,根据实际情况及时反馈,及时调整,并做好反思记录;在教育教学活动结束后,对整个教育教学过程进行思考性的回忆,总结经验,找出存在的问题并分析问题的原因,提出改进的意见。富有反思性的学校教师,其专业成长更快。

三、学校教师的专业角色

 案例 5-3

网络为教学插上了翅膀

杭州采荷二小三年级的富泽豪同学上数学课时进了河南图书馆,订购了一本童话书;六年级的学生更厉害,竟然在英语课坐上了国际航班到澳洲玩了一圈……当然这不是真的,他们并没有离开教室,而是网络为他们插上了翅膀。

随着现代教育技术的飞速发展,计算机在学校教育中的应用也越来越普及,目前杭州市几乎所有的城乡学校都装配了电脑,用上了多媒体辅助教学手段。尽管计算机让以往枯燥的"一支粉笔、一块黑板、一张嘴巴"的课堂教学变得生动形象,但在大多数学校,计算机只是老师教学时用来演示的工具,还不能真正为学生学习所用。如何真正发挥计算机在课堂教学中的作用呢?日前,来自浙江省各地的两百多名实验学校的校长汇聚杭城江干区采荷二小,观摩了该校的 12 节公开课。

在这 12 节课中,校长们最感兴趣的是基于网络基础上的多媒体教学课。比如英语课"模拟航空出国旅行",学生们要在网上收集有关出国旅行的知识,然后通过英语表述;数学课《网上购书》,学生要通过校园网与有关图书网站、网页链接,然后到图书超市里选书,核算价格,不知不觉中掌握了所学的计算方法。在这些多媒体教学课上,计算机不仅仅是演示教学内容的工具,而是网络的载体,将浩如烟海的信息世界展示在孩子们面前,使得学习的天地更为广阔。公开课后,一位校长感慨地说:"计算机只是为教学打开了一扇窗,与网络相连,才真正让教学插上了翅膀,为学生打开了学习天地。"

——摘自《教育信息报》,2001 年 12 月 26 日

1. 案例中的教师承担的是什么样的角色?为什么?这种角色与传统的学校教师角色有什么不同?
2. 案例中还隐含着学校教师的哪些角色?

学校教师是集众多角色于一身的特殊职业。长期以来,社会中有关学校教师角色的隐喻有很多,如:教师是传道授业解惑者;教师是蜡烛;教师是园丁;教师是人类灵魂的工程师;教师要给学生一碗水,自己必须有一桶水;等等。这些隐喻是对教师职业的赞誉,也是对教师地位的肯定,在一定程度上激励了教师不断学习、勤恳工作,无私奉献。然而,伴随着社会的进步和发展,这些传统学校教师角色

定位的局限性开始凸显。表现在:传统学校教师角色强调教师的社会责任,忽视了教师的个人生命价值与需要;强调教师的权威性,忽视了学生的主体地位和主观能动性;强调教师的业务能力,忽视了培养人的专业意识;强调教师劳动的传递性,忽视了教与学的创造性。

随着全球化时代的到来,随着我国改革开放和现代化进程的加快,随着教育的发展和改革,学校教师的角色也要变化和更新。为了适应社会和教育发展的需要,必须实现学校教师角色转换,构建新的学校教师专业角色体系。学校教师的专业角色是教师在教育教学中的一整套行为模式和人们对教师合理的角色期待。现代学校教师的专业角色有如下几种。

(一) 引导者和促进者

长久以来,学校教师一直被认为是知识的传授者,学生只能被动接受教师灌输的知识。随着信息社会的到来,学生获取知识的渠道越来越多,学校教师不再是学生获取知识的唯一信息源,传授知识也不再是学校教师的主要目的,学校教师的职责越来越多地体现在"授人以渔",而不是"授人以鱼"上,即不仅给学生"金子",而更重要的是教给学生"点金术",要教会学生学习。而学生的学习是一个积极主动的知识建构过程,所以学校教师不仅仅是知识的传授者,更应该是学生学习的引导者和促进者。学校教师要把教学的重点由单纯的传授知识转为促进学生学习和促进学生全面发展上。因此,学校教师要充分发挥引导者和促进者的作用。教师应激发学生的学习动机,调动学生学习的积极性,引导学生积极主动地获取知识和建构知识,并在此基础上促进学生学习,促进学生各种能力的发展,促进学生良好品德的养成,促进学生优良个性品质的形成。

(二) 设计者、组织者和管理者

学校中的教育教学活动是一种集体活动,要有效完成教育教学任务,教师就必须精心设计、周密组织和科学管理,所以学校教师是教育教学活动的设计者、组织者和管理者。首先,学校教师是设计者。学校教师要根据教学任务、教学目标、教学内容和学生特点等精心设计教育教学活动。好的教育教学活动设计可以使教育教学活动有序进行,教育教学活动也就成功了一半。为此,学校教师要全面把握教育教学任务,明确教育教学目标,准确掌握教育教学内容,充分了解学生的特点。其次,学校教师是组织者。教育教学活动的开展多以集体形式进行的,学校教师要对活动和学生进行组织。教师要组织课堂教学(时间的分配、内容的安排、学生的分组、纪律的维持);组织学习小组;组织学生参加体育锻炼;组织学生参加比赛;组织学生参观;等等。再次,学校教师是管理者。学校教师要对教学进行管理,如对教学环节的调控、对教学质量的检查和评价、对偶发事件的处理、对课堂纪律的维持。学校教师要对学生进行管理,建立常规,防止和处理学生的行为问题以减少行为问题的发生。学校教师要对班级进行管理,建好班集体,所以必须注意选拔学生干部,培养积极分子,组成有力的领导核心,形成优良的舆论和班风,建立和谐的人际关系。但教师管理的主要对象是具有主观能动性的学生,因此学校教师要激发学生的主动性,使他们自觉地接受管理、参与管理,最终学会自我管理。

(三) 榜样示范者

在培养学生道德品质和健康人格的过程中,学校教师还充当着榜样示范者的角色。美国的社会心理学家班杜拉曾经做了大量实验来证明在观察学习中榜样的巨大作用。在学校学习中,教师是学生学习和模仿的重要榜样。学校教师的言论行为、为人处世的态度等都会对学生产生耳濡目染、潜移默化的作用。因为学生具有"向师性",他们把自己尊敬和爱戴的教师视为楷模,崇拜和模仿他们。而教师的榜样作用具有双重性,既有好的教师榜样,也有差的教师形象。因此学校教师要意识到自己榜样示范者的角色,不断反思自己的思想品德、行为作风、处世态度等,努力提高自身素质,为学生树立一个良好的榜样。

(四) 心理保健者和辅导者

现代社会竞争越来越激烈,学生的学习负担也越来越重,导致他们的心理压力不断增大,心理问题日渐增多。学生的心理问题如果不能及时解除,就有可能导致心理疾病,这不仅会影响学生的学习,还会影响他们的身心健康发展。虽然学校教师不是心理医生,但也要在一定程度上承担起这方面的责任,成为学生的心理保健者和辅导者,以维护学生的心理健康。因此,学校教师要转变观念,担当起这一角色,这就需要学校教师了解学生的心理发展特点和规律,掌握心理卫生、心理咨询等方面的知识,在教育教学中渗透心理健康教育,及早预防,防止学生产生各种心理问题,使学生健康地成长和发展。而当学生出现心理困惑或心理问题时,教师能及时发现,采取有效措施进行干预,帮助学生解除困惑和问题,避免问题进一步发展。此外,学校教师要尊重学生,对待学生要一视同仁,有的放矢地对学生进行教育,以维护学生的心理健康。教师绝不能因为自己的不当言行给学生心理造成伤害,带来心理问题。但我们也必须清楚,心理疾病的诊断和治疗是一项专门技术,一旦学生患了心理疾病,就要接受专门医疗机构的治疗。

(五) 学习者和研究者

学校教师不仅要引导学生学习,教师自己也要学习,教师必须成为学习型的人。随着信息化时代的到来,我们将进入一个学习化社会,学习将成为人类的第一需要,终身学习将成为一种生活方式和社会的普遍行为。而学校教师首先要成为一个终身学习者。学校教师不仅要向书本学、向生活学,也要向学生学。学校教师不仅要学专业知识、文化科学知识,也要学教育科学知识。学校教师只有不断学习,才能使自己的知识不断更新,才能适应时代的发展变化,才能促进自己的专业发展,才能实现自己的人生价值。

传统的学校教师只是教书匠,而现在的学校教师要成为教育教学的研究者。因为学校教师工作的对象是充满活力和具有个性特点的学生,传授的是不断发展变化的知识,所以教师不能千篇一律地进行教育教学工作,而是要根据学生的特点,结合自己的本职工作、结合自己的教育教学实践、结合教育教学改革进行科学研究,成为一个科学研究者,从而能够以一定的理论为基础,灵活地解决教育教学中的各种实际问题,完成教书育人的任务。同时,学校教师在科学研究中还会有创新,提出新观点、新方法、新模式等。因此,学校教师要有探讨研究教育教学问题的意识,勤于动脑思考,具有创新精神,勇于进行教育教学改革,善于总结经验并上升到理论,用以指导今后的教育教学实践,不断提高自己的专业水平和教育教学质量。

(六) 学生的朋友

在"新课改"理念下,学校教师的角色发生着深刻的变化,教师不仅是学生的引导者、促进者,还应成为学生的朋友。《中小学教师职业道德规范》也明确规定了教师要"做学生良师益友"。虽然学校教师和学生有年龄、阅历等方面的差异,在教育教学中所处的位置也不同,但并不妨碍他们成为朋友。苏霍姆林斯基曾说:"应当成为孩子们的朋友,深入他的兴趣中去,与他同欢乐、共忧伤,忘记自己是教师。这样,孩子才会向教师敞开他的心灵。"[①]学校教师的朋友角色体现了师生间的一种情感交往方式。教师把学生当朋友,学生才能向你敞开心扉,教师才能全面了解学生。教师要成为学生的朋友,不仅在课堂上关心学生,在课下也能与学生打成一片。教师不要时时摆出一副高高在上的架子,教师只有尊重理解学生,以平等的身份与他们交往、合作,才能赢得学生的配合,赢得学生的尊敬和爱戴,才能成为学生的朋友。但学校教师应在建立自己的威信之后再与学生建立朋友关系。

学校教师的专业角色是由其社会地位和责任所决定的,有比较明确的角色规范,但学校教师角色

---

① [苏]苏霍姆林斯基著.帕夫雷什中学[M].赵玮,王义高,蔡兴文,纪强,译.北京:教育科学出版社,1983:30.

仍然是多元复合角色,具有社会期望的理想化、学生期望的复杂化、教师自身实际角色的多样化特点,有可能会导致教师角色不清、角色失调、角色冲突,甚至角色失败。因此,需要进行角色协调。一是社会要客观看待学校教师的角色行为,对教师形成合理的角色期待;二是学校教师要了解自己所承担的角色及其要求,并能抵制不合理的角色任务,还应提高自己的心理调节水平,以缓解角色矛盾和冲突,避免角色失败。

总之,学校教师的专业角色是多方面的,统一于教育教学活动中。学校教师首先要对教师角色形成正确的认知,了解各种角色及其要求。其次,要对学校教师角色产生认同,并主动地扮演角色。最后,对学校教师角色树立信念,自觉地规范自己的行为,并把毕生的精力献给教育事业。但是,学校教师也要根据社会发展和教育变革的需要而适时地转换角色。

四、学校教师的专业素养

案例 5-4

例一:从做教师的第一天起,王老师就为自己确定了"干一行、爱一行、精一行"的工作准则。她认真学习优秀教师的成功经验,不断提升教育教学水平,课堂教学效果优秀。经过多年努力,她成为一名优秀教师,先后获得市级教学竞赛一等奖和省级教学竞赛二等奖;她积极承担省市级教育科研项目,撰写多篇论文,并多次获奖。王老师还经常指导年轻教师备课和进行科研活动,帮助他们提高业务水平和科研能力。在日常的教育工作中,她以母亲般的爱心关爱每一个学生,尤其对于家庭困难和单亲家庭的学生爱护有加,受到学生和家长的交口称赞。

例二:有位教师在一个大雪纷飞的冬日讲授朱自清的《春》,范读完课文,学生大都为教师声情并茂、富有磁性的朗读所感染,沉浸在课文所描写的春光明媚的境界中。突然有位学生唱了一句:"春天在哪里呀?"此时,大家都把目光投向了这位同学,有的脸上现出厌恶的神情,大概觉得这样捣乱不应该;有的笑了起来,或许觉得又有好戏看了。面对这突发情况,这位教师没有慌张,他慢慢走近那位同学,没有训斥,而是笑眯眯地说:"现在虽然不是春天,但却孕育着春的生机。诗人雪莱有一句名言——'冬天到了,春天还会远吗?'你还记得吗?"正在这时,一阵风猛地把教室的门吹开了,一团雪随风裹了进来。教师快步走向教室门前,接住了几朵小雪花,大声地说:"瞧,雪花迫不及待地来告诉我们,春天就在它的后面!""哗——"学生都为老师这句精彩而富有创意的话鼓起掌来。

问题

从上面这两个案例中,你能体会到些什么?第一例王老师的表现符合了学校教师专业道德的哪些方面?是如何体现的?第二例反映的是学校教师的什么知识?这种知识运用得好会起到怎样的作用?

百年大计,教育为本;教育大计,教师为本。当代学校教师的职责和使命比以往任何时代都显得更为重要。同时社会对学校教师素养的要求也越来越高。高素养的教师队伍是高质量教育的基本条件,也是全面推进素质教育的保证。在第三十个教师节前的 2014 年 9 月 9 日,习近平在同北京师范大学师生代表座谈时的讲话中也明确指出:"国家繁荣、民族振兴、教育发展,需要我们大力培养造就一支师德高尚、业务精湛、结构合理、充满活力的高素质专业化教师队伍,需要涌现一大批好老师。"这些好老师应该是"有理想信念、有道德情操、有扎实学识、有仁爱之心"等专业素养的教师。可见,培养学校教师的重点应是提高教师的素养。

(一) 深厚的专业情意

学校教师的专业情意是教师从事教育教学工作的情感态度和价值取向,是教师个体把教育教学工作当做生命的一部分,有强烈的责任感和认同感,愿意终身奉献于教育事业。它是在对所从事专业价值、意义深刻理解的基础上形成的奋斗不息、追求不止的精神,是推动学校教师专业发展的根本动力。[①] 有深厚专业情意的学校教师对教育工作的价值观有明确的认识,对教育教学工作充满热情和激情,有积极的工作态度、崇高的教育理想、坚定的教育信念、浓厚的工作兴趣、忘我的工作精神和高度的自我效能感。他们愿意做教师并相信自己能胜任学校教师工作,他们喜欢学校教师这一职业并甘愿为教育事业奉献自己的一切。

(二) 科学的教育理念

学校教师教育理念是指教师在对教育工作本质理解的基础上,形成的关于教育的观念和理性信念。学校教师的教育理念对教师的教育行为具有驱动和导向的作用,只要有教育行为发生,就一定有教育理念在起作用。科学的、先进的教育理念是学校教师从业的基本素质要求,是教师专业化成长的基础性保证。现代教师要树立素质教育理念、全面发展教育理念、以学生为本的教育理念、教学交往性的教育理念、创造性人才的教育理念、发展性教育评价的教育理念、终身学习的教育理念等。

(三) 崇高的专业道德

学校教师专业道德是指教师在专业化过程中或专业化程度后应具有的与其他专业不同的道德。它是学校教师职业所特有的与这一职业密切联系的专业性道德,包括职业道德和职业行为。

1. 学校教师职业道德

学校教师职业道德是教师从事教育教学工作所必须遵守的道德要求和准则。教师的职责是培养人,其职业道德的高低本身就是一种教育力量,它关系到学生的成长,关系到教育事业的发展。因此,学校教师必须具有良好的职业道德情操和职业道德修养。学校教师职业道德的基本内容包括如下方面。

(1) 爱岗敬业、依法执教

爱岗敬业、依法执教是学校教师对待教育事业的道德。学校教师爱岗敬业,是教师爱国、爱人民、爱党的具体体现,也是做好教师工作的根本条件。爱岗敬业、依法执教是学校教师职业道德的基本规范。学校教师要热爱教育事业,对教育事业有强烈的责任感、自豪感,能全面理解和坚决贯彻国家的教育方针和政策。学校教师要热爱本职工作,在工作中勤勤恳恳、兢兢业业,做到尽心、尽职、尽责,并通过辛勤的工作实现自己的社会价值和个人价值。

学校教师爱岗敬业,就会全身心地投入教育工作,但教师也不能盲从,要依法执教。学校教师要树立依法从教的意识,认真学习并掌握教育法律法规,在教育过程中依法行使自己的权利,履行自己的责任和义务,并以教育法律法规为准绳,规范自己的教育教学行为。

(2) 热爱学生、教书育人

热爱学生、教书育人是学校教师对待学生的道德。热爱学生是爱岗敬业的具体表现,也是学校教师教育好学生的前提条件。它是学校教师职业道德的核心。没有爱就没有教育,学校教师只有热爱学生,才能教育好学生。师爱既是一种教育手段,也是一种教育力量。

学校教师热爱学生表现在:教师要关心爱护学生;教师要尊重信任学生;教师要理解宽容学生;教

---

① 教育部师范教育司.教师专业化的理论与实践[M].北京:人民教育出版社,2003.

师要公正平等地对待学生;教师要赏识激励学生;教师要严格要求学生。总之,学校教师对学生的爱体现在多方面。学校教师只有热爱学生,才能赢得学生的尊敬、爱戴和信赖,学生才愿意接受教师的帮助和教导。正如古语所说:"亲其师,信其道。"

学校教师只有热爱学生才能更好地教育学生,完成教书育人的任务。教书育人是学校教师的根本任务。教师不仅要搞好教学,努力提高教学质量,还要做好学生的思想品德教育工作,要关心学生的身心健康发展,要培养学生的审美情趣和审美能力以及劳动观念和劳动习惯,使学生学会学习、学会生活、学会做人,成为德智体美劳全面发展的人。

(3) 为人师表、严谨治学

为人师表、严谨治学是学校教师对待自己的道德。学校教师不仅仅是用自己的学识影响学生,更重要的是以自己高尚的道德品质和情操潜移默化地影响学生。教师是学生的模仿对象,教师的思想、行为、作风和品质,每时每刻都在感染、熏陶和影响学生。因此,学校教师必须身体力行,成为学生的表率。学校教师只有以身立教、为人师表,才能彰显教师德行的魅力,才能确立自己在教育中的地位。在教育过程中,学校教师一定要规范自己的言行,以身作则,严于律己,言行一致,表里如一,注重身教,成为学生学习的楷模和榜样,做到经师和人师的统一。

学校教师不仅在品德情操方面成为学生的表率,在治学和学习上也应成为学生的表率。学校教师要严谨治学,树立起终身学习的思想,潜心钻研业务,探索教育教学规律,不断学习新知识,掌握先进的教育教学方法,积极参加各种培训,努力提高教育教学水平和科研能力。学校教师严谨的治学态度也会影响到学生的学习态度,使学生认真学习、不断进取。

(4) 团结协作、共同努力

团结协作、共同努力是学校教师对待教师集体和家长的道德。教育人的任务是艰巨而复杂的,不是靠哪个人所能完成的,要依靠学校教师集体的共同努力和家长的积极配合。学校教师要处理好与同事之间的关系,即教师之间要互相关心、相互尊重、互相信任、互相理解、互相学习、互相帮助、互相支持、精诚团结、共同进步。学校教师要处理好与教育管理者的关系,即教师要尊重教育管理者,服从分配,支持教育管理者的工作,而教育管理者也要关心教师的工作和生活,调动他们的工作积极性。学校教师要处理好与家长之间的关系,即教师要尊重家长,主动与学生家长联系,经常与家长沟通,向家长宣传科学的教育思想和方法,认真听取家长意见和建议,取得家长的支持与配合,双方协作以形成家校教育的合力。

2. 学校教师职业行为

学校教师职业行为与学校教师职业道德既有联系又有区别。学校教师职业道德是教师在教育过程中共同遵守的规范和准则,学校教师职业行为是教师在教育过程中为了实现教育目标,履行教育职责,严守教师职业道德,从思想认识到日常行为应遵守的基本准则。学校教师职业道德是教师职业行为的先导,学校教师职业行为是教师职业道德所要求的行为,是教师职业道德的语言、动作和形态外显,是教师职业道德的具体化,包括应当采取的行为和所要禁止的行为。例如:学校教师在教育教学活动中应该全面贯彻国家教育方针,依法履行教育教学职责,认真备课上课和批改作业、辅导学生;关心爱护学生,培养教育学生,促进学生全面发展;严于律己,以身作则,不断进取,努力提高专业素养和教育教学水平;关心集体,尊重同事和家长。不能有违背党和国家教育方针政策的言行;不能对工作敷衍塞责;不能讽刺、挖苦、侮辱、歧视、体罚或变相体罚学生;不能以分数作为评价学生的唯一标准;不能在招生、考试、考核评价、职务评审、科研、教学中弄虚作假、营私舞弊;不能向家长索要或违反规定收受家长、学生财务;不能有偿为所教学生补课;等等。

(四) 合理的专业知识

学校教师专业知识是指教师完成教书育人的任务所应具备的知识。学校教师是人类文化科学知识的传承者，是学生构建知识和成长发展的引导者、促进者。因此，丰富而合理的专业知识是做好教师工作的前提条件。学校教师的专业知识分为四大类。

1. 通识性知识

学校教师通识性知识是指教师所具有的从事教育教学工作的普通文化科学知识，是教师必须具备的文化素养。学校教师要了解中外历史上的重大事件；了解中外科技发展史上的代表人物及其主要成就；了解一定的科学常识，熟悉常见的科普读物，具有一定的科学素养；了解重要的中国传统文化知识；了解中外文学史上重要的作家作品；了解一定的艺术鉴赏知识；了解艺术鉴赏的一般规律，并能有效地运用于教育教学活动。因此，学校教师要不断丰富、更新自己的知识，具有广博的文化素养，才能不落后于时代和教育的发展，才能满足学生的精神需要。

2. 本体性知识

学校教师本体性知识是指教师所具有的特定的任教学科知识，如语文、数学、政治、物理等。学校教师必须精通所任教学科的基础知识、基本理论和基本技能；了解本学科与邻近学科的交叉关系；了解本学科的历史现状和未来发展趋势；了解本学科领域作出突出贡献的人物及其主要成就；了解本学科的发展动态和最新研究成果。教师具有扎实深厚的专业知识，才能深入地钻研教材、准确地把握教材、透彻地理解教材、深入浅出地讲授教材，使学生易于接受，达到预期的效果。因此，学校教师要在所教的学科里跟上科学发展和教学内容改革的步伐，就要不断汲取新的知识，了解新的研究成果，使自己的本体性知识不断更新和完善。

3. 条件性知识

学校教师条件性知识是指教师所具有的教育科学和心理科学知识，如教育学、心理学、发展心理学、学科课程与教学论等。在教学中，条件性知识涉及学校教师"如何教"的问题，它使教师懂得在什么时候、为什么以及在何种条件下才能更好地运用通识性知识和本体性知识，亦即教师依据教育学和心理学方面的知识来思考和揭示通识性知识和本体性知识，并将它们转化为学生可以理解的知识。条件性知识也使教师懂得如何按照教育规律和学生身心发展的特点进行教育教学工作。其实，并不是一个人知什么、会什么就可以教什么，教师之所以为教师，就是他们具有条件性知识，能把自己所知、所会转化为学生知、学生会，并遵循学生身心发展的规律和特点，促进学生全面发展。条件性知识及运用是学校教师教育教学成败的关键。因此，学校教师必须通过系统地学习掌握条件性知识，并在实践中加深理解和领会。当今，教育理论发展迅速，学校教师要及时将新的教育理论和方法运用到教育教学中，以提升自己的教育教学水平和质量。

4. 实践性知识

学校教师实践性知识是教师自己在教育教学实践中所形成和运用的知识。学校教师实践性知识是情境性的，是特定的教师在特定的情境中形成和运用的知识。学校教师实践性知识是个性化的，它来源于教师的个体经验，是教师教育教学经验的体现。不同的教师具有不同的实践性知识，可以被借鉴和模仿，但不可以复制。学校教师实践性知识是缄默的，教师个人的大部分教育教学经验以及在此基础上形成的直觉和感悟，有时候他们并不知道或很少意识到自己为什么这样做而不是那样做的真正原因，也无法用言语进行表达，而是在个人潜意识中积累的缄默知识。学校教师实践性知识因缺乏系统性，也无法传授，所以往往不被人们所重视。但学校教师实践性知识却是教师专业发展和自我成长的核心因素。因此，学校教师在实践中要不断地进行反思，通过反思促进教师实践知识的发展，进而加速教师专业化的进程。

(五)娴熟的专业能力

学校教师专业能力是指教师从事教育工作所必须具备的带有教师职业特点的能力。学校教师专业能力的发展是在教育活动过程中完成的,它必须与时代和教育发展的要求相适应。那么现代学校教师必须具备娴熟的、多方面的专业能力。

1. 基本能力

学校教师基本能力是指教师应具备适应教育工作的最一般的能力。全国教师资格考试《综合素质》(中学)考试大纲中明确规定了学校教师基本能力包括以下几方面。

(1)信息处理能力

学校教师信息处理能力包括:教师具有运用工具书检索信息、资料的能力;具有运用网络检索、交流信息的能力;具有对信息进行筛选、分类、管理和应用的能力;具有运用教育测量知识进行数据分析与处理的能力;具有根据教育教学的需要,设计、制作课件的能力。

(2)逻辑思维能力

学校教师的逻辑推理能力包括:教师了解一定的逻辑知识,熟悉分析、综合、概括的一般方法;掌握比较、演绎、归纳的基本方法,准确判断、分析各种事物之间的关系;准确而有条理地进行推理、论证。

(3)阅读理解能力

学校教师阅读理解能力包括:理解阅读材料中重要概念的含义;理解阅读材料中重要句子的含义;筛选并整合图表、文字、视频等阅读材料的主要信息及重要细节;分析文章结构,把握文章思路;归纳内容要点,概括中心意思;分析概括作者在文中的观点态度;根据上下文合理推断阅读材料中的隐含信息。

(4)写作能力

学校教师写作能力包括:掌握文体知识,能根据需要按照选定的文体写作;能够根据文章中心组织、剪裁材料;具有布局谋篇、安排文章结构的能力;语言表达准确、鲜明、生动,能够运用多种修辞手法增强表达效果。

2. 教育教学能力

学校教师的教育教学能力是指教师顺利完成教育教学任务的能力。教师的根本任务是教书育人。学校教师只有具备与时代发展相适应的教育教学能力,才能更好地完成教书育人的任务。学校教师的教育教学能力包括以下几方面。

(1)语言表达能力

语言是学校教师传播知识和影响学生的主要工具,语言表达能力是对教师教育教学能力的基本要求,教师语言表达能力如何直接影响着教育教学效果,所以学校教师必须具有较强的语言表达能力。学校教师语言表达能力包括口语表达能力、书面语表达能力和体态语表达能力。学校教师是以口语为媒介进行教学的,因而口语表达能力显得尤为重要。要做到:通俗易懂,表达清晰,言简意赅,连贯顺达,富有逻辑性;生动形象,直观鲜活,富有感染力;设问质疑,富有启发性;语音正确,语言规范,说普通话。书面语表达能力与教师的语文功底有关。学校教师要写教学计划、写教案、写感想、写反思、写总结、写评语、写论文等,这些都需要教师有一定的书面语表达能力。体态语表达能力是学校教师教育教学过程中不可或缺的能力,它对教师的口语表达具有辅助作用,包括眼神、表情、动作、手势、姿态。

(2)组织管理能力

现代学校教师面对的不是单个学生或少数学生,而是学生集体。在集体中进行共同的活动,教师就必须具有较强的组织管理能力,如班级管理能力、课堂管理能力。学校教师的班级管理能力,对教师特别是对班主任来说是一种非常重要的能力。教师或班主任要组织建立并管理班级集体、组织教学环境、组织班级活动。课堂管理能力是学校教师对学生课堂学习活动的组织、调控能力。在课堂教学中,教师要克服各种干扰,利用各种积极因素,控制或消除学生的消极情绪和行为,维持良好的课堂秩序,营造和谐的课堂气氛,使学生在学习中发挥积极主动作用。在当代的教育改革中,课堂变得更加开放,教学过程充满了变数,学校教师必须具备驾驭动态课堂的组织管理能力,保证课堂教学顺利进行,促进学生全面发展。

(3) 教学监控能力

教学监控能力是指学校教师为了保证教学达到预期的目标,在教学的全过程中将教学活动本身作为意识的对象,不断对其进行计划、检查、评价、反馈、控制和调节的能力。"一是教师对自己教学活动的事先计划和安排;二是教师对自己实际教学活动进行有意识的监察、评价和反馈;三是教师对自己教学活动进行调节、矫正和有意识的自我控制。"①包括:① 课前的计划和准备。根据学生特点和教学要求确定教学目标,并据此设计教学计划,如设置教学情境、编排教学内容、确定教学形式、选择教学方法和手段,预测教学中可能出现的问题并制定预防措施等,以保证教学顺利进行。② 课堂中的评价、反馈和调控。在教学过程中对学生的学习和教师的教学情况不断进行评估和反馈,同时根据课堂出现的问题和教学评估的结果,对教学进行控制和调节,使教学得以顺利进行。③ 课后的反思。讲完一堂课或一个阶段的课之后,教师对自己的教学情况进行反思,总结经验,找出不足和原因,制定改进措施,以促进教学水平的提高。

(4) 人际协调能力

人际协调能力即协调人际关系的能力。学校教师的工作对象是学生,教师首先要与学生交往。而培养、教育学生并非教师个人所能完成,所以学校教师还要与领导、同事、家长交往。这些关系是否能处理得当在很大程度上影响着教师的教育教学工作。因此,学校教师必须具有处理和协调各种各样人际关系的能力。学校教师和学生的关系是一种特殊的社会关系,学校教师要树立正确的学生观和为学生服务的观念,建立良好的师生关系;学校教师和同事间要以诚相待,虚心求教,团结友爱,建立相互合作的关系;学校教师要服从领导的安排,并善于提出合理化的意见和建议,建立相互尊重的关系;学校教师要重视家庭对学生的影响,与家长建立密切的联系,取得家长的支持和配合。

(5) 教育研究能力

学校教师劳动是一种创造性的劳动,需要教师不断探索、改革和创新,每个教师都要结合自己的本职工作开展一些教育与教学研究,以使自己的教育教学工作不断向深度和广度扩展。特别是在当代教育改革实施的过程中,新情况、新问题会不断涌现,学校教师要主动研究这些新情况、新问题,以推动教育改革的顺利进行,促进自己教育教学水平的提高。因此,学校教师要不断提升教育研究能力。学校教师要有教育研究的意识,掌握教育研究的方法,主动参与教育改革和教育研究活动。学校教师只有把教育教学和科研紧密结合,将教育理论和教育实践有机结合,才能迅速向专家型教师发展。

(6) 自主发展的能力

学校教师自主发展的能力指教师通过自主学习、实践、反思、创新等,不断提高自身的专业素养、教育教学水平而实现动态、循环、可持续发展的能力。要成为一个好教师,就要不断学习、思考、实验以提升自己,实现教师专业化发展。特别是随着教育教学改革的推进,对学校教师的素养和教育教学水平的要求越来越高,学校教师要实现自身的可持续发展,就必须有自主发展的能力。自主发展的能力包括自我认识能力、自我调节能力和自我教育能力。学校教师要发展自我,首先要有正确的自我认知,了解自己的优缺点和长短处,便于发挥优势,弥补不足。其次要能进行自我调节,使自己始终以积

---

① 林崇德,申继亮,辛涛.教师素质的构成及其培养途径[J].中国教育学刊,1996(06):19.

极、乐观、向上的心态投入教育教学工作中。最后,要能进行自我教育。现代社会已进入学习化社会,学校教师要树立终身学习的观念,不断地自主学习、自我调整,完善自身的教育教学理念和行为,促进教育教学水平的提高和教师专业化的发展。

大家谈

1. 教师的权利和义务都是法律规定的,那么学校教师可以为了行使某种权利而不履行义务吗?如何平衡二者的关系?
2. 现代学校教师的社会地位如何?它由哪些方面构成?
3. 你对社会中有关教师角色的隐喻,如"教师是传道授业解惑者;教师是蜡烛;教师是园丁;教师是人类灵魂的工程师;教师要给学生一碗水,自己必须有一桶水"等有何看法?你愿意做这样的教师吗?为什么?
4. 本章从五个方面论述了教师的专业素养?除此之外,教师还应具备哪些方面的专业素养?

第二节　学　生

学生是学校教育活动的另一主体。在学校教育中,学生是教育的对象,但学生是有思想感情的活生生的人,教育不可能像生产物质产品那样按照一定的模式机械地铸造"产品"。因此,教师要完成培养人的任务,必须了解和研究学生,树立正确的学生观,这是决定教育是否成功的关键。

一、学生的内涵

案例 5-5

学生违反学校管理制度

1994年5月,某校初三年级学生李某(15岁,男),在上语文课时,不注意听讲,并发出怪叫声,扰乱课堂秩序。经语文老师多次提醒后仍不改正错误行为,还顶撞老师,语文老师遂让其出教室到思教处,李不服从。语文老师叫同班一同学到思教处找来了思教处副主任刘某。刘老师在问清情况后,即走到李跟前,叫其出教室到思教处接受批评教育。李不从,并当众骂老师。这时,刘老师揪其衣服走出了教室。在楼道里,李仍在骂。刘老师气急之下,打了该生。事后,该生家长找到学校,称该生被打不能参加中考,要求学校保留其学籍,并要求赔偿医疗费、营养费5 000元。该生家长还向区教育局提出申诉。事实上,该生被打的程度并不严重,有医院的证明为证,并没有影响到该生继续学习的能力。经教育局领导和学校领导做了大量工作后,作出了以下处理意见:(1) 学校校长及刘老师本人向该生及家长道歉;(2) 刘老师写出书面检查,并受行政警告处分,此外还要赔偿该生的医疗费;(3) 对于学生李某,全校给予通报批评。以上意见,该生和家长未反对。

问题

1. 李某的做法错在哪里?为什么?
2. 学生犯了错误,学校教师有权利打学生吗?为什么?

教育活动是人类社会中一种特殊的实践活动,它的特殊性之一就是所指向的对象的特殊性——学生。那么,什么是学生?学生有怎样的权利和义务?

(一)学生的概念

在学校教育中,学生是与学校教师相对应的一个概念。没有教师的教,学生自己也能学习,但这是"自学",这时也不能叫"学生",而是"自学者"。因此,在学校教育中,学生是教育的对象,是在学校教师的指导下进行学习的人。但学生又是具有主观能动性的人,正处于成长发展时期。所以可把学生定义为:学生是在学校教师的指导下,以学习为主要任务的具有主体性的发展中的人。

(二)学生的权利和义务

学生是生活在学校中的一个特殊群体,教育法律对学生的权利和义务也有明确规定。

1. 学生的权利

学生权利是指教育法律赋予学生这一公民特殊群体在教育活动中享有的权利。《中华人民共和国教育法》第四十二条明确规定学生享有下列权利。

(1)学生有"参加教育教学计划安排的各种活动,使用教育教学设施、设备、图书资料"的权利。学生是教育的对象,接受教育必须通过参加教育教学活动、使用教学设备等来完成。这是学生参加学习、接受教育的基本条件。

(2)学生有"按照国家有关规定获得奖学金、贷学金、助学金"的权利。奖学金主要适用于高等教育和中等专业教育阶段的学生,贷学金是国家为帮助经济困难、无力解决在校期间生活费用的部分大中专院校学生而实行的无息贷款,助学金主要适用于义务教育阶段的学生。学生可以根据学校和自己的实际情况申请奖学金、贷学金、助学金,为参加学习、接受教育获取必需的物质保障。

(3)学生有"在学业成绩和品行上获得公正评价,完成规定的学业后获得相应的学业证书、学位证书"的权利。每个学生都希望得到公正的评价,公正的评价是关心和热爱学生的一种体现,更是教育机构和教师应尽的义务。每个学生都有权要求获得公正的学业成绩评价和品行评价,也都有权对各种不公正的评价通过正当途径要求予以更正。获得相应的证书是社会和国家对学生某一阶段学业已完成的认可,是一种终结性的评价,学生根据自己的学业情况和有关规定,有权申请和要求学校发给相应的证书,如毕业证书、结业证书、肄业证书、学位证书等。

(4)学生有"对学校给予的处分不服向有关部门提出申诉,对学校、教师侵犯其人身权、财产权等合法权益,提出申诉或者依法提起诉讼"的权利。公民的诉讼权包括民事诉讼权、刑事诉讼权和行政诉讼权,学生的这项权利属于民事诉讼的范畴。申诉分司法申诉和行政申诉,司法申诉是向司法部门提出,行政申诉是向主管行政部门申诉,学生申诉属于行政申诉。总之,这项权利是公民申诉权和诉讼权在学生身上的具体体现,它可以使学生自身的权益得到更好的保护和维护。

(5)学生有"法律、法规规定的其他权利"。这项权利是指学生除享有本法所规定的权利外,还享有法律、法规所规定的其他权利。此处的"法律、法规"既包括教育法律、法规,也包括其他法律、法规规定的有关教育的规章。它为全面保障学生的权利提供了法律依据。举例如下。

① 学生有受教育的权利。《中华人民共和国宪法》第四十六条规定:"国家培养青年、少年、儿童在品德、智力、体质等方面全面发展。"《中华人民共和国义务教育法》明确规定:"国家、社会、学校和家庭依法保障儿童、少年接受义务教育的权利。"

② 学生有生存权、发展权、受保护权、参与权。《中华人民共和国未成年人保护法》第三条规定:"未成年人享有生存权、发展权、受保护权、参与权等权利,国家根据未成年人身心发展特点给予特殊、优先保护,保障未成年人的合法权益不受侵犯。"

③ 学生有受尊重的权利、安全的权利。《中华人民共和国未成年人保护法》第十五条规定:"学校、幼儿园的教职员应当尊重未成年人的人格尊严,不得对未成年学生和儿童实施体罚、变相体罚或其他侮辱人格尊严的行为。"第十六条规定:"学校不得使未成年学生在危及人身安全、健康的校舍和其他教育教学设施中活动。"还有规定:"任何人不得在中小学、幼儿园、托儿所的教室、寝室、活动室和其他未成年人集中活动的室内吸烟。"

在教育过程中,人们往往只关注教师的权利,而忽略了学生享有的法定权利,甚至是漠视学生的权利。正因为对学生的权利缺乏足够的认识,致使学生的合法权利没有得到应有的保障。而对学生造成直接侵权的主要是学校和教师,因为学生在学校里的时间很长,与教师接触最多,这就增加了学校、教师对学生侵权的可能性。因此,学校和教师要充分认识学生的合法权利,依法治校、依法治教,切实保证学生的合法权利不受侵犯。

2. 学生的义务

学生不仅依法享有一定的权利,也同样要履行相应的义务。所谓学生义务是指教育法律和其他有关法律、法规赋予学生这一公民特殊群体在参加教育活动中必须承担的义务。《中华人民共和国教育法》第四十三条明确规定学生承担下列义务。

(1) 学生有"遵守法律、法规"的义务。遵守法律、法规是宪法规定的每个公民的基本义务,学生是社会公民中的一员,当然这也是学生最基本的义务,责无旁贷。学生一定要知法、守法。

(2) 学生有"遵守学生行为规范,尊敬师长,养成良好的思想品德和行为习惯"的义务。"学生行为规范"是指国家教育委员会颁发的《小学生日常行为规范》《中学生日常行为规范》《高等学校学生行为准则》以及《中小学生守则》《高等学校学生守则》等。这几个规章集中体现了国家对不同阶段的学生在政治、思想、品德及行为习惯等方面的基本要求。

(3) 学生有"努力学习,完成规定的学习任务"的义务。学习是学生的本分,学生的根本任务就是要努力学习科学文化知识,完成规定的学业,使自己成为德智体全面发展的社会主义事业的建设者和接班人。这也是学生区别于其他公民的一项最主要的义务。

(4) 学生有"遵守所在学校或者其他教育机构的管理制度"的义务。这项义务确保学校和其他教育机构的教育教学活动能够正常有序地进行。学校的规章制度包括思想政治教育管理制度、教学管理制度、学籍管理制度、卫生管理制度、图书仪器管理制度等。如果学生违反了学校的管理制度,就要受到相应的处罚。

以上是法律赋予学生的义务,每个学生都必须履行。如果学生不履行法定的义务,要视其情节轻重,有关部门将要求学生承担相应的法律责任。

二、学生观

案例 5-6

不要把学生分成三六九等

有一次,一位老人讲述了这样一件事,他的孙女刚上小学一年级,过了两个星期回家告诉他,她是班上第二号种子。问她怎么回事。她说,老师把班上的同学排了一个队,最聪明的是第一号种子,她是第二号。过了大约一个星期,他的孙女回家对他说:"今天班上有 8 个笨蛋。"问她又是怎么回事。她说:"今天下午开班会,老师问,谁是笨蛋站起来,班上 8 个同学站了起来。"

这位老人叹口气说,怎么现在还会有这样的教师。
——摘自:杨东平.教育:我们有话要说[M].北京:中国社会科学出版社,1999.

老师的做法违背了学生的哪些特点?这会给学生带来怎样的影响?

学生观是指学校教师对学生的基本认识和看法,具体指学校教师对学生的特点及其在学校教育过程中的地位和任务的看法。学校教师的学生观不仅决定着教师的工作态度和工作方式,而且也支配着教师的教育行为,是教师教育成功与否的关键。传统的学生观是把学生视为被动的客体,是教师管制的对象,是知识的容器。而现代学校教师要形成"以人为本"的教育理念,树立全面发展的学生观。"以人为本"就是以人为尊、以人为重、以人为先。学校教育中的"以人为本"就是以学生为本,以学生的全面发展为本,以全体学生的全面发展为本。而全面发展的学生观也就是要尊重学生生命的独特性和主体性,重视学生发展的社会性和可能性,发挥学生的潜能等,终极目标是促进每个学生的全面发展。

(一)学生的特点

学生首先是人,具有人的基本特点。但学生是学校教育中的一个特殊群体,所以人所共有的特点不能代替学生独有的特点。认识学生的特点是确定对学生的态度和提出教育要求的重要依据。

1. 学生是现实性和可能性和谐统一的人

学生是未成年人,而不是成人的雏形,他们的各个方面都尚未成熟,是未完成性的人,是成长发展中的人,这是学生的现实性。他们无论在生理上还是心理上都还处于不断变化和趋于成熟的过程中,并没有达到发展的顶峰。因而表现出与成人不同的自身独特的身心发展特点。这就要把学生和成人区分开来,不能以成人的标准要求学生,也不能以静态的眼光看待学生。而在学生身心发展过程中所展现出的各种特点都还处在变化中,具有极大的可塑性和发展的可能性,可见学生最需要教育,也最容易教育。因此,学校教师一定要充分认识到学生是处于成长发展过程中的未完成性的人,这既是学生的现实性,也说明学生具有巨大的发展可能性,并使这种可能性得到最大限度的发挥。

2. 学生是自然性和社会性和谐统一的人

学生既是受教育群体中的一员,也是现实社会的成员之一,所以学生既有人的自然属性,也有人的社会属性,是自然实体和社会实体完整统一的人。学生作为一个自然人,他的发展就必须遵循人的繁衍生息、成长发展的规律。而学生又是生活在现实社会中的,他必须接受社会的知识经验,具有一定的社会意识和观念,不断完成由自然人向社会人的转化。事实上学生的成长发展过程就是一个不断社会化的过程,那么作为一个社会人,他的发展必然要受社会历史条件的制约和影响。同时他们也享有一般社会公民的绝大多数权利,并受到社会的特别保护。1989年11月20日联合国大会通过的《儿童权利公约》指出:18岁以下的任何人都享有法律规定的各项权利,如生存的权利、发展的权利、参与的权利、受教育的权利、受尊重的权利、受保护的权利等,并提出了儿童利益最佳原则、尊重儿童尊严原则、尊重儿童观点与意见原则、无歧视原则的核心精神。我国的宪法和法律对此也有规定,《中华人民共和国宪法》第四十九条规定:"父母有抚养未成年子女的义务。"《中华人民共和国未成年人保护法》第八条中规定:"父母或其他监护人应当依法履行对未成年人的监护职责和抚养义务,不得虐待、遗弃未成年人;不得歧视女性未成年人或者有残疾的未成年人;禁止溺婴、弃婴。"《中华人民共和国义务教育法》第四条规定:"国家、社会、学校和家庭依法保障适龄儿童、少年接受义务教育的权利。"

这充分体现了青少年学生的社会地位,说明他们是社会的一员。因此,学校教育一方面要适应学生发展的客观规律,同时要考虑社会对人的需要,在按照社会的需要培养学生的同时,也应使学生得到社会的保护。

3. 学生是身体和心理和谐统一的人

学生是由身体和心理两个方面构成的统一体。在学校教育活动中,学生是以一个完整的生命体的方式参与和投入的,即全身心地参与。教育面对的不是单方面、分解的人,而是全面的、身心统一的整体的学生。在教育过程中,学生不是单方面地投入,而是以全身心(身体运动、认知、情感、态度、个性倾向等)投入教育活动中,并以整个身心来感知、体验、享受和创造这种教育生活。因此,以培养人为目的的学校教育一定要着眼于学生的身心统一性,促进学生德、智、体、美全面和谐发展。正如《学会生存——教育世界的今天和明天》中指出:"把一个人在体力、智力、情绪、伦理各方面的因素综合起来,使他成为一个完善的人,这就是对教育基本目的的一个广义的界说。"①任何偏向个别向度的发展只能是片面发展,与完整的人无关,是与全面发展的教育目的相违背的。

4. 学生是共性与个性和谐统一的人

学生是有共同发展规律和特点的人。人的发展是有规律的,是分阶段的,而同一年龄阶段的人的发展也是有共同特点的。学生处于人生发展的重要阶段,因此他们的身心发展也遵循着由简单到复杂、由低级到高级、由量变到质变、由具体到抽象的循序渐进的发展过程。而处于同一发展阶段的学生的身心发展特点是有共性的,如身体、认识、情感、意志等方面都有共同的特点,并且每一阶段都存在着身体或心理某些方面发展的关键时期。因此,教育一定要遵循学生身心发展的规律和某一阶段学生身心发展的共同特点采取有效措施,从而促进他们的身心发展。

学生又是有独特个性的人。虽然同一年龄阶段的学生是有共性的,但正像世界上没有完全相同的两片绿叶一样,也没有完全相同的人。由于遗传、社会生活条件、教育和主观能动性的不同,学生是存在个体差异的。他们各自有其独立的人格,丰富的思想和情感,有自己的需要、兴趣、动机、愿望、理想、信念和价值观,有不同的知识经验和能力倾向,不同的性格特征和气质类型。正是这些方面的不同组合,构成了一个个具有独特个性的学生个体。这些个体独立存在,是独一无二的,彼此不可替代,也不可重复。他们各自以独特的方式学习和生活,并显示着自己的与众不同。因此,学校教师一定要转变传统的教育观念,确立学生是有生命独特性的人的学生观,要尊重学生的个性差异和独立人格,满足不同学生的学习需要,为每一个学生富有个性的学习和发展创造条件,提供机会和空间,使每个学生的才能和特长都能得到充分的发挥,使每个学生的个性都得以彰显。

总之,学校教师必须把握学生的共同特点和个性差异,才能使教育更有针对性,才能对学生的学习、成长提供有效的帮助,从而促进每一个学生全面充分和谐发展。

5. 学生是学习与发展和谐统一的人

学生需要学习,也需要发展,学生是学习与发展的统一体。学习和发展二者是紧密联系的,学习可以促进发展,发展有助于学习,它们相互影响、相互制约。学生是长知识、长身体的重要时期,他们各方面都不成熟,所以学习是学生的主要任务。学生在学校中需要学习大量的科学文化知识,如语文、数学、外语、物理、化学、地理、历史、生物等,并结合知识的学习形成一定的技能。而学生在学习知识技能的基础上智力、体力和能力也会得到发展,同时也形成了科学的世界观和高尚的道德情操,以及优良的个性品质。总之,在学校这种特定的环境中,学生通过知识技能的学习获得了身心的全面发展。

---

① 联合国教科文组织国际教育发展委员会.学会生存——教育世界的今天和明天[M].韦钰,译.北京:教育科学出版社,1996:195.

(二) 学生在学校教育中的地位和任务

1. 学生在学校教育中的地位

学生在学校教育过程中处于什么地位,在教育史上是一个长期争论的问题,其中有两种主要观点。一种是"教师中心论",是以德国教育家赫尔巴特为代表,他十分强调教师的权威,认为学生的心智成长全仰仗于教师对教学形式、阶段和方法的刻意设计和定式指导,学生如同一张白纸可以随意涂抹,如同一个容器可以随意填充。学生对教师来说,完全处于从属的被动地位。另一种是"学生中心论",是以法国教育家卢梭和美国实用主义教育家杜威为代表,他们把学生的发展看做是一种自然的过程,教师不能主宰这种自然的过程,而只能作为学生自然发展的"仆人"。他们还认为学生的发展是一种主动的过程,教师的作用只是引导学生的兴趣,满足他们的需要,不能对学生进行干涉。杜威还曾说:"现在,我们教育中将引起的改变是重心的转移……这里,儿童变成了太阳,而教育的一切措施则围绕他们转动。儿童是中心,教育的措施便围绕他们而组织起来。"①毫无疑问,"教师中心论"贬低了学生在教育过程中的地位,而"学生中心论"又过分地抬高了学生在教育过程中的地位,二者都是不科学的。现代教育理论认为,在教育过程中,学生既是教育的对象,又是学习的主体。

(1) 学生是教育的对象

学校的职能是培养人,在培养人这一过程中,学生是学校教育工作的对象。而在教育活动中,学校教师和学生是两个主要的活动承担者,教师在教育活动中是教育者、组织者、启发者,而学生是以学习为主要任务的学习者,是教师教育实践活动的对象。由于学生正处于成长发展时期,他们知识经验不足,能力有限,各方面也都不成熟,需要教师的教育和指导,他们是在教师有目的、有计划、有组织的指导下学习知识技能,发展智力、体力和能力,形成正确的思想和良好的道德品质,并促进身心的全面发展。总之,学生在学校教育中是接受教育的人,显然是教育的对象。学生作为教育的对象,会具有学生感,以在学校教师指导下进行规范化的学习为己任,并不断使自己的身心得到发展。

(2) 学生是学习的主体

作为教育对象的学生,其主要任务是学习。学生是学习任务的主要承担者,是学习的主人,是学习的主体。在教育过程中,学生对于来自外界的教育影响不是无条件的全盘接受,而是根据他们的意愿有意识地注意并选择性地接受。被学生选择的教育影响也并不是自动进入学生的头脑中,是经过学生的理解并接纳而转化到学生主观世界中,从而获得教育的意义。在这个过程中,学生始终是一个主动的参与者,而不是被动的接受者。学生是在与外部影响的相互作用中,通过自身的体验而建构知识,寻求教育的意义。离开学生本身自觉、积极、主动地学习这个内部因素,学生就不可能取得良好的教育效果。美国著名教育学者阿尔德勒认为:"所有真正的学习都是主动的,而不是被动的。它需要使用头脑,而不仅仅是记忆,它是一个以学生而不是以教师为主要动力的发现过程。"②可见,学校教师只能引导学生学习和发展,而不能代替学生学习和发展,学生自己才是学习和发展的真正主人。从某种意义上讲,学校教师的引导教育是学生成长发展的外因,学生自身需要、认识、情感等方面的变化才是内因,外因只有通过内因才能起作用。学生作为学习的主体,会具有主人翁感,在学习中发挥积极性、主动性和创造性,促进自己在德智体等方面生动、活泼、主动地发展。

"新课改"也十分关注学生的主体地位,倡导学生积极主动地、有意义地学习知识和技能。因此,学校教师要树立学生是学习主体的理念,尊重学生的主体性(选择性、独立性、主动性、创造性),重视学生主体性的发挥,为学生创造各种条件,提供主动发展的广阔空间,使学生积极主动地参与到教育

---

① 赵祥麟,王承绪.杜威教育论著选[M].上海:华东师范大学出版社,1981:32.
② 国家教育发展研究中心.发达国家教育改革的动向和趋势(第五集)[M].北京:人民教育出版社,1994.

过程中来,使他们有获取信息和接受影响的心向,并在获得知识和教育意义的基础上有所创新。只有这样,才能促进学生主体意识的觉醒和主体能力的提高,才能培养出具有主动探索精神、勇于开拓进取的适应时代发展需要的一代创新型人才。

2. 学生在学校教育中的任务

(1) 学生以学习为主要任务

学生的主要任务是学习,这是学生质的规定性。学生通过学习来获得知识、认识客观世界,并不断发展。这种学习与日常生活和工作中的学习是不同的,学生的学习是在学校这个特殊的环境中进行的,因此有它的特点。

① 学生以学习间接经验为主

学生是以学习为主要任务的一种社会角色,不可能事事直接经验,学生对客观世界的认识主要是借助于学习书本上的知识、接受间接经验实现的。学生不是探求新的知识、真理,而是学习和继承人类实践总结的已有的认识成果和当代现成的文化科学知识,学生要把这些成果和知识变成自己的精神财富。另外,教学的一项重要任务是要解决学生的认识问题,使学生从不知到知,从知之不多到知之较多,尽可能缩小与人类认识的差距,这就要求学生必须学习人类已有的认识成果,学习大量的间接经验。而教学是传递间接经验最直接、最有效的途径,可以使学生在较短的时间内获取大量的知识,缩短对客观世界认识的过程。

② 间接经验的学习要与生活实际相结合

学生历来是以学习书本知识、间接经验为主,所以人们认为学生是生活在书本世界、科学世界中的人。其实学生不仅仅是"书本世界"中的人、"科学世界"中的人,他们更是现实生活世界中的人,他们按照自己对生活的理解和经验建构起对生活世界的意义。但由于学生处在成长发展阶段,各方面还不成熟,对生活的体验很有限,所以学生建构起来的生活意义是肤浅的,也是不全面的,这就需要学校教育。学校教育要"加强课程内容与学生生活以及现代社会和科技发展的联系,关注学生的学习兴趣和经验,精选终身学习必备的基础知识和技能"[①],将教学内容纳入学生与自然、学生与社会、学生与自我的关系中,使学生在掌握知识的同时,构建起生活的意义,为学生走向生活、走向社会奠定坚实的基础。如果教育脱离生活,课程远离学生的生活和经验,学生就难以灵活应用在学校中获得的间接经验来解决生活世界中的问题,因而教育也就失去了本真的意义。所以,学校教育在传递间接经验的同时紧密结合社会生活实际,还学生一个完整的生活世界,才能体现教育意义的真谛。

(2) 学生通过学习完善人格

人格是指一个人的各种心理特征的总和,即一个人的基本精神面貌。学生健全人格的形成和发展是一个渐进的过程,因为学生正处于身心成长发展期,可塑性强,是人格形成的重要时期。学生在学校不仅学习知识经验和技能,而且通过教育和学习可以使他们逐步形成崇高的道德品质、正确的人生观和价值观、勇于探索的创新精神、正确的自我意识、乐观的情绪、丰富的情感、坚强的意志、开朗的性格,以及良好的适应能力、和谐的人际关系、乐观的生活态度、健康的审美情趣和自尊、自信、自主、自立、自强等人格特征,使其人格不断发展和完善。

(3) 学生通过学习发展潜能

"人类生下来就是早熟的。他带着一堆潜能来到这个世界。这些潜能可能半途流产,也可能在一些有利的或不利的生存条件下成熟起来,所以从本质上讲,他是能够受教育的。"[②]学生是发展中的

---

① 摘自 2001 年 6 月教育部颁发的《基础教育课程改革纲要(试行)》.
② 联合国教科文组织国际教育发展委员会.学会生存——教育世界的今天和明天[M].韦钰,译.北京:教育科学出版社,1996:197.

人,学生时代是身体和心理发育和形成的旺盛时期,也是一个人由不成熟到成熟的发展时期。对于学生来说,他们身上蕴藏着巨大的发展潜能,这种潜能不仅表现在身体的发展上,而且也表现在心理的发展上;不仅表现在发展的速度上,而且也表现在发展的广度和深度上。学生的这些潜能是可以通过教育和学习变成现实的。事实上,学生的成长和发展过程就是一个潜能不断被开发和挖掘的过程,也是一个潜能不断被激发和释放的过程。学生通过教育和学习不断发现自己的潜能,并在适当的机会和条件下将其充分发挥。即使是具有某种身心缺陷的学生也同样在某些方面具有较大的发展潜能,只要通过适当的教育和学习,他们身上的潜能也会变为现实。

三、学生需要

 案例 5-7

老师,我恨您

一个女生在日记里这样写道:"老师,我恨您！您知道吗,我无数次地想改变自己,但一想到你那样对我,我的自尊心就没了。我是咱们班差组里唯一的女生,我虽然表面上装着像没事人一样,但我老是想着这件事,更没心思学习了,我破罐破摔了……"

事情是这样的,一段时间以来,我们班的几个同学不好好完成作业,上课也随随便便,扰乱课堂纪律,于是我想出了一个治他们的招,让他们几个单独坐,改好了再回到原来的组去。我本意是想用这种方法激励他们,让他们改掉自身的缺点。但事与愿违,他们虽然纪律有所好转,但学习却不如从前了。后来,我撤了这个组,但我在他们心中留下的阴影会抹去吗?

面对学生的日记,我感到很沉重。学生的自尊心一旦被伤害,想让他们重新振作起来就会很困难,也许需要十倍百倍的努力。我真诚地向她道歉,努力想挽回我的影响,但我终究没有看到她有多大转变。不久,她毕业了,她带着一颗受伤的心走了。

——摘自:梁威,等.教师反思录[M].北京:北京出版社,2003.有删改.

问题

这个案例体现了学生的哪种需要？试分析该教师的做法的危害性。

需要既受生物因素的制约,又受社会因素的制约。学生的身心在逐渐成熟,学校教育向他们提出的要求在提高,社会环境在变化,因此他们的需要也随之不断发展变化。对不同的学生来讲,各种需要的重要性是不同的。同样,在不同的情况下,同一个学生也会有不同的需要。学校教育就是要尽可能满足学生的需要,并促使学生的需要和谐健康地发展。

(一)学生需要的概念

学生需要是指学生个人的需求或社会和学校教育对学生的要求在学生头脑中的反映。它是学生进行学习和活动的基本动力。其中有的需要属于本能或似本能的,有的是社会的要求被学生接受转化为学生的需求。我们现在的教育往往无视学生实际的需要,而更多是强调成人通过想象、推断帮助学生建构出来的一种强加给学生的他人的需要。由此导致了课堂气氛沉闷、学生厌学等现象的产生。因此,学校教育既要对学生提出合理的要求,也要关注学生的实际需求,这样才能使我们的学校教育焕发出生命的活力。

(二)学生需要的类型

人的需要是多种多样的,也有各种不同的划分。最有代表性的是美国人本主义心理学家马斯洛提出的需要层次理论。马斯洛认为人的需要由低到高分为七个层次:生理需要、安全需要、归属与爱的需要、自尊的需要、认识和理解的需要、美的需要、自我实现的需要。马斯洛的需要层次理论对于我们了解人的心理动因与行为的关系是有帮助的,而且对学校教育也是有指导意义的。学生的需要是多种多样的,依据不同的标准,可以划分成不同的类型。在此借鉴马斯洛的需要层次理论的有关内容,同时结合我国目前教育的实际,谈谈我国当代学生需要的主要类型及各种类型需要存在的问题与建议。

1. 生理需要

生理需要是学生最基本的需要,包括食物、水、空气、睡眠等的需要。当学生为生理需要所控制时,其他一切需要均退居次要地位。曾有报道,在我国西部贫困地区的农村还有学生中午在学校不吃午饭。试想一个饥肠辘辘的学生还怎么专心听课,怎么把精力放在学习上?一些热心网友呼吁各界人士要关心贫困地区农村学生的午餐问题,希望大家捐款献爱心。国家也从2005年开始拨款为西部贫困地区农村义务教育阶段的学生发放生活补助,提供营养膳食补贴,平均每人每天两元多钱,2011年已增加到三元多,基本解决了贫困学生的中午"小餐桌"问题,他们不会再饿着肚子听课和学习了。

对于全国大多数学生来说,不仅能吃饱,而且吃得很好,但睡眠不足却是中小学生普遍存在的问题。学生不仅在学校每天要上很多节课,放学还有课后班,回到家里还有各科老师及课后班留的作业。学生玩的时间没有了,身心休息时间没有了,连睡眠的时间也不能保证了。当睡眠需要被剥夺的学生带着昏昏沉沉的头脑坐在教室里的时候,能奢望他们取得怎样的学习效果?他们的健康又会怎样?因此,保证学生足够的睡眠,安排张弛有度的学习活动,是提高学生学习效率的保障。

2. 爱的需要

爱的需要指学生要求与他人建立感情联系,被人爱护、呵护、关注、关心等需要。人人都希望获得别人的爱,给予别人爱。如果学生感到没有被人爱,就很难有强烈的动机去实现较高水平的成长目标,对学习没有兴趣,也不会有更高的追求,而且他也不会给予别人爱。

在学校,学生也需要学校教师的爱。学校教师的爱是教育的推动力,不仅可以激发学生学习的积极性,而且也会影响学生的心理,能使学生形成自尊、自爱、自强、自信等人格特点。学校教师爱学生不仅会赢得学生的爱,而且还会使学生学会爱人。但教师的爱是充分的爱,还是有条件的爱,学生是最敏感的。虽然教师们认真工作,对学生负责,给予学生关心、爱护,但学生会敏锐地感受到哪些教师是真正地关爱他们,哪些教师仅仅是为了班级的成绩,是为了奖金。因此,学校教师要满足学生爱的需要,一定要真心地爱学生,多给他们一点关心、一点微笑,让他们感受到教师由衷的关怀和爱护,把爱的阳光撒向每一个学生。

3. 尊重的需要

尊重的需要指学生寻求被人重视、赏识、认可、赞许等以体现自身价值和能力并维护个人自尊心的一切需要。它包括自尊和受到他人尊重。每个学生都希望得到老师、同学的赏识、认可,同时也自尊、自重。学生尊重需要是否得到满足将对学生产生极大的影响。

现实的学校教育中,许多学校教师会有意或无意地向学生表明,他们把学生看做是有价值的人,他们相信学生有能力完成自己的任务,他们愿意倾听学生的想法和建议,这样学生被尊重的需要得到了满足,而且也增强了自尊、自信之心。但在学校教师与学生的交往中,教师不尊重学生的现象也时有发生,有些教师采用讽刺、挖苦、训斥甚至是侮辱性的语言对待学生,更有甚者对学生采取体罚或变相体罚的方法,这不仅会影响学生的学习,而且会对学生的心理造成极大的伤害,使学生丧失信心,产生自卑感,甚至会影响学生的一生。因此,学校教师一定要尊重学生的人格,保护学生的自尊心。要进行赏识教育,多一些表扬和鼓励,让学生感受到学校教师的尊重、信任和迫切的希望,使学生的尊重需要得以满足,人格得到健康发展。

4. 求知的需要

求知的需要指学生通过探索、操弄、实验、阅读、询问等了解自己、他人、各种事物变化的需要。人生来就有探求外部世界的需要,学生同样具有探求和了解、理解外部世界的需要,但学生是以学习为主要任务的人,所以学生的求知需要必然受到社会条件的制约。因此,学生的求知需要应是学生个人求知需求与社会和教育对学生学习要求的统一。这种需要既受客观要求的制约,也受学生主观因素的制约。

但现实中的学校教育往往过分强调外界对学生的学习要求,而忽视学生自身对学习的需求。成人认为学生处于发展时期,各方面还不成熟,他们不知道自己需要什么,因此成人就把自己的意志强加到学生身上,脱离学生的实际,替学生建构出所谓的学生的求知需要,这种外在强加给学生的需要,只能导致学生厌学。在学校,中小学生课业负担重已成为人们的共识,但哪个教师也不肯少留一些作业和习题,学生每天忙碌于书山题海中,机械刻板地学习、学习、再学习,而学生丰富多样的求知需要却被忽视、被冷落甚至被扼杀。这是因为家长和学校教师没有充分认识到学生求知需求的重要性。要知道"我告诉你现在需要做什么"和"我想知道你的需要是什么"对学生而言永远是不同的。因此,家长和学校教师一定要关注并满足学生合理的求知需要,并引导学生把适当的教育要求转化为学生的需求,真正实现学生求知需求和教育要求的和谐统一。

5. 发展的需要

学生探求外部世界不仅是为了获取知识,更重要的是为了促进自身的发展。所以学生还有发展的需要。遗传素质为学生的发展提供了可能性,这种可能性要转变为现实性还取决于学生发展的需要。学生发展的需要同求知的需要一样,应是学生需求与社会要求的和谐统一。学生发展的需要是多方面的,包括生理的和心理的、认知的和情感的、道德的和审美的,等等。学生正是在发展需要的驱动下不断地丰富知识、发展多方面的能力、形成高尚的道德情操和正确的人生价值观,以及优良的个性品质。学校教育也正是基于学生发展需要的多面性,才确定了全面发展的教育目的。

而现实的学校教育更多是关注学生知识的学习,对学生发展的需要重视不够。在应试教育的影响下,全面发展的教育目的并没有真正落实。因此,学校教育不仅要关注学生的求知需要,更要关注学生的发展需要,并采取有效措施,促进学生健康全面地发展。

6. 发挥潜能的需要

发挥潜能的需要指学生具有最大限度地发挥自己潜能的需要,也是一种创造和自我价值得到体现的需要。学生有发挥潜能和实现自己价值的愿望,关键是教师要善于引导,使其潜能得到充分发挥。学生的潜能是多方面的,但最主要的是智慧潜能和创造潜能。

智力是以思维为核心的观察力、注意力、记忆力、想象力和思维能力等心理活动最一般的综合能力。但目前心理学界更倾向于将智力的概念定义得更宽泛。美国哈佛大学心理学教授加德纳提出了多元智能理论,认为智力包括语言智能、逻辑数理智能、空间智能、音乐智能、肢体运动智能、人际交往智能、自我反省智能、自然观察智能。传统教育只重视学生在学业上的成就,因此过分强调语言智能和逻辑数理智能,忽略其他方面的潜在智慧和能力,使学生身上许多重要智能得不到确认和开发。所以,学校教师一定要注意发现学生的优势智能领域,并帮助他们发挥优势智能,同时又要采取措施,使他们的弱势智能得到提高,做到因材施教、扬长补短,以使每个学生的智慧潜能得到充分发挥。

创造力是指根据一定目的,运用已有知识,产生出某种新颖、独特、有社会或个人价值的产品的能力。传统学校教育过分重视纪律和规范,强调教师的权威,学生完全处于被动地位,学习固定的知识答案,很少有自由发挥的机会,这在一定程度上限制了学生创造力的发展。特别是受应试教育影响,分数成为评价学生的唯一标准,学生为了获得高分,死记硬背,机械学习,丧失了独立思考的能力,也失去了创造的动力,学生的创造潜能被淹没在记忆中。而在知识经济迅速发展的当代,社会需要具有创新精神和创新能力的创造型人才,这对学校教育提出了新的要求。因此,学校教师要放弃权威,以平等的态度与学生交流,要允许学生有不同意见,鼓励学生质疑问难,鼓励学生独立思考、主动探究,并为每一个学生提供条件,使他们的创造潜能得到最大限度发挥。

7. 成就需要

成就需要是一种在较高水平上达到某一卓越的社会目标的需要。学生是成长发展中的人,他们的成就需要是随着成长而发展变化的。如小学低年级学生的成就需要主要是想超过别人;小学中、高年级学生是为集体争得荣誉、提高自己在团体中的地位等;中学以后逐渐发展为表现自己的特殊能力、实现自己的价值、充分发挥自己的潜力、创造有价值的新观点和新事物、为社会作出更大的贡献进而获得社会的承认等。

现在学生的成就需要更多是从自我出发,如得到老师和同学的认可、升入理想的学校、找到满意的工作、获得一定的地位等,需要的功利色彩比较重,而社会性较弱,他们很少自觉地把自己当前的学习与国家现代化建设和社会发展的需要联系起来。这是由于学校和教师更多的是关心学生的学习成绩,忽视了对他们进行理想教育,所以虽然学生学习努力,但缺乏远大理想和抱负。学生关注的是学习的个人价值,很少或者根本没有想到学习的社会价值。另外,现在的学生多数都是独生子女,往往养成了自私、唯我独尊等不良的个性品质,他们以自我为中心,没有远大的理想,社会责任感不强,与国家、社会发展密切相关的高成就需要缺失。因此,学校教师要加强对学生的理想教育,使他们充分认识到学习的社会意义和个人意义,把个人的学习与国家的需要和社会的发展联系起来,增强学习的责任感和使命感,形成稳定而持久的高层次的社会性成就需要。

8. 表达自我的需要

表达自我的需要指学生有说出自己的需求、思想、观点、意愿等,以此让他人关注、了解和接纳自己的想法、愿望、内心感受和体验的需要。学生渴望表达自己的所需、所想、所愿、所感,学校教师对此应予以重视。

在现实的学校教育中,有的学校教师往往不能给予学生充分表达自我的机会,甚至不让学生表达,要求学生必须和教师保持一致,学生完全处于从属的地位,教师说什么是什么,不允许学生有不同意见和想法。而有的教师虽然允许学生表达,但也不会认真听取不同的意见和见解,更不会接受和采纳学生的观点和想法。长此以往,学生就不动脑思考问题和想事情了,即使有想法,也没有说出的愿望,主体性也就丧失了。因此,学校教师要重视和尊重学生表达自我的需要,给学生表达自我的机会,重视他们表达的内容,通过学生的表达了解学生的需要、兴趣、思想、观点、见解等,对合理的应予以满足和采纳,对不合理、有偏差的则予以引导,或组织大家讨论。这不仅可以使学校教师更好地了解学生,而且也有助于培养学生的语言表达能力和创造力,充分发挥学生的主体性。

总之,学生的需要不是单一的,而是具有多维度、多层次的统一体。这些需要相互联系、相互影响,并形成一个完整的结构。但由于每个学生的需要不同,其各种需要之间的关系也就不同。此外,学生的需要是不断发展变化的,而且与社会、教育向他们提出的要求密切相关。

大家谈

1. 现代学校教师应该树立怎样的学生观?
2. 如何理解学校教育中的"以人为本"?
3. 结合实际谈谈学生还有哪些需要,学校教师应如何对待学生的这些需要?

第三节 师生关系

教师和学生是教育过程中两个最重要、最活跃的要素,他们相互作用、相互依存推动着教育过程的发展,而教师和学生的关系也是各种教育关系中最基本的关系。师生关系一直是教育学者们研究和探讨的重要问题之一。现代教育理论更强调在教育过程中把学生看做是教师的合作者,强调师生之间的平等、对话和交流,以此共同完成教育任务,实现教育目的。

一、师生关系的内涵

> **案例 5-8**
>
> **案例学习:"老师,让我来讲"**
>
> 一位教师在上小学一年级数学课,她出示一道题让学生讨论"怎么做"。
> "幼儿园大班的小朋友做红花。他们送了小班的朋友5朵以后还剩7朵。大班的小朋友做了多少朵红花?"
> 一位学生站起来说:"这道题用减法算。"
> "为什么?"
> "因为老师您说过,碰到'还剩'就用减法。"
> 这时,教师感觉到由于自己讲解时的疏漏而造成学生理解的错误。她急切地希望讲明白这道题不能用减法的道理。但是,她越着急越表达不清楚,什么"部分数""整体数"之类的概念,越发引来学生迷茫的眼光。
> 一个童稚的声音打破教室中的沉闷:"老师,我来讲——幼儿园大班的小朋友后来决定不送红花给小班了,他们把送给小班的5朵小红花拿回来,这时,拿回来的5朵,添上原来还剩的7朵,就是大班小朋友所做的红花。所以要用加法算。"
> 老师长长地舒了一口气,用赞许的目光深情地看着这位学生。
> ——摘自:周小山.教师教学究竟靠什么——谈新课程的教学观[M].北京:北京大学出版社,2003.

问题

这个案例反映了师生关系中的哪种关系?这样的师生关系发挥了怎样的作用?通过这个案例你对师生关系的内涵有怎样的认识?

教师和学生是教育活动的两大主体,教育活动要顺利进行,必须处理好教师和学生的关系。而要处理好师生关系,首先要明确什么是师生关系,教师和学生在师生关系中处于什么地位,师生关系对教育有何作用。

(一)师生关系概念

教师和学生是教育活动的主要承担者,他们在教育过程中各自都是作为独立的人而存在着,他们具有充分的自主权和平等参与权及表达意见的权利,所以师生关系应是一种"人—人"关系。而教师和学生在教育过程中身处不同的位置,他们具有各自的社会角色,履行不同的职责,人们对他们也有着不同的期待和要求,因此,他们之间的关系又是处在一定的教育结构中的一种特殊的社会人际关系。但真正把教师和学生联系在一起的是在学校这个特殊的环境中,他们要共同完成教育的任务,实现教育的目的,这就需要双方同心协力,相互合作。

由此可见,师生关系是指在教育过程中教师和学生为完成教育任务、实现教育目的进行相互交往而形成和表现出来的师生之间的关系。它是一种特殊的社会关系,也是人际关系在教育领域中最基本、最主要的反映。师生关系是维系教育活动必不可少的基本要素。因为学校的一切教育活动都是在教师和学生这两个最活跃的要素的交互作用中开展和进行,并取得一定结果的。所以,师生之间的关系如何,直接影响着教育工作的效果。

(二)师生关系的认识

1. 教师和学生在师生关系中的地位

在师生关系中,教师和学生处于什么样的地位,是历来许多教育学者探讨和争论的理论问题,这也说明师生关系问题是一个十分复杂的问题。关于这个问题主要有以下几种观点。

(1)单一主体论

单一主体论是一种传统的观点。指过分强调某一方的主体地位,而忽视甚至是无视另一方的作用。包括教师主体论和学生主体论。这两种观点长期进行争论,此消彼长。

教师主体论强调师道尊严的不平等的师生关系,强调教师在教育过程中的权威地位,强调教师对学生学习活动的控制,学生绝对服从教师,是听而不问、信而不疑。在这种师生关系中,教师和学生是以主—客体对立而存在,教师是权威,学生完全处于被动地位,导致学生的主动性、积极性不能得到发挥,也不利于师生之间的有效沟通。"教师中心论"就是这一观点的体现。

学生主体论则强调学生在教育过程中的中心地位,强调学生的自主和自动,认为学生是教育活动发展的决定因素。在这种师生关系中,学生始终处于中心和主体地位,一切教育活动皆因学生而展开,将教师置于辅助地位,只是为学生提供指导。"学生中心论"就是这一观点的体现。

(2)双主体论

20世纪80年代我国教育理论界试图调整和平衡师生关系,既强调教师主导作用,又强调学生主体地位,提出了"双主体论"的观点。"双主体论"认为教师作为知识的先知者,教育的组织者、领导者,社会的代言人,他们掌握着教育活动的方向,决定着教育内容和教育方法,学生是在教师的指导下学习科学文化知识,促进身心全面发展,教师要对教育的效果和质量负责,从这个意义上讲,教师处于主体地位,起主导作用。但作为教育对象的学生本身是有意识、有思想、有主观能动性的个体,他们接受教师的影响是有选择的,是经过大脑的思维和内部矛盾斗争后选择性接受的,从这个意义上说,学生又是学习和自我发展的主体。而教师的主导作用就在于调动学生学习的积极性和主动性,发挥学生的主观能动性。因此,没有学生的主体地位,也就谈不上教师的主导作用,二者是相辅相成的。这里教师和学生的关系是主体与主体的关系,二者是平行的双主体。

(3)复合主体论

20世纪90年代初,叶澜提出复合主体论。叶澜认为教师和学生是教育活动的复合主体。因为教师和学生是教育活动中两个最活跃的因素,他们之间存在着十分复杂的关系,不仅师生的地位有一定的相对性,而且虽然师生在教育活动中承担的任务不同,但相对于教育活动的其他因素,如教育内容,他们又都处于主体地位。就他们的关系来说,"又互为主客体,互为存在的条件。而就每方面来说,在教育过程中,从不同的角度看,各自同时是这一活动的主体,又是另一活动的客体"[①]。另外,教师和学生的活动是密切联系、相互影响、共时交织或前后相干的,因此教师和学生应是教育活动的复合主体。

(4) 师生关系的主体间性

近年来,师生关系的主体间性引起了人们的热议。主体间性又叫交互主体性。这一概念最早是由现象学家胡塞尔提出的。他坚持主体的多数性,认为交互主体性是人与人之间理解、沟通和交往的前提。胡塞尔的交互主体性使主体多元化,为主体之间的交互作用提供了一个平等对话的基础,并认为主体之间存在着认识的共同性和共通性。哈贝马斯的交往行动理论认为主体间性就是主体间的平等的、合理的交互关系或相互作用。主体间性包括在交往过程中多个主体间即两个或两个以上的主体如何对同一事物达到相同理解。海德格尔认为主体间性是双方或多方互为主体,主体间通过对话和交流达成相互理解,实现彼此对同一对象的认同。

教育中的教师和学生可以看做是一种主体间性的存在关系。在教育过程中,教师是主体,学生也是主体,教育内容是促进学生发展的中介。这里,教师和学生不再是主体—客体的关系,而是相互交流、相互对话和相互理解的交往关系,即教师与学生之间以教育内容为中介进行交往活动,通过对话和交流,达到对教育内容的相同理解。这种全新的交往观反映了师生关系的多重主体性和交互主体性,实质上体现了师生主体间的关系,即教师和学生都是教育活动的主体,并且通过这种主体与主体间的教育活动促进教师的发展、学生的发展和师生关系的和谐发展。同时,正是师生之间这种主体间性的体现,教育才能成为一种合作、互动的交往过程。

另外,主体间性体现了师生之间的关系既不是主体—客体关系,也不是人—物的关系,而是"我—你"的"人—人"的平等关系。在"我—你"关系中,师生双方都作为整体的、独特的个人而存在和交往,在相互对话与理解中接纳对方,这种关系强调师生之间真正的平等、坦诚、信任、理解。教师只有把教育活动建立在平等理解的相互交往的基础上,体会到学生作为发展中的主体的独特个性,并且信任学生,尊重学生,才能使教育真正进入人的精神世界,才能使学生获得全面和谐的发展。这种"我—你"关系的核心是把教师和学生看成是真正意义上的平等的人。

总之,教师和学生在师生关系中的地位绝不是二元对立的,应体现一种超越主体性的主体间性关系。

2. 师生关系的主要表现

(1) 工作关系

工作关系是教师和学生在教育过程中以教和学为中介,共同完成一定的教育任务而结成的合作关系,它是不以教师和学生的主观态度为转移的客观存在。师生之间良好的工作关系表现为教育活动中教师的要求和学生的努力协调一致。这种关系直接影响到教育的效率,有助于教师和学生顺利完成教育教学任务和学习任务。建立教与学活动中良好的工作关系,主要取决于教师的教育水平。

(2) 组织关系

教师和学生在教育过程中各自处于不同的位置,履行不同的职责,这就从组织和制度上决定了师生之间的关系是一种组织关系。师生之间良好的组织关系的建立是基于教师和学生双方协调一致的

[①] 叶澜著.教育概论[M].北京:人民教育出版社,1999:12.

配合和严密的组织制度。在师生良好的组织关系中,教师是教育活动的组织者、引导者,学生在教师的指导下在各种教育活动中发展。而学生在教育活动中既要服从教师的指导,又应表现出独立自主的主体性和人格尊严。

(3) 道德关系

在教育活动中,教师和学生都必须遵守一定的道德行为规范和行为准则,这就体现了师生之间的道德关系。这种关系是靠责任感、义务感来维持和巩固的。当师生之间出现矛盾时,主要依靠教师的职业道德和自身的行为表现,通过启发疏导,调节、控制矛盾发展的方向,防止矛盾激化。而师生良好的道德关系,一方面表现为教师要遵守职业道德,对学生充满爱心,另一方面学生也应当遵守自己的行为准则,以调节自身的行为,尊重教师。

(4) 心理关系

在教育过程中,始终存在着师生之间的心理交往和交流,主要包括认知因素和情感因素两方面。首先,师生之间的心理关系是建立在认知基础上的。教师对学生的认识不能停留在表面,要透过现象看到本质,真正认识和了解学生。而学生通过与教师的交往,也会对教师做出自己的评价。因此,需要加强师生之间的交往以增进相互的了解和认知。其次,心理关系的另一方面是师生之间的情感关系。教师和学生的情感关系是互动的,教师的情感会影响学生的情感,而学生的情感也会影响教师的情感。因此,教师要具有良好的情感品质,它不仅是推动教师积极工作,在工作中有所创造和有所成就的动力,而且对学生起着直接的感染作用。总之,如果师生之间形成肯定的认知关系,就会产生移情体验,有健康的情感关系,必会产生交往的愿望,调节双方的行为,达到相互理解、和谐融洽、亲近依恋。

(三) 师生关系的教育作用

1. 师生关系影响着教育教学任务的完成

师生关系如何对教育教学的进行和任务的完成有着巨大的影响。有的教师虽然知识渊博,也有对教材的分析、讲授能力,却不善于与学生建立真诚合作的关系,结果使教和学的关系难以协调,甚至产生对立的情绪,导致教育教学任务难以完成,教育目的难以实现。如有的学生由于对教师反感,不仅不接受教师的教育和指导,而且会故意刁难教师,扰乱课堂,使教学无法正常进行。而良好的师生关系有利于调动师生双方的积极性、主动性和创造性。一方面可以增强学生的学习动机,使学生积极参与到教育过程中来,主动思考,积极探究,努力学习。另一方面也唤醒教师的工作热情和责任感,激发教师的效能感,使教师更加努力工作,不断提高自身的业务水平、教学能力和工作效率。只有师生之间融洽合作,才能保证教育教学活动有效地进行和教育教学任务的顺利完成。

2. 师生关系影响着学生人格的形成

师生关系是学生学校生活环境的组成部分之一,师生关系的好坏关系到学生人格的形成。不良的师生关系只能在学生身上形成不良的人格特征,影响他们学校生活的质量。而良好的师生关系不仅是顺利完成教育教学任务的必要手段,而且是学生健全人格形成的重要条件。因为良好的师生关系是教师和学生既作为独立的完整的人,又作为合作者所形成的平等、合作、交流的和谐友好关系。这种互动交往创设了教师与学生相互激发、共同发展的教育环境。学生在教育交往中体验到尊重、友爱、平等,同时发挥着潜能,实现着自我价值,并形成健全的人格。

3. 师生关系影响着学生的心理健康

师生关系是一种特殊的交往关系,如果教师和学生在交往中发生矛盾和冲突,就会导致师生关系紧张,这种紧张的师生关系会使学生产生心理压力,心情郁闷,长此以往可能会引发心理问题甚至心理疾病。相反,良好的师生关系有利于形成轻松愉快的和生动活泼的教育教学氛围,使学生有一个良好的心境,心情愉悦地学习,这样不仅能提高学习效率,而且能减轻心理压力和疲劳感,保证学生心理健康发展。

二、和谐师生关系的建立

> **案例 5-9**
>
> **以平等、宽容的态度激起学生的探究热情**
>
> 一次,上海特级教师于漪做公开课,学习《宇宙里有些什么》。她让学生看书、提问题。这时,一个学生站起来问:"课文中有这样一句话:'这些恒星系大都有一千万万颗以上的恒星。'这里的'万万'是多少?"话音刚落,全班学生都笑了。问问题的学生很后悔,责怪自己怎么问了一个这么蠢的问题,谁不知道"万万"是"亿"呢?没等老师让坐下,就灰溜溜地坐下去,深深地埋下了头,懊悔自己不该给老师的公开课添这样的麻烦。
>
> 于老师笑着说:"这个问题不用回答,可能大家都知道了。可是我要问:既然'万万'是'亿',作者为什么不用一个字'亿',反而用两个字'万万'呢?谁能解释?"
>
> 教室里静了下来,学生们都在思考。
>
> 于老师的学生毕竟是养之有素的,随即便有人举手。于老师叫了一个学生站起来回答。学生说:"我也不太懂,不过我想说说看。我觉得用'万万'读着顺口,还有,好像'万万'比'亿'多。"于老师说:"讲得非常好,别的同学还想说什么吗?"当于老师确认没有不同看法后总结说:"通过'万万'的讨论,我们了解到汉字重叠的修辞作用,它不但读起来响亮,而且增强了表现力。那么,同学们想一想,我们今天这个知识是怎样获得的呢?"全班学生不约而同地将视线集中到刚才发问的学生身上。这个学生如释重负,先前那种羞愧、自责心理一扫而光,仿佛自己一下子又聪明了许多。
>
> ——摘自:周小山.教师教学究竟靠什么——谈新课程的教学观[M].北京:北京大学出版社,2003.

从上面的案例中你能总结出于老师的做法体现了怎样的师生关系特点吗?于老师这么做符合和谐师生关系建构的哪些要求?这件事情之后学生和于老师之间的关系又会怎样呢?

和谐的师生关系是高效进行教育工作的前提条件。师生关系和谐与否直接影响着教育的质量和效率。因此,教师必须明确和谐师生关系的特点,了解影响师生关系的因素,进而采取有效措施,使师生关系向良性方向发展。

(一) 和谐师生关系的基本特征

1. 平等合作

平等合作体现了教师和学生在教育过程中相互尊重彼此的人格和权利,平等对话和沟通,共同参与、共同分享、共同发展。这说明教师和学生之间的关系不再是主客二元分离的相互对立的状态,而是一种交互主体性关系,即主体间性。这也是新课改所倡导的建立一种民主平等合作、对话理解的师生关系,即"我"与"你"的对话关系。"我—你"关系就是一种"我们"的存在,"我们"是平等的,是对权力的一种消解。在这种关系中教师不再是权威、不再是教学活动的控制者、不再是知识的灌输者,而是"教学共同体"中与学生平等的一员,但他是"平等中的首席",发挥着对学生进行指导和引领的作用。学生也不再是被动的接受者,他们作为独立主体的人,是教学活动的主动参加者和合作者,并且他们也有正确表达自己的思想和观点的权利,可以主动自由地表达。总之,在教育过程中师生之间通过平等的对话、感情的交流和思想的碰撞,达成相互理解,共同体验和分享教育中的欢乐、成功,最终实现师生的共同发展。

2. 相互依存

相互依存是教师和学生在教育过程中虽然彼此处于不同的位置和承担不同的职责、任务,但二者并不是孤立存在的,他们各以对方的存在为条件。教师不仅要履行引导和指导学生学习、发展的职责,还要尊重学生的主体性和独立人格。学生既要听从教师的指导,也要发挥其主观能动作用。简言之,在教育过程中,教师要完成"教"的任务,学生要完成"学"的任务。教师"教"的任务完成的情况取决于学生"学"的情况,学生"学"的任务的完成有赖于教师"教"的引导和帮助。这种相互依存性使得教师与学生在相互配合、相互理解中保证了教育活动顺利进行,并各自获得成就感和价值的体现。

3. 尊师爱生

尊师爱生是和谐师生关系的重要特征。学生要尊敬教师,这里的尊敬也包含了对教师的爱。学生尊敬教师,才会"亲其师,信其道",主动地接受教师的教育。教师要尊重学生,尊重学生是教师热爱学生的具体体现。教师热爱学生、尊重学生,就会赢得学生的尊敬和爱戴,这能进一步激发教师工作的热情,更加积极地投身教育工作,为学生作出无私的奉献。可见,尊师爱生也就是师生之间要互尊互爱。只有这样,教师才能与学生形成良好的关系,才能更好地发挥其教育功能。

4. 心理相容

心理相容是教师和学生在心理上彼此协调一致,并相互理解、相互接纳、相互信任、相互支持。教师和学生之间虽然文化水平不同,但他们的目标是一致的,是通过教育活动完成共同的教育任务。在教育活动中教师和学生彼此不断加深认识和了解,并相互认同和接纳,彼此产生积极的情感体验,建立起亲密和谐的师生关系。师生心理相容度高,会使学生在心理上趋向教师,模仿教师的行为和接受教师的指导,可以唤起学生的学习热情,积极主动地投入教育活动中,并主动亲近教师。教师也会更加觉得学生的可爱,并能从工作中获得满足感和幸福感。总之,心理相容会使教师和学生之间形成一种融洽的氛围,这必将推动和谐师生关系的进一步发展,并促使教育任务顺利完成。

(二) 和谐师生关系的构建

建立和谐的师生关系需要教师和学生的共同努力,但教师是教育活动的组织者、指导者,是师生关系建立与发展的主导方。因此,和谐师生关系建立的关键在于教师。

1. 构建和谐师生关系的策略

(1) 教师要与学生平等合作,加强对话与交流

苏霍姆林斯基曾指出:"课堂上一切困惑和失败的根子,绝大多数场合下都在于教师忘却了:上课,这是教师和儿童共同的劳动,这种劳动的成功,首先是由师生关系决定的。"教师要树立平等的意识,认识到学生是与其共同完成教育任务的合作者,而不是被动的接受者。教师必须放弃传统的"师道尊严",放弃权威的态度,建立以对话为纽带的师生主体间性,即"我—你"的平等关系。师生之间通过对话,不仅达到思想、经验、态度、情感等的交换、融通、碰撞,而且师生共同营造一种愉悦的、共享的教育氛围,在这种氛围中师生达到教学相长、共同发展。总之,教师要与学生"主体间"进行对话,并更

多地去倾听学生说话,通过倾听学生的声音达到师生间的真正交流,进而增加师生间的平等和相互合作的意识,也使得主体间的关系更加稳固和谐。

(2)教师要热爱与尊重学生,对学生一视同仁

教师要有爱心,因为"没有爱就没有教育"。教师要关心、爱护、理解学生,要善于发现学生身上的闪光点,并给予表扬和鼓励。教师要尊重、信任学生,要尊重学生的人格,保护学生的自尊心,维护学生的合法权益;教师要尊重学生的个性,认同、接受学生的差异性;要尊重学生的思想、感受、情绪、态度等,防止其自主性受到忽视,独立意识受到阻碍;要相信学生,并对每一个学生都充满期待。教师要公正平等地对待每一个学生,做到对学生一视同仁,使学生心悦诚服。教师的爱也并不是无原则地迁就和溺爱,它是和严格要求相结合的,如果一个教师对学生的品行不闻不问,放任自流,那绝不是对学生真正的"爱",但要做到"严"而有"度"。只有这样,学生才会感受到教师真诚的爱,自然就会亲近教师,建立起更为密切的师生关系。

(3)教师要加强与学生的交往,建立师生情义

师生和谐关系的形成并非一蹴而就,它是有一个过程的。师生刚接触时彼此比较生疏,学生对教师也会有敬畏之心。随着接触的增加,学生感受到教师的亲切和善、平易近人,关系慢慢变得亲近。师生交往的时间越长、次数越多、范围越广,越有利于和谐师生关系的建立。因此,教师必须经常和学生交往,加强与学生的沟通,了解学生的内心世界,并与他们保持情感上的交流,激发心灵之间的碰撞,以此拉近师生之间的距离,使得彼此敞开自己的心扉,无所不谈,坦诚相见,并相互包容,达成共识,进而实现知识、智慧、情感、人生感悟等的共享。师生交往的过程就是了解学生的兴趣、爱好、需要、思想、观念、感受的过程,了解之后教师能设身处地为学生着想,通过移情以求得与学生心理上的相通。教师能对学生表示出同情、理解并加以引导,就可以增进师生之间的感情联系,缩短师生之间的心理距离,就会密切师生关系。因此,教师只有加强与学生的交往,师生之间无拘无束地流露真实思想,自由地面对面地进行较为深入的沟通,使师生关系充满浓厚的情感色彩,教师就能获得学生的信任、尊重和爱戴,学生也愿意亲近教师,并把教师当做知心朋友,从而密切师生间的情义。

(4)教师要提高自身的整体素质,完善人格

教师的师德修养、知识能力、教育态度、个性心理品质等无不对学生发生深刻影响。教师要使师生关系和谐,就必须具有崇高的理想、科学的世界观和人生观、优良的职业道德、正确的教育思想和理念、丰富的专业知识、多方面的教育能力、严谨的治学态度和良好的心理品质。为此,教师必须加强学习和研究,努力提高自身素质和教育教学水平,使自己更加智慧,具有多方面的兴趣和积极向上的人生态度,养成耐心、豁达、宽容、理解等个性心理品质,不断完善人格,在学生中树立一个良好的形象。教师的人格魅力和良好形象对学生具有极大的感染力和影响力,它更能吸引学生的眼球,会引起学生内心由衷的崇敬和向往心理,学生渴望与这样的教师一起工作和学习,他们是学生的良师益友。因此,教师要善于用自己高尚的品德和渊博的知识去影响学生,用自己人格的力量去感化学生,从而建立起亲密友好的师生关系。

2. 构建和谐师生关系的准则

(1)教师不能剥夺学生的话语权

话语权也就是说话权。学生是教育的主体,作为主体就有说话的权利,教师不能予以剥夺。首先,教师不能以权威自居,不能要求学生的观点必须和自己保持一致,要允许学生表达并持有不同的意见和观点。其次,教师对学生的表达也不要急于做出评价,要使学生勇于发表自己的想法和见解,即使有时学生的观点或想法可能不太合理或者是错误的,但也要尽可能让学生把话说完,之后再进行

引导。如果教师不愿倾听学生的声音,或者过早对学生进行评价,就会使学生心有余悸而不能轻松思考和表达,甚至学生也不愿再表达,这样师生关系也会疏远。

(2) 教师不能伤害学生的自尊

学生也是人,人是有尊严的,教师不能讽刺挖苦学生,更不能体罚或变相体罚学生,即使学生犯了错误,也要以教育疏导为主,因为学生的自尊心是非常脆弱的,一旦被伤害就很难弥补,还有可能会影响学生的一生,而且这种伤害也会使师生关系变得紧张甚至对立。另外,教师不能在情绪激动或愤怒的时候惩罚学生,这时教师的言行容易过激或出现偏差,更会伤害到学生。

(3) 教师不能伤害师生间的感情

学生具有"向师性",他们爱戴和尊敬教师,如见到老师会亲切地喊一声"老师好";老师生病了,他们会关心和慰问;新年或教师节到了,他们会把自己亲手制作的或精心挑选的贺卡送给老师。可见,学生对老师的感情是真诚的,教师要珍惜这种感情,千万不能伤害了师生间的这份情义。如果教师不经意间伤害了这份感情,就如同在师生之间筑起了一道墙,人为地割断了师生之间感情的纽带,其结果只能导致师生关系的冷漠。

(4) 教师不能排斥和指责学生的个性

每个学生都是一个独立的个体,他们都有自己的个性。教师要承认学生个性的存在并了解和尊重每个学生的个性。即使学生真的有错,也要从学生的个性特点出发,晓之以理,动之以情,学生才会乐意接受。教师不能以自己的好恶来评判学生个性的好坏,更不能盲目地拒斥、横加指责学生的个性,如果这样,学生的个性会被压制,得不到张扬和发展,培养出的学生就会千人一面,而且师生之间也容易发生冲突。

大家谈

1. 教师节到了,学生们送给老师的礼品堆满讲台桌,若你是这位老师,你会对学生说什么?你又会怎样处理这些礼品?为什么?你的做法将对师生关系产生怎样的影响?
2. 结合实际谈谈影响师生关系的因素。
3. 你认为构建和谐师生关系还有哪些策略和准则?
4. 举例说明学校教师在实际教育工作中如何构建和谐的师生关系?

课后研究

请你对某一学校的教师和学生进行访谈,了解学生都有哪些特点和需要?教师在教育过程中重视学生的哪些特点和需要?忽视了学生的哪些特点和需要?在将来的教育工作中,你将树立怎样的学生观?又将如何对待学生的需要?

请访谈前先设计好访谈提纲,访谈中做好访谈记录,访谈后结合相关文献资料写成一篇研究报告。

在线学习资源

1. 中小学教育资源站,http://www.edudown.net/
2. 教育法在线,http://edulawonline.com/

补充读物

1. 柳海民.教育原理[M].北京:高等教育出版社,2011.
2. 全国十二所重点师范大学联合编写.教育学基础(第2版)[M].北京:教育科学出版社,2008.
3. 曲振国.当代教育学[M].北京:清华大学出版社,2006.
4. 张大均,江琦.教师心理素质与专业发展[M].北京:人民教育出版社,2005.
5. 叶澜.教师角色与教师专业发展[M].北京:教育科学出版社,2008.
6. 张天宝.学生"四维"特性与现代教学活动[J].中国教育学刊,2008(8).
7. 刘万海.把表达需要的权利还给学生——与《论学生需要》作者商榷[J].全球教育展望,2006(1).
8. 谭斌.再论学生的需要:兼作对现阶段合理对待学生需要的建议[J].全球教育展望,2006(6).

第六章 学校教育的课程

学习目标

1. 理解课程的概念。
2. 了解课程的类型。
3. 把握现代课程的表现形式。
4. 掌握新课程改革的理念、目标。

内容提要

课程是对育人目标、教学内容、教学活动方式的规划和设计,是课程计划、课程标准和教科书全部内容及其实施过程的总和。课程类型是指课程的组织方式或设计课程的种类,主要包括显性与隐性课程、学科与活动课程、综合与核心课程、国家与校本课程四种分类形式。课程必须借助一定的载体才能外化和呈现。课程的载体主要有课程计划、课程标准和教科书。课程改革是以一定的理论为基础,在特定时期里调整课程,生成更为科学合理的课程所采取的各种活动方式的总和。我国从2001年起在全国范围内推进第八次基础教育课程改革,大力调整和改革基础教育课程体系。

任何教育过程都涉及"教什么"的问题,从这个意义上说,课程的问题是教育上的一个永恒的课题。随着现代课程论的发展,课程的内涵和分类不断丰富,人们对课程的认识也不断深化。课程作为实现教育目的和目标的手段或工具,是决定教育质量的重要环节;课程改革不仅是教育改革中最关键和最敏感的部分,同时也是教育改革的突破口。

第一节 学校课程的内涵

课程体现着一个国家对学校教育的具体要求,影响着学校教育的水平和人才培养的质量,要全面认识课程理论和课程改革,首先必须正确理解课程的定义。

一、学校课程的定义

案例 6-1

中国:唐朝孔颖达《诗经·小雅·小弁》中有"维护课程,必君子监之,乃依法制"。宋代朱熹《朱子全书·论学》中有"宽着期限,紧着课程""小立课程,大作工夫"等。课程的基本含义指功课及其进程。

> 西方:curriculum(课程)一词的词根源自拉丁语的动词"currere",意为"奔走,跑步",其名词意为"跑步的道路,奔走的过程或进程"。即"学习的进程",为不同学生设计的不同轨道,从而形成了一种传统的课程体系。
> "跑":课程是一个人对自己经验的重新认识。
> "道":为不同学生设计的不同轨道。

辨析中西传统课程观的异同。

在我国,"课程"一词始见于唐宋年间。在随后的明、清直到近代,课程的使用范围越来越集中于学校教育这一特定的范畴,近代以来,随着中外教育交流的日趋频繁,在翻译领域开始用"课程"来翻译英文中的"curriculum"和"course"。至此,汉语中的课程概念开始跟近代外语中的相关概念对接,实现了从传统课程概念走向近代课程概念的这种发展。①

英文的课程一词最早出现于英国教育家斯宾塞(H. Spencer)的《什么知识最有价值?》(What Knowledge is of Most Worth,1859),其所指的课程是教学科目之义。1918年,美国学者博比特(F. Bobbit)的《课程》一书出版,标志着课程作为专门研究领域的诞生,这也是教育史上第一本课程理论专著,从而为课程理论奠定了基础。课程研究由此迅速发展,人们对课程一词的认识逐步摆脱课程即为教学科目的狭隘范围,课程的概念得到广泛发展。

基于对课程认识的不同视角,产生了对课程的不同理解。目前关于课程的界定,大致有以下几种。②

(一)课程是学科内容或教材

将课程等同于学科和教材是传统的课程定义,指一个科目或所有科目,如"数学课程""高中课程"等。除了学科外,课程也被视为学科的内容或教材。这时课程可以是一本教科书、一套教科书、教科书的内容及各种教学材料等。其实,斯宾塞采用的课程也是从学科的角度来探讨知识的价值和训练的价值。在这种课程定义的指引下,导致课程的价值取向是以知识为中心的,教师最关心的是知识的传授和学生对知识的掌握,而忽视学生心智发展、情感陶冶和创造性等对学生成长有重大影响的维度。其实,学校为学生提供的学习,远远超出正式列入课程的学科范围。

(二)课程是计划

"课程是计划"的观念在20世纪50年代后逐渐受到重视。这种观点认为应当对学生的经验进行详细分析,在此基础上,加强学校对学生经验中可计划部分的规划与责任。持这种观点的学者主张严格区分课程与教学这两个概念:课程计划包含了多种要素,如目标、内容、活动、评价等;教学是课程执行的过程,是将规定的目标、内容和活动方式落实的过程。

(三)课程是目标

认为课程是目标的主张在20世纪60年代后期开始兴起并流行。泰勒(R. W. Tyler)发展了博比

---

① 石中英.公共教育学[M].北京:北京师范大学出版社,2008:142-143.
② 黄政杰.课程设计[M].台北:东华书局,1984:68-71.

特(F. Bobbitt)关于课程的观念,认为课程研究主要应该解决四个问题:一是学校应该达到哪些教育目标,二是提供哪些教育经验才能实现这些目标,三是怎样才能有效地组织这些教育经验,四是我们怎样才能确定这些目标正在得到实现。持这种观点的人认为课程是预期的,课程要对教学具有指导作用,因此课程目标要事先设计,课程编制人员的根本任务在于发现、选择和组织课程目标,课堂上各种活动和材料的选择与安排作为达成目标的手段,是教学的任务。当然教学必须依照课程的导引而展开。

(四)课程是学习经验

美国教育家杜威根据实用主义经验论,反对"课程是活动或预先决定的目的"这类观点。在他看来,手段与目的的统一过程是不可分割的部分。所谓课程,即学生的学习经验。持这一观点的人所关心的是学校或教室内实际发生了什么,重视师生交互作用所产生的结果,关注的焦点由"教"(teaching)转向了"学"(learning),由规划好的目标与内容转向学生在学校实际经验的内容和真正达到的目标。课程不再是高高在上、遥不可及的,每个学生都有自己独特的课程,教师也不再是被动接纳的容器,而是拥有创造的自由与空间的课程发展者。课程的评价也不能再固守事先规定的文件课程,而必须充分考虑实际发生的课程和学生多方面的体验与收获。

对课程的认识还可以从课程发展的不同层面上理解。研究表明,人们对课程的不同理解往往并不是观念上的问题,而是从不同的水平上认识不同层面的课程的结果。美国学者古德来德(J. I. Goodlad)归纳出五种不同的课程[①]。

第一种是理想的课程,指由一些研究机构、学术团体和课程专家提出应该开设的课程。例如现在有人提议在中学开设性教育或健康教育的课程,并从理论和实践的角度论证其必要性,就属于理想的课程。这种课程的影响取决于是否被官方采纳并实施。

第二种是正式的课程,指由教育行政部门规定的课程计划、课程标准和教科书,也就是列入学校课程表中的课程。许多人理解的就是这类课程。

第三种是领悟的课程,指任课教师所领会的课程。由于教师对正式课程会有多种理解和解释的方式,因此教师对课程"实际上是什么"或"应该是什么"的领会,与正式的课程之间会有一定的距离,从而减弱正式课程的某些预期的影响。

第四种是运作的课程,指在课堂里实际实施的课程。观察和研究表明,教师领会的课程与他们实际实施的课程之间会有一定的差距,因为教师要根据学生的反应随时进行调整。

第五种是经验的课程,指学生实际体验到的东西。因为每个学生对事物都有自己特定的理解,两个学生听同一门课,会有不同的体验或学习经验。

综上所述,每一种课程定义都反映了定义者的基本观点和取向,每一种课程定义的背后都有其成文或不成文的理论基础。根据国内外学者的最新研究成果,将课程的定义归纳为:课程是对育人目标、教学内容、教学活动方式的规划和设计,是课程计划、课程标准和教科书全部内容及其实施过程的总和。

---

① 施良方.课程理论——课程的基础、原理与问题[M].北京:教育科学出版社,1996:9.

二、学校课程的认识

案例 6-2

义务教育课程设置表

课程门类	年级								
	一	二	三	四	五	六	七	八	九
	品德与生活		品德与社会				思想品德	思想品德	思想品德
			科学				历史与社会(或选用历史、地理)		
							科学(或选用生物、物理、化学)		
	语文	语文	语文	语文	语文	语文	语文	语文	语文
	数学	数学	数学	数学	数学	数学	数学	数学	数学
		外语	外语	外语	外语	外语	外语	外语	外语
	体育	体育	体育	体育	体育	体育	体育	体育	体育
	艺术(或选择音乐、美术)								
	综合实践活动								
	地方与学校编制的课程								

试分析某年段某学期课程表与义务教育课程设置表的关系。

课程概念的表述是课程研究的成果,也是课程观的具体体现。但是,不同的课程定义并不能否认课程研究的基本事实,不同表述、不同课程观并不是面对的问题不同,而是对基本问题的观念与态度有区别。无论如何表述课程,都要面对如下基本问题。

1. 课程包含某级某类学校学生在校期间学习的全部内容。
2. 课程不限于课内所规定的各门学科,也包括课外的各项活动内容。
3. 课程规定各门学科的教学目的、任务,教育内容的要点和范围。
4. 课程规定各门学科设置的顺序和课时安排,学年编制、学周安排等。
5. 课程不限于显性的学科内容,也包含隐性的非学科经验。

近代以来,对于上述基本问题的认识分歧以及实施先后顺序的不同观点导致了对于课程的不同代表性理论,具体理论流派如下。

(一)知识中心课程论

知识中心课程论认为,知识是课程中不可或缺的要素,强调要把人类文化遗产中的最具学术性的知识作为课程内容,并且特别重视知识体系本身的逻辑程序和结构,故又称为学科结构课程论或学科中心课程论。①

这一理论流派是以斯宾塞、赫尔巴特和布鲁纳等人为重要代表,还包括巴格莱(W. C. Bagley)等要素主义者和赫钦斯(R. M. Hutchins)等永恒主义者。知识中心课程论的基本主张包括:一是强调知识的传授,特别是以间接知识的学习为重点;二是以知识的学科逻辑体系来组织编写教材;三是以掌握学科的基本知识、基本规律和基本技能为目标。这一理论流派看到了学科知识的发展价值,有利于系统地传授人类的文化科学知识,有利于学生继承和掌握人类文化遗产的精华,有利于学生掌握各门科学的原理和规律。但同时又因过分重视知识,强调学科逻辑,重视学术性而忽略了学生学习的主体性、主动性和差异性;忽视学生的学习兴趣和需要,容易导致理论和实践脱节,不能学以致用。

(二)学生中心课程论

学生中心课程论是与知识中心课程论相对立的,这种理论流派认为课程不应该关注知识,而应关注学生的兴趣、动机和需要、能力和态度。②

这一理论流派是以卢梭、杜威、罗杰斯(C. Rogers)等人为主要代表。学生中心课程论的基本主张包括:一是课程以学生作为根本出发点;二是课程应以学生的兴趣或生活为基础,以儿童的活动为中心;三是课程组织应心理学化,考虑学生的心理发展顺序以利用儿童现有的经验和能力。这一理论流派看到了知识中心课程论的不足,看到了学生在学习中的地位和作用,强调学生学习的主动性和积极性,强调从生活实际出发来设计课程,有利于培养学生解决实际问题的能力,由于突破了学科逻辑,在很大程度上拓展了课程的含义。但同时过分强调儿童个人的兴趣和经验,从而使课程设置有很大的偶然性和随机性,不能保证知识的系统性、逻辑性,难以保证教育质量。

(三)社会中心课程论

社会中心课程论把重点放在当代社会的问题、社会的主要功能、学生关心的社会现象,以及社会改造和社会活动计划改革等方面,把关注的焦点从知识与学生转向了社会。③

这一理论流派是以布拉梅尔德(T. Brameld)、弗雷雷(P. Freire)、布迪厄(Bourdieu)、阿普尔(M. W. Apple)、吉鲁(H. A. Giroux)等人为主要代表。社会中心课程论的基本主张包括:社会改造是课程的核心,课程不应该帮助学生去适应现存社会,而是要建立一种新的社会秩序和社会文化;课程的价值既不能根据学科知识本身的逻辑来判断,也不能根据学生的兴趣、需要来判断,而应该有助于学生的社会反思,唤醒学生的社会意识、社会责任和社会使命;学生是社会中的一员,应尽可能地参与到社会中去;广泛吸收不同社会群体参与到课程开发中来。这一理论流派重视课程与社会的联系,从社会现实出发,以社会需要和社会反思来设计和组织课程,可以更好地为社会服务,促进社会的健康发展;重视各门学科的综合学习,有利于学生掌握解决问题的方法。但同时由于片面强调社会需要与社会改造,忽视了制约课程的其他因素,如科学本身、学生本身的系统性及需要;忽视各门学科的系统性,不利于学生掌握各门学科的系统知识。

(四)后现代主义课程论

后现代主义课程论是基于后现代主义思潮,对大行其道的基于传统、权威和中心等为基础的现代主义课程论提出质疑的课程理论流派。根据对现代主义课程研究批判的力度、颠覆的程度,可将该流

---

① 刘志军.教育学[M].北京:高等教育出版社,2011:140.
② 刘志军.教育学[M].北京:高等教育出版社,2011:142.
③ 刘志军.教育学[M].北京:高等教育出版社,2011:143.

派分为激进性的后现代主义课程研究和建设性的后现代主义课程研究。① 前者试图通过课程来改造和重建社会秩序与社会文化,后者主要表现为以多尔(W. E. Doll)为代表的"4R"课程研究,"4R"即丰富性(richness)、循环性(recursion)、关联性(relations)和严密性(rigor)。

后现代主义课程论把知识看做是对动态、变化、开放的自我调节系统的解释,极大地丰富了知识的内涵。它把课程当做一个不断展开的动态过程,重视个体在课程实践中的体验,强调学习者通过理解和对话寻求意义、文化和社会的问题。在此基础上,后现代主义课程论强调教师与学生应不断沟通与对话来探究未知领域,有利于建立平等的师生关系,从而将学生置于主动学习、主动创造的地位。总体来看,后现代主义主义课程论是批判大于建设的理论,它本身也呈现多元化的发展趋势。但其本身缺乏切实可行的建设措施来实现它所呼唤和提倡的理念。②

大家谈

1. 简述课程的理想与课程的实施的辩证关系。
2. 美国学者古德来德(J. I. Goodlad)归纳出的五种课程是五类课程还是课程的五个阶段或五种形态?
3. 比较知识中心课程理论、学生中心课程理论、社会中心课程理论和后现代主义课程理论的异同。

第二节 学校课程的类型

课程类型是指课程的组织方式或设计课程的种类。随着课程研究的不断发展与深入,课程的分类也在不断完善。

一、学校的显性与隐性课程

案例 6-3

英国剑桥大学三一学院的"牛顿苹果树"

英国剑桥大学的三一学院前就有一棵从牛顿家乡移植而来的苹果树,这就是名垂青史的"牛顿苹果树"。据说牛顿就是在家乡的苹果树下被掉下的苹果砸到脑袋,激发了他的灵感,从而发现了"万有引力定律"。在三一学院,凡是数学考得最好的学生便有资格住进牛顿曾经住过的卧室,每天站在窗前近距离地观看这棵苹果树,从而体验这位科学巨匠的创新思维。看似一个微小的安排,却引发了许多学生的沉思和憧憬,其教育意义比教师的说教要深刻得多,影响也会深远得多。

问题

如何厘定显性课程、隐性课程中的"显性"、"隐性"之于"课程"?

---

① 刘志军.教育学[M].北京:高等教育出版社,2011:144.
② 全国十二所重点师范大学联合编写.教育学基础(第2版)[M].北京:教育科学出版社,2008:160.

根据课程的显隐程度,把课程划分为显性课程与隐性课程。

显性课程又称"正式课程""公开课程""官方课程"。是指学校教育环境中以直接明显的方式呈现的课程。这种课程一般有固定的教材,有规定的教学内容,有明确的教学目标,同时能够进行测验和评价。① 表现为学校课程方案中明确列出和专门要求的课程,是教材编订、学校施教、学生学习和考核的依据之一。

隐性课程又称"非正式课程""隐蔽课程""潜在课程""无形课程""自发课程"等,隐性课程是美国学者杰克森在1966年《教室里的生活》中正式提出来的,之后布鲁姆也在《教育学的无知》中使用了显性课程与隐性课程这一对概念,后来不断有学者展开了这方面的研究,人们日益认识到如何开发和积极利用学校的隐性课程的重要意义。隐性课程是指在学校情境中以简洁的内隐的方式呈现的课程。②

虽然隐性课程自身是隐性的,但是人们对隐性课程的把握、认识却往往是以显的、有意识的方式进行的,是人们主观地、有意识地进行探究的过程和结果。学校的隐性课程主要包括以下内容。一是观念性隐性课程。包括隐藏于显性课程之中的意识形态,学校的校风、学风,有关领导与教师的教育理念、价值观、知识观、教学风格、教学指导思想等。二是物质性隐性课程。包括学校中的建筑物、设备、景观和空间布置等。三是制度性隐性课程。包括学校的管理体制、学校组织机构、班级管理方式、班级运行方式。四是心理性隐性课程。包括学校人际关系状况、师生特有的心态、行为方式等。

显性课程与隐性课程的本质区别在于:显性课程是指有明确目标要求的、公开性的,并为所有课程主体所意识到的课程,即一般意义上的课程。而隐性课程则是在学校环境中伴随显性课程的实施与评价而产生的,可能对学习者产生实际影响而又不为某一(几个)课程主体(开发者、实施者、学习者)所意识的教育因素。③

显性课程与隐性课程的关系主要表现在以下几个方面。一是隐性课程对于某一个或某几个课程主体来说总是内隐的、无意识的;而显性课程则是以直接、明显的方式呈现的课程,它对课程的实施者和学习者来说都是有意识的。二是显性课程的实施总是伴随着隐性课程,而隐性课程也总是蕴藏在显性课程的实施与评价过程之中。三是隐性课程可以转化为显性课程。当显性课程中存在的积极或消极的隐性课程影响为更多的课程主体所意识,而有意加以控制的时候,隐性课程便转化为显性课程。④

由此可见,显性课程与隐性课程不是二元对立的,二者互动互补、相互作用,在一定的条件下,二者可以相互转化。这种互动互补、相互作用的关系,使得某些课程显性不断向隐性深层发展,学校课程的内容不断丰富。从对受教育者的影响程度来讲,隐性课程对学生身心发展的影响可能意义更加重大。隐性课程是学生思想意识形成的重要诱因,是进行道德教育的重要手段,是学生主体成长发展的重要精神食粮。可以说,不重视隐性课程的教育不是真正的教育,或者说是不全面的教育。⑤ 由此可见,积极开发隐性课程,是会形成那种"不教之教"的人文空间的。

---

① 张乐天.教育学(第2版)[M].北京:高等教育出版社,2012:188.
② 同上.
③ 全国十二所重点师范大学联合编写.教育学基础(第2版)[M].北京:教育科学出版社,2008:169.
④ 全国十二所重点师范大学联合编写.教育学基础(第2版)[M].北京:教育科学出版社,2008:169-170.
⑤ 任丽娟.关于"隐性课程"的几点思考[J].沈阳师范大学学报(社会科学版),2007(4):48.

二、学校的学科与活动课程

案例 6-4

江苏省金坛市尧塘中学 2011 学年秋季学期综合实践活动安排

时间	主要内容
9月	《低碳生活》新教材实施与教学培训 了解世界各地的低碳文化
10月	寻找学校生活中的浪费现象 分析浪费现象
11月	节约问题实践大讨论 进行"节约从我身边做起"宣传活动 开展低碳生活小组讨论,七年级开展《给大家的一封信》作文竞赛
12月	寻找身边的污染现象 分析污染现象
1月	环保问题实践大讨论 进行环保从我身边做起宣传活动

活动课程中"活动"的含义是什么?

根据课程的组织方式,把课程划分为学科课程和活动课程。

学科课程也称"分科课程",是根据不同的学科分门别类加以设计的学校课程。① 学科课程有着悠久的历史,我国古代的"六艺"和欧洲古希腊的"七艺"、"武士七艺"都可以说是最早的学科课程。"从学校产生与发展的历史来看,分科课程在所有课程的类型中,历史是最为长久的。"②事实上,它目前仍是世界上大多数国家学校中最主要的课程类型,发挥着重要的作用。

学科课程的优点主要表现在以下几方面。一是按照学科组织起来的课程,有利于教师发挥主导作用,能使学生获得系统的科学文化知识。二是通过学习按逻辑组织起来的课程,能最大限度地发展学生的智力。三是以传授知识为基础,易于组织教学,也易于进行教学评价。但是,学科课程的缺点也十分明显,体现在:一是在课程内容的组织上,过于注重逻辑系统,容易导致重记忆轻理解。二是在课程内容的实施上,容易偏重知识的传授,忽视对学生学习兴趣和能力的培养。三是过于强调学科之间的分隔,不利于学生对所学的知识进行横向的练习和综合运用。因此,为克服上述缺点,为更好地

---
① 张乐天.教育学(第2版)[M].北京:高等教育出版社,2012:186.
② 施良方.课程理论——课程的基础、原理与问题[M].北京:教育科学出版社,1996:273.

应对科学技术迅猛发展带来的学科之间的分化和融合,学科课程正在渐趋综合化,其方式有关联、融合和广域三种。

活动课程也称"儿童中心课程""经验课程",是指为指导学生获得直接经验和即时信息而设计的一系列以教育性交往为中介的学生主体活动项目及方式。① 它与学科课程相对应。这种理论认为,课程应是一系列儿童自己组织的活动,儿童通过活动学习,获得经验,培养兴趣,解决问题,锻炼能力。人们一般把19世纪末20世纪初起源于欧美的"新教育运动"和"进步教育运动"看做活动课程的最初起源,因此活动课程的历史要比学科课程晚两千余年。活动课程的主要倡导者是美国实用主义教育家杜威和克伯屈。

活动课程的优点主要表现在以下几方面。一是注重学生参与学习过程,既动手又动脑,亲身体验现实生活,获取直接经验,有利于培养动手操作能力,有利于把书本知识与学生的现实生活联系起来。二是人人参与活动,有利于培养交往和组织能力、创新精神和合作精神,增强学生的社会适应性。三是重视学生的兴趣与需要,重视学生的心理结构,因而有利于培养学生的主体性,发展个性。但是,活动课程的缺点也十分明显,体现在:一是学生获得的知识体系不系统、不完整。二是违背了教学认识规律,排除了人类积累的间接知识的系统学习,不利于高效率地传授人类的文化遗产。活动课程因其走向极端的做法曾导致了教学质量的大幅下降,这一课程类型曾一度遭到否定。近二十年来,活动课程无论在理论上还是实践中又越来越引起人们的关注。

学科课程与活动课程的关系主要表现在如下方面。一是认识内容上的相辅相成。学科课程所传递的主要是人类种族长期积淀的种族经验,是一种间接经验的学习;活动课程通过亲身实践的方式进行,学生获得的是直接经验。二是内容组织上的相辅相成。学科课程是以学科逻辑体系为基础来安排和组织的,有利于学生掌握基础知识和基本技能,但以分科的方式把世界的完整性割裂了,把学生本身的生活和认识世界的过程也给割裂了;而活动课程则强调一种综合性较强的学习,能够使学生的认识倾向、社会态度、思维方式、价值观念、行为习惯等受到锻炼和培养。三是教学组织形式上的相辅相成。班级授课制作为学科课程的主要教学组织形式,有利于教学的组织,但不利于照顾个别差异;小组活动是活动课程的主要教学组织形式,可以照顾学生的个别差异,但教学效率较低。四是过程与结果的相辅相成。学科课程多关注学习的结果,容易强化学生的被动学习,不利于学生探索精神的培养;而活动课程多注重学习的过程,容易促成学生的主动学习,但所获得的结论可能不是最佳的,有时甚至是错误的。②

由此可见,虽然活动课程和学科课程是相互对立的两种课程形态,但事实上二者之间的优缺点具有明显的互补性,可以起到相辅相成的作用,学科课程和活动课程二者不断融合已成为一个趋势。近年来,在许多国家,学科教学、课堂学习越来越多地与体验及活动学习融合在一起,学科课程活动化已成为共同趋势。

---

① 张乐天.教育学(第2版)[M].北京:高等教育出版社,2012:186.
② 李臣.活动课程研究[M].北京:教育科学出版社,1998:70-72.

三、学校的综合与核心课程

案例 6-5

美国 FOSS[①] 课程

年级	生命科学	物质科学与技术	地球与宇宙科学	思维过程
6—8	人的大脑和感觉器官 人口和生态系统 生命多样性	电子学 化学反应 力和运动	行星科学 地球历史 天气和水	推断 相关 组织 比较 交流 观察

年级	生命科学	物质科学	地球科学	科学推理与技术	思维过程
5—6	食物与营养 环境	杠杆与滑轮 混合物和溶液	太阳能 地形	模型与设计 变量	相关 组织 比较 交流 观察
3—4	人体 生命的结构	磁和电 声学	水 地球物质	想象与发明 测量	高级组织 比较 交流 观察

年级	生命科学	物质科学	地球科学	思维过程
1—2	新植物 昆虫	固体和液体 平衡和运动	空气和气候 卵石、沙和淤泥	开始组织 比较 交流 观察

年级	生命科学	物质科学	思维过程
K	树 两两成对的动物	木材 纸 纺织物	比较 交流 观察

[①] FOSS 是"Full Option Science System"(充分选择自由的科学系统)的缩写形式。它是在美国国家科学基金会(简称 NSF)支持下,由 Lawrence 基金会(简称 LHS)开发的一个初级科学课程项目。该项目以多感觉学习和儿童是怎样思维的学习理论为指导。它结合了过去一些成功的研究成果,例如,动手探究和现代的一些科学方法(如多感官观察和合作学习等)。

综合课程中的"综合"的含义是什么?

综合课程又称"广域课程""统合课程""合成课程""整合课程",其根本目的是克服学科课程分科过细的缺点。它采取合并相关学科的办法,减少教学科目,把几门学科的教学内容组织在一门综合学科之中,以认识论、方法论、心理学、教育学等学科为理论基础。[①] 例如我国小学的"自然"就是包含了天文、物理、化学、生物等学科知识的一门综合课程。

综合课程的价值在于以下几点。第一,综合课程可以发挥学习者的迁移能力。通过综合课程的学习,学生常常会把某一学科领域的概念、原理和方法运用到其他学科领域。这样不同学科的相关内容就会互相强化,学习效果得到加强。同时,通过综合课程的学习,学生能够更加充分地理解和把握各门学科的要领、原理和方法之间的异同,在更大程度上体验人类知识的综合性,并在学习中主动形成正迁移,运用所掌握的某种知识技能促进其他知识技能的学习。第二,综合课程的学习,不仅是科学发展、学习方法的需要,而且也是学生未来就业的需要。促进学习者学会综合运用不同学科的知识,来获得成功。所以,综合课程论者认为,设置综合课程是现代科学向协同化和综合化发展的趋势以及客观世界的有机统一性的必然要求。综合课程一般有两种形式:一种是把具有内在联系的不同学科的内容糅合在一起而形成一门新的学科,称为融合课程;另一种形式是合并数门相邻学科的内容而形成的广域课程。

综合课程的优点是比较容易贴近社会现实,结合实际生活,通过把多种学科的相关内容融合在一起,构成新的课程。如人口教育课、环境教育课、法制教育课、社交技能课、闲暇与生活方式课,可以涉及历史、地理、化学、生物、物理、卫生等学科。但综合课程实施过程中面临着许多困难,如:教科书的编写有一定的难度;只受单一学科培养的教师难以胜任综合课程的教学等。解决这些问题,则需要及时调整师范教育的结构,培养适合综合课程的教师。

当下,人们对于综合课程的态度不一,既有支持者也有反对者。

核心课程是指所有学生都要学习的一部分学科或学科内容,如美国的科学、数学和外语,英国的科学、数学和英语,中国的语文、数学和外语;也指对学生有直接意义的学习内容。[②] 核心课程产生于20世纪二三十年代的社会动荡时期,改造主义在其中功不可没。他们大力倡导以"社会改造"为核心来构建核心课程,打破原有的分科课程的界限。核心课程虽在第二次世界大战后运用范围颇广,但自提出后就一直有激烈的争论,至今也没有停止过。

核心课程设计的指导思想是:既不主张以学科为中心,也不主张以儿童为中心,而是主张以人类社会的基本活动为中心。这样既可以避免学科本身距离生活过远,也可以避免单凭儿童的兴趣和动机来组织课程,以致酿成概念模糊和体系混乱的后果。在形式上,通常采用由近及远、由内向外、逐步扩展的顺序呈现课程内容,并围绕一个核心组织教学内容和教学活动,社会问题课程是核心课程的重要表现形式。

核心课程的主要优点包括以下几点。第一,强调内容的统一性和实用性,以及对学生和社会的适

---

① 全国十二所重点师范大学联合编写.教育学基础(第2版)[M].北京:教育科学出版社,2008:166.
② 全国十二所重点师范大学联合编写.教育学基础(第2版)[M].北京:教育科学出版社,2008:167.

用性。因为它把各门学科的内容结合起来从属于要学习的题目,学习中强调理解问题、分析问题和解决问题的技能,所学的内容是实用的。第二,课程内容主要来自周围的社会生活和人类不断出现的问题,学生积极参与学习,具有相当强烈的内在动机。第三,通过积极的方式认识社会和改造社会。同时,核心课程也暴露出一些缺陷:第一,课程的范围和顺序没有明确的规定,学习的内容可能是凌乱的、琐碎的或肤浅的。第二,学习单元可能被搞得支离破碎,知识的逻辑性、系统性和统一性受到影响。第三,由于缺乏有组织的内容,文化遗产不可能得到充分体现,而且可能背离家长对课程的期望和高等院校对课程的要求。①

总之,对于综合与核心课程而言,核心课程是在综合课程的基础上,为使教育内容充分发挥其统一性,把比较价值上最为重要之一域作为中心,而其他则为周边,与中心相联系。

四、国家与校本课程

案例 6-6

福建沙县的"小吃学校"与校本课程

福建沙县被誉为"中国小吃之乡",全县有九万人在全国各地开设小吃饭馆,在上海一地就有沙县人开办的小吃店1 000多家,沙县的小吃店还在日本东京、美国纽约等地开办了分店。全县把小吃店的经营当做支柱产业,县上建立了"小吃学校",具体开设饭店的经营管理、职业道德、食品卫生、维权知识,特别是各种小吃的烹饪技术制作等课程。这些小吃学校和与之相关的课程广受欢迎,也使许多初中毕业生走上了致富之路。

问题

校本课程较之于国家课程的特点是什么?

根据课程的管理体制或权制分享,在对课程的划分中有国家课程、校本课程之别。

国家课程也称"国家统一课程",它是自上而下由中央政府负责编制、实施和评价的课程。② 国家课程集中体现了一个国家的意志,是一个国家基础教育课程计划框架中的主体部分,也是衡量一个国家基础教育质量的重要标志。

负责国家课程的课程编制中心一般具有权威性、多样性、强制性的特征。其权威性体现在来自政府赋予的职责以及法律赋予的合法性;其多样性体现在这个中心可以为整个教育系统编制课程,也可为某些地区编制课程;可以为某个或几个教育阶段编制课程,也可以为某类或几类学校编制课程,还可以为某类或几类学科编制课程。其强制性体现在,在绝大多数国家,课程编制中心负责编制的课程是强制执行的,其中包括课程标准、教材、教师用书、习题集等。

国家课程体现在官方课程文件中,如课程标准、教科书等。国家课程在全国范围内推行,基本功

① 全国十二所重点师范大学联合编写.教育学基础(第2版)[M].北京:教育科学出版社,2008:168.
② 全国十二所重点师范大学联合编写.教育学基础(第2版)[M].北京:教育科学出版社,2008:170.

能在于使学生获得基本的学校教育,培养具有一定文化素养的国民,是实现教育公平的重要手段。①

我国在基础教育阶段实行国家课程。在新一轮基础教育课程改革中推行三级课程管理体制,即国家课程、地方课程和校本课程,是我国建国以来在课程领域的重大变革。

校本课程是由学生所在学校的教师编制、实施和评价的课程,是相对于国家课程的一种课程。校本课程是由菲吕马克和麦克米伦在1973年召开的国际课程研讨会上率先提出的。主要是基于对国家课程开发策略体系的不满、全球范围内的教育民主化浪潮和教师专业自主成长的需要这三个方面的原因。

校本课程的本质体现在:在课程权利方面,学校拥有课程自主权;在课程开发主体方面,教师是课程开发的主体;在课程开发场所方面,具体学校是课程开发的场所。②

校本课程的类型有两种:一是由学校根据本校实际情况对国家课程、地方课程进行的校本化实施;二是学校在确保国家课程和地方课程有效实施的前提下,根据本校学生的合理需求,充分利用当地社区和学校的课程资源而开发出多样性的可供学生选择的课程形态。无论哪种类型的校本课程,都具有授权性、规范性、动态性和灵活性等特点。

其开发方式有合作开发和生成开发两种。在合作开发中,校际合作、专家—学校合作、研究机构—学校合作、教育机构—学校合作是主要的四种方式。生成开发则是指在课程实施过程中,由师生在具体的实践场景中通过与实有课程的互动进行的对原有课程的突破和创新而开发出来的校本课程。

校本课程的价值在于:有助于最大限度地促进每个学生的发展,有利于提高教师的专业水平,有助于提高学校的办学水平。但在当前校本课程开发过程中也面临着很多问题,如很多学校开发的课程都缺乏长远的系统规划,都是教师有什么特长就开什么样的课;校际的资源共享也重视不够。

总之,国家课程与校本课程不是孤立的,都是学校课程的有机组成部分,是以促进学生发展为共同目标的。

大家谈

1. 如何理解显性课程与隐性课程的辩证关系?
2. 如何理解学科课程与活动课程的互补关系?
3. 如何理解核心课程对于综合课程的基础地位?
4. 如何做好地方课程的开发,使之与国家课程互补?
5. 理想课程的实施为何远离了课程的理想?

第三节 学校课程的载体

课程必须借助一定的载体才能外化和呈现。课程的载体主要有课程计划、课程标准和教科书。

---

① 石中英.公共教育学[M].北京:北京师范大学出版社,2008:158.
② 同上。

一、课程计划

案例 6-7

九年义务教育"六·三"学制全日制小学、初级中学课程安排表

课程	周课时 阶段 年级	小学						初中			九年		合计
		一	二	三	四	五	六	一	二	三	小学总课时	中学总课时	
学科	思想品德	1	1	1	1	1	1				204		404
	思想政治							2	2	2		200	
	语文	10	10	9	8	7	7	6	6	5	1 734	568	2 302
	数学	4	5	5	5	5	5	5	5	5	986	500	1 486
	外语 Ⅰ							4	4			272	272
	外语 Ⅱ							4	4	4		400	400
	社会				2	2	2				204		608
	历史							2	3	2		234	
	地理							3	2			170	
	自然	1	1	1	1	2	2				272		
	物理								2	3		164	702
	化学									3		96	
	生物							3				170	
	体育	2	2	3	3	3	3	3	3	3	544	300	844
	音乐	3	3	2	2	2	2	1	1	1	476	100	576
	美术	2	2	2	2	2	2	1	1	1	408	100	508
	劳动			1	1	1	1				136		336
	劳动技术							2	2	2		200	
	周学科课时	23	24	24	25	25	25	32	33	27	4 964	3 074	8 038
活动	晨会(餐会)	每天10分钟											
	班团队活动	1	1	1	1	1	1	1	1	1	204	100	304
	体育锻炼	4	4	4	4	4	4	3	3	3	816	300	1 116
	科技文体活动												
	周活动课时	5	5	5	5	5	5	4	4	4	1 020	400	1 420
	地方安排课程	2	2	3	3	3	3			5	544	160	704
	周课时总量	30	31	32	33	33	33	36	37	36	6 528	3 634	10 162

课程计划的实质是什么？

课程计划在中华人民共和国成立前被称为学校课程标准，中华人民共和国成立后学习苏联的教育学，课程计划被称为"教学计划"，后又改为课程计划。1992年，我国对1988年的小学和初中的"教学计划"根据新的情况做了修改，更名为"课程计划"。1996年，高中的教学计划也更名为"课程计划"。①

课程计划是根据一定教育目的和一定学校的性质任务对一定学段的课程进行总体设计的课程文件。② 在我国，课程计划是由国家教育主管部门所制定的有关教学和教育工作的指导性文件。

课程计划的内容包括：① 培养目标，是对特定教育阶段的受教育者的总体要求。② 课程设置，对所涉及的教育阶段里的各个年级的课程门类、课时总数及课时比例等进行的说明。其中包括课程安排和课程设置的说明。③ 课程实施。主要涉及教材、教师、学生、教学组织等因素。④ 课程评价。⑤ 课程管理，课程计划虽然并不直接规定教学内容，但其主导思想，以及它对不同科目的时数规定和开设顺序，事实上也制约着教学内容的选择。

课程计划的呈现有三种基本形式。① 文字式。课程计划全部用文字叙述的方式呈现，这种方式易于对内在的关联进行分析，但过于啰嗦。② 表格式。课程计划全部用表格的方式来呈现，这种形式比较直观，但往往会忽略内在的关联。③ 融合式。课程计划既有文字叙述，又有表格呈现，这种方式融合了前两者的优点，又避免了它们的缺点。

 资料链接：

我国现行《全日制普通高级中学课程计划(试验修订稿)》(2000年版)③

一、培养目标

在九年义务教育基础上，普通高中教育的培养目标特别强调：

1. 热爱社会主义祖国，拥护中国共产党，了解中国历史和国情，对国家和民族具有责任感，初步形成正确的世界观、人生观和价值观。具有民主和法制精神，学习行使公民权利和履行公民义务；积极参与社会公益活动；具有自觉保护环境的意识和行为；具有集体意识和合作精神；具有参与国际活动和国际竞争的意识；具有独立生活的能力；形成健全的人格。

2. 具有适应学习化社会所需要的文化科学知识；形成独立思考、自主学习的能力；具有科学精神，形成科学态度，学会科学方法；能够利用现代信息技术手段进行学习，解决问题；进一步发展创新精神和实践能力，逐步形成适应学习化社会需要进行终身学习的能力。

3. 具有健康体魄和身心保健能力，养成自觉锻炼身体的习惯，掌握科学的锻炼方法；具有良好的

---

① 朱家存,王守恒,周兴国.教育学[M].北京:高等教育出版社,2010:183.
② 廖哲勋,等.课程新论[M].北京:教育科学出版社,2003:282.
③ 这是中华人民共和国成立以来教育部颁布的第14个课程计划。前13个分别是：(1) 1950年8月1日，教育部颁发中学暂行教学计划(草案)；(2) 1952年3月18日，教育部颁发中学教学计划(草案)；(3) 1953年7月22日，教育部颁发中学教学计划(修订草案)；(4) 1957年6月8日，教育部颁发1957—1958学年度中学教学计划；(5) 1958年3月8日，教育部颁发1958—1959学年度中学教学计划；(6) 1963年7月31日，教育部颁发全日制中小学新教学计划(草案)；(7) 1978年1月18日，教育部颁发全日制中小学教学计划试行草案；(8) 1981年4月17日，教育部颁发全日制六年制重点中学教学计划试行草案和全日制五年制中学教学计划试行草案的修订意见；(9) 1990年3月8日，国家教委印发现行普通高中教学计划的调整意见；(10) 1992年8月6日，国家教委印发九年义务教育全日制小学、初级中学课程计划(试行)；(11) 1994年7月5日，国家教委印发实行新工时制对全日制小学、初级中学课程(教学)计划进行调整的意见和实行新工时制对高中教学计划进行调整的意见；(12) 1995年4月12日，国家教委印发实行每周40小时标准工作制后调整全日制中小学课程(教学)计划的意见；(13) 1996年3月26日，教育部颁布全日制普通高中课程计划(试验)。

心理素质;形成文明健康、积极向上的生活方式。

4. 树立健康的审美观,养成健康的审美情趣,对自然美、社会美、科学美和艺术美具有一定的感受力、鉴赏力、表现力和创造力。

5. 具有与社会生活相适应的职业意识、创业精神和一定的择业能力,形成一定的劳动技能和现代生活技能,能够对自己的生活和发展做出恰当的选择。

二、课程设置

普通高中必修课设有思想政治、语文、数学、外语（英语、俄语、日语等语种）、物理、化学、生物、历史、地理、信息技术、体育与健康、艺术以及综合实践活动。选修课设有数学、物理、化学、生物、历史、地理、信息技术 7 门学科,以及地方和学校根据学生兴趣要求和发展需要所开设的课程。

（一）课程安排

1. 各学年教学时间安排

全年 52 周:教学时间 40 周;假期（包括寒暑假、节假日和农忙假）10～11 周;机动时间 1～2 周。

各学年 40 周教学时间安排:高一、高二年级每学年上课 35 周,复习考试 3 周,社会实践和劳动技术教育 2 周;第三年级上课 26 周,复习考试 12 周,社会实践和劳动技术教育 2 周。

2. 每周活动总量

每周按 5 天安排教学,周活动总量 34 课时,每课时 45 分钟。

3. 课程设置表

课　程		周课时累计*	必修、选修授课时数	总授课时数
思想政治	必修	6	192	192
语文	必修	12	384	384
数学	必修	8	280	332～384
	选修	2～4	52～104	
信息技术	必修	2	70	70～140
	选修	2	70	
物理	必修	4.5	158	158～306
	选修	5	148	
化学	必修	4.5	140	140～271
	选修	5	131	
生物	必修	3	105	105～183
	选修	3	78	
历史	必修	3	105	105～236
	选修	4.5	131	
地理	必修	3	105	105～209
	选修	4	104	
体育与健康	必修	6	192	192
艺术（音乐、美术）	必修	3	96	96

续表

课程		周课时累计*	必修、选修授课时数	总授课时数
综合实践活动	研究性学习	9	288	288
	劳动技术教育	必修	每学年一周（可集中安排，也可分散安排）	
	社区服务		一般应利用校外时间安排	
	社会实践		每学年一周（可集中安排，也可分散安排）	
地方和学校选修课		11~19	340~566	

注：*周课时累计指各学科每学年周课时之和。

（二）课程设置说明

1. 选修课是在必修课基础上，为拓宽和增强学生有关学科领域的知识和能力开设的，学校除按照国家规定开设选修课外，地方和学校为满足学生多样发展的需要也应创造条件开设灵活多样的选修课，学生可以根据个人志向、兴趣和需要自主选择修习。

2. 时事政策教育主要通过组织学生每天收听、收看广播电视时事新闻进行。

3. 国防教育、环境教育、人口教育等专题教育内容主要渗透在相关学科和活动中进行，也可利用地方和学校选修课开设专题讲座。

4. 综合实践活动是国家规定的必修课，包括研究性学习、劳动技术教育、社区服务、社会实践四部分内容。学校要从实际出发，具体安排、确定综合实践活动各部分内容和组织形式。

研究性学习以学生的自主性、探索性学习为基础，从学生生活和社会生活中选择和确定研究专题，主要以个人或小组合作的方式进行。在研究性学习中，教师是组织者、参与者和指导者。劳动技术教育主要对学生进行劳动观念和一般劳动技术能力的教育，进行现代职业意识、职业技能的培养和就业选择的指导。

社区服务主要通过学生在本社区以集体或个人形式参加各种公益活动，进行社会责任意识、助人为乐精神的教育。

社会实践主要通过军训和工农业生产劳动对学生进行国防教育、生产劳动教育。

5. 各地要根据本地实际，充分利用当地资源，积极创造条件开设职业技术类课程，可在地方和学校选修课中安排。学生可结合个人兴趣和需要选择修习。

6. 校、班、团等集体活动原则上每周1课时，可在地方和学校选修课中安排，并且要与综合实践活动的开展紧密结合。

7. 学校要根据普通高中学生的特点，组织开展丰富多彩、形式多样的社团、俱乐部、兴趣小组等课外、校外活动。

三、课程实施

课程实施主要涉及教材、教师、学生、教学组织等因素。

1. 教材是课程实施的基本依据，应体现科学性、基础性、时代性和开放性。课程实施要充分发挥和利用教材以外的课程资源。

2. 教师是课程实施的组织者、促进者，也是课程的开发者和研究者；在教学目标的设计、教学活动的组织、课程资源的选择、现代教育技术的运用等方面都应有利于每一个学生的发展；教师的教学应是富有创造性的活动。

3. 课程实施应当着眼于学生全面素质的提高，为学生健全人格的形成和态度、能力、知识诸方面的学习与发展创造条件。

  4. 倡导教学民主，建立平等的师生关系。

四、课程评价

  课程评价应以尊重学生为基本前提，以促进学生发展为根本目的。课程评价应根据普通高中教育的性质和任务，重视学生个性健康发展和人格完善，促进学生的全面发展；应根据普通高中学生的成长规律和发展需要，正确地确定评价标准和使用恰当的评价方式；积极地发挥评价结果的作用，通过评价帮助学生正确地认识自己在态度、能力、知识等方面的成就和问题，增加自尊和自信，改进学习方法，提高学习质量。

  1. 考试侧重考查学生对知识的综合理解，运用所学知识综合解决问题的能力。正确对待考试结果。

  2. 普通高中毕业会考或其他形式的毕业考试都要坚持毕业水平考试的性质。

  3. 要利用学分制管理综合实践活动。

五、课程管理

  普通高中课程实行国家、地方和学校三级管理制度。

  学校对课程的具体安排需上一级教育行政部门批准后实施。

二、课程标准

案例 6-8

我国现行课程标准的基本框架

	课程标准	教学大纲
前　言	课程性质	
	课程基本理念	
	标准设计思路	
课程目标	知识与技能	教学目的
	过程与方法	
	情感态度与价值观	
内容标准	各领域/主题/知识点的学习结果	教学内容及要求
实施建议	教学建议	教学建议
	评价建议	课时安排
	教材编写建议	教学中应注意的问题
	课程资源开发与利用建议	考核与评价
附　录	术语解释	
	案例	

问题 课程标准主要关注什么问题？

课程标准在中华人民共和国成立前称为学科课程标准，中华人民共和国成立后学习苏联改称教学大纲，后随着教学计划改为课程计划，教学大纲也改为课程标准。

"课程标准是确定学校教育一定阶段的课程水准、课程结构与课程模式的纲领性文件"[①]，对教学、教科书编写、评价等都具有指导作用。在我国，课程标准也是由国家教育主管部门组织制定并发布的，具有法律效力。

一般而言，课程计划中所列的各门学科都应有课程标准。目前，我国义务教育阶段及普通高中阶段的各科目除综合实践活动以外，都有相应的课程标准。课程标准既是教学得以进行的最根本依据，也是对教学结果进行评价的依据。

课程标准并不具体给出教学内容，但规定了教学内容的基本范围以及学生要达到的最基本的水平。课程标准是课程计划的具体化。它要根据课程计划所规定的培养目标列出更清楚明确的课程目标，为教科书的编写及教学活动的展开提供基本依据。有的课程标准还提出了教学的重点、难点和方法等建议。

课程标准的结构是多种多样的，并没有形成一个国际公认的陈述形式，但同一套课程标准的格式基本上还是一致的。这一方面有利于课程标准的严肃性，另一方面也有利于课程标准的交流，便于相关人员的理解和接受。一般来说，课程标准的结构包括前言、课程目标、内容标准、实施建议四部分，有些课程标准还有附录，对课程标准中涉及的相关问题做出说明，或者给出教学与评价的实例。

三、教科书

案例 6-9

《红灯记》入选高中语文教材

2007年9月1日起，北京市九个试点区县将使用全新的高中教材。据了解，《红灯记》《杨门女将》等京剧选段，也第一次选入高中教材。

在《北京市高中课改实验版·语文》中，记者看到吕瑞明等写的京剧《杨门女将》和阿甲、翁偶虹写的《红灯记》，被收录在了高一语文课本第三单元的古今戏剧中。这个单元还有汤显祖的《牡丹亭·惊梦》和关汉卿的《窦娥冤》。

"这应该是京剧唱词首次入选语文教材。这意味着每年都有几百万学生知道这两出戏，我们的京剧演出也可以借此推广到高中，让学生看看他们书上学的东西是如何演出来的。"中国艺术研究院一位专家说。

语文教材有关编委表示，《红灯记》《杨门女将》入选高中语文教材，标志着戏曲在知识界得到广泛的认同，同时对在当代高中生中弘扬民族戏曲艺术，进一步提升京剧在全国的影响力将产生积极的意义。

---

① 顾明远.教育大辞典(增订合编本)[M].上海：上海教育出版社，1998：893.

> 如何理解教科书的"教"与"不教之教"？

教科书是根据课程标准对学科内容进行系统阐述而形成的文本。教科书是课程标准的具体化，它的编写必须依据课程标准的要求进行。教科书是教学内容的具体体现，是教学活动得以进行的媒介。

在课程标准的指导下，有可能有多样化的教科书，即教科书可以通过选用不同的内容以不同的形式达到课程标准所规定的课程目标。当然，不同版本的教科书在内容上有相同或相似的部分。例如，小学语文要求学会的常用汉字、中学英语规定的常用单词，以及数学和物理等学科的最基本概念、原理和法则，在不同版本的教科书中都必须体现。在遵循课程标准的前提下，一个最重要的要求是准确，不能有科学上的错误。

教科书在呈现形式上不同于一般的读物，要在保证科学性的基础上，它的分量、难易程度和知识体系还必须符合学生的认知发展方式、认知结构和学习特点。教科书通常按学年或学期分册，划分单元或章节。一般来说，教科书的结构主要包括说明、目录、正文三个部分。其中：说明主要阐述教科书的编写依据、结构体系及其在教科书体系中的地位和作用，有时还包括必要的学习方法的介绍。目录是对本书的内容的索引，可以简明地告知教科书的容量、各具体部分的位置等；正文是教科书的主体部分，一般包括课文、插图、练习、拓展材料等。课文即所要具体学习的内容，是教科书的核心；插图是为了配合课文的理解和掌握而画出来的一些图画；练习是帮助学习者理解课文而进行复习、训练的材料；拓展材料主要是为学生提供一些进行横向迁移或纵向深入的阅读、练习材料。

教科书的编排通常采用直线式与螺旋式两种。直线式即一门学科的内容按一定的系统排列，后面不重复前面已经讲过的内容。直线式编排可以减少循环重复，节约时间与精力。螺旋式即一门学科内容的安排，在教学过程中反复出现，逐步扩大、加深。这种编排方式比较符合学生的认识发展规律。教材究竟采用何种方式编排，取决于学科的性质、在学科中的地位、学生年龄的特点以及学制是否分段等诸多条件。以兼采两者之长，结合运用为宜。同时，教科书的编排要文字简练、准确；篇幅详略得当。标题和结论要用不同的字体和符号标出，使之鲜明、醒目。封面、图表、插图等要美观，字体大小要适宜。装订要坚固耐用，规格大小、厚薄要合适。总之，要符合卫生学、教育学、心理学和美学的要求。

综上，课程计划、课程标准、教科书，均属我国中小学课程的具体内容和形式，它们互相联系，构成一个统一的、完整的整体。

大家谈

1. 课程计划的中心问题是什么？
2. 如何理解"课程标准既是教学得以进行的最根本依据，也是对教学结果进行评价的依据"？
3. 如何全面发挥教科书的教育意义？

第四节　我国学校课程的改革

课程改革是以一定的理论为基础，在特定时期里对课程进行调整，生成更为科学合理的课程所采取的各种活动方式的总和。① 课程改革已成为当代教育改革的焦点，也是中外许多学者探讨的热点

---

① 刘志军.教育学[M].北京：高等教育出版社，2011：145.

之一。考察多年来我国课程改革的进展,不仅有益于我国课程理论的建设,而且有助于我国当前课程改革的推进。从2001年起在全国范围内推进的第八次基础教育课程改革,大力调整和改革基础教育课程体系,已经取得了显著成效。

一、学校课程改革目标

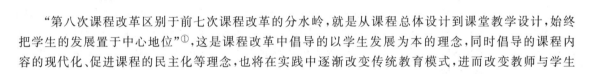

案例 6-10

一字之差,两种观念

1998年的一次省级高中教学研讨会上,本书林向与会的数十位一线教师介绍了自己的"一节课只讲授22.5分钟以内"的观点。一位老教师在会上提出这样的质疑:"请问本书林老师,我每节课45分钟拼命地讲,都无法教完高中物理的三本书,不知你是怎样用这么少的时间教完的?"本书林老师不假思索地回答说:"这位老师所提的是如何'教'完它,而我所说的是如何教学生'学'完它。"

课程改革的核心是什么?

"第八次课程改革区别于前七次课程改革的分水岭,就是从课程总体设计到课堂教学设计,始终把学生的发展置于中心地位"①,这是课程改革中倡导的以学生发展为本的理念,同时倡导的课程内容的现代化、促进课程的民主化等理念,也将在实践中逐渐改变传统教育模式,进而改变教师与学生的生命状态。

课程改革的目标包括总体目标和具体目标。

我国基础教育课程改革的总体目标如下②。

以邓小平关于"教育要面向现代化、面向世界、面向未来"和江泽民同志"三个代表"的重要思想为指导,全面贯彻党的教育方针,全面推进素质教育。

新课程的培养目标应体现时代要求,要使学生具有爱国主义、集体主义精神,热爱社会主义,继承和发扬中华民族的优秀传统和革命传统;具有社会主义民主法制意识,遵守国家法律和社会公德;逐步形成正确的世界观、人生观、价值观;具有社会责任感,努力为人民服务;具有初步的创新精神、实践能力、科学和人文素养以及环境意识;具有适应终身学习的基础知识、基本技能和方法;具有健壮的体魄和良好的心理素质,养成健康的审美情趣和生活方式,成为有理想、有道德、有文化、有纪律的一代新人。

我国基础教育课程改革的具体目标如下。③

改变课程过于注重知识传授的倾向,强调形成积极主动的学习态度,使获得基础知识与基本技能的过程同时成为学会学习和形成正确价值观的过程。

改变课程结构过于强调学科本位、科目过多和缺乏整合的现状,整体设置九年一贯的课程门类和课时比例,并设置综合课程,以适应不同地区和学生发展的需求,体现课程结构的均衡性、综合性和选择性。

---

① 钟启泉.课程的逻辑[M].上海:华东师范大学出版社,2008:29-30.
② 中华人民共和国教育部.基础教育课程改革纲要(试行)[N].中国教育报,2001-07-27,第2版.
③ 中华人民共和国教育部.基础教育课程改革纲要(试行)[M].中国教育报,2001-07-27,第2版.

改变课程内容"难、繁、偏、旧"和过于注重书本知识的现状,加强课程内容与学生生活以及现代社会和科技发展的联系,关注学生的学习兴趣和经验,精选终身学习必备的基础知识和技能。

改变课程实施过于强调接受学习、死记硬背、机械训练的现状,倡导学生主动参与、乐于探究、勤于动手,培养学生搜集和处理信息的能力、获取新知识的能力、分析和解决问题的能力以及交流与合作的能力。

改变课程评价过分强调甄别与选拔的功能,发挥评价促进学生发展、教师提高和改进教学实践的功能。

改变课程管理过于集中的状况,实行国家、地方、学校三级课程管理,增强课程对地方、学校及学生的适应性。

资料链接:

我国第一次至第七次课程改革情况

改革时间	改革情况简介
第一次 1949—1952年	教育部颁发了《中学暂行教学计划(草案)》,这是中华人民共和国成立以来第一份教学计划(1950年8月)。设置了门类齐全的学科课程,包括政治、语文、数学、自然、生物、化学、物理、历史、地理、外语、体育、音乐、美术等课程。1952年3月,教育部颁布了《中学教学计划(草案)》,同年10月,颁布了中华人民共和国成立以来第一份五年一贯制小学的小学教学计划。
第二次 1953—1957年	这四年时间中,国家共颁布了五个教学计划,其中在1953—1955年颁布的三个计划中,大幅削减了教学时数,首次在教学计划中设置劳动技术教育课。1956年国家正式发行中华人民共和国成立以来的第二套中小学教科书,这套教材理论性有所加强,特别注意了学生的动手能力的培养。
第三次 1958—1965年	这一时期是我国经济发展的重要时期,同时也是"左"倾思想影响萌芽的时期。1958年"大跃进"引发了"教育大革命",大量缩短学制,精简课程,增加劳动,注重思想教育,还出现了多种学制的改革试验。
第四次 1966—1976年	"文化大革命"的十年,整个教育领域受到重大影响,学校课程与教学经历了一场灾难。
第五次 1977—1985年	"文化大革命"结束,拨乱反正。1978年颁发《全日制十年制中小学教学计划试行草案》,统一规定全日制中小学学制十年,小学五年,中学五年。1980年出版了中华人民共和国成立以来全国统编第五套中小学教材。
第六次 1986—1991年	1986年《中华人民共和国义务教育法》出台。国家教委公布了义务教育教学计划初稿,突出了新型教育方针的具体要求,适当增加了基础学科的教学时数,在教学计划中给课外活动留出固定的足够的空间。
第七次 1992—2000年	1992年国家教委第一次将以往的"教学计划"改为"课程计划"。1993年秋,新的计划突出了以德育为首,德智体美劳五育并举的全面发展的教育方针,第一次将活动与学科并列为两类课程。后来又将"课程管理"作为课程计划中的一部分独立出来。1999年教育部的《面向21世纪教育振兴行动计划》有专门关于课程管理的规范。这一次课程改革,我国教育界掀起了国家课程、地方课程、校本课程以及活动课程、研究性学习课程研究的热潮。

二、改革内容

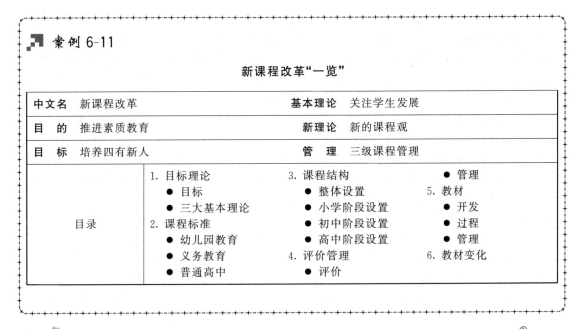

案例 6-11

新课程改革"一览"

中文名	新课程改革	基本理论	关注学生发展
目　的	推进素质教育	新理论	新的课程观
目　标	培养四有新人	管　理	三级课程管理
目录	1. 目标理论 　● 目标 　● 三大基本理论 2. 课程标准 　● 幼儿园教育 　● 义务教育 　● 普通高中	3. 课程结构 　● 整体设置 　● 小学阶段设置 　● 初中阶段设置 　● 高中阶段设置 4. 评价管理 　● 评价	● 管理 5. 教材 　● 开发 　● 过程 　● 管理 6. 教材变化

问题

如何理解课程改革的系统性？

（一）重建新的课程结构

所谓"课程结构"是指课程体系各部分的配合、组织和比例关系。①《基础教育课程改革纲要（试行）》(简称《纲要》)中对课程结构做出了明确规定："整体设置九年一贯的义务教育课程"，"小学阶段以综合课程为主"，"初中阶段设置分科与综合相结合的课程"，"高中阶段以分科课程为主"。《纲要》在课程结构的重建中强调了综合性，加强了选择性，并确保了均衡性，可以说它保证了每位学生的全面、均衡的发展，新课程体系所倡导的是一种和谐发展的教育。

重建新的课程结构主要是通过下述三方面的改革来实现的。

一是建立由分科课程、综合课程、综合实践活动构成的新课程结构。在对课程结构的重大调整中，强调课程的综合性，既注重学科内在的逻辑，也注重根据学生的经验组织教育内容，比如在初中阶段设计了理科综合课程"科学"和文科综合课程"历史与社会"，在整个义务教育阶段设计了"艺术"。将综合实践活动设为必修课，其主要内容包括：信息技术教育、研究性学习、社区服务与社会实践以及劳动技术教育，旨在加强学生创新精神和实践能力的培养，加强学校教育与社会发展的联系，改变封闭办学、脱离社会的倾向，十分有利于培养学生的社会责任感。

二是关于必修课与选修课。选修课的开设主要基于学生的兴趣与需要，占用地方、校本课程时间。其中高中的选修课的多样性和高质量是改革的重点，目的是使课程具有多样性和选择性。②

三是加强普通教育与职业技术教育的联系。《纲要》中要求"农村中学课程要为当地社会经济发

---

① 钟启泉，杨明全. 基础教育课程改革的背景与理念[J]. 河南教育，2002(1):15.
② 崔允漷. 新课程"新"在何处？——解读《基础教育课程改革纲要（试行）》[J]. 教育发展研究，2001(9):7.

展服务","试行'绿色证书'教育及其他技术培训获得'双证'的做法",对于城市普通中学,则要求"逐步开设职业技术课程"。

(二)制定新的国家课程标准

新的国家课程标准是国家对基础教育课程的基本范式和质量要求。它是教科书编写、教学、评估和考试命题的依据,也是国家管理和评价课程的基础。新的国家课程标准是我国基础教育课程发展史上一块极其重要的里程碑,它的颁布使我国中小学教育发生了极为深刻的变化,它也标志着在实施素质教育的系统工程中,全面推进与具体落实素质教育成为现实。

这次课程改革"通过制定标准的形式,从'知识与技能''过程与方法''情感态度与价值观'三个维度阐述各门课程的目标,强调每一门课程对学生终身学习与发展的价值,注重学生经验、学科知识和社会发展三方面内容的整合,遵循学生身心发展的规律,突出课程为学生发展服务的理念"①。由于国家课程标准是面向全体学生的统一要求,是人人都能达到的、能体验到成功的要求,这对减轻学生过重的心理负担和学习压力将起到良好的作用。

经过十年的实践探索,各学科课程标准得到中小学教师的广泛认同。但在课程标准执行过程中,也发现一些标准的内容、要求有待调整和完善。为贯彻落实《国家中长期教育改革发展规划纲要(2010—2020年)》,深化基础教育课程改革,教育部组织专家对义务教育各学科课程标准进行了修订,2011年12月正式颁布了新的课程标准,并于2012年秋季开始执行,新修订的课程标准涵盖小学一年级到初中三年级的所有学科,包括品德与社会、语文、数学、外语;初中科学、艺术、物理、生物、音乐、美术、体育等19个学科。其中,外语科目的课程标准还细化到英语、日语和俄语三种。②

(三)改善课程实施的过程

课程实施是课程方案或课程计划的落实,其在整个课程活动中占有非常重要的地位。多年的实践证明,课程改革是实施素质教育的核心问题和关键环节,素质教育只有深入课程教学层面,才能全面推进,取得实质性成果。如果没有教学改革,课程改革充其量也就是换了一套教材而已。因而,课程改革能否取得成功,关键是教学改革。

这一部分围绕教与学两个方面,探讨教学规范的转型,重建教、学的概念,强调学习方式的转变等问题。新课程改革认为课堂教学不只是课程传递和执行的过程,更是课程创生与开发的过程,是教师与学生交往、互动的对话过程。在这个过程中,师生在交流、对话中不断建构知识。同时,学生也不仅仅是知识的接受者,他们必须具备批判意识,敢于直面现实生活中的问题,并设法加以解决,形成发现、分析和解决问题的能力。

新课程改革大力推进信息技术在教学过程中的普遍应用,促进信息技术与教育的结合,特别是与学科课程的整合,将从根本上改变传统的教育教学模式,从技术上为学习者提供独立思考、主动学习、创新探索的广阔空间。

(四)推进课程资源的开发

"所谓课程资源的开发,实质上就是探寻一切有可能进入课程,能够与教育教学活动联系起来的资源。"③

过去,无论是课程理论,还是课程实践,很少提及"课程资源"这个概念,教学主要依靠教科书进行。新课程改革的一个显著变化,就是建立了"课程资源开发"的理念,教科书是基本的课程资源,但

---

① 崔允漷.新课程"新"在何处?——解读《基础教育课程改革纲要(试行)》[J].教育发展研究,2001(9):7.
② 张乐天.教育学(第2版)[M].北京:高等教育出版社,2012:214.
③ 徐继存,段兆兵,陈琼.论课程资源的开发与利用[M].学科教育,2002(2):1.

并非唯一的课程资源,这就要求学校积极开发并合理利用校内外各种课程资源。学校应充分发挥图书馆、实验室、专用教室及各类教学设施和实践基地的作用;广泛利用校外的图书馆、博物馆、展览馆、科技馆、工厂、农村、部队和科研院所等各种社会资源以及丰富的自然资源;积极利用并开发信息化课程资源。课程资源开发理念的出现,带来的往往是新的课程实施方式,这对传统教学将课程资源局限在教科书的思维定式是一个极大的挑战。

(五)建立发展性课程评价体系

在评价制度方面,新课程改革在素质教育思想的指导下,在课程评价观念上发生了很多根本性的变化。建立新的课程评价体系,首先要促进学生的全面发展,这就要求在评价过程中不仅要关注学生的学业成绩,而且要发现和发展学生多方面的潜能,新课程改革实行学生学业成绩与成长记录相结合的综合评级方式。学校应根据目标多元、方式多样、注重过程的评价原则,综合运用观察、交流、测验、实际操作、作品展示、自评与互评等多种方式,建立动态的"学生成长档案袋",全面反映学生的成长历程。其次要促进教师的不断提高,教师加强对自己教学行为的分析与反思,建立以教师自评为主,学校、学生、家长共同参与的评价制度,使教师从多种渠道获得信息,不断提高教学水平。最后要促进课程的不断发展,即通过周期性地对学校课程执行的情况、课程的实施中的问题进行分析评估,来调整课程内容、改进教学管理,从而形成课程创新的机制。[①]

(六)实行三级课程管理体制

所谓三级课程管理体制,就是把原先过于集中的课程决策权力分配一部分给地方和学校,使地方和学校参与课程开发,从而形成国家课程、地方课程和学校课程并行存在的局面,使课程更加适合地方和学校的具体教育教学情境。[②]

中华人民共和国成立以后,我国的课程管理制度是高度集中统一的,全国实行同一种教学计划、教学大纲和教科书,由于统得过死,造成了"千校一面,万人一书"的局面。《纲要》中明确规定"为保障和促进课程对不同地区、学校、学生的要求,实行国家、地方和学校三级课程管理",其中国家课程作为基础教育发展的重要支柱,强调基础教育的统一性,是使国民素质达到一定水平的有力保障;地方课程和学校课程则是体现了学校教育的差异性,与国家课程的统一性形成了互补。新课程体系中确立了国家、地区和学校的三级课程管理的体制,这是促进课程适应性的重大举措,标志着我国基础教育在课程权利方面进行的重要调整,允许地方和学校参与课程开发,使课程更加适合地方和学校的具体教学情境,努力实现国家、地区和学校的协调统一,推进了课程管理民主化的过程。

总之,作为我国基础教育改革的重要一环,作为实施素质教育的核心环节,课程改革已经取得了突破性进展,这次课程改革规模之大、进展之快超过了以往任何一次改革。但我们也要认识到课程改革的艰巨性、复杂性和长期性,面对着基础教育课程改革中出现的诸多不理想、不尽人意之处,要坚定信心,在深化基础教育课程改革中积极寻求化解各种问题的策略与方法,并在改革的实践中,体验、认识与洞悉改革,朝着达成目标努力,以尽快构建起具有中国特色的、现代化的素质教育课程体系。

大家谈

1. 课程改革到底要改什么?怎么改?
2. 课程改革的重点、难点是什么?
3. 第八次课程改革较之以往课程改革的最大特点是什么?

---

① 张乐天.教育学(第2版)[M].北京:高等教育出版社,2012:215-216.
② 钟启泉,杨明全.基础教育课程改革的背景与理念[J].河南教育,2002(1):15.

课后研究

试选取几所基础教育学校,对进行了十多年的第八次基础教育课程改革的成功经验与不足之处进行相关调查和分析。

调查前请先设计好调查提纲,做好相关材料的搜集,然后结合相关文献进行阐述、分析。

在线学习资源

1. 课程改革的新阶段,http://video.chaoxing.com/serie_400052470.shtml
2. 通识教育"核心课程体系"研讨会,http://video.chaoxing.com/serie_400010210.Shtml
3. 基础教育改革反思与展望,http://video.chaoxing.com/serie_400004044.shtml
4. 英国基础教育管窥,http://video.chaoxing.com/serie_400009112.shtml
5. 从"教课文"到"教语文"——语文课程改革之路径,http://video.chaoxing.com/serie_400015764.shtml
6. 义务教育教学课程标准课程,http://video.chaoxing.com/serie_1774250884.Shtml
7. 在实践中推进课程改革,http://video.chaoxing.com/serie_400004287.shtml

补充读物

1. 施良方.课程理论——课程的基础、原理与问题[M].北京:教育科学出版社,1996.
2. 教育部.基础教育课程改革纲要(试行).2001.
3. 钟启泉,等.为了中华民族的伟大复兴,为了每位学生的发展:基础教育课程改革纲要(试行)解读[M].上海:华东师范大学出版社,2001.
4. 威廉·F.派纳,等.理解课程(上下)[M].张华,等译.北京:教育科学出版社,2003.
5. 汪霞.课程研究:从现代到后现代[M].上海:上海科技教育出版社,2003.
6. 钟启泉.课程论[M].北京:教育科学出版社,2007.
7. 钟启泉.新课程改革开启中国课程发展新纪元[J].中国社会科学报,2009-09-22.

第七章　学校教育的教学

学习目标

1. 准确把握教学的概念,掌握有关教学目标的经典的分类理论以及教学目标设计的步骤。
2. 掌握教学过程的本质、要素和基本规律,理解中小学教学的基本原则。
3. 掌握中小学常用的教学方法,明确教学方法选择的依据。
4. 掌握课堂教学具体组织形式的特点及优缺点。
5. 掌握课堂教学的基本环节。
6. 理解教学设计各步骤之间的关系,明确教学设计的基本内容。

内容提要

学校教育的教学是教师教与学生学的统一活动,是学生在教师指导下,学习和掌握系统的文化科学基础知识和基本技能,促进学生全面发展的过程。教师了解和掌握教学基本理论是保证其教学科学性的基本前提。教学基本理论包括教学的内涵、教学目标、教学过程、教学原则、教学方法、教学组织形式、教学环节、教学设计等理论。

在学校教育中,所有的工作都集中在为社会培养合格人才上。因为教学工作直接作用于学生,所以教学始终处在学校教育的中心地位。学校教育质量的高低、效果的好坏最终都要通过教师教学得以实现。因此,对教学基本理论的关注是学校教育发展的内在要求。

第一节　学校教学的内涵和目标

教学的内涵是教学理论首先要关注的基本理论。人们对"教学"内涵的认识既有共识也有分歧。不同历史时期所指不尽相同,不同地域、领域和层次的使用与研究者也会有自己的理解。教学活动既可以由学校来实施,也可以由其他部门来组织。本节只讨论由学校来实施的教学,下文中出现的教学也仅指学校教学。

一、教学的内涵

案例 7-1

网上曾经报道过"一堂外国专家质疑的公开课",北京某校的一位特级教师上的语文课:

(上课前)教师侧立,望着窗外,好像在酝酿什么。就这片刻,静了,更静了,一切声音都没有了,世界静得连听课的外国专家也仿佛不存在了。

这时,教师转过身来从容说道:"现在开始上课。"

教师语言精练,没有废话。教师教态从容,板书时大家听到粉笔在黑板上行走的声音。板书非常漂亮,极有条理。教师提问,学生回答踊跃,而且答得相当有水平。

黑板上的字渐渐丰满起来,那些字大小不一。有些字,教师大笔一挥划上一个圈,或一个框,或一个大三角,看起来错落有致,鳞次栉比,像一个框架图。

整堂课,教师没有擦一下黑板,也不必学生上去擦黑板。板书上没有多余的字,写上去的就是重点,就是学生该抄到笔记本上去的。教师继续提问,学生解答仍然踊跃,仍然不乏精彩。整个教学过程非常流畅。最后教师说:"今天要讲的就讲完了,同学们回去做一做课本上的习题,巩固一下。"

铃声响了。下课。整堂课无懈可击。这是一位特级教师,他露出了笑容。学生们都很高兴。陪同外国专家听课的中方教育部门的领导也很高兴。外国专家听了却说不出话来。

"或许他们也很惊叹?等到会议室再听他们的意见吧!"中方人员想。到了会议室,中方人员虚心地请外国同行提意见。

外国同行说话了,他们说:"不理解。"

中方人员问:"为什么不理解?"

他们说:"学生们都答得很好,看起来学生们都会了,为什么还要上这堂课?"

这个问题,把中国同行都问住了。

问题

以上是教师在实施教学中的一个环节——上课,外国专家为什么要质疑这节看起来很完美的公开课呢?教学概念的含义到底是什么?教学与教育、智育、上课之间有何关系?教学的意义又是什么呢?

(一)教学概念的剖析

1. 词源学分析

在英语国家,"教"由"teach"和"instruct"表示,"学"由"learn"表示。据考证,"teach"和"learn"最早表达的是相同的意思,是同一词源派生出来的。从派生关系来看,"teach"同进行教学的中介有关,"learn"与所教的内容相联系。在后来的英文教育文献中时常能见到二者结合在一起应用的形式"teach-learn"或"teach and learn",其含义等同于我国通常所理解的同时强调教与学的"教学"。在中国古代殷商时期,甲骨文中已出现"教"与"学"二字。两字连为一词使用,最早见于《书·商书·兑命》:"斅学半。"(斅,xiao,同教)。《学记》中有"教学相长"的论述,这里的"教学"是指教师的行为,教师学了以后教人,教人对教师来说也是学,阐明了教师的"教"与"学"之间对立统一的辩证关系。《学记》里还有"建国君民,教学为先"的论述,这里的"教学"含义近似于"教育",与我们今天所讲的"课堂教学"中的"教学"的含义并不等同。真正意义上指教师的"教"和学生的"学"的"教学"一词,出现在北宋文学家欧阳修为胡瑗所作的墓表中:"……其教学之法最备,行之数年,东南之士,莫不以仁义礼乐为学。"

2. 各国学者观点

国内外对学校教学概念的探讨一直没有停止,许多学者都发表了自己的见解。根据美国教育学家史密斯(B. O. Smith)的整理,英语国家的教学(teaching)概念可以归为以下五类,如表7-1所示。

表 7-1 英语国家教学概念的主要观点

序号	界定方法	相应界定方法的教学的概念
1	对不同时期的教学作出描述(描述式)	教学是传授知识或技能
2	教与学是相互作用的关系(成功式)	教学是在各种教学要素的互动关系中获得某一学习结果的过程
3	教学导致学习(意向式)	教学是一种教师有意进行的行为,其目的在于诱使学生学习
4	教学必须遵循某些道德准则(规范式)	教学是表示类属的词,代表着一组的活动,其中训练和讲授是直系成员,灌输和条件训练是近亲,而宣传和威胁根本不是这一族的成员
5	若干命题组合而成概念(科学式)	教学将像"诊治"和"工程"在今天医学和工程学中的地位一样,不再显得那么重要

从目前我国已发表的专著、论文来看,我国对于教学概念的主要观点有以下几种,如表 7-2 所示。

表 7-2 我国教学概念的主要观点

序号	界定方法	相应界定方式的教学的概念
1	强调教学的基本方面	教学指教师传授和学生学习的共同活动
2	反映教学的本质属性	教学除了教师和学生的共同参与之外,还包括使教师的教和学生的学融为一体的中介因素,如课程内容
3	根据不同适用范围	教学可以根据广义、狭义或者操作层次、社会学层次、哲学层次等不同层面提出多种概念

3. 教学概念的含义

综合各国学者的观点,概括来说,教学是教师教与学生学的统一活动,是学生在教师指导下,学习和掌握系统的文化科学基础知识和基本技能,促进学生全面发展的过程。关于这个概念,我们需要从以下两方面理解。

(1) 教学是教与学的有机统一。这是教学概念的基本内涵。一方面,教师的教有别于学生的学。教师的教主要是一种外化过程,学生的学主要是一种内化的过程。另一方面,教师的教与学生的学是统一的。在课堂教学情境中,教师的教就意味着学生的学,学生的学也包含着教师的教,这是同一个过程。在教学情境中,不存在没有教的学,也不存在没有学的教。正如在市场中不存在没有买的卖,也不存在没有卖的买一样。正因为如此,有人认为"教学即成功",就是说如果"教"的行为未达成有效的学,那么这种"教"就不是真正意义上的教。

(2) 教学是促进学生发展的活动。这是教学的基本价值规定性。教学的立足点和归宿是培养人。教学不仅促进学生掌握系统的文化科学知识以及基本的技能,而且还教会学生学会学习,培养良好的学习意识和学习能力,了解学习过程,掌握学习方法,形成良好的学习习惯,促进学生的情感、态度、价值观等方面的和谐发展。人的发展始终是教学的核心价值追求,教学始终是为人的成长服务的。

(二) 教学与相关概念的辨析

1. 教学与教育

教学与教育既相互联系,又相互区别。教育指一切培养人的活动,就工作事务而言,它在学校中主要包括教学、管理、后勤等各项具体活动。教学主要指学校教育工作中教师教与学生学的活动,是教育实施的主要活动。两者是部分与整体的关系,教育包括教学,教学只是学校进行教育的一个基本途径。除教学外,学校还通过课外活动、生产劳动、社会活动等途径对学生进行教育。

2. 教学与智育

教学与智育也是两个既有联系又有区别的概念。智育作为与德育、体育、美育等相并列的学校教育内容,是指向受教育者传授系统的文化科学知识和技能,专门发展受教育者智力的教育活动。教学是实现智育的一条主要途径,但并不等同于智育,它还是其他各育的活动途径。除了教学,智育也可通过课外活动等途径实现。讲教学,突出它是教师和学生相互作用、现实发生着的教育活动;而讲智育,突出它是教育的一个重要方面。

3. 教学与上课

教学与上课是整体与部分的关系。上课主要是指师生共同开展的课堂教学活动。上课是教学的基本形式,但不是唯一的形式。除上课这种形式以外,教学包括备课、上课、课后辅导、检查与批改作业和考核评定学生成绩等若干环节。把教学等同于上课就窄化了教学的概念。

(三) 教学的意义

教学是一种社会实践活动,它对人类社会、学校教育和儿童个体发展都具有重要的意义。

1. 教学是完成人类知识传递和继承的中间环节,能够促进社会不断进步

人类在社会实践中产生了从事物质生产和人类自身再生产的客观需要。如何把不断积累起来的知识经验传递给下一代,并使之得以继承和发展呢?新生一代又怎样获取前人的经验呢?一般通过两种途径:一种是直接经验途径,靠新生一代直接参加各项活动去获取;一种是间接经验途径,也就是通过掌握书本知识为主的有组织的教学来实现。前者要求新一代事必躬亲,从头实践,这在生产力水平极低、知识经验非常贫乏的情况下尚属可能,但在生产力高度发展、知识浩如烟海的情况下,不仅是低效的,而且是不可能的,它只能延缓社会的发展,在今天科技飞速发展的信息社会这种做法更是不足取。获取间接经验虽然可以通过网络、电脑、电视等途径,但只有通过有目的、有计划、有组织的教学,才能更完备、更有系统、更迅速而有效地向新生一代传递社会知识文化,才能加速知识的继承和发展,既保证社会文化知识发展的连续性,又促进社会文化知识的新发展,从而推动整个社会的进步。

2. 教学是完成教育任务的基本途径,能够促进学校发挥功能

学校是专门培养人的机构。学校培养人是通过教学、课外活动、社会实践等途径完成德、智、体、美、劳等多方面的教育任务实现的。其中教学的计划性、系统性、目的性最强,所占学科领域最广,占用时间最多。通过教学,在完成智育任务的基础上,为实现各育任务都提供了必要条件。学校的其他教育途径,都是围绕、配合教学实施和展开的。一所学校的教育质量如何,主要由学校各科教学质量来决定。因此,教学是学校主要的、中心的工作,是实现学校教育目的、完成教育任务的基本途径。从一定意义上说,学校如果不以教学为主,那么就不能称其为学校,也就失去了学校独立存在的意义。

3. 教学在儿童发展中起主导作用,能够促进个体逐步完善

儿童个体的发展受遗传、环境、教育等因素的影响,其中教育的影响起着主导作用。儿童入学后,教学活动代替了幼儿期的游戏,学习成为学龄期儿童的经常性活动。教学使儿童的知、情、意、行协调发展。教学对儿童发展的作用首先表现为知。教学中教师指导儿童的学习首先是把人类的知识、经验转化为个体的知识、经验的过程。人类的经验几乎是无限的,教学根据社会和儿童的需要对人类的经验加以筛选和概括,使之构成基本的知识和技能,并转化为儿童的经验。以知为基础,儿童的情感、意志同时得到发展。总之,在教学中,儿童的身体与心理、知识与技能、情感与意志相辅相成,综合发展形成完整的人格结构,促进了个体的发展与完善。

二、教学目标

> **案例7-2**
> 一位教师设计小学语文二年级上册《山行》这首诗的教学目标:
> 1. 能正确、流利、有感情地朗读、背诵这首诗。
> 2. 理解诗的意思,感受诗歌所描绘的意境。
> 3. 发挥想象,领悟诗歌意境,用自己的语言描绘诗歌中的画面。
>
> 此教学目标在行为动词的使用上,体现出朗诵—背诵—理解—感受—领悟等不同维度要求,目标要求逐级提升。教学目标的第三条是针对学有余力的学生设计的,而对于语文学习有困难的学生来讲,能够掌握教材中最基本的知识,具备初步技能即可。

问题
教学目标分为哪几类?教学目标又如何设计呢?

教学目标是师生在教学活动中预期达到的教学结果。教学目标可以分为课程教学目标、单元教学目标和课时教学目标,它是指导、实施、评价教学的基本依据。

(一)教学目标的分类

1. 布鲁姆的教学目标分类

美国教育家布鲁姆和同事经过长期研究,将教学目标分为三个领域,即认知领域、情感领域和动作技能领域。每个领域按层次又细化为若干亚领域,所有的目标分类都是从低到高排列的。

(1)认知领域的目标

知识:指识记知识,能够识别和再现学过的知识和有关材料。如背诵或默写学过的古诗词。

理解:指掌握知识,能够抓住事物的实质,把握材料的主题和意义。如用自己的话语表述课文的主要内容。

应用:指把所学的知识应用于新情境。如根据长方形面积公式测量长方形土地面积。

分析:指能将知识进行分解,找出组成的要素,并分析其相互关系及组成原理。如划分文章意义段落,写出各意义段落的段意,并概括文章的中心思想。

综合:指把各个元素或部分组成新的整体。如能将顺序混乱的文章段落重新排列成正确的顺序。

评价:指根据一定的标准对事物给予价值的判断。如指出一篇文章的优点和不足。

(2)情感领域的目标

接受:指学习者愿意注意特殊的现象或刺激。如学生意识到班级活动的重要性,愿意参加班级活动。

反应:指学习者不仅注意到某种现象,而且主动参与,作出反应。如完成教师布置的作业、参加小组讨论、以愉悦的心情阅读。

价值判断:指学习者将特殊的对象、现象或行为与一定的价值标准联系。如欣赏文学作品,在欣赏的过程中有自己的喜好,并能表达自己喜好的原因。

价值的组织:指学习者遇到许多价值观念出现的复杂情境时,克服价值观之间的矛盾、冲突,对各种价值观加以比较,接受重要的价值观和价值标准,形成个人的价值观体系。如在个人利益与集体利益发生冲突后,学生选择以集体利益为重。

价值的个性化:指学习者通过对价值观体系的组织,逐渐形成个人的品性。如学生一直勤奋好学、在团队中总是表现出合作精神等。

(3) 动作技能领域的目标

知觉:指运用感官获得信息,了解与某动作技能相关的知识、性质、功用,以便指导动作。如学生通过听教师的讲解,看教师示范游泳动作等方式了解游泳的知识。

定势:指对稳定的活动的准备,包括心理定向、生理定向和情绪准备。如学生在运用感官获得了有关游泳的信息后,对游泳产生了信心,愿意进一步掌握游泳的技能技巧。

引导的反应:指能在教师的指导下表现有关的动作行为,包括模仿和尝试错误。如能模仿教师的动作进行学习,在教师的引导下进行试误练习,直到形成正确的动作。

机械动作:指经过一定程度的练习,学习者的反应已形成习惯,能以某种熟练和自信水平完成动作。如能正确、迅速地游泳。

复杂的行为反应:指包含复杂动作模式的熟练动作操作。操作的熟练性以准确、迅速、连贯、协调和轻松稳定为指标。如在经过了一段时间的练习之后,学生能够轻松自如地在水中进行花样游泳,并且整个动作都是连贯、迅速和准确的。

适应:指练就的动作技能具有应变能力,学习者能修正自己的动作模式以适应特殊的装置或满足具体情境的需要。如不论在游泳池中还是在湖水中,学习者都能够随着情境的变化轻松自如地进行花样游泳。

创造:指学习者在学习某动作技能的过程中形成了一种创造新的动作技能的能力,强调以高度发展的技能为基础进行创造。如在模仿了花样游泳运动员的动作后,学习者能够根据自身的特点进行个性化的动作创作。

布鲁姆的教学目标分类兼顾教学领域中认知、情感和动作技能三大层面,纠正了传统教学中偏重认知层面的失误,并且指出了每一目标领域所涵盖的具体目标。但布鲁姆的教学目标分类也存在不足,如布鲁姆等提出的各个领域目标的层次结构不尽合理等。

2. 加涅的教学目标分类

美国教育心理学家加涅提出了五种学习的结果,实际上把教学目标分为五类,即言语信息、认知策略、智力技能、动作技能和态度。

(1) 言语信息,指记忆和陈述知识的能力。如学生能正确说出几何图形的名词和定义。

(2) 认知策略,指学习者借以调节他们的注意、学习、记忆和思维等内部过程的技能。如记忆、复习的策略。

(3) 智力技能,指学习者通过学习获得了使用符号与环境相互作用的能力。如使用词语和数字这两种最基本的符号,进行阅读、写作和计算。

(4) 动作技能,包括两个部分:一是如何描述进行动作的规则,即动作的程序;二是因练习和反馈逐渐变得精确和连贯的实际肌肉运动,如能写字、唱歌、键盘操作。

(5) 态度,指通过学习形成的影响个体行为选择的内部状态。态度有三类:第一类是大部分态度,这可被看做期望达到的教育目标,如希望学生待人接物和蔼可亲;第二类是一般态度,包括对某类活动的积极偏爱,如喜欢阅读书籍;第三类是有关公民身份的,如愿意承担公民义务。

加涅的教学目标分类既有助于学习结果的测量和评价,又有利于教学设计,对研究教学目标体系有一定的参考价值。

3. 我国的三维教学目标

2001年6月,我国教育部印发《基础教育课程改革纲要(试行)》,其中明确提出"知识与技能""过程与方法""情感态度与价值观"三维教学目标。

根据布鲁姆等的教学目标分类理论,结合我国的教育教学实际,新课程将教学目标分为知识与技能,过程与方法,情感态度与价值观三个维度。三维目标在借鉴了布鲁姆认知领域、情感领域和动作技能领域的目标分类的同时,克服了布鲁姆等的教学目标分类中分类细目过于烦琐,抽象思辨过于心理学化,导致在教学过程中无法真正实施的不足。三维目标与布鲁姆的教学目标相比更为简明实用。

(1)知识与技能目标。主要包括人类生存所不可或缺的核心知识和学科基本知识;基本能力指获取、收集、处理、运用信息的能力,创新精神和实践能力,终身学习的愿望和能力。

(2)过程与方法目标。过程是指为达到教学目标而必须经历的活动程序;方法是指师生为实现教学目标和完成教学任务在共同活动中所采用的行为或操作体系,这里主要是学生的学习方法。具体包括基本的学习方式(自主学习、合作学习、探究学习)和具体的学习方式(发现式学习、小组式学习、交往式学习……)。新课程改革的目标中,增加了过程与方法这一维度,不仅重视学习行为的结果,还重视学习过程,在过程中学习,在过程中培养。

(3)情感态度与价值观目标。情感不仅指学习兴趣、学习责任,更重要的是乐观的生活态度、求实的科学态度、宽容的人生态度。价值观不仅强调个人的价值,更强调个人价值和社会价值的统一;不仅强调科学的价值,更强调科学的价值和人文价值的统一;不仅强调人类价值,更强调人类价值和自然价值的统一,从而使学生内心确立起对真善美的价值追求以及人与自然和谐和可持续发展的理念。

三维教学目标集中体现了新课程的基本理念,素质教育在学科课程中培养的基本途径,以及学生全面和谐发展、个性发展和终身发展的客观要求。三维的课程目标应是一个整体,知识与技能、过程与方法、情感态度与价值观三个方面互相联系,融为一体。在教学中,既没有离开情感态度与价值观、过程与方法的知识与技能的学习,也没有离开知识与技能的情感态度与价值观、过程与方法的学习。三维教学目标的实现,是以知识技能为载体,以过程方法为桥梁,以情感态度和价值观贯穿始终有机整合的过程。

(二)教学目标的设计

教学目标设计是对教学活动预期所要达到的结果的规划。合理的教学目标是保证教学活动顺利进行的必要条件。

1. 教学目标设计的步骤

我国教学目标系统可分为课程教学目标、单元教学目标和课时教学目标。课程教学目标是由国家教育行政部门以政策、文件、法令等形式发布的。广大教师进行得最多的是单元教学目标的设计和课时教学目标的设计,其步骤大致可分为以下几个环节。

(1)研究课程标准,分析课程内容。对学习者为达到教学目标而需学习的从属知识以及它们的相互关系进行具体的剖析,确定学习任务的重点和难点。如,研究小学数学两位数加法运算的课程标准,分析课程内容,得到以下信息:这一单元的学习是小学数学运算(整数运算、四则运算、分数运算、小数运算)的基础,学生必须能进行熟练运算。两位数的加法是整数运算中多位数加法的一种。此单元的教学必须在一位数加法的基础上进行。此单元的基本内容有四种形式,具体包括:① 个位数相加和小于10,十位数相加和小于10(如12+23=?);② 个位数相加和小于10,十位数相加和大于10(如65+71=?);③ 个位数相加和大于10,十位数相加和小于10(如34+29=?);④ 个位数相加和大于10,十位数相加和大于10(如74+49=?)。在这四种形式中,①最简单,④最难。

(2)分析学生已有的学习状态。对学习者的社会特征、学习基础等情况进行分析,以确定教学的起点。如,在小学数学两位数加法运算教学前分析学生已有的状态:① 认知方面,已经学过一位数的加法,懂得数位的概念,并能正确地指出数位;② 情感意志方面,对数学课有良好的态度,但注意力集中的时间短;③ 个别差异方面,部分学生在学习一位数加法时已经形成较强的迁移能力,学习速度较快,部分学生在学习过程中会出现障碍,大部分学生能顺利完成学习任务。

(3)确定教学目标的分类。确定教学目标主要属于哪类领域,以及其他领域的目标具体是什么。如,确定小学数学两位数加法运算教学目标的分类:该单元主要是认知领域的学习,情感领域的目标在于继续保持学生的学习兴趣,技能领域的目标是能够熟练计算两位数的加法。

(4)列出教学目标。教学目标的表述应当包含五个要素:① 行为主体,如学生、学习者;② 行为动词,如背诵、写出;③ 行为结果,如一篇论文、一道算术题;④ 完成行为的情境或条件,包括环境因素、人的因素、设备信息、时间、问题的明确性等,如在一小时考试中;⑤ 评价作品或成绩的标准,如正确率、精确度、时间等。如,列出小学数学两位数加法运算的教学目标:① 掌握两位数加法的运算步骤,能独立地进行两位数加法的运算,正确率100%;② 初步了解进位原理,给出三位数相加的例子(如123+456=?)时,学生能指出在同一数位上的数,能相加的数有几组(1和5能否相加);③ 能进行简单的只需要进一次位的三位数相加计算;④ 掌握进位原理,给出任何一个多位数都能指出正确的算法。其中① ② 是全体学生要达到的目标,能力强、有兴趣的学生可达到③ ④。

2．设计教学目标的注意事项

(1)设计思路要具有整体性。设计教学目标时注意要有整体的观念。一方面,教学目标体系作为一个整体,是由课程目标、单元目标和课时目标组成的具有递进关系的系统,设计教学目标时要使各层次具体目标纵观横联,形成一个完整和谐的系统。另一方面,设计教学目标时要注意知识与技能、过程与方法、情感态度与价值观三个维度应融为一体,保持和谐一致。

(2)设计目的是促进学生发展。教学目标设计的最主要目的就是促进学生发展。教学目标的设计既要基于学生的实际,同时又要超越学生的现有水平。学生之间存在一定的差异性,这就要求教师根据不同学生的知识结构、能力水平等个性特征,精心地设计教学目标,使教学目标具有引导每个学生发展的作用。

(3)教学目标具有可操作性。教学目标要具有一定的操作性,能够用学生外显的、具体明确的行为方式表述。教学目标的陈述不宜只使用表示心理过程的术语,如掌握、理解、领会等。教学目标必须用可观察和测量的行为动词来描述学生所形成的具体行为,表述尽量作业化,即说明学生在什么条件下会做什么,才标志着达到了某项教学目标。

(4)教学目标呈现出一定的梯度。教学目标的设计要难度适中,呈现一定的梯度,以利于发挥其激励功能。如可将教学目标分为三个层次:一是符合课程标准所提出的最低限度要求,达到合格水平的目标;二是符合课程标准所提出的各种要求,达到中等以上水平的目标;三是符合或超出课程标准所提出的最高要求,达到优秀水平的目标。

总之,教学目标的确立除了要结合学科特点和社会需求外,还要考虑教学班级的具体情况和学生的发展水平及特点。它与课程目标相比显得更加灵活、更富有实践性和操作性,是整个教育目标体系的终点和关键。

大家谈

1．从教学对于教育系统的内在固有的本体性意义和教学对于社会外在的、间接的功能性意义两个角度,谈谈你对教学意义的理解。

2. 为什么我国教育部在《基础教育课程改革纲要(试行)》中明确提出"知识与技能""过程与方法""情感态度与价值观"三维教学目标呢?

3. 有学者认为有的课堂教学目标可以是"单维",也可以是"两维",请谈谈你对此观点的看法。

4. 在教师进行三维教学目标设计时,其呈现形式有两种:一是整合呈现,比如《山行》教学目标的呈现;二是分离呈现,即将三维教学目标的知识与技能、过程与方法、情感态度与价值观分离来陈述。你认为哪种呈现形式更适当?为什么?

第二节 学校的教学过程和教学原则

教学过程,既受认识论的一般规律所制约,又是一种特殊的认识过程,具有不同于人类总体认识的显著特点。教学过程是教师促进学生身心发展的过程。在此过程中,教师只有掌握一定的教学原则,才能遵循教学规律,在教学中游刃有余。

一、教学过程

案例 7-3

"欧姆定律"的教学过程

(一) 复习导入

教师提问:(1)导体形成电流的原因是什么?(2)什么是导体中的电流?

学生:……

教师:分析上面的答案可以看出,电压对电流起促进作用,而电阻对电流起阻碍作用。那么电流强度、电压和电阻三者之间有什么关系呢?这是我们这节课要学习的知识。德国物理学家欧姆在 19 世纪初(1817—1827)任中学物理教师 10 年,在实验条件差、没有现成仪器的情况下,付出了 10 年心血,研究电流强度与电压和电阻之间的关系,得出了我们今天要学习的规律:欧姆定律。(板书课题)

(二) 通过实验演示,让学生发现规律,并巩固知识

1. 首先指导学生思考发现欧姆定律的方法

教师提问:(1) 要同时测量 I 和 U,应该用怎样的电路?(2) I、U、R 三者的关系不能同时考虑,即一次只能研究两个量的关系,怎么办?——使其中一个量固定不变。

2. 实验演示

(1) 先固定 R 不变,研究 I 与 U 的关系。取 $R=10\ \Omega$,得出如下数据:

U_R(V)	I_R(A)
2	0.2
3	0.3
4	0.4

学生分析实验数据得出结论:当电阻不变时,电流强度与电压成正比。(板书)

(2) 再固定 U 不变,研究电流强度与电阻关系。取 $U=3\ V$,得出如下数据:

$R_R(\Omega)$	$I_R(A)$
5	0.6
10	0.3
15	0.2

学生分析实验数据得出结论:当电压不变时,电流强度与电阻成反比。(板书)

教师:把上面两种情况综合起来,就是欧姆定律:$I=U/R$。公式中I、U、R的单位分别是安培、伏特和欧姆。(板书)

3. 检查新授知识的理解(学生练习)

教师提问:如果测得20欧姆的电阻两端的电压是4伏特,求通过电阻的电流强度。

学生解题:$I=U/R=4/20=0.2$安培

(三)课堂小结

教师:请同学们把这节课的内容整理在笔记本上,然后谈谈本节课你所学到的知识。同学们,还有什么问题吗?

学生:……

教师:我还有一个问题,在实验探究过程中,哪些做法引入的误差会比较大?怎样才能尽量减少误差?请同学们课后再回想一下探究过程,仔细考虑这个问题。

问题

此教学过程体现出的教学过程本质是什么?有哪几个要素参与其中?遵循了什么规律?

过程是现实世界中的事物或活动产生、发展、变化的连续性在时间和空间上的表现。恩格斯说过:"世界不是一成不变的事物的集合体,而是过程的集合体。"任何事物都是作为一个过程展开的,教学也是一个过程。教学过程是教师与学生互为主体,以课堂为主要途径展开的交往过程。

(一)教学过程的本质

黑格尔在《小逻辑》中指出:"本质主要地包含有差别的规定。"教学过程的本质就是教学过程所固有的由其内在矛盾的特殊性所规定的,使教学过程与其他非教学过程区别开来的根本属性。国内外的许多教育理论工作者都对教育过程的本质做了研究,观点可以归为以下几类,如表7-3所示。

表7-3 教学过程本质的主要观点

序号	学 说	观 点
1	特殊认识过程说	教学过程不同于人类认识的一般过程,而是学生的特殊认识过程。学生是在教师的引导下认识事物。学生所学知识大部分来自于间接经验。学生掌握的是已经经过验证的理论,避免了重复与失误
2	认识发展说	教学过程不仅是在教师引导下学生自觉地认识世界的一种特殊认识过程,而且是以此为基础促进学生身心全面发展的过程。在教学过程中,教师通过传授知识技能进而形成和发展学生的各种能力和个性品质
3	认识实践活动说	教学过程不仅是学生在教师指导下掌握人类已有的知识经验,发展认识和改造客观世界的技能、能力的过程,也是师生共同参与改造主观世界,促进个性形成,推进个体社会化的一种实践过程

续表

序号	学 说	观 点
4	交往说	教学是一种特殊的交往活动,是一种有目的、有组织和有计划的师生交往活动;教学活动中没有师生共享的教学经验及成果,就没有交往,也就称不上是教学活动
5	多质说	教学不是一个单纯的认识或发展的过程,而是多层次、多方面、多矛盾的复杂过程。从认识发展看,是特殊的认识过程;从心理角度看,是学生的发展过程;从信息研究看,是信息的流通过程;从控制论看,是传递与反馈的过程

以上仅是国内外比较有代表性的观点的一部分,关于教学过程本质的认识还有传递说、统一说、学习说等多种学说。

教学过程不是一种单纯的认知过程,而是体验过程。体验是指身体性活动与直接经验而产生的情感和意识。强调体验的教学过程使学生对知识的学习不再仅仅属于认知、理性范畴,而是扩展到情感、生理和人格等领域,这与传统的教学过程本质观是不同的。正如日本学者佐藤学所言,"传统的教学论仅限于第一范畴(认知过程),而失落了第二范畴(社会过程)与第三范畴(内省过程)"。此批判正是针对单一性的"教学认识论"。这里的内省过程指的是反思过程。实质上,教学过程是认知过程、反思过程、社会过程的复合整体。教学实践是由三个范畴构成的:第一范畴构成教与学为中心的认识形成与发展的活动范畴;第二范畴介于教与学的认识活动之间并促进该活动的人际关系,构成人际关系的社会实践范畴;第三范畴是该活动的主体,由教师和学生的自身关系构成。对应于三个范畴,教学过程实际上形成三个维度的对话实践过程:第一维度的学生同教材与客体的对话,形成认知性(文化性)实践;第二维度是学生同他人的对话,形成人际性(社会性)实践;第三维度是学生同自己的对话,形成存在性(伦理性)实践。这三个维度的对话实践过程是相互关联的。

总之,教学过程是生命意义的实现过程,是生命力量呈现的过程,是师生对于生命内涵的体验过程,是认知过程、反思过程、社会过程的复合整体。

(二)教学过程的要素

教学过程的要素是指构成教学过程的基本组成部分。对教学过程构成要素的探讨,学术界有不同的观点,如"二要素"(教师、学生)说、"三要素"(教师、学生、教学内容)说、"四要素"(教师、学生、教学内容、教学环境)说、"五要素"(教师、学生、教学内容、教学方法、教学环境)说、"六要素"(教育目标、教师、学生、教学内容、教学方法、教学环境)说、"七要素"(学生、目的、课程、方法、环境、反馈和教师)说等。但就整体而言,教师、学生和教学内容是教学过程的三个最基本、最核心的要素。深入认识这三个基本要素,是准确把握教学过程所必需的。

1. 教师

教师是教学过程中的主体之一,在整个教学过程中承担着根据一定的教学目标,协调教学内容、学生等因素及其关系的责任。教师在教学过程中面临一系列的挑战:如何使教学内容转变为学生可接受的知识;如何对教学内容根据教学要求进行加工;如何组织、处理教材;选取哪些适宜的教学方法和手段教授这些教学内容;如何更好地引导学生的学习等。教师在教学过程中起着主导作用。教师决定着学生的学习方向、内容、进程和质量,对学生的学习起着引导、规范、评价和纠正的作用。教师还影响着学生学习的方式、方法以及学习的积极性、主动性的发挥,影响着学生的个性品质以及世界观、人生观、价值观的形成。

2. 学生

学生既是教学的对象又是学习的主体。所有的教学要素都是围绕着学生这一主体而组织安排的,教学质量与效果也是从学生身上体现出来的。学生是教学活动的出发点,也是教学活动的落脚点。在整个教学活动中,学生处于中心地位。在教学过程中,只有通过学生自身的学习活动才能达到教学目标,其他任何人无法替代学生的认知活动和情感体验;学生唯有通过自己的独立思考才能认识客观世界,认识社会,把课程、教材中的知识结构转化、纳入自己的认知结构中去;学生唯有发挥主观积极性,才能在主动探究的学习中锻炼自己,发挥自己的才能;学生唯有通过自己的体验,才能树立正确的世界观、人生观、价值观。这就要求在教学过程中,教师一定要树立科学的学生观,引导学生主动学习。

3. 教学内容

教学内容是联系教师与学生的中介和纽带。教师在教学中既要丰富学生的知识,又要发展学生的能力,这一切都要借助一定的教学内容来完成。好的教学内容可以使教学活动更富有计划性、组织性、创造性和发展性,它不仅是教师课前钻研、准备的依据,也是教学过程中知识传授的基本素材和教学结束后教学效果考评的重要参照。此外,学生学习科学知识、扩大知识量,主要也是借助教学内容来完成的。科学完善的教学内容使学生从无知到有知,由认识主观世界到认识客观世界,不断提高自己的认识能力和分析问题、解决问题的能力。

教学的三个基本要素不是彼此孤立存在的,而是互相影响、互相制约,它们共同构成一个完整的实践活动系统。各个要素的变化,会导致整个教学实践活动系统发生改变。

(三)教学过程的基本规律

1. 教学认识过程简约性的规律

教学认识过程以哲学的认识论为指导,遵循人类认识的基本路线,但它又具有本身的特点。教学中的认识过程不同于其他认识活动的形式。教学中的认识过程所要解决的是把人类积累起来的基本认识能够最有效地转化到新生一代个体的认识中去,认识活动是以变革主观世界为主要目的的。而如科学研究、艺术探索等认识活动形式,是以变革客观世界为主要目的。教学过程正是联结人类总体认识和学生个体认识之间的联系环节和纽带。教学过程的这一社会价值和功能就决定了它必然是一种简约的、经过提炼的认识过程。

2. 教与学相互依存的规律

在教学过程中,教师的教是为了学生的学,学生的学又影响着教师的教,两者相互依存,缺一不可。教师教和学生学之间既相互矛盾,又相互统一,任何一方的活动都以另一方为条件。在活动中教师是教的主体,只有通过教师的组织、调节和指导,学生才能迅速地把知识学到手,并使自身获得发展。学生则是学的主体,教师对学生的指导和调节只有当学生本身积极参与学习活动时,才能起到应有的作用。因此教学活动要能顺利开展,就必须要求教和学之间积极配合,协调一致。

3. 教学与发展相互制约相互促进的规律

这里的发展不仅包括学生身体和智力方面的发展,还包括情感、兴趣、态度、意志、性格等非认知心理因素的发展。一方面,教学受制于学生的发展水平。学生的身心发展具有不平衡性、顺序性、阶段性和个别差异性,在教学过程中教师就要考虑学生的年龄特征和认知发展水平,循序渐进地促进其身心发展。另一方面,教学和发展可以相互促进。教学不只是消极地去适应发展,它还可以积极地促进学生各方面的发展。维果茨基关于"最近发展区"的理论,赞科夫关于教学与发展的实验,以及众多生理学家对于人的大脑所具有的巨大潜力的论证都说明:教学工作如果处理得当,对于学生发展是可以产生巨大的推动作用的。

4. 教学要素的整体性规律

对教学过程诸要素之间关系的理解,仅停留在静止的、孤立的层次上是不够的,必须从动态的、综合的角度加以考察。在现实的教学过程中,各个要素对教学效果有着直接或间接的影响,这种影响是在诸要素相互联系、相互制约、相互作用下产生的。换言之,教学过程的每一要素都产生一定的力,但最终导致教学效果的力并不是各要素之力的简单相加,而是在诸要素之间的实际关系中形成的"合力"。综合各要素的作用,使各要素之间形成最佳的联系,互相配合,互相促进,才能达到最佳的教学效果。

二、教学原则

> **案例 7-4**
>
> 有位教师在教"概论初步"时,为了证明大量现象中蕴藏着自然规律,提出了如下问题:一个人出生在正月里的概率是多少?学生立即回答是 1/12。教师继续问学生:班级里 50 个学生中,有几位最可能出生在正月里?学生们想了一想都回答是 4 位。接下来教师请出生在正月的学生举手,这一下全班同学活跃起来了,有四位学生举起手来。果然是 4 位学生出生在正月里(这是或然事件),真理展现在眼前,一下子把学生的心情引入一个新的境界。

问题

这位教师运用了哪条教学原则?教学原则来源于教学实践,那么人们确立教学原则的依据是什么呢?中小学教学的基本原则有哪些?

教师要顺利地进行教学工作,除了明确教学过程的功能、本质、要素,还必须研究和掌握教学活动中应遵循的一系列教学原则。何谓教学原则?教学原则是以教学实践为基础,根据一定的教学目的、遵循教学规律和学生的身心发展规律而确定的,用来指导教学工作的基本要求。教学原则既是教育活动的出发点,又是教学过程的总调节器。正确和灵活地运用教学原则,对提高教学质量和教学效率有着重要的保障作用。教学原则不同于教学规律。虽然科学的教学原则是客观教学规律的反映,但教学规律是贯穿于教学活动的客观存在,而教学原则是依据人们对教学规律的认识确定的。由于受认识水平的制约,人们确立的教学原则与教学规律相符的程度也有所不同。

(一)教学原则确立的依据

虽然教学原则具有主观性的特点,但教学原则不是任意提出的,而是根据一定的客观依据确立的。

1. 教学原则是教学经验的概括和总结

教育者在长期从事教学活动的过程中,不断积累成功的和失败的经验。通过对这些经验的反复认识、不断深化,教育者依据自己对教育规律的认识,将感性认识上升为理性认识,经过概括抽象,制定出教学原则。正是在多年教学实践的基础上,中国古代教育家概括出"启发式""循序渐进""因材施教""教学相长""量力性"等教学原则。

2. 教学原则受教育目的的制约

由于教学原则是为教育目的服务的,因此教学原则的确定要受到教育目的的制约。在不同的历史时期、不同的社会中,教育目的不同,教学原则体系就会有所不同。对于同一个教学原则,由于教育目的的差异,也会出现不同的解释。我国社会主义教育的目的,是使受教育者在德、智、体、美、劳等方面得到全面发展,成为社会主义建设的栋梁之才。教学的整体性原则、理论联系实际等教学原则都反映了我国社会主义的教育目的对人才的要求。

3. 教学原则是教学规律的反映

教学过程作为特殊的认识过程,其中存在一些不以人的主观意志为转移的客观规律。教育者正是依据这些客观存在的教学规律来制定教学原则,并用以指导教学工作。由于人们对教育规律的认识是逐步加深的,根据教育规律制定的教学原则也是不断发展和变化的。不同时代、不同的教育家提出相异的教学原则,反映了人们对教学规律不同的认识水平。

4. 教学原则的确立要遵循学生的身心发展规律

教学是培养人的活动,教学的目的也是为了学生的发展,在制定教学原则时只有考虑到学生的身心发展规律和年龄特征,才可能使教学活动得到预期效果,最终达到促进学生学习与发展的目的。如,教学的直观性原则是依据儿童的思维多依赖于感知和表象的规律为依据确立的。

(二)中小学教学的基本原则

1. 科学性与思想性相统一的原则

科学性与思想性相统一的原则是指教师既要授予学生文化科学知识,又要结合知识培养学生良好的思想品德及正确人生观和科学世界观,实现教书育人的统一。

贯彻这一原则的基本要求是:在教学过程中要确保教学内容和教学方法的科学性和正确性;充分挖掘并利用教学内容中内在的科学性和思想性资源,并将两者有机结合;注意思想教育一定要潜移默化、亲切自然,切忌生硬地说教。

2. 理论与实际相联系的原则

理论与实际相联系的原则是指在教学中要密切联系实际,以使学生真正理解和掌握知识,并培养学生学会运用知识去分析和解决问题。

贯彻这一原则的基本要求是:书本知识的教学要注重结合日常生活及生产实践中的实际;重视培养学生具体地分析问题、解决问题的能力及综合运用知识的能力;利用恰当的乡土知识和生活素材。

3. 尽力性与量力性相结合的原则

尽力性与量力性相结合的原则是指在教学中科学地分析和估计学生的发展水平,提出的教学目的、选择的教学内容是学生经过努力之后能达到和掌握的。

贯彻这一原则的基本要求是:科学地分析和估计学生的身心发展水平,使教学的难点适中、分量适度;教师要善于选取恰当的教学方法,帮助学生达到"最近发展区"的水平;伴随着学生发展水平的提高,教师要及时提出更高的要求,更换教学内容。

4. 教师主导作用与学生主动性相结合的原则

教师主导作用与学生自觉性、积极性相结合的原则是指在教学中既要充分发挥教师教的主导作用,又要充分调动学生学的主动性、积极性,教师的教与学生的学互为前提、相互促进。

贯彻这一原则的基本要求是:要善于运用启发式教学来激发学生学习的内部诱因;充分尊重学生的主体地位,培养学生确立明确的学习目的和正确的学习态度,激励学生主动、积极地学习;师生共同营造平等互动和自由交往的课堂氛围。

5. 直观性与抽象性相统一的原则

直观性与抽象性相统一的原则是指在教学中既要通过指导学生观察或教师形象的语言描述,引导学生对所学事物、过程形成清晰的表象,又要引导他们以感性材料为基础,进行抽象思维概括,形成正确的概念、推理和判断。

贯彻这一原则的基本要求是:充分尊重学生的年龄特征和认识规律,根据教学内容,适时、适度、适当地选用直观教具和现代化教学媒体;注重形象思维和抽象思维在教学活动中的互动与互补;把发展学生的抽象思维能力作为重点。

6. 系统性与循序渐进相结合的原则

系统性与循序渐进相结合的原则是指在教学中教师要严格遵循学科知识的内在逻辑顺序和学生认识能力发展的顺序,使学生系统地掌握知识和技能,并逐步形成严密的逻辑思维能力。

贯彻这一原则的基本要求是:了解学科知识系统中的知识结构,大体按照课程标准和教科书的逻辑顺序展开教学;尽量遵循学生的认识规律,由浅入深、由易到难、由已知到未知,引导学生逐步掌握知识,发展能力;要灵活地处理遵循学科的系统性与遵循学生认识的顺序性之间可能存在的不一致;教学时要注意突出重点,分散难点。

7. 理解性与巩固性相结合的原则

理解性与巩固性相结合的原则是指在教学中应使学生在理解的基础上牢固地掌握知识,并能使重要的知识持久保存在记忆中,并在需要的时候能随时再现,以便学习新知识和解决实际问题。

贯彻这一原则的基本要求是:尽可能引导学生在理解的基础上记忆和巩固知识,使学生的学习有意义;重视组织和安排多样化的练习和复习;根据学生的认知特点发展和锻炼学生的记忆力,引导学生探索有效的和适合自己的记忆方法;尽量减少机械记忆和重复训练,真正减轻学生负担。

8. 统一要求与因材施教相结合的原则

统一要求与因材施教相结合的原则是指在教学中既要面向全体学生,统一人才培养的基本规格,又要从学生的实际出发,根据不同受教育对象的具体情况,区别对待不同学生,使每名学生都能获得最适合自己的发展。

贯彻这一原则的基本要求是:教学要有面向全体学生统一的基本要求;教师要全面、充分地了解学生,科学对待学生的个别差异;采取有效措施使有特长和有突出才能的学生得到自由发展;热情关怀和照顾学习后进生,关注他们的转变和提高。

总之,伴随着教学过程和教学原则研究的不断深入,教学过程和教学原则理论在不断充实与完善,起到了有效指导教学工作的作用。

大家谈

1. 同课异构是由不同教师根据自己的实际、自己的理解、自己备课并上课。由于不同教师所采取的教学方法和策略各有不同,这就构成了同一内容用不同的风格、方法、策略进行教学的课。通过观摩同课异构的课例,谈谈你对教学过程本质的理解。

2. 你认为教学过程诸要素之间有什么关系?

3. 结合中小学具体的学科教学,阐述你对教学原则贯彻实施基本要求的理解。

4. 谈谈让你记忆深刻的课堂教学或者教学片断,与同学分享关于教学的经验。

第三节　学校的教学方法和教学组织形式

在教学实践中,教师总要采用一些教学方法,教学也总要以一定的组织形式进行。教学方法、教学组织形式对教学质量、教学效率、教师的教学风格和学生的发展都有一定的影响。

一、教学方法

案例 7-5

有位教师演示导管功能,他事先把带叶的枝条插入红色溶液里,放在温暖而有阳光的地方晒了几个小时。上课时,将枝条一段一段剪下来,分到学生手里。他一边讲,一边提问;学生一边剥,一边观察,一边思考,一边回答。学生们观察到枝条的皮没有变红,中间的髓也没有变红,而木质部变红了。学生看了书很快就明白了其中的原因:木质部里有导管,能输送红色液体。有的同学还看到叶子也变红了。这样,学生就搞清了导管有输送水和无机盐的功能。

问题　这位教师采用的是哪种教学方法？教学方法都分为哪些类型？选择教学方法的依据是什么？

教学方法是为了达到一定的教学目标,教师组织和引导学生进行专门内容的学习活动所采用的方式、手段和程序的总和。它包括教师的教法、学生的学法、教与学的方法。

(一)教学方法的类型

根据师生活动方式的特点,可以把教学方法分为以下几类。

1. 语言类教学方法

(1)讲授法。讲授法是教师通过口头语言向学生传授知识的方法。讲授法中包括讲解、讲述、讲演、讲读和讲评五种方式。讲授法的优点在于教师可以将文化科学知识系统连贯地传授给学生,使学生在较短的时间内获得较多的知识,并在传授知识的同时进行思想政治教育。其缺点在于不易发挥学生的主动性和积极性,没有充分的机会让学生及时对所学的内容作出反馈。

(2)谈话法。谈话法,又称问答法,是教师根据学生已有的知识或经验,提问学生,并引导学生经过思考,对所提问题自己得出结论,从而获得知识、发展智力的教学方法。谈话法的优点在于能充分地激发学生的思维,有利于发展学生语言表达能力。但谈话法只适用于从已知到未知,而不适用于从不知到知。所以,运用谈话法,要求学生必须具备一定的知识基础和实际经验,否则师生之间的谈话就难以进行。

(3)读书指导法。读书指导法是教师指导学生通过阅读教科书和课外读物获得知识,养成良好的读书习惯,培养自学能力的教学方法。读书指导法的优点在于有利于开阔学生眼界,可以弥补教师讲解的不足,对培养学生自学能力和良好的读书习惯及提高学习效果十分有利,但这种方法主要适用于中学和较高年级的文科教学。

2. 直观类的教学方法

(1)演示法。演示法是教师在课堂上展示实物、模型、图片等直观教具或通过示范性操作实验,使学生获得事物现象的感性认识的方法。演示法的优点是直观性强,不仅能理论联系实际,为学生学习新知识提供丰富的感性材料,有利于认识过程的飞跃转化,另外,演示法还适合青少年学生的心理特征,便于激发学生的兴趣,提高学习效果,同时还能促进学生观察力、思维力和想象力的发展。运用演示法的关键在于能否善于引导学生进行周密的观察和思考。

(2)参观法。参观法是根据教学目的,组织学生对实际事物进行实地观察、研究,从而在实际中获得新知识或巩固、验证已学知识的一种教学方法。参观法的优点是:能使学生直接观察学校中接触不到的实际事物和现象,因而它能有效地使教学和社会实际以及实际生活密切联系起来,帮助学生更好地去领会所学知识;能扩大学生的眼界,激发学生的求知欲望;能使学生在接触社会生活实际过程中,受到生动的思想政治教育。参观法也有局限性,即需要较多的时间,场所的选择也往往受多方面条件的限制,并要注意安全,保证不出事故,因此次数不宜过多。

3. 实践类教学方法

(1)实验法。实验法是在教师的指导下,学生利用一定的仪器设备进行独立作业,通过观察事物的变化获取知识的方法。实验法被广泛应用于自然科学学科的教学。实验法的主要特点是学生自己动手操作。运用实验法一方面可以使学生加深对概念、规律、原理等知识的理解和巩固,培养学生正确使用实验设备和材料的技能技巧,另一方面可帮助学生养成严肃的科学态度和研究精神,促进学生创造能力的发展。

(2)实习法。实习法,又称实习作业法,是教师指导学生根据教学大纲的要求,在校内外一定场所进行实际操作,在实践中综合运用理论而获得知识、培养能力的一种教学方法。实习作业法的主要特点是具有实践性、独立性和创造性。运用实习法对贯彻教学中理论联系实践原则、培养学生独立工作能力起着重要的作用。

(3)练习法。练习法是学生在教师指导下巩固与运用知识,形成技能与技巧的方法。它是各科教学普遍运用的方法。练习法是以学生自身的独立活动为主的学习活动。这种活动一般要在掌握特定知识的基础上,运用已学过的知识于实际活动之中,通过练习这种学习实践活动,巩固和加深已学的知识,并在练习活动中初步学会运用知识于实际的本领,在多次反复的练习过程中,掌握技能技巧。练习还有助于培养学生分析问题和解决问题的能力,发展其创造能力和工作才干,并培养对工作认真负责和勇于克服困难的良好品质。

4. 探究类教学方法

(1)讨论法。讨论法是学生根据教师所提出的问题,在集体中相互交流个人的看法,相互启发、相互学习的一种教学方法。讨论法的优点在于能使学生加深对知识的理解,培养其独立思考的能力;有助于培养学生合作精神以及参与、倾听、表达、竞争等各种技能。讨论虽然可以使学生在同学们的发言中,获得一些新知识,但从同学们发言中所获得的知识一般是零碎的,缺乏系统性,有的发言不够精确,甚至有某些错误,容易使学生是非不分。因此,讨论法常常是配合其他教学活动进行的。如在讲授、谈话、参观、实验之后,或在这些活动的过程中进行,很少用讨论法作为使学生获取新知识的教学方法。

(2)发现法。发现法是教师通过提供适宜于学生进行"发现"的问题情境和教材内容,引导学生积极开展独立的探索、研究和尝试活动,以发现相应的原理或结论,培养学生创造能力的方法。发现法有如下优越性:能提高学生的智慧,发挥学生的潜力;能使学生产生学习的内在动机,增强自信心;能使学生学会发现的试探方法,培养学生提出问题、解决问题的能力和创造发明的态度;由于学生自己把知识系统化、结构化,所以能更好地理解和巩固学习的内容,并能更好地运用它。其缺点在于耗时长,不经济。发现法并不是对所有学科都有效,也并不是对学生发展的任何阶段都适用。发现法的使用,还需要逻辑较严密的教材和具有较高水平的通晓本学科科学体系的教师。

(二)教学方法的选择

教学有法,但无定法,贵在得法。若想使学生掌握知识,提高能力,教学方法的选择是很关键的。

选择教学方法要以以下几点为依据。

1. 选择教学方法的依据

(1) 学科特点。学科特点不同,教学方法的选择也不相同。只有选用的教学方法与学科的性质和特点相符合,才能使教学发挥出最大的效益。如语言类的语文、英语等学科,着重于培养学生的口语交际能力,主要适宜采用讲解法、谈话法和练习法;物理、化学涉及实验较多,则适合采用比较直观的演示法和实验法;而数学偏重于严密的逻辑推理,使用练习法可帮助学生更有效地达到教学目标。

(2) 教学内容。因为即使是同一学科,也有不同的教学内容,所以教师在选择教学方法时还要考虑教学内容的差别。如教学内容偏重于理论的,宜选用讲授法或讨论法;教学内容偏重于运用的,宜选用实验法或练习法;教学内容比较抽象的,宜选用演示法。

(3) 学生心理特征。由于学生的年龄、性别、经历、气质、性格、思维类型、审美情趣等的不同,心理特征也不相同,这就对教学方法的选择提出了要求。只有选用与学生的心理特征相适应的教学方法,才能真正有效地提高学生的知识能力和思想水平。如演示法和讲授法是比较便于吸引学生最初的注意力的,当然这和讲授与演示本身的内容有关。在学生注意力比较分散时,立即使用讨论法和练习法是相对困难的;当课堂比较沉闷时,要设法让学生注意力比较集中,运用谈话法是较为适宜的;若学生知识准备情况较好,思维水平较高,则适合用发现法、讨论法和谈话法,以引导学生发现、总结、归纳。

(4) 教师自身实际。教师自身的素养条件和驾驭能力,直接关系到选用的教学方法能否发挥其应有的作用。教师应实事求是地分析自身素养及所具备的条件,根据自身特点和条件选用恰当的教学方法,扬长避短。哪怕别人行之有效的方法,也不可盲目照搬,这样才能确保自如地运用教学方法。同时,教师要从教学需要出发,尽快学习、掌握自己尚不擅长的教学方法,在根据需要选用那些自己并不熟悉的方法时要特别用心,做好充分准备。

2. 选择教学方法的注意事项

(1) 选择多种教学方法。每一种教学方法都有其自身的优势和局限,面对不同的教学内容和学生,教师不可能只使用一种教学方法。比如,一堂英语课,可能既要用到讲授法(教师讲解一些基本的知识、规则),也要用到演示法(播放与教学内容有关的录像),以及让学生进行口语交际的练习等。教师应把各种教学方法结合起来,取其精华,去其糟粕。只有科学地运用多种教学方法,才能达到最好的教学效果,学生才能获得最大的提高。

(2) 以学生现有水平为立足点。教师教学的目的是促进学生的发展,为提高其学习能力和学业成就服务,而只有符合学生的实际情况,能够促进学生发展的教学方法才是最好、最合理的。教师教学的一个重要原则就是因材施教,即根据学生的实际情况,设计和实施自己的教学。教师在选择教学方法的时候要以学生的现有水平为立足点,要深入研究学生学习的特点、习惯和常用的方法,坚持学生为主体、教师为主导的原则,真正起到激励、组织和引导学生学习的作用。

(3) 智力和非智力因素相结合。在教学过程中,学生所进行的主要是认识活动。不过在进行认识活动时,必然会有情感活动随之发生。研究表明,学生的学习不仅受智力因素的影响,还更多地受非智力因素的影响;在智力因素无显著差异的情况下,非智力因素就成为影响学生学业成就的重要因素。因此,教师在选择教学方法时,应当充分考虑到非智力因素,选择和设计那些能够充分调动学生学习的积极性、激发其学习动机、提高其学习兴趣的方法。

(4) 注重培养学生的自学能力。古人云:"授人以鱼,不如授人以渔。"教师的教学不仅仅是为了提高学生的学习成绩,更重要的是要有助于学生以后的发展,因此要着重培养学生的自学能力。我国目前的课堂教学,尤其是中小学课堂教学中,由于多数教师仍然采用传统的教学方法,造成了学生对教师很强的依赖感。学生对于教师提出的问题,往往不动脑筋去思考,只是等待教师给出答案,这样养成了学生思维的惰性,无法促进其自学能力的提高。因此,教师应当以教会学生如何学习和如何思考为目标,应当有意识地教学生学会分析、批判、选择,在未来的生活和学习中学会运用知识去分析和解决实际问题。

二、教学组织形式

> **案例 7-6**
>
> 　　近年来,芬兰全国各地的高中均实行"无班级授课制"。它与过去普通高中的主要区别在于:传统的高中分成固定班级进行教学,每个班级有固定的 30 名学生,在同一时间学习同样的课程,教学内容和进度完全相同,学制 3 年。无班级高中则完全不同,其授课形式同目前的大学一样。在无班级高中里,每一名学生都是独立的个体,自己制订学习计划、选修课程并掌握学习进度。上课铃声过后,在校园里依然可以看见学生在草坪上边晒太阳边复习功课。有些学生将更多的时间安排在图书馆、电脑旁,或从事其他增长知识和技能的课外活动。总之,学生根据自己今后深造的方向或未来的职业生涯以及个人兴趣去选择课程进行学习。这种新体制充分考虑到每一名学生的需求,从而激发和促进了学生学习的自觉性和积极性。

> **问题**
> 　　芬兰高中实行的"无班级授课制"对我国教学组织形式的改革有何启示?现代主要的教学组织形式有哪些?

　　教学组织形式是指为完成特定的教学任务,师生组合起来进行教学活动的结构形式。其主要内容包括教师组织学生的方式、教师与学生的联系方式、教师时间和空间的利用。在古代,中国和西方国家最早产生的教学组织形式是个别教学制。16 世纪,班级授课制随着资本主义生产方式的兴起而产生,并成为延续至今的学校教学的主要组织形式。19 世纪末 20 世纪初,出现了以改革班级授课、适应个别差异为特点的新的教学组织形式,如文纳特卡制、道尔顿制。20 世纪 50 年代以来出现的当代教学组织形式有分组教学、特朗普制和开放课堂。

(一) 现代主要教学组织形式

1. 基本形式——课堂教学

　　课堂教学是班级授课制的基本表现形式,也是现代学校教学的基本组织形式。学校教学的目标和任务,主要是通过课堂教学来完成的。它具有其他教学组织形式无法取代的长处,包括有利于提高教学效率,有利于发挥教师的主导作用,有利于发挥学生集体的教育作用,有利于营造一种共同学习的氛围和场域等。但由于课堂教学多采取全班上课的组织形式,因而也有其难以避免的短处,最主要的是不利于关照学生的个别差异。

　　课堂教学产生以来经久不衰,至今仍然是各国教学组织的基本形式,其他各种新型教学组织形式还只能作为补充或辅助形式。课堂教学的具体组织形式大致有以下三种。

　　(1) 全班上课

　　全班上课是现代学校中最典型、最普遍的课堂教学组织形式,即在教师的直接指导下班级全员共同学习的教学形式。其主要特点是:① 教师同时面对全班学生授课,采取的是同步学习的方式,即教学内容、教学进度以及教学行为都是一致的;② 以教师系统讲授为主,辅之以其他各种方法向学生呈现教学内容；③ 教师的讲授是学生学习的主要信息来源，但学生在课堂上可与教师、同学进行多向交流；④ 教师可用自己的情感、态度和行为直接影响学生并使他们产生相应的反应。

在全班上课中，学生始终在教师的直接指导下，有步骤地朝着目标有效地进行学习，主要通过教师的系统讲述掌握知识技能。从时间和教师付出的精力上看，它是最为经济的一种教学组织形式。但从学生自我活动这一点上看，它不能说是最有效的。由于学生处于各种不相同的水平上，学习的起点、速度、能力、兴趣等方面有一定的差别，因而难以兼顾学生复杂的个别差异。

(2) 班内分组教学

班内分组教学，是指根据教学的各种需要，把全班学生分成若干人数较少的小组，教师根据各小组的共同特点分别与各小组接触，进行教学或布置他们共同完成学习任务。学生以组为单位进行自主性的共同学习，在同学之间进行信息交流。其主要特点是：① 在全班上课的基础上开展小组学习活动，班级依然保留，教师的主导作用、教学的计划性和系统性等主要原则，在班内分组教学中依然基本适用；② 小组不是固定的而是临时性的，主要为具体的教学活动而组建，可以是学科小组也可以是活动小组，视所要完成的任务和活动的目标与性质而定；③ 各小组的人员也不固定，小组规模的大小视学生的发展阶段、班级人数、学科的不同，所布置的课题和作业的类型及数量的不同而具体决定，小组人数一般在2～10名。

采取班内分组教学，主要是考虑到教学班中学生之间具体的差异，需要灵活掌握教学要求与教学进度，调整教学组织结构，改进班级授课。班内分组教学倘若有充分的准备，适当地加以应用，可以产生良好的教学效果。有效的合作活动，必然要交流思想，切磋意见，启发思维，增长见识。班内分组教学还可以大大促进学生的自我活动和交往活动，有助于形成自我教育的能力和养成合作活动的习惯。班内分组的有效性主要取决于三个条件：一是分组的合理性，二是学习任务的适切性，三是教师的驾驭能力。

(3) 班内个别教学

班内个别教学，是在课堂情境中进行符合学生个别差异的教学，主要由学生个人与适合个别学习的教学材料发生接触，并辅以教师和学生之间的直接互动。它不似古代的个别教学那么拘泥于师生一对一的教与学，而是通过教学各因素的优化配置来提高学习效果。教师分别介入各个学生的学习过程，给予指导、检查、纠错和评价。学生每两人组成"伙伴学习"时，教师作用的一部分可由学生担当。

采用班内个别教学，教师可以在全班上课的基础上，因人而异地给学生布置有一定差异的学习任务。学生学习的材料一般是由教师或教学法专家精选或专门编制的教学材料，如程序教学材料、自学辅导材料或教学参考资料等。学习速度可以按照每一个学生的能力设计。对每个学生可以追加辅导，可以布置补充练习，也可以给个别或部分学生布置经过特别选择的课题。教师的作用主要在于指导和帮助学生自学和独立钻研。教师要不时过问问题解决的进程，当学生感到难以胜任时，教师应及时介入，给予必要的协助；当学生遭遇的困难和问题具有一定普遍性时，教师应中止个别学习，进行集体指导。

班内个别教学允许学生有比全班上课和班内分组教学更为灵活的学习进度和学习时间安排。教师可根据各个学生的不同需要与学生一起选择学习内容和安排进度，并提供相关材料，给予反馈和评价。这种教学组织形式，尤其有利于照顾学生的个别差异和培养学生的自主学习能力。

不过，班内个别教学也有某些弱点：一是在个别学习中学生潜心于自身课题的解决，因此学生之间几乎没有交流；二是教师在指导对象的选择和指导时间的分配上难以在"点"与"面"上合理兼顾。因此，班内个别教学必须跟同步教学结合与互补。

2. 辅助形式——课外教学与现场教学

针对课堂教学所存在的"课堂"的空间局限和学生发展的负面效应，人们设计实施了一系列辅助性的教学组织形式，其中主要有课外教学和现场教学两种。

(1) 课外教学

我国当前中小学课程主要分两大类,即学科课程和活动课程。课堂教学是进行学科课程教学的基本组织形式,而课外教学则是进行活动课程教学的基本组织形式。与课堂教学相比,课外教学有两大特征。第一,更加突出学生的主体地位。课外教学注重学生的自我组织和互相启发,注重发挥学生的自主性、能动性、创造性。学生可参与从活动设计到评价的全过程,既是学习者也是活动的组织者。第二,更加体现主体活动的多样性。它超越了传统的学科教学的局限,提供给学生广泛吸收新知识、参与社会生活的机会,有助于拓展学生的视野,丰富学生的生活,培养学生的兴趣。

课外教学的具体形式主要有:小组活动、班级活动、年级活动、全校活动。一般来说,它比课堂教学的组织形式更加灵活多样,一般以分组活动为主(如学科小组、科技小组、艺术小组、体育小组、家政小组等),辅之以班级活动和个人活动。各种形式的活动与不同的活动内容相结合,构成了多类型、多层次、丰富多彩的课外教学体系。

(2) 现场教学

现场教学是教师组织学生到现实场景中进行的教学。这种教学组织形式有助于把书本知识中说明的现象及其发生、发展、运动变化的真实状态呈现给学生,并使学生置身于自然和社会环境中,在生产、生活和活生生的情境中观察、思考与体验。现场教学是正确处理间接经验和直接经验关系的必要手段,是促进理论联系实际的有效途径。

现场教学与课堂教学有着密切的联系,教师应根据教学任务和内容的需要选择课题,配合课堂教学把一个班级或几个班级的学生带到野外、工厂、农村、社区,与现场有关人员一起共同进行教学,以验证或质疑课堂内所学书本知识,也可为学习有关知识预备感性经验,所以它是课堂教学的补充、发展或准备。现场组织教学的次数一般不宜多,关键是要注重实效。

(二)教学组织形式的改革趋势

1. 综合运用多种教学组织形式

全班上课与个别教学、分组教学相结合,课堂教学与课外教学相结合,传统的传授形式与现代教育技术相结合,已经成为目前发达国家教学组织形式的新特点。例如,特朗普制就是大班、小班、个别教学三种教学组织形式相结合的产物。近年来,我国上海、江苏、浙江、安徽等地的一些中小学进行了"分层递进教学"的研究与实验,这是一种适应学生个别差异的课堂教学组织形式策略。

2. 适当缩小班级规模

心理学研究证明,过大的班级规模,限制了师生交往和学生参与课堂活动的机会,阻碍了课堂教学的个别化,有可能导致较多的纪律问题,从而间接地影响学习成绩。小班可以为提高教学质量创造良好的教学环境和学习气氛。针对班级规模过大的问题,世界各国都在适当缩小班级规模,以加强人际情感交流。如美国教育部1998年规定在全国范围内把每班人数控制为18人;法国改革班级授课形式的目标是,每班学生不得超过25人。

3. 座位排列方式多样化

座位排列方式和学生座位位置的不同,制约着课堂教学中教师与学生、学生与学生的交往范围和人际互动,直接影响着教学信息交流的方式和交流的范围。传统的座位排列形式是秧田形,目前,这样封闭的排列形式得到改进,出现了多样化的座位排列。如,不超过20~25名学生,可采用马蹄型、圆型排列形式;25名以上学生可采用双炬型、同心圆型和双马蹄型;小组活动或个别学习的座位安排,可采取模块型。此外,还可以根据特殊的需要设计座位排列方式,如弧型、辩论型。

总之,随着社会政治经济和科学文化的发展及其对培养人才要求的不断提高,教学方法和教学组织形式也不断发展和改进。我们应当全面掌握教学方法和教学组织形式的性质和功能,综合加以利用,方能更好地发挥作用,改进和提高教学。

大家谈

1. 人们常说,教学有法,但无定法,贵在得法。请你谈谈对这句话的理解。
2. 随着新一轮基础教育课程改革的不断推进,人们越来越重视教学方法的改革。目前我国教学方法改革与发展的主要趋势是什么?
3. 班级授课制诞生的背景是什么?
4. 在教育实践中应如何发扬课堂教学的优点而避免其缺点?

第四节　学校的教学环节和教学设计

教学设计是科学规划教学系统的过程。教学设计的目的就是提高教学效率和教学质量,使学生获得良好的发展。教学设计包括教学结构的确定,这涉及教学环节的相关内容,了解教学工作的基本环节是合理设计教学方案的前提。

一、教学环节

> **案例 7-7**
>
> **别开生面的课前小实验**
>
> 有位教师讲《死海不死》一课,事先准备了盛满水的大烧杯、玻璃棒、塑料勺、食盐、鸡蛋等。一上课,教师就把鸡蛋放入水中,沉入杯底。这时教师提问:"谁有办法让鸡蛋浮起来?"学生争着想办法做实验。在多种实验后,终于有同学把食盐全部放入杯中,使鸡蛋浮了起来,然后教师要求学生解释产生这一现象的原因,很自然导入对课文的学习。
>
> 语文课上的实验不多,但实验演示,不仅使学生感到新奇,产生极大的兴趣,同时还可以引导他们学会联系其他学科的相关知识进行综合的思考,将知识融会贯通,加深对课文内容的理解。当然,语文课中的直观式导入更多时候是以多媒体教学手段导入的,如通过语文教学课件展示《中国石拱桥》,观看风光迷人的《长江三峡》的纪录片等。

教学工作包括哪些环节?这位教师的课前小实验属于教学中的哪个环节?

教学工作一般包括备课、上课、课外作业、课外辅导和学业考评五个基本环节。备课是保障课堂教学顺利、有效进行的前提,上课是教学工作的中心环节,课外作业是完成教学任务和提高教学质量的保证,是课堂教学的延伸,课外辅导则是课堂教学的补充。学业考评是课堂教学的反馈。

(一)备课

备课就是教师为学生上课或组织活动而做的具体准备和计划安排。备课需要教师根据学科课程标准的要求和本门课程的特点,结合学生的具体情况,选择最合适的表达方法和顺序,以保证学生有效地学习。备课是上课的前提,上课是备课的着眼点。对教师而言,备好课可以加强教学的计划性和针对性,有利于教师充分发挥主导作用。备课的基本内容包括专研教学材料、了解学生、设计教学样式和拟订教学计划等四个方面,这四个方面既相对独立,又相互联系。

1. 专研教学材料

教学材料主要包括课程计划、课程标准、课本(教科书)和教学参考资料。专研教学材料,首先要研究课程计划、课程标准,理解课程的基本理念和总体目标,把握本学科或本课程的教学目标及各单元、每次课的目标,领会教学的基本要求,教学内容与教学材料的体系范围与深度;其次,要研究课本,能够掌握课本的基本原理与知识体系,准确把握各章节的重点、难点以及内容的前后联系;再次,广泛阅读教学参考资料,精选材料来充实教学内容;最后,还要考虑改革创新,在条件成熟的情况下,编写有特色的补充材料。

2. 了解学生

学生认知的准备状态是教学的起点,为使教学有效地促进学生发展,教学活动应切合学生实际。教师要全面了解学生的知识基础、认知能力、学习态度、思想特点和个性特征,对学生的学习准备性进行分类,了解不同类别学生的起点与教学目标的差距,增强教学的预见性与针对性。

3. 设计教学样式

根据学科特点、教学目标、任务要求及学生情况,设计适宜的教学样式,包括设计具有内在关联的教学方法、教学手段、教学活动序列以及教学策略等。设计教学样式,首先是确定基本教学模式,比如"授受模式""自主学习""合作学习""探究学习""活动学习""自主辅导学习""学导教学"等;其次,结合教学内容,分别设计学生的学习方式以及教师的教授方式和师生互动方式;最后,进行具体教学设计,包括教学环境设计、教学媒体设计和教学活动进程设计。

4. 拟订教学计划

就课程实施而言,教学计划包括学期教学进度计划、单元教学计划和课时教学计划三种。首先,要拟订学期教学进度计划,包括对所任课程进度与时间的安排、教学材料或课本的处理、教学改革的设想与总体安排的设想;其次,拟订单元计划,确定每个课题的教学目标,划分课时和课型,考虑教法、学法、教学组织形式、教学媒体、教学策略等,明确本单元在学科或课程体系中的地位以及与其他课题的关系;最后,要拟订课时计划。课时计划亦称教案,是对每一堂课具体深入的准备,它建立在专研教学内容、研究学生和教学样式设计的基础之上。

(二) 上课

上课是教学工作的中心环节。上课主要是指师生共同开展的课堂教学活动,也包括现场教学活动。充分的备课最终要落实到上课上,上课是提高教学质量的关键环节。上课使教师直接与全班学生接触与交往,直接发挥教师的主导作用。国家制订的课程计划规定了各科的上课时数和教学的目标、任务与要求,上课是完成教学任务的基本保证。上课环节可分为导入、展开、调整和结束四个部分。

1. 导入环节

导入环节主要是引起学生学习的动机和兴趣,激发学生的好奇心、探索欲,吸引学生的注意力。导入的功能还在于使新旧学习任务之间能顺利地衔接。导入环节之所以重要,是因为任何新知识新技能的学习都离不开学生学习兴趣的引导和已有相关经验的支撑。教师可利用问题、演示、实验、言语描述、复习旧知等方式导入新课。

2. 展开环节

这是上课的主体部分,要求学生对新任务有实质性的理解。在这个阶段,教师要把精心设计的教学内容,根据学科知识的逻辑顺序和学生接受的心理顺序合理呈现,引导学生主动接受新知识,通过指导性练习和独立练习,让学生真正掌握新知识。

3. 调整环节

课堂教学是一种目标导向的实践活动。课的调整既包括了补救教学,也可能含有补充教学。补救教学是针对学生普遍存在或典型出现的错误反应或动作,从新的角度加以澄清和纠正。

4. 结束环节

课的结束要做的工作主要是通过"小结"和"照应"起到提炼主题、概括要旨、深化认识、过渡衔接等作用。课堂小结既可以由教师来做,也可以由学生来做。小结不仅可以加深学生对刚上完的课和刚学到的东西的印象,而且还可以发现问题,把这次课和下次联系起来。

(三) 作业的布置与批改

课外作业在很大程度上是课堂教学的延伸,是教学的有机组成部分。通过作业和练习,学生可以巩固课堂所学的知识,形成技能、技巧;在应用知识解决问题的过程中,又可以发展学生的能力,养成独立思考、自觉学习的习惯。课外作业分为三类:口头作业,如阅读(朗读、默读)、复述、背诵等;书面作业,如作文、演算练习、绘制图表等;实践作业,如采集标本、实验、科技制作、社会调查等。

课外作业的布置的基本要求是:作业内容要切合课堂教学内容,题目要有典型性和较高的训练价值,有利于学生理解和掌握课程标准与课本的基本原理;作业的分量、难度要适度,以中等生为参照,并有区别地适当布置一些个别性作业;作业要有明确的要求和时间限制,对作业中的疑难问题要进行及时指导。

课外作业批改的基本要求是:教师要及时检查、认真批改课外作业,以了解学生的知识掌握和运用情况,对作业中存在的普遍问题,教师要进行集体订正;通过对作业中产生错误原因的分析,教师可以获得教学反馈信息,以进一步改进和调整教学;对作业要写出恰当且具有分析性的评语,以帮助学生改善思维方式和学习方法。

(四) 课外辅导

课外辅导是课堂教学的有益补充。在课堂教学的统一要求之下,通过课外辅导,可以弥补课堂教学的不足,并针对学生的个别差异,更有效地进行因材施教。课外辅导有集体辅导和个别辅导两种方式。集体辅导是针对学生中存在的共同问题进行的全班性辅导。个别辅导是针对不同学习能力的学生分别进行的辅导,对成绩落后、基础薄弱的学生要适量补课,对学习能力强的学生可适当补充学习内容和增加难度,以充分发掘他们的学习潜力。

课外辅导的基本要求是:要有针对性,即针对多数学生普遍存在的问题和个别学生存在的不同问题进行辅导;要有实效性,即辅导要尽量触及导致学习问题的深层原因,从根本上解决问题;要有启发性,即不能简单地为学生订正答案,更要注重与学生一起寻找产生问题的原因;要有合作性,即发挥集体优势,组织学生互帮互学;要有必要性,即辅导要为教学任务和学生所必需,不能把课外辅导变相为"加课"或课堂教学的延续而增加学生负担。

(五) 学业考评

教学过程是一个持续连贯的过程。学业考评不仅帮助教师了解前一阶段学生的学习情况和自己教学工作的得失,而且能促进学生查缺补漏,有针对性地复习、巩固和加深所学知识、技能。

针对我国教育的历史和现状,教师进行学业考评时需要注意:要适当增加对平时作业成绩和学习综合表现的关注,及其在评优和升学录取中的权重;要适当减少各种层次和类别的考试,避免学生由于考试过多而疲于奔命、惊恐不安。

二、教学设计

> **案例 7-8**
>
> **小学三年级数学"认识分数"的教学设计**
>
> **教学目标:**
>   1. 结合具体情境初步认识分数,知道把一个物体或一个图形平均分成若干份,其中的一份可以用分数来表示,能用实际操作的结果表示相应的分数;能读、写简单的分数,知道分数各部分的名称。
>   2. 学会运用直观的方法比较分子都是 1 的两个分数的大小。
>   3. 体会分数来自生活实际的需要,感受数学与生活的联系,进一步产生对数学的好奇心和兴趣。
>
> **教学重点:**
>   1. 认识几分之一。
>   2. 比较分子都是 1 的几个分数的大小。
>
> **教学难点:**
>   理解几分之一的含义。
>
> **教具、学具准备:**
>   多媒体课件、长方形纸、圆纸片、正方形纸、水彩笔。
>
> **教学过程:**
>
> **(一)创设情境、讨论揭题(5 分钟)**
>
> 问题导入:在一次愉快的队日活动中,老师让同学们两人一组分食品,小强和小丽拿到的是 4 个苹果、2 瓶矿泉水和 1 个蛋糕。(课件演示)你愿意帮他俩分一分吗?怎样分比较公平呢?(平均分)板书:平均分。
>
> 师生交流:"把 4 个苹果平均分给 2 个人,每人分得几个?请拍手表示!"学生拍手表示,教师板书"2"(课件演示分的结果);"把 2 瓶矿泉水平均分给 2 个人,每人分得几瓶?"学生拍手表示,教师板书"1"(课件演示分的结果);"把 1 个蛋糕平均分给 2 个人,每人分得几个?"(学生无法拍手表示半个)"你会用一个数来表示这半个吗?"(学生尝试,并说明理由,教师根据学生实际情况引入 1/2)
>
> A:(学生中如果没有用 1/2 表示的)教师:你们都用自己喜欢的方式表示了这个蛋糕的一半,说明你们都很有办法,不过,我要向大家介绍一种更简便而且科学的表示方法。当把一个蛋糕平均分成两份,要表示其中的一份时,可以用 1/2 来表示。(课件演示)
>
> B:(学生中如果有用 1/2 表示的)教师:"1/2 是什么意思?"(充分发挥学生的作用,认识、强化平均分)"你在哪里见过二分之一?"(学生回答后,教师给以肯定。并结合课件演示,介绍分数的产生和发展的过程)
>
> 揭示课题:今天,我们就一起来认识数学家族的新朋友——分数。(板书课题:认识分数)
>
> **(二)认识分数、操作深化(20 分钟)**
>
> 1.(课件演示):"把一个蛋糕平均分成 2 份,其中的一份就是这个蛋糕的二分之一。"(同桌之间相互说一说)

教师:这一半蛋糕是这个蛋糕的1/2,那么,另一半蛋糕又是这个蛋糕的几分之几呢?(板书1/2)为什么也用1/2来表示?(学生表述)大家想法和他一样吗?(课件演示)

小结:把一个蛋糕平均分成2份,每份都是它的二分之一。

2. 教师:想知道分数各部分的名称吗?(课件演示,学生读)

3. 教师:"分数该怎样写呢?"(如果是B种情况,让学生讲,教师补充;如果是A种情况,教师讲解并示范)"写这个数的时候,先画一条横线表示平均分。""这个蛋糕平均分成了几份?"(两份)"2就写在横线的下面,这半个蛋糕是其中的1份,就把1写在横线的上面,这就是分数1/2的写法。""你们想试一试吗?"

学生自己在练习本上写1/2,同桌互相说说是怎样写的,检查一下谁写得更标准、更漂亮。

4. 教师:我们已经会读、会写1/2了,想不想动手做一个1/2呢?

活动要求:拿出老师发的长方形纸,先折一折,再把它的1/2涂上颜色,然后在小组里说一说,你是怎样表示这张纸的1/2的?

全班交流:你是怎样表示这张纸的1/2的?(把一张纸平均分成2份,涂上其中的一份,就是1/2)把学生的作品贴在1/2下面。

"还有谁与他的折法不一样的?"

教师:他是这样把这张纸平均分成2份的,涂上其中的一份表示1/2,可以吗?还有不一样的吗?(选择不同表示形式的作品也贴在1/2下面)

5. 练习,完成"想想做做"第1、2题。

教师:认识了1/2,你还想认识其他的分数吗?

(1)(课件出示第1题)学生读题目。

指导完成第1幅图。"这幅图是把这个圆平均分成了几份?这其中的一份怎样表示?请在括号里表示出来。""你是怎样写的?为什么用1/3来表示?"

其余几幅学生独立填写,完成后集体反馈。"怎样表示?为什么?"

(2)(课件出示第2题)学生读题目。

交流:你选第几幅图?为什么?其他三幅图有什么问题?

强调:只有把一个图形或者一个物体平均分成几份,每份才是它的几分之一。

(三)自主探索、比较大小(15分钟)

1. 教师板书1/2、1/4、1/8,让学生读出各数。

教师:"看到这三个分数,你能说出它们谁大谁小吗?"(学生猜测,交流)"究竟谁说的有道理呢?需要大家动手来验证一下,请从老师为你们提供的学具里选择合适的学具,折一折,比一比,然后在小组里交流你的发现。"

组织学生汇报、交流,教师小结。

2. 练习,完成"想想做做"第3、5题。

(1)(课件出示第3题)教师:三张纸条的长度怎样?(一样长)

第一张纸条全部涂色,该怎样表示?

第二张、第三张纸条的涂色部分会表示吗?(学生回答,教师演示)

你能根据三张纸条涂色部分的大小,比较出这三个数的大小吗?

(2)(课件出示第5题)读题目,并说出题目的要求。

学生独立完成,集体反馈。

(四)延伸拓展、总结评价(5分钟)

1.(课件出示)"想想做做"第6题图。

教师:这次的黑板报有哪些板块?《科学天地》大约占黑板报版面的几分之几?《艺术园地》大约占黑板报版面的几分之几?哪一部分大一些?

教师:这就是我们生活中的分数,我们的生活中不只有整数,也有分数。

2. 总结:这节课你有哪些新的收获?今天学习的分数有什么相同的地方?你觉得还要学习什么样的分数?让我们课下找一找生活中还有哪些分数,好吗?

通过分析"认识分数"的教学设计,请说明教学设计的基本原则、依据、步骤和基本内容是什么?

教学设计的过程实际上就是为教学活动制定蓝图的过程。一方面,通过教学设计,教师可以对教学活动的基本过程有个整体的把握,可以根据教学情境的需要和教学对象的特点确立合理的教学目标,实施可行的评价方案,从而保证教学活动的顺利进行;另一方面,通过教学设计,教师还可以有效地掌握学生学习的初始状态和学习后的状态,从而及时调整教学策略、方法,采取必要的教学措施,为下一阶段的教学奠定良好的基础。实质上课堂教学就是教师根据班级学生的实际需要和特点以及所教课程的内容,将课程目标转化为单元或课时目标,并对这种目标加以分解和细化,据此选择恰当的教学模式、教学策略、教学方法和教学程序,对照目标检测教学效果的一种安排。

(一)教学设计的基本原则

1. 系统性原则

教学是由多种教学要素构成的一个复杂系统,教学设计则是对这诸多要素的系统安排和组合。以系统的原则指导教学设计,这是科学的教学设计与实际经验的教学设计的根本区别。系统性原则要求教学设计立足于整体,对由诸多要素构成的教学活动进行综合的、整体的规划与安排。

2. 可操作性原则

教学设计明确指向教学实践。可操作性原则要求教学设计者对教学内容的选择、教学方法的运用、教学时间的分配、教学环境的调试、教学评价手段的实施都必须符合主客观条件。符合主观条件是指必须考虑学生的年龄特点、已有知识基础和师资水平,符合客观条件是指必须考虑教学设备等因素。

3. 突显性原则

突显性原则要求设计者有目的、有重点地突出某一种或某几种教学要素,以达到特定的教学目标。如教师可以在教学方案中突出某一教学方法的运用、某一部分教学内容的讲述、某一种新教学环境的设计,从而使教学活动重点突出、特色鲜明、富有层次感。

4. 创造性原则

一方面,创造性原则要求设计者根据不同的教学目标和不同学生的特点,创造性地进行教学设计;另一方面,创造性原则要求设计者根据个人的教学经验、风格、智慧设计带有个人风格和色彩的教学方案。

(二)教学设计的依据

1. 现代教学理论

理论的指导是教学设计由经验层次上升到理性、科学层次的一个基本前提。

2. 系统科学的原理和方法

运用系统方法分析课堂教学系统中各因素的地位和作用,使各因素得到最紧密的、最佳的组合,从而优化课堂教学效果,是教学设计的一个基本特征,同时也是教学设计成功与否的关键所在。

3. 教学的实际需要

教学设计的全部意义就在于满足教学活动的实际需要,在于为实现这种需要提供最优的行动方案。

4. 学生的需要和特点

教学设计的基本特征之一是它既关心"教",又关心"学"。教是为了学,学是教的依据和出发点,教师的教必须通过学生积极主动的学才能起到有效作用。

5. 教师的教学经验

教师在教学设计中,既不能完全依据经验行事,也不能排斥教学经验的作用。只有将科学的理论和方法与好的教学经验结合起来,才能使教学设计既有共性,又有个性,并最终达到科学性和艺术性的统一。

(三) 教学设计的步骤

教学设计作为对教学活动系统规划、决策的过程,其步骤包括如下几点:

规定教学的预期目标,分析教学任务,尽可能用可观察和可测量的行为变化来作为教学结果的指标;确定学生的起始状态,包括他们原有的知识水平、技能和学习动机、状态等;分析学生从起点状态过渡到终点状态应掌握的知识技能或应形成的态度与行为习惯;考虑用什么方式和方法给学生呈现教材,提供学习指导;考虑用什么方法引起学生的反应并提供反馈;考虑如何对教学的结果进行科学的测量与评价。

上述教学设计的步骤集中体现了教学设计的四个基本要素。一是教学所要达到的预期目标是什么?解决的是教学目标的问题。二是为达到预期目标,应选择怎样的知识经验?解决的是教学内容的问题。三是如何组织有效的教学?解决的是教学策略、教学媒体的问题。四是如何获取必要的反馈信息?解决的是教学评价的问题。这四个要素从根本上规定了教学设计的基本框架,无论在何种范围内进行教学设计,教学设计者都应当综合考虑这四个基本要素,否则,所形成的教学设计方案将是不全面和不完整的。

(四) 教学设计的基本内容

1. 教学目标的设计

合理的教学目标是保证教学活动顺利进行的必要条件。教学目标设计是教学设计的重要环节。教学目标设计的步骤和注意事项在"教学目标"一节中已详细介绍,这里不再赘述。

2. 教学内容的设计

教学内容设计是教学设计的主体部分,其质量高低直接影响教学活动的成败。不同类型的知识需要针对其特点进行教学设计。陈述性知识主要是关于"是什么"的知识。教学设计的重点应放在怎么帮助学生有效理解、掌握这类知识上,注重学生对其符号或词语意义的获取。程序性知识是有关"怎么办"的知识,是关于方法和应用的知识。程序性知识的教学设计应确定的教学目标,主要就是帮助学生形成运用概念、规则和原理解决问题的能力。为了达成这一目标,程序性知识教学要有充分的练习设计。策略性知识也是关于"怎么办"的知识,它所处理的对象是个人自身的认知活动和个体调控自己认知活动的知识。要搞好策略性知识的教学设计,教师必须根据策略性知识的特点和学生学习的特点进行有针对性的教学设计。

3. 教学时间设计

教学时间是影响教学活动的一个重要因素,控制和改变教学时间在一定程度上也就意味着控制和改变教学活动。设计教学时间主要包括以下几个方面:把握好整体时间分配,了解一学期甚至一学年教学时间的总体分配情况,对每节课的教学时间分配有合理的安排;保证学生的学习时间,减少学生和自身缺课的现象;科学规划单元课时,确定每个单元所需的教学时间;注意学生的专注学习时间,合理安排教学时间;把握好教学设计的每个环节,避免教学时间遗失现象的发生。

4. 教学措施设计

首先是教学方法的选择和设计。教师在选择教学方法时要明确选择教学方法的标准,了解新的学习方法,并对各种可供选择的教学方法进行比较。其次是教学媒体的选择和设计。教师要依据教学目标、教学对象、媒体的技术特性和经济条件选择教学媒体。最后是教学结构的确定。教师要选取教学环节,具体设计教学各环节的组织,并对各教学环节的设计进行"统筹"。

5. 教学评价设计

教学评价设计主要表现在两个取向上。目标参照取向的终结性评价设计是在课堂教学进行之前就关注其结果的设计,采用的基本工具是课堂提问和课堂小测验。过程取向的形成性评价设计是针对课堂上可能发生的学生学习状况进行的设计,采用的工具和方法更多地依赖于教师个人的教学智慧和艺术品格。过程取向的形成性评价设计是教学评价设计发展的基本方向。

总之,教学设计是教师教学准备工作的组成部分,是对整个教学系统的规划,包括教学目标、教学内容、教学时间、教学措施、教学评价的设计,以获得优化的教学效果。

大家谈

1. 教学工作一般包括备课、上课、课外作业、课外辅导和学业考评五个基本环节,你认为哪个环节最重要?
2. 教学各环节之间有什么关系?
3. 结合当前和过去的课堂学习经历,谈谈你对课堂教学设计的认识。
4. 既然课堂教学情境是多变的系统,那么你认为教师的教学设计能满足多变的课堂需要吗?

课后研究

针对中小学某门课程的一节内容(或一节课),做出一份较为完整的课堂教学设计。

设计前请深入领会课程标准,认真专研教材,明确"教什么"和"如何教",然后按照步骤进行教学设计。

在线学习资源

1. 中国教育和科研计算机网,http://www.edu.cn/
2. 中国教育信息网网站,http://www.edcn.cn/
3. 人民教育出版社网站,http://www.pep.com.cn/

补充读物

1. 张华.课程与教学论[M].上海:上海教育出版社,2000:72.
2. 陈旭远.课程与教学论[M].长春:东北师范大学出版社,2002.
3. 全国十二所重点师范大学联合编写.教育学基础(第2版)[M].北京:教育科学出版社,2008.
4. 曲铁华,周晓红.教师学与教学论[M].长春:东北师范大学出版社,2006.
5. 扈中平.现代教育学[M].北京:高等教育出版社,2010.

第八章　学校的德育

学习目标

1. 了解学校德育的具体内容。
2. 理解并学会运用学校德育的原则。
3. 掌握并能按照规律进行学校德育活动。
4. 熟知并会运用学校德育的方法。
5. 了解学校德育的各种教育途径。
6. 通过学习能够进行学校德育实践。

内容提要

学校德育位居学校各项活动的首位,学校德育的内容包括爱国主义和国际主义教育、理想教育和传统教育、集体主义教育、劳动教育、纪律与法制教育、辩证唯物主义世界观和人生观教育;学校德育要通过知、情、意、行多个方面多种开端在交往和组织活动中促使学生内部矛盾转化,这是一个长期反复的过程;依据学校德育规律和社会发展需要,学校德育应遵循知行统一、教育影响统一、集体教育与个别教育相结合、正面引导与纪律约束、严格要求与尊重信任相结合、发挥积极因素与克服消极因素等德育原则,选择说服教育、情感陶冶、实践锻炼、榜样示范、品德评价等方法;通过学科德育、活动德育和专题德育的途径来对学生进行德育。

学校教育的根本在于培养学生全面健康地成长,作为教育组成部分之一,德育在学校教育中占有重要地位。在当代学校,道德教育和德育含义并不相同,道德教育是指对学生品德的培养与教育,而学校德育的内涵界定已经远远超出了品德培养的范围,它是将知识、技能、审美之外的教育都归入德育范围,包括政治、思想、法制、心理品质和品德等方面的教育。因此在界定学校德育概念时,我们不能不考虑学校客观存在的这一现实情况,据此将学校德育定义为:教育者根据一定社会或阶级的要求,根据受教育者的身心发展规律和成长需要,有计划、有目的、有系统地对受教育者进行政治、思想、法律、身心健康和品德等涉及人的道德形成与发展方面的教育影响,受教育者通过主动接纳与内化养成一定政治觉悟、健全人格和思想品德的教育活动。了解学校德育的内容、规律、原则和方法,了解学校德育的专门化特点,对学校德育的实施和效果都有重要意义。

第一节　学校德育内容

我国中小学的学校德育内容根据社会发展变化情况而进行调整,总体来说新时期的德育内容包括:世界观、人生观、价值观的"三观"教育;社会主义、爱国主义、集体主义的"三义"教育;社会公德、职业道德、家庭美德的"三德"教育。2010年发布的《国家中长期教育改革与发展规划纲要(2010—2020年)》提出"坚持德育为先,立德树人,把社会主义核心价值体系融入国民教育全过程"。根据以上这些教育目的和德育任务的要求,我国学校德育包含以下内容。

一、爱国主义和国际主义教育

案例 8-1

在我国老一辈科学家中,有许多人都是留学国外又回国服务的。著名桥梁专家茅以升在1916年20岁时,到美国留学,成为康奈尔大学桥梁专业的研究生,很快以优异的成绩获得硕士学位。为了获得实践的机会,他晚上上课,攻读博士学位,白天到一家桥梁公司实习,亲手绘图、切削钢件、打铆钉、油漆,终于成了一个既懂理论又有技术的人才。美国人很佩服他,一份份聘书从各地寄来,请他担任工程师。但是,茅以升没有接受聘请,而是决定回国。美国有些人劝他:"科学是没有祖国的,是超越国界的。科学家的贡献是属于全人类的。中国条件差,你留在美国贡献会更大。"茅以升回答:"科学虽然没有祖国,但是科学家是有祖国的。我是一个中国人,我的祖国更需要我。我要回去为祖国服务!"1919年,茅以升带着一身本领回到国内,开始了为国造桥的事业。现在浙江省钱塘江上那座雄伟壮观的大桥,就是茅以升设计并主持建造的。

——http://www.liuxue86.com/a/569030.html

茅以升前辈的行为体现了什么精神?学校德育如何开展对此精神的教育?

爱国主义是千百年来逐步建立的对祖国的一种深厚的感情,是维护民族独立、生存和发展必不可少的高尚品德。学校的爱国主义教育主要培养学生热爱祖国的观点、情感和维护祖国尊严的意志。学校爱国主义教育主要表现在:教育学生热爱中华人民共和国,热爱中国共产党,热爱社会主义制度,热爱祖国的人民、疆土、资源、文化、语言和民族优良的历史传统,具有民族自尊心和自豪感,鄙视崇洋媚外的自卑心理。

国际主义是指倡导和支持国家间为共同利益而开展更广泛的经济和政治合作的政治运动。学校的国际主义教育主要培养学生尊重国家的独立自主,以及在此前提下以马克思主义原理为基础,理解和支持各国无产阶级和劳动人民的反对剥削压迫、争取民族解放、建设社会主义、维护世界和平、促进人类进步的斗争,知道应坚持和维护世界人民大团结。

二、理想和传统教育

案例 8-2

陈景润(1933—1996)是中国现代数学家。陈景润在福州英华中学读书时,有幸聆听了清华大学调来的一名很有学问的数学教师沈元讲课。沈元给同学们讲了一道世界数学难题:"大约在200年前,一位名叫哥德巴赫的德国数学家提出'任何一个大于2的偶数均可表示两个素数之和'的猜想,简称1+1。他穷尽一生也没证明出来,便给俄国圣彼得堡的数学家欧拉写信,请他帮助证明这道难题。欧拉接到信后,就着手计算。他费尽了脑筋,直到离开人世,也没有证明出来。之后,哥德巴赫带着一生的遗憾也离开了人世,却留下了这道数学难题。200多年来,这个哥德巴赫猜想吸引了众多的数学家,成为世界数学界一大悬案。"老师讲到这里还打了一个有趣的比喻:数学是自然科学皇后,"哥德巴赫猜想"则是皇后王冠上的明珠!这引人入胜的故事给陈景润留下了深刻的印象,"哥德巴赫猜想"像磁石一般吸引着陈景润,从此,陈景润开始了摘取皇冠上宝石的艰辛历程……为了使自己梦想成真,陈景润不管是酷暑还是严冬,在那不足6平方米的斗室里,食不知味,夜不能眠,潜心钻研。经过10多年的推算,在1965年5月,发表了论文《大偶数表示一个素数及一个不超过2个素数的乘积之和》。他证明了"每个大偶数都是一个素数及一个不超过两个素数的乘积之和",使他在哥德巴赫猜想的研究上居世界领先地位,这一结果国际上誉为"陈氏定理",受到广泛征引。

——http://wenda.so.com/q/1364101321069488?src=130

案例体现了德育的什么内容?

  德育的重要内容之一是向青少年进行理想教育。在学校德育中,理想教育的主要内涵是生活理想、事业理想、社会理想三个方面的教育。生活理想是对理想生活和理想人格的一种设定和追求,理想教育要让学生追求成为"一个高尚的人,一个纯粹的人,一个有道德的人,一个脱离低级趣味的人,一个有益于人民的人";事业理想是个体对理想职业的憧憬和追求,有了职业理想,职业才可能转化为对于个体生命有神圣意义的"事业",才可能真正具有敬业精神和职业道德;社会理想教育应当分为两个层次进行,一方面是对未来社会最美好或终极状态的追求,另一方面是对近期社会目标的追求,如"中国特色的社会主义"和建设富强、民主、文明的社会主义强国。生活理想是理想结构中的基础,职业理想建立在生活理想的基础之上,而职业理想是生活理想和社会理想实现的中介,社会理想则是生活与职业理想的方向指导。①

  传统教育也是德育内容之一,理想的放飞离不开传统的沃土。传统是指世代相传的精神、制度、风俗、艺术等,传统教育就是承担起对传统内容进行传承的责任,渗透到人类活动的每一领域,传统教育的内容相当广泛,包括革命传统教育和民族文化传统教育。学校的革命传统教育用中国共产党在长期的革命斗争中形成的优良传统对学生进行教育,其精神实质就是全心全意为人民服务,为社会主义和共产主义奋斗终生;学校的民族文化传统教育对学生进行中华民族先哲们的思想精华、经典著作以及反映民族特质和风貌的艺术和文明风俗等内容的教育,它们建构了中华民族特有的文化深层心理结构,可以提高整个民族的人文素质。

三、集体主义教育

案例 8-3

三个和尚

  很久以前,山上有座庙,庙里有个和尚。他每天都挑着两个水桶,走到山下的小河担水,回来

---

① 檀传宝.学校道德教育原理[M].北京:教育科学出版社,2000:110-111.

后打扫庙宇,接着按时念经,然后到庙后的菜地种些瓜菜。庙堂干干净净,生活有条有理。不久之后来了个瘦和尚,他俩开始互相推脱干活,最后只好两人抬水,勉强过活。又过了不久,来了个胖和尚,三个人谁也不想吃亏,谁也不愿意去挑水,只好大眼瞪小眼,望着水桶发呆。有一天老鼠打翻了蜡烛,着火了。三个和尚马上跳起来,你担水,我灭火,三个人齐心协力,大火终于被扑灭了。火灾之后,三个和尚醒悟过来,他们再也不能互相推脱,而是要互相照顾,互相关心,才能过着幸福快乐的生活。

问题

为什么说"一个和尚挑水吃,两个和尚抬水吃,三个和尚没水吃"?案例说明了三个和尚要有怎样的精神和感情才能生活得愉快和幸福?

集体主义在我国通常被誉为一种高尚的价值观,即主张个人从属于社会,个人利益应当服从集团、民族、阶级和国家利益。学校德育的重要使命之一就是使学生能够在集体中努力实现个人的价值。人总得在集体中生活,集体主义以个人利益服从集体利益为前提,同时充分尊重个人正当合法的利益,并保证其个性得到发展。集体主义教育要使学生形成集体主义观点,关心集体,自觉地遵守集体纪律,维护集体的荣誉,培养集体主义情感,以及助人为乐、团结互助的感情和善于在集体中工作生活的习惯,在个人权益得到适当肯定的条件下,集体利益至上,同时也是把集体主义思想和道德准则转化为人民的个人行为习惯和个性特征的过程。

四、劳动教育

 案例 8-4

《夏令营中的较量》一文中写道:1992 年 8 月,77 名日本孩子来到了内蒙古,与 30 名中国孩子一起举行了一个草原探险夏令营。在英雄小姐妹龙梅、玉荣当年放牧的乌兰察布盟草原,中日两国孩子人人负重 20 千克,匆匆前进着。他们的年龄在 11~16 岁。刚上路时,日本孩子的背包鼓鼓囊囊,装满了食品和野营用具;而有些中国孩子的背包却几乎是空的,装样子,只背点吃的。才走一半路,有的中国孩子便把水喝光、把干粮吃尽,只好靠别人支援。野炊的时候,日本所有孩子都参与劳动,有的动手搭帐篷,有的捡柴生火,有的洗饭盒,凡是又白又胖抄着手啥也不干的,全是中国孩子。中方大人批评他们:"你们不劳而获,好意思吃吗?"可是这些中国孩子反应很麻木。

——孙云晓,新浪博客 http://blog.sina.com.cn/s/blog_475b1664010005xt.html

问题

中日孩子在夏令营中的不同表现说明了什么?给我们现今的德育以何种启示?

劳动是人类社会最基本的实践活动,是人类赖以生存的基础,人不可能脱离劳动而存在,在一定意义上可以说劳动也是人的存在方式。劳动教育是德育的重要内容,是使学生树立正确的劳动观点和劳动态度,热爱劳动和劳动人民,养成劳动习惯的教育。国家基础教育课程改革从三年级开始到高中开设综合实践活动课程,把劳动技术教育作为其中的四大指定性学习领域之一,作为推进以培养创新精神和实践能力为核心的素质教育的一个重要举措。劳动技术教育既是学生适应现代社会生活的需要,也是促进学生全面发展的需要,学校教育应该从育人的角度,培养学生的劳动意识,使其具有一定的劳动习惯和劳动技能,做一个热爱劳动善于劳动的公民。① 学习是学生的主要劳动,劳动教育还应培养学生勤奋学习,正确对待升学和就业,学生在校期间要按照教学计划的规定通过生产劳动和公益劳动等来实施。

五、纪律和法制教育

> **案例 8-5**
>
> 美美一直在山东老家的职高上学,去年 2 月,她有一次参加同学聚会,因醉酒留宿在了同学家。第二天早晨起来,她甚至不知道自己在醉酒时和朋友发生了性关系。后来的几个月,美美没有来月经,身体开始发福。但因为她有 1.67 米的个头,一百三四十斤,几个月间,她并未发现怀有身孕。随后暑假来临,美美来到北京朝阳区一家图书市场打工。8 月的一天晚上,她觉得肚子疼痛,在厕所内生下了孩子。美美说,当时她吓坏了,又怕因为未婚产子被人说闲话,就把孩子丢弃在垃圾桶内,躲回宿舍。第二天清晨,清洁工发现了孩子,并赶紧送到医院。但是抢救无效,婴儿已经死亡。后经警方排查,美美因遗弃罪被逮捕。接触过美美两次的朝阳检察院未成年人案件检察处书记员王瑀说,美美不仅法律意识淡薄,生理知识也非常匮乏。
>
> ——新京报,2013 年 4 月 20 日

问题 结合案例谈谈加强青少年纪律和法制教育的必要性?在学校的德育中我们该如何开展纪律与法制教育?

纪律是在一定社会条件下形成的,是集体成员必须遵守的规章、条例的总和,是要求人们在集体生活中遵守秩序、执行命令和履行职责的一种行为规则。学校纪律既是学校顺利进行教育教学活动的重要条件保证,又是培养具有社会主义道德品质的一代新人的重要条件和方面。纪律教育是学校教育学生为维护集体利益并保证工作进行而要求学生必须学习和遵守的规章与条文,使学生提高执行纪律的自觉性,养成遵守纪律习惯的教育。学校纪律教育应当同个体的自主性、能动性发挥有机地结合起来;教育学生正确认识纪律的性质、意义和作用,帮助他们形成正确的纪律观念,提高遵守纪律的自觉性;教育学生遵守学生守则和学生日常行为规范、遵守学校的各种规章制度,养成遵守纪律的习惯;教育学生敢于和善于同违反纪律的现象和行为作斗争。

法制指法律和制度,学校法制教育不仅要让学生懂得法制的性质、意义和作用,帮助学生形成社会主义的法制观念,提高学法、用法、守法的自觉性,还要让学生了解宪法、刑法、婚姻法、环境法等与自己学习和生活(包括经济法)直接有关的法律、法规和条例等的基本知识和内容,懂得社会主义法制的基本思想和原则,知道公民的基本权利和义务,树立在法律面前人人平等的观念,懂得必须维护宪

---

① 陈寒.教育学教程[M].北京:北京师范大学出版社,2011:283.

法的尊严,更要培养学生依法律己的奉公守法精神和良好品质,懂得运用法律武器维护自己的合法权益,并善于用法律武器同违反和破坏法制、危害社会的不法行为作斗争。①

六、辩证唯物主义世界观和人生观教育

 案例 8-6

人和鱼雁

齐国有一户田姓人家,在家大摆筵席。客人中有献上鱼和雁作为礼物的。主人看了很高兴:"上天对我们真优厚啊!你看,这些鱼儿、雁儿,不都是为我们的口腹享受而生的吗?"客人们听了随声附和。座中有一位鲍家小孩,才12岁,站起来说:"我不同意你的说法。人也是天地万物中的一种。由于大小智力的不同,生物界有弱肉强食的情况,但并没有什么上天注定谁为谁生的道理。人类选择可吃的东西做食品,这些东西难道是上天特地为人类创造的?正如蚊子喝人的血、虎狼吃人的肉,难道也是上天特意要生出人来给它们做食物的么?"

——http://www.g12e.com/new/201302/gx20130228135228222253823.shtml

问题:鲍家小孩的话体现怎样的世界观?对现今的学校德育有什么正面意义?以及学校该如何开展对学生世界观和人生观的教育?

世界观是人对世界总体的看法,包括人对自身在世界整体中的地位和作用的看法,是人的自然观、社会历史观、伦理观、审美观、科学观等的总和。人生观是世界观在人生方面的表现,是关于人生目的、人生态度、人生理想等方面的基本观点,主要回答怎么对待人生、度过人生和在实践中实现人生的价值问题,通俗地说就是人为什么活着,怎样做人,怎样活着才有意义等问题。人生观的内容具体表现为苦乐观、荣辱观、幸福观、生死观等方面,由于人们在社会生活中所处的地位不同,所从事的社会实践不同,生活环境不同,受教育水平不同,文化素养不同,对人生的目的和意义的看法和态度也就不同,这就出现了不同的人生观。②

世界观和人生观教育对学生的学习和未来的生活都有十分重要的意义。学校辩证唯物世界观和人生观教育要使学生懂得世界是物质的,精神是物质的反映,实事求是地看问题,从实际出发,按客观规律办事,不唯意志论;要让学生懂得事物的对立统一、普遍联系和相互作用与不断发展变化,对具体情况进行具体分析,克服孤立地表面地静止地看问题;要让学生懂得事物发展变化的动力在于事物内部的矛盾运动,懂得内因和外因的辩证关系;要让学生懂得物质及其规律是可以认识的,实践是认识的源泉、途径和目的,也是检验真理的标准,要注意将理论学习和实践活动结合起来,学会初步运用唯物史观分析社会历史现象。③

---

① 胡厚福.德育学原理[M].北京:北京师范大学出版社,2002:229-230.
② 檀传宝.学校道德教育原理[M].北京:教育科学出版社,2000:109-110.
③ 胡厚福.德育学原理[M].北京:北京师范大学出版社,2002:236-237.

大家谈

1. 结合实际,谈谈现今学校德育内容与传统德育内容有何不同?
2. 关于越来越多的青少年走上了犯罪道路,谈谈在学校德育中应注意什么。
3. 针对当前社会存在的不道德现象,谈谈对学校德育内容的启示。

第二节 学校德育规律

学校德育既是一种教育活动也是一个教育过程,只要有教育存在就有德育存在,德育在进行的过程中有其自身规律。德育规律是在德育过程中本身所固有的、深藏于德育现象背后并起着决定或支配德育现象走向的具有稳定性的内在本质联系,具有普遍性的特征。德育规律是反复起作用的,只要具备必要的条件,合乎规律的德育现象就必然重复出现,学校德育要取得好的效果必须遵循德育规律进行。

一、学校德育通过多种开端对学生进行知、情、意、行多方面培养

案例 8-7

某班级举行"敬老院献爱心"的活动。在活动前,召开了主题班会,宣扬尊老爱老的传统美德,以及热爱劳动的精神。第一天的爱心活动进行得很顺利,孩子们的活动热情很高,积极帮老人打扫卫生,给老人讲故事。第二天孩子们仍然早早到了敬老院,除了小军。当天活动结束后老师找小军谈话,谈话过程中,老师了解到小军内心清楚地知道尊老爱老是美德,但是在活动中不喜欢和老人打交道,感觉代沟太大,无法交流。老师想了想,和小军做了一个约定,接下来的几天只要小军每天都参加活动就可以得到一颗"红心"贴画,如果他能积攒10颗"红心",在活动结束后就能够得到一面锦旗。开始几天小军很不情愿,但是为了得到"红心"坚持参加活动,渐渐小军参加活动的热情高涨,他主动找到老师说现在很喜欢和老人相处,感觉老人们像爷爷奶奶一样关心着自己,自己也想为他们做些什么。

问题

老师对小军的引导方式有何不同?德育工作具有多种开端的合理性是怎么体现的?为什么说德育过程是培养学生知、情、意、行的过程?

学生的道德形成和发展由知、情、意、行四个因素构成,学校德育过程也就是对这四个方面的道德形成与发展因素进行培养的过程。知即认知,学生道德的形成和发展离不开对道德现象、道德关系、道德原则和道德规范以及与此相关的其他方面知识的认识与了解,包括道德理论知识的学习、道德判断力的提高等。道德认知的形成能够帮助学生不但知道怎样做,还懂得为什么要这样做,具有很强的自觉性和主动性。认知在学生的道德形成整体结构中是一个非常关键的因素,是道德情感和道德行为的基础,只有深刻的道德认识,才能产生相应的道德情感,进而自觉地产生相应的道德行为。情即情感,是人们对客观事物做出道德判断时产生的内心体验,从内容上看,道德情感包括责任感、义务感、集体荣誉感、爱国主义情感。道德情感具有评价、调节和信号的作用,即能辨别行为是否具有正当

性和合宜性,强化或削弱个人的认识和实践以及向他人传递或获取价值信息。学生一旦形成道德情感,就会积极地影响其道德选择。意即意志,是人们自觉地调节自己的行为,克服困难,做出努力的过程,道德意志是调节学生道德行为的精神力量。行即行为,它是通过实践或练习形成的,是学生道德的外部表现,是判断和衡量学生道德水平的重要标志。

道德教育过程中的知、情、意、行四要素既是相对独立又是相互联系、相互促进和相互转化的,其中知是基础,行是关键,情起催化作用,意能起定向作用。知、情、意、行在道德形成和发展过程中具有多端性,即每一种因素都可以作为独立方面进行培养,每一因素都对其他因素是一种促进,道德教育要遵循道德形成和发展的特性,不一定都从知开始,也可以从情、意、行开始。

二、学校德育通过组织活动和交往对学生进行多方面教育影响

案例 8-8

一位小学的老师看到了该班级的岩岩在校园随手丢垃圾,便进行了一次主题为"保护我们的家园"的教育课,在课堂上,大家围绕如何保护环境积极发言,有的说要多种树,有的说不乱丢垃圾,有的说节约用水……为了强化教育效果,老师组织同学们周末一起到公园拾垃圾,号召同学们从自己做起,从身边小事做起,力所能及地为我们的家园贡献自己的一份力量。在拾垃圾的过程中孩子们还自发收集了矿泉水瓶,卖掉水瓶的钱作为班费备用。让老师欣慰的是,在活动中岩岩也积极地拾着垃圾。通过活动,老师惊喜地发现学生们的环保意识都加强了,他们都明白了保护地球是我们每个人的责任。

问题

该学校德育的创新之处是什么?组织学生活动和交往对学生的品德形成有什么意义?在学校中组织活动应注意什么?

学生的道德是在活动和交往中逐渐形成和发展起来的,是在主体和客体相互作用下,由行为主体在活动和交往基础上进行自我建构的结果。学生是现实社会的人,客观的社会关系总是通过活动和交往对人发生作用的,学生只能从客观存在的社会关系中掌握道德观念和道德行为,学生的道德也只有在活动和交往中才能表现出来并受到检验。因此,学校德育要根据学生的需要开展各种活动,在活动和交往中,帮助学生形成正确的道德认知,激发积极的道德情感,锤炼坚定的道德意志,最终产生符合道德规范的行为,从而对人的存在产生积极向往,参悟生活的意义。

学校德育应当有效地组织好学生的活动和交往。首先要明确活动和交往的目的性,让学生能自觉地积极参与,在活动交往中处于主动积极的地位,成为活动的积极组织者、参与者,取得良好的德育效果;其次要明确活动与交往的公益性,让学生明白他的行为将会给他人、学校、家庭以至社会带来什么好处,有利于形成学生高尚的为公众服务的动机;再次要秉持活动与交往的集体性。集体本身就是一种教育因素,对参与者道德形成具有积极影响;最后还要保证活动形式的多样性,激发学生的积极情绪与兴趣,增强活动的教育效果。①

---

① 陈寒.教育学教程[M].北京:北京师范大学出版社,2011:288.

三、学校德育要促使学生思想内部矛盾运动的转化

> **案例 8-9**
>
> 小华的妈妈是教师,工作很忙,小华总是认为妈妈因为工作和她的学生忽略了自己。在母亲节那天,小华班级为了开发学生自我道德教育的潜能,召开了"我爱妈妈"的主题班会。班会中每个孩子回忆妈妈平时对自己无私的付出,并讲述一件自己生活中关于妈妈最难忘的事件。每个孩子都举手发言,有的说自己感冒,妈妈彻夜不眠守在床前;有的说妈妈每天起很早为自己做饭;有的说妈妈有一次因为他犯错打了他之后自己偷偷流眼泪……班会结束后,小华回到家里抱着妈妈说:"我爱你,妈妈!"妈妈激动地抱紧小华。通过长时间细心的观察,小华发现妈妈平时既要上班又要照顾自己,很辛苦,之前一直误解妈妈不关心自己是不对的,就力所能及地帮妈妈做做家务。教师节那天,小华给妈妈发了一条短信:"妈妈,您辛苦了!教师节快乐!谢谢您对我无私的爱!我爱您!"

小华内心发生了怎样的变化?如何理解德育过程是促进学生思想内部矛盾斗争的发展过程?

从外界对学生进行影响,到学生道德素质的形成和提升,需要经过一个能动的内化过程,是内外因素相互作用的结果,外部德育影响只有通过主体内部矛盾斗争才能发挥作用。内部矛盾是学生道德形成和发展的动力,反映当前德育要求的内在发展需要与已有发展现状之间的矛盾。每个学生会以不同的方式对待外部教育影响,或者是积极接受的态度,或者是中立的态度,或者是排斥的态度;在认识上表现为知与不知、能与不能的矛盾;在形成构成因素上,表现为各种因素发展方向和水平的矛盾。学生对学校德育影响采取接受态度时,外部要求便转化为主体要求,并选择适当的行动方式,经过主体"加工",纳入主体的道德系统的,学生的道德正是在不断产生和不断解决其主体内部矛盾斗争中形成和发展的。[1]

学校德育应自觉运用主体内部矛盾运动规律,根据学生已有的道德状况,根据学生的社会生活经验、兴趣、爱好、能力、气质、性格,有目的有计划地提出德育要求,对学生进行启发引导与因材施教,充分调动学生的积极性和主动性,引起学生的内部矛盾运动,掌握其矛盾转化的时机和条件,促进学生的道德内部矛盾顺利向德育要求的方向转化。在促进学生道德内部矛盾斗争与转化的过程中,学校德育要注意因势利导和长善救失,要依靠学生自己身上的积极因素来克服消极因素,充分发挥学生自我教育的作用。

四、学校德育是一个长期反复与不断提升的过程

> **案例 8-10**
>
> 小明是班级里有名的"捣蛋鬼",本学期开学后,上课要么扰乱他人学习,要么情绪低落;下课

---

[1] 陈寒.教育学教程[M].北京:北京师范大学出版社,2011:289.

胡乱打闹,同学间甚至与老师也经常闹矛盾;经常不做作业,各门功课单元测试不及格。老师找小明交谈,希望他在学校遵守各项规章制度,以学习为重,自我调节,自我改进,做一名合格的学生。经过几次努力,小明终于答应了,并且表现得很好。可是几个月过后,他又回到原来的样子,第一次单元考试各科仍然不及格。看到他不思进取,老师很失望,但是不能放弃他。为了有针对性地做工作,老师专程到他家去家访,进行详细了解,然后慢慢和他建立朋友的关系,并提示他多参加有益的文体活动,这样对身体有好处。通过几次的接触,他的纪律等并无多大改进,与老师、同学之间的关系依旧十分紧张。

老师并没有放弃,继续与他一边玩一边交流讨论生活,进而讨论学习,不动声色地教他遵守纪律,学会与他人相处,努力学习,做一名好学生。在路上遇到他,有意识地先向他问好;只要他的学习有一点进步就及时给予表扬、激励,使他处处感到老师在关心他、信赖他。他也逐渐明白了做人的道理,明确了学习的目的。

通过半学期的努力,他上课开始认真起来,作业也能按时上交,各科测试成绩都能达到及格,与老师、同学之间的关系也改善了。由于纪律表现不断好起来,学习成绩也不断好起来了。

结合案例谈谈如何理解德育过程是一个长期的、反复的、逐步提高的过程。

学生的道德水平是从简单到复杂,从低级到高级的矛盾运动中形成和发展的,是一个循环往复不断变化的过程,是通过接受学校德育和进行自我修养不断地从量变到质变的螺旋式地发展上升的,这种长期、反复、不断提高的德育过程是学生道德发展的显著规律。因为人的道德状态具有稳定特征和倾向,不是偶然的或一时的行为,学生的道德形成和发展必然要经历一个长期反复的培养教育或矫正训练的过程,只有一贯性地表现出某些良好的行为方式,才能说形成了某种优良道德,而且学生不良道德的矫正往往需要经过醒悟、转变、反复到完全改正这样一个复杂过程,甚至比培养道德的过程还要长。

学生正处于成长期,虽然身心发展等方面趋于日渐成熟的过程,但是人生观和价值观等思想观念方面一直都处于反复的矛盾与更新中,具有不稳定性、长期性和反复性,时常会因外界因素的变化而影响已经形成的道德状态,偶然的因素和事件还有可能引起学生道德水平的退步,因此学校德育要对学生道德的形成和发展进行反复的、长期的引领,并帮助学生逐步提高道德水平,学校德育者要正确认识和对待这种现象,坚持长期性德育和反复性德育的策略,引导学生提高自我教育的能力,从他律转变成自律,充分发挥学生道德主体的自我监控自我完善自我修行的能动作用。

大家谈

1. 结合自身接受德育的经验想一想,你参加了哪些学校组织的交往与活动,这样的德育形式对学生的道德提升有怎样的作用?

2. 结合身边的事例,谈谈你对德育过程是一个长期的、反复的、逐步提高的过程的理解。

3. 苏联教育家苏霍姆林斯基说:"追求理想是一个人进行自我教育的最初动力,而没有自我教育就不能想象会有完美的精神生活。我认为,教会学生自己教育自己,这是一种最高级的教育技巧和艺术。"谈谈这句话对德育规律的启示。

第三节 学校德育原则

学校德育原则是学校对学生进行德育应遵循的基本要求,以学生道德发展规律和社会发展要求为依据,概括了学校德育实践的宝贵经验,对学校组织与实施德育、开展德育活动、增强学校德育的实效性、提高学生的道德水平,都具有指导意义和启发性作用。

一、知行统一

> **案例 8-11**
>
> 2013年10月30日,汕头市河浦中学的两名高三学生看到一名骑电动车的老人摔倒在地,上前将其扶起并护送回家。不料,老人事后称是这两名学生导致其摔倒受伤的,要求两人赔偿。学校听取学生意见后积极介入采证调查,经过近半个月的调查,11月14日受助老人承认自己一时糊涂,并登门致歉。近年来类似事件接连发生,四成网友在一项民意测试中选择"不扶跌倒老人"。学校德育宣扬尊敬老人、助人为乐是中华民族的传统美德,学生们也深知这一美德传统,但在社会道德水平出现滑坡的背景下,学校德育该如何教导学生既要保持传统美德又避免不必要的麻烦呢?
>
> ——http://say.cqnews.net/html/2013-11/18/content_28690137.htm

结合案例,谈谈学校道德教育应如何贯彻知行统一原则?

知行统一原则,也称理论与实际相结合的原则,是指在学校道德教育中,既要重视对学生进行系统德育理论教育,又要重视组织学生参加道德行为实践的锻炼,使正确的思想道德理论知识能切实转化为学生的道德行为,真正做到言行一致、表里如一。这一原则是根据辩证唯物主义认识论的基本原理和社会主义教育目的而提出的。马克思主义认为,实践是检验真理的唯一标准,知是行的先导,没有正确理论的指导就不会有正确的行为;行是知的检验,如果学生不能将正确的道德认识转化为切实的道德行为,要么理论也只能沦为空谈,毕竟行才是学校道德教育的最终目的。

贯彻知行统一原则要求做到以下几个方面。

(一) 理论联系实际

学校应该对学生进行系统的马克思列宁主义基本理论和社会主义政治、法纪、思想道德规范教育,贯彻社会主义精神文明建设的核心价值观,使学生掌握马克思主义关于世界观、方法论和人生观等问题的基本观念、基本立场和方法,掌握社会主义政治思想道德准则和法律规范,掌握明辨是非、真伪、善恶、美丑的能力,从根本上提高学生的社会主义道德规范意识。同时,紧密结合社会主义现代化建设和学生思想道德水平实际,运用生活中具体形象事例,使学生的思想道德认识建立在丰富、可靠的感性材料基础上,从而最终促使学生形成科学的世界观和人生观。

(二) 培养学生正确的道德行为

理论的学习离不开实践的检验,正确的道德认识最终都需要通过行为表现出来。学校在进行思想道德品质理论的教育时,应积极组织和引导学生参加形式多样、内涵丰富的社会实践活动,促使他们在接触社会的实践活动中加深道德认识,增强道德情感体验,养成良好的道德行为习惯。例如在特殊节日,如建军节、"九·一八事变"纪念日、清明节等日子,组织学生为保家卫国、壮烈牺牲的革命烈士扫墓,参观"九·一八事变"纪念馆、军事博物馆等活动,培养学生热爱祖国、热爱中国共产党、热爱人民的高尚情怀。

(三)德育者要言行统一

德育者是指能够对受教育者道德成长进行言传身教的人,学校里的德育者主要是教师,教师通过示范作用将言传和身教结合起来,以自身的言行为学生做好知行统一的表率。对学生的道德要求,首先是对教师的要求,教师等德育者应该首先加强自身的道德品行规范,以身作则,严于律己,言行一致,这样才能对学生有所要求,对于学生知行不一的行为,教师应及时予以纠正,强化学生知行统一的意识。

(四)对学生的评价和要求要坚持知行统一的原则

对学生道德品质的评价不能只看理论知识的掌握程度,还要关注学生在生活实践中的道德行为表现,只有坚持知行统一的原则对学生品德进行评价,才能促使学生真正践行良好思想道德品质的要求。

二、教育影响统一

> **案例 8-12**
>
> 初一年级的小明是个让老师们头疼的学生,他上课不好好听讲,还喜欢恶作剧。老师批评他,他就摆出一副不以为然的样子,背对着老师吐口水、做鬼脸。班主任李老师循循善诱地教导他,他不听,老师要惩罚他,他也不怕。李老师实在没办法了,只能请家长。小明的爸爸很快赶到了学校,据小明的爸爸说,小明一家三口和小明的爷爷奶奶生活在一起,平时爷爷奶奶比较宠爱小明,爸爸妈妈想教育小明时,总是有爷爷奶奶护着,小明的爸爸对此也无可奈何。李老师了解到这个情况后,决定去小明家里进行一次家访。李老师在小明家见到了小明的爷爷奶奶,将小明在学校的表现说给两位老人听,小明的奶奶听了后沉默了一会说,就这么一个孙子难免宠着些。小明的爷爷却不服,嚷嚷着说,小明只是个孩子,不过淘气些罢了,还指责老师对小明有偏见。李老师耐心地向两位老人解释,如果任由小明这样胡闹下去,将来可能会走上违法犯罪的道路,而这样的一幕肯定不是两位老人愿意看到的。最终,小明的爷爷奶奶认识到问题的严重性,答应今后配合老师和小明的爸爸妈妈对小明进行正确的教育,以及时遏制并纠正小明的失范行为。

> **问题**
>
> 分析此案例,小明为什么在学校不受纪律约束?说明教育影响统一的重要性以及如何做到教育影响的统一?

教育影响统一原则,即教育的一致性与连贯性原则,是指学校、家庭和社会都要按照德育的目标要求统一认识,用系统连贯的教育去影响学生的道德行为,以发挥教育影响的整体作用,包括德育纵向意义上的教育影响连贯性和横向意义上的教育影响一致性。教育影响的统一直接影响对学生的德育效果,对德育效果的实现具有重大意义。教育影响的统一,要求学校、社会和家庭各方面的共同努力,具体应做到以下几点。

(一) 学校内部的德育影响要一致

校内德育影响的一致需要在学校校长的领导下,充分发挥教师集体作用,统一学校内部各方面的教育力量,包括全体教职工和各种学生组织,使之成为一个分工明确的优化群体,按照统一的德育要求和培养目标共同对学生进行教育。在一个班级中,班主任、各学科任课教师和团体组织对学生的德育影响必须是一致的。

(二) 学校和家庭的德育影响要一致

学校要充分发挥专门教育机构的职能,和学生的家庭保持紧密联系,可以通过家访或者家长会等形式向学生家长们宣传科学的德育观念和德育方法,对家庭德育进行科学指导,及时和家长沟通学生在学校和家庭的表现,协同一致地做好学生的德育工作,以保持学校教育和家庭教育影响的统一。

(三) 学校和社会的德育影响要一致

学校应该采取积极的措施严格控制来自社会的影响,将社会中的积极因素引入学校教育中来,摒弃社会对学生道德品质的不良影响。同时,学校应该对学生的校外活动进行指导,帮助学生安排好假期生活,确保学校和社会对学生的道德影响是一致的。

(四) 加强德育的连贯性

德育需要具有计划性和系统性。学校德育的制度化运行需要处理好各年级、各阶段的衔接工作,从而保证对学生道德影响的连续性和系统性,使学生的思想品德得以循序渐进地持续发展。青少年学生的思想品德形成和发展具有阶段性和顺序性的特点,不同教育阶段的德育内容和德育方法应具有针对性,总体上应保持德育循序渐进的过程,并具有整体性和计划性,既有内在的逻辑连贯性,又能够有条不紊地顺利进行下去。

三、集体教育和个别教育相结合

> **案例 8-13**
>
> 班里的"小霸王"小强来到班主任林老师的办公室,说:"老师,我要退学。爸爸说我上学也没什么用,不如学门手艺。老师和同学们都不喜欢我……其实我就是想吸引老师和同学的注意才故意淘气的。"林老师先和小强进行了谈话,对小强进行了说服教育,然后领着小强来到班里,小强首先真诚地向以前欺负过的同学一一道了歉,希望大家可以原谅他。同学们都沉默了,班长站起来说:"我也有错,小强学习成绩不好,我身为班长非但没有主动关心他帮助他,反而和同学们一起孤立他。"有几个同学也纷纷站起来挽留小强,表示以前不应该因为小强学习不好排斥他,缺少对小强的关心,希望小强留下来,以后大家互相帮助,和睦相处。林老师看见教育效果已经显现,就对同学们说:"小强平时的行为的确影响很不好,但是他已经认识到自己的错误了,并且向大家真诚地道了歉。小强同学这种知错能改的品质值得大家学习,希望同学们再给他一次机会,在学习上多帮助他,生活上多关心他。我们是一个班集体,大家以后一定要互相帮助,团结一致。"大家纷纷表示赞同。通过这件事,林老师带的这个班集体凝聚力明显加强,调皮捣蛋者也越来越自觉,班级风气为之一振。

分析上述案例中林老师使用的教育原则,说说在实际教育工作中应如何贯彻该原则。

集体教育与个别教育相结合原则,也称"平行教育"原则,由苏联著名教育家马卡连柯提出,是指在德育过程中,教师既要通过集体的力量教育个别学生,又要通过对个别学生的教育影响集体,在教育实践中将集体教育与个别教育辩证地统一起来。集体教育与个别教育相结合,可以使学生能够正确处理人与人之间、个体与集体之间的关系,养成遵守纪律、团结友爱的良好思想品德。集体的力量可以充分发挥每个学生的智慧和才能,最大限度地调动每个学生的积极性和主动性。同时又通过个别教育促进集体的发展,从而实现教育效果的最大化。贯彻该原则的具体要求论述如下。

(一) 要组织和建设好集体

集体是由有着共同目标、共同利益和共同活动的成员而组成的彼此联系密切、具有鲜明组织任务的群体,良好班集体的形成需要有意识的培养和有效的教育。教师尤其是班主任,应该重视班集体的培养,关心班集体的成长,指导开展有益的集体活动,同时需要学生干部和学生团体的共同努力。

(二) 充分发挥班集体的教育作用

要充分发挥集体的教育作用,就要使集体的奋斗目标成为鼓舞全体成员前进的力量,使每个学生都能够自觉为集体目标的实现而严格要求自己;就要指导和帮助集体中的学生干部和积极分子做好班级工作,充分发挥他们的聪明才智和组织作用;就要充分发挥集体舆论、班级风气的作用,使每个学生都能意识到自己对集体享有的权利和应该承担的义务和责任。同时,通过集体活动的组织和开展,教育集体中的每个学生,形成良好的道德素质。

(三) 重视个别教育

集体教育进行的同时不能忽视学生个体的教育,否则个别学生的问题将会影响整个集体教育的效果。如果抓好个别教育,就可以以点带面,将个别教育与集体教育结合起来以求达到最好的教育效果。

四、正面引导与纪律约束相结合

 案例 8-14

某校年级组进行学生个人卫生检查时,发现一位小男孩没有按照学校规定修剪指甲,提出批评并告知该男生所在班级的班主任老师。老师让男孩把手伸出来,拿起自己的指甲刀小心仔细地为这个男孩修剪指甲,并温柔地对男孩说:"指甲里容易滋生细菌,过长的指甲又可能会在玩耍时伤到自己或者别的小朋友,所以以后要按时修剪指甲,好吗?"男孩没想到老师不仅没有惩罚他,还亲自为自己修剪指甲,用力点了点头。从此,这个男孩不仅十分注意个人卫生,还帮着监督和提醒其他同学的个人卫生问题。

 正面引导与纪律约束相结合的原则是什么?如何有效运用这一原则进行道德教育活动?

正面引导与纪律约束相结合是指在道德教育过程中,用事实、道理、榜样等对学生进行启发诱导,以调动其内在动因,同时通过制定必要的规章制度对学生行为进行约束。青少年学生好学上进、朝气蓬勃,但由于知识经验欠缺、辨别是非能力较差,又较易冲动,所以需要制定相应的道德规章、纪律条例对其行为予以限制,如果简单粗暴地训斥、讽刺和挖苦,甚至变相体罚等,容易伤害学生自尊心,激起逆反心理,难以达到效果,因此教师应该以正面引导为主,纪律约束为辅,促使学生健康成长。贯彻正面引导与纪律约束相结合原则的要求有如下几点。

(一)坚持正面引导为主启发自觉性

通过摆事实讲道理的方法,经过疏通和引导,启发学生自觉明辨是非、真假、善恶、丑美的能力,提高青少年学生的道德品格认识水平,避免通过暴力压制、言语侮辱的方式解决品德问题。

(二)树立典型榜样进行示范教育

利用榜样的示范作用可以起到很好的正面引导作用,典型榜样可以是媒体宣传的英雄模范人物,譬如"感动中国"年度人物等,也可以是身边的道德模范,如"优秀少年"等。青少年学生积极上进且有英雄情结,所以要通过宣讲典型道德模范人物事例、结合模范人物的道德形象对学生进行榜样示范教育。

(三)肯定鼓励为主和批评处分为辅

教师应该选取学生身上的闪光点予以肯定和鼓励,激发他们的自尊心与上进心,尤其是对于一些有道德失范行为的学生而言,他们往往被老师和家长批评与惩罚较多,多进行肯定与鼓励能收到较好的教育效果。

(四)建立健全学校的规章制度和公约守则

建立健全学校的规章制度和集体组织的公约守则的目的是为了防患于未然,在学生出现道德失范行为之前就以相关的规章制度、公约守则予以限制,起到警告、喝止的作用。"没有规矩不成方圆",除了正面引导劝阻说服以外,相应的纪律约束同样不可缺少。

五、严格要求与尊重信任相结合

案例 8-15

小明的数学成绩一直很不好,这次数学考试之前,小明拿到了试题的答案。成绩公布的时候,小明得了 98 分,全班第一名的成绩,数学老师微笑地对小明说:"考得真不错,进步很大,继续努力,好成绩要保持!"老师没有怀疑自己作弊,小明松了一口气,在心里暗暗下了决心,一定不能辜负老师的信任和鼓励。从此,小明学习不再贪玩,上课认真听讲,课下有不懂的地方及时向老师和同学请教,课后按时认真完成作业。在之后的几次数学考试中,虽然事先没有答案了,但是因为小明自己的努力,成绩有了明显的进步。虽然没有那一次考得那么好,也是班里前十名的成绩。可是,作弊这件事一直藏在小明心里,很不是滋味,他最终打算向老师坦白。数学老师知道后对小明说:"我知道那次考试你作弊了,因为以你当时的水平不可能考到那么高的成绩,但是我没有揭穿你,因为我知道你是一个自尊心很强而又敏感的孩子,我希望可以借此来激励你努力学习。而你果然没有辜负我的期望,这几次考试我看到了你的努力和进步。"小明这才明白老师的良苦用心,从此学习更加努力认真,没有再出现过考试作弊的行为。

> 问题　分析案例中老师所使用的学校道德教育原则,并说明在学校德育中应该如何贯彻该原则。

严格要求与尊重信任相结合原则,是指要把对学生的尊重和信赖与对学生思想行为的严格要求结合起来,使教育者对学生的影响与要求更好地转化为学生实际的思想道德品质。这一原则是教育者对待受教者的基本情感和态度,尊重信任是严格要求的前提,只有尊重信任学生,才能真正了解学生,才能对学生制定出切合实际的要求;严格要求是出于尊重信任的爱,没有严格要求的爱是放任自流的溺爱,实际上是对学生的不负责任,而缺乏尊重信任的要求,也很有可能变成苛求。贯彻严格要求与尊重信任相结合原则的基本要求有如下几点。

(一)尊重信任和热爱学生

教师要尊重学生的人格和人身权利,尊重学生的自尊心和上进心,信任学生的能力和道德水平,关心爱护学生,与学生建立和谐融洽的师生关系,对待特殊学生需要特别的关心和爱护,切忌伤害学生的自尊心,进而挫伤学生的积极性,切忌粗暴训斥、讽刺挖苦甚至体罚学生。教师要以平等民主的态度对待学生,做学生的知心朋友。

(二)严格要求学生

教师对学生的严格要求,不是刁难、苛责,而是合理、明确、适度、有恒且有序的具体要求,并坚持不懈地贯彻到底。教师对学生的要求应与学生的思想品德基础和个性特点相结合,要依照学生的身心发展特点和道德发展水平来进行。德育要求一旦提出,就要持之以恒予以执行,切不可朝令夕改、反复无常,否则德育要求将失去严肃性和教育性,教师也会因此在学生面前失去威信,并可能使学生养成口是心非、投机取巧的不良思想观念和行为。

六、发挥积极因素与克服消极因素相结合

> **案例 8-16**
>
> 一次,陶行知看到学生王友用泥块砸同学,当即制止,让他放学后到校长室。陶行知来到校长室,王友已等在门口准备挨训了。没想到陶行知却给了他一颗糖,并说:"这是奖给你的,因为你很准时,我却迟到了。"王友惊异地瞪大了眼睛。陶行知又掏出第二颗糖对王友说:"这第二颗糖也是奖给你的,因为我不让你再打人时,你立即就停止了。"接着陶行知又掏出了第三颗糖:"我调查过了,你砸的那些男生,是因为他们不遵守游戏规则,欺负女生;你砸他们,说明你很正直善良,且有跟坏人作斗争的勇气,应该奖励你啊!"王友感动极了,哭着说:"陶校长,你打我两下吧!我错了,我砸的不是坏人,是自己的同学……"陶行知这时笑了,马上掏出第四颗糖:"因为你正确地认识错误,我再奖励你一颗糖……我的糖分完了,我们的谈话也结束了。"

> 问题　分析陶行知四颗糖的故事里运用了什么道德教育原则。

发挥积极因素与克服消极因素相结合原则,也称长善救失原则,是指在德育过程中要充分调动学生自我教育的积极性,依靠和发扬学生的积极因素去克服他们身上存在的消极因素,从而促进学生道

德的健康成长。学生的思想品德是在品德内部矛盾斗争中形成和发展的,既有积极因素也有消极因素,而且这两种因素可以在一定条件下相互转化。这就要求教师充分地了解学生,遵循品德发展的客观规律,促使学生的思想道德品格向着积极的方向发展。

(一) 要"一分为二"地看待学生

教师要充分了解学生,既要看到学生思想品德中的优点和长处,也要关注学生思想品德中的缺点和短处。某些特殊学生的品德缺陷往往比较明显,占据人品的主要地位,但是他们同样有优点和长处,教师要正确看待他们的优点和缺点。

(二) 帮助学生正确认识自我,扬善去恶

学生思想品德水平的提高需要教师的教育与引导,还需要学生正确认识自我,认识到自己的优点长处与缺点不足,扬善去恶,发扬光大思想品德的长处,积极克服不良的思想道德观念和道德行为,发挥内因的决定作用,内因才是学生道德思想发展的根本动力。

(三) 化消极因素为积极因素因势利导

学生精力旺盛,活泼好动,如不正确引导,就可能将旺盛的精力用到有害的活动中去,从而降低学生的思想道德品质。因此学校要积极组织开展丰富多样的有益活动,因势利导将青少年学生充沛的精力引导到健康有益的活动中,使学生在活动中受到道德教育,思想品质的熏陶,从而提升学生的道德水准。学生思想品德中的优势长处与缺陷不足在一定条件可以相互转化,教师要认真分析学生思想品德上的特点,引导其向积极的方面转化。

大家谈

1. 针对我国目前家庭教育与学校教育中对学生品德要求出现差异甚至对立的现象,谈谈应该如何贯彻学校德育的教育影响统一原则。

2. 试从马克思主义"一分为二"的辩证法角度,谈谈对发挥积极因素与克服消极因素相结合原则的理解。

3. 苏联著名教育家马卡连柯说:"要尽量多地要求一个人,同时也要尽可能多地尊重一个人。"试结合学校道德教育原则的相关理论,谈谈你对这句话的理解。

第四节 学校德育方法

学校德育方法是指用来提高学生思想道德认识、培养学生道德行为习惯,使学生形成完整品德,成为一个有道德的人的方法。学校德育方法不同于教学方法,其主体可以多样化,其运用手段也不拘一格,德育方法的运用服从于德育任务和内容的规定。

一、说服教育

案例 8-17

班主任李老师发现班里有位女生特别喜欢化妆,有一天放学后李老师和她一起来到了教师办公室,先是让她说说对化妆的看法,女生认为化妆就是美的,李老师拿了一张上了年纪还化了

浓妆的妇女照片给她看,问她觉得这位妇女美吗,女生摇头否认:"浓妆不适合她的年龄,所以不好看。"李老师接着问她:"那你说说中学生适合什么样的妆容呢?"女生摇头,表示不知道。李老师接着说:"中学生应该朴素自然,整洁大方,健康活泼。过分的浓妆会掩盖中学生的青春活力和红润的肤色,让人觉得矫揉造作、不伦不类。"女生不好意思地低下了头,"老师您说得对,我以后再也不化妆了"。

问题 在学校教育过程中,教师如何运用说服教育方法对学生进行道德教育?

说服教育是借助语言和事实,通过摆事实讲道理,来影响学生的思想意识,使其明辨是非,提高学生的思想、政治、道德等方面的认识和自觉性,帮助学生形成正确的思想道德观念和良好的道德行为习惯,是德育的基本方法,哪一种德育方法都需要结合运用说服的方法。说服教育通常表现在师生对话上,师生以平等民主的关系进行思想沟通,从而引发学生的情感共鸣。说服教育的主要形式包括讲授、谈话、参观、报告、讨论等。说服教育的关键是让学生明白为什么要这么做,好的道理还需要好好地说,最终目的是让学生"服",以理服人,学生要心悦诚服,因此说服教育常表现为师生间的对话,对话的前提是平等民主、相互尊重的师生关系,要求教师将学生看做关系平等的朋友,而不是居高临下的对象,不是"我说你听"的模式,而是认识上互相沟通,情感上共鸣,行为上共同选择,对话是最为有效的德育方法之一。运用说服教育法要注意以下几点要求:① 以诚待人;② 说服教育要有明确的目的性;③ 说服教育的内容应具有知识性,说服教育的语言应具有趣味性;④ 注意时机。

二、情感陶冶

案例 8-18

台湾一位不知姓名的禅师住在深山简陋的茅屋修行,有一天散步归来,发现自己的茅屋遭小偷的光顾。当找不到任何财物的小偷失望地离开时,却在门口遇见了禅师。原来禅师怕惊动小偷,一直站在门口等待,而且早就把自己的外衣脱下拿在手中。小偷回头看见禅师,正感到惊愕时,禅师却宽容地说:"你走了老远的山路来探望我,我总不能让你空手而归呀!夜深天寒,你就带上这件衣服走吧!"说完,把衣服披到了小偷的身上。小偷不知所措,惭愧地低着头悄悄溜走了。第二天,当禅师从松涛鸟语的喧闹中醒来时,却惊讶地发现他送给小偷的那件外衣,已整整齐齐地叠好放回到茅屋的门口。老禅师以自身的人格感化力量,最终使小偷良心发现,归于正途。

问题 试结合德育方法的相关理论,分析案例中老禅师对小偷的感化作用对今天的学校道德教育有什么启示。

情感陶冶法是德育者自觉创设良好的教育情境,使受教育者在道德和思想情操方面受到潜移默化的感染、熏陶的方法。情感在个体品德形成中发挥巨大的动力作用,能对学生的品德认识和品德行为起到推动的作用。情感陶冶法的优点在于直观具体、形象生动、情理交融,同时具有愉悦性、非强制性、隐性等特点,能使学生在潜移默化中受到熏陶和感染,情感陶冶的主要方式包括人格感化、环境陶冶和艺术熏陶。人格感化是德育者利用自身的人格声望以及对学生的真诚热爱和期望来对学生进行陶冶,德育者的以身作则和自身的优良品德是人格感化的关键性因素。环境陶冶的环境主要是指学校、班级以及家庭的环境,要使学生受到良好的环境熏陶,就要努力优化环境氛围,包括校园设施等硬环境,也包括优良校风和班风,环境陶冶是无声的教育,是培养学生良好思想品德的重要平台。艺术熏陶形式丰富多样,所反映的社会生活内容也极其充实,塑造的艺术形象生动具体、引人入胜,使学生在享受艺术的同时帮助学生深刻认识社会和人生,丰富其精神生活,提升学生的思想道德境界。运用情感陶冶法的具体要求是:① 创设良好的教育情境;② 组织学生积极参与教育情境的创设;③ 由于情感陶冶的方法见效往往较为缓慢,所以一般与说服教育、榜样示范等方法相结合使用以求达到最好的道德教育效果。

三、实践锻炼

案例 8-19

《孟子·告子(下)》中有这样一段话:"舜发于畎亩之中,傅说举于版筑之间,胶鬲举于鱼盐之中,管夷吾举于士,孙叔敖举于海,百里奚举于市,故天将降大任于是人也,必先苦其心志,劳其筋骨,饿其体肤,空乏其身,行拂乱其所为,所以动心忍性,增益其所不能。"意思是说:舜从田间工作中被尧起用,傅说从筑墙工作中被选拔,胶鬲从贩卖鱼盐的人中被举拔,管夷吾从狱官手里释放后被举用,孙叔敖在隐居的海滨被选拔,百里奚从奴隶市场被赎回并被举用。因此上天将要降下重大的责任在这样的人身上,就一定要先使他的心智感到痛苦,使他的筋骨劳累,使他忍饥挨饿,使他的身体穷困缺乏,使他做事受到阻挠干扰,用这些来激励他的心志,使他的性情坚韧,增加他所不具备的才干。孟子的这段话说明实践锻炼多么重要,也成为后人励志的名言警句。

问题

结合学校德育实际,谈谈你对"故天将降大任于是人也,必先苦其心志,劳其筋骨,饿其体肤,空乏其身,行拂乱其所为,所以动心忍性,增益其所不能"这段话的理解并说明这段话体现了怎样的德育方法。

实践锻炼法也称指导实践法,是德育者组织学生参加各种实践活动,并在行为实践中使学生接受磨炼和考验,以培养学生优秀思想品德的方法。通过实践锻炼,可以充分发挥学生的主体作用,调动学生积极主动参与道德实践活动的自觉性,从而培养学生知行统一的良好道德行为,使其养成正确的行为习惯,强化道德意识,培养自我教育的能力。运用实践锻炼法需要注意:① 对学生进行常规训练是教师指导学生按照学校的规章制度和学生应该养成的日常行为规范进行经常性的行为训练,以形成良好的道德行为习惯,常规训练的内容包括学生守则、学生日常行为规范、校园公共设施的相关规章制度等;② 对学生进行实践活动的锻炼可以陶冶学生的思想观念、增长才干,培养学生优秀的品德行为习惯,实际活动的锻炼包括学生日常的学习活动、社会实践活动、课外文体活动等;③ 在培养学生良好行为习惯的同时,要结合提高学生的思想道德认识和情感体验;④ 要有明确的活动目的和有序有恒的要求;⑤ 德育者要对学生的实践活动进行督促和检查,使之成为持之以恒的行为;⑥ 积极调动学生进行实践锻炼的积极性和主动性。

四、自我教育

> **案例 8-20**
>
> 化学实验课上,有学生因为违规操作导致烧瓶爆裂,受到老师的严厉批评后委屈地哭了。事后,老师意识到自己当时对待学生过于严厉,便找到学生向其道歉。学生说:"老师,其实是我做得不对,当时就觉得好玩没想那么多,课后我也很后悔,老师您放心,我会让大家引以为戒的。"下一次实验课上,老师发现那位学生给所有同学分发了"注意安全、违规危险"的小卡片。从此这个小卡片每次实验课都会及时出现在课堂上,为实验的安全起到了很好的警示作用。

> **问题**
>
> 这位老师通过自身的反思,引导学生进行自我教育,从而达到了良好的教育效果。什么是自我教育的方法?

自我教育也称个人修养法或者品德修养指导法,是德育者指导学生自觉能动地进行学习和自我反省,以实现道德思想转化及行为控制的德育方法。自我教育主要包括学习、自我批评、座右铭、自我实践体验与锻炼等。自我修养可以增强学生的主体意识,促进其自我意识和自我修养能力的提高,调动他们自主接受教育的积极性。自我教育包括自我认识、自我体验和自我控制三个内容:自我认识是学生对自身思想、言行的对与错以及自身优缺点的判断,自我认识是自我教育的前提;自我体验是指学生的道德情感体验,是学生形成思想道德品质的重要因素;自我控制即学生在道德意志行为中自觉把握和支配自我情感和行为。运用自我教育的方法要注意以下几个方面:① 发挥学生自我认识的教育作用,让学生学会自我思考、自我介绍和自我检讨;② 发挥学生自我实践的教育作用,让学生开展自我体验活动、自我训练活动和自我节律活动;③ 发挥学生自我评价的教育作用,让学生组织自我评述活动、自我评判活动和自我鉴定活动。

五、榜样示范

> **案例 8-21**
>
> 李老师发现班上有一些吮吸手指、上课随意讲小话、用手指或者硬物捅戳别人等不良行为的学生,老师多次对他们的不良行为提出批评教育,却总是不见效。后来,李老师让班里遵守纪律、行为表现良好、成绩优异的学生作为这些学生的学习榜样,并将他们结成对子。要求行为不良的学生注意观察自己身边的伙伴榜样,并努力效仿,与此同时要求榜样学生起到良好行为的表率作用,而且要学会对身旁有不良行为的同学表现出良好行为及时进行表彰性奖励(如肯定、赞赏、鼓励及有价值的筹码或者贴纸卡片等)。坚持了一个多月后,发现原先有不良行为的学生不良行为大大减少,良好行为却明显增加。而且发现具有不良行为的学生与伙伴榜样结成对子后,彼此间的人际关系都有了积极的发展,作为榜样的学生本身也表现出了质量更高的良好行为。

如何理解并运用案例中所体现的道德教育方法?

榜样示范法是指以正面榜样人物的高尚思想、模范行为和卓越成就来影响学生思想道德品质的方法。运用榜样示范的方法,一方面能够借助榜样人物的言行,将深刻抽象的社会主义思想道德理论具体化、人格化,使理论知识的学习变得生动而形象,富于感染力;另一方面,又符合了青少年学生模仿性强、可塑性大的身心发展特征,以及崇拜英雄人物、追求上进的心理需求。榜样示范法是学校德育常用的方法之一,运用榜样法要注意以下几点要求:① 选好学习的榜样,作为示范的榜样人物可以是学生心目中最崇高最理想的榜样,可以是对学生影响最为直接的家长和教育者,可以是易为学生所理解和信服,也易为学生模仿和学习年龄相近、生活经历相同的学生群体,还可以是给学生以深刻的激励和影响的伟大历史人物和文艺经典形象;② 激起学生对榜样的敬慕之情,促使榜样成为学生自律的力量,只有使学生在心灵深处产生对榜样的惊叹、仰慕、敬佩之情,才能转化为学生心目中的精神力量;③ 教会学生认识榜样的道德价值,德育者要经常组织学生进行讨论,帮助学生深刻把握榜样的思想言行及其社会意义和价值,从而加深学生对榜样的认识和理解,达到自我教育、自我提升的作用;④ 引导学生用榜样的示范作用来调节自身行为,提升道德修养。

六、品德评价

案例 8-22

班主任林老师在新学期开学的时候召开了一次主题班会。在班会上,林老师要求每一位同学在纸条上写下同桌的一条优点。同学们纷纷将写有同桌优点的纸条交给老师,老师当众一张张宣读。"×××热爱劳动","×××乐于助人","×××尊敬老师、关心同学"……每念到一条优点,林老师都予以点评和肯定,并鼓励大家向这位同学学习。每一位被念到名字的学生,腰杆都挺得直直的,脸上泛着红光、充满自豪的神情。在这次主题班会结束之后,每一位同学都深受鼓舞,尤其是一些平时被大家看做"坏学生"的孩子。这个班级的风气也为之一振,同学们比以前更加积极上进,学生整体的思想道德品质得到发展和提升。

 分析案例中班主任林老师所使用的学校道德教育方法。

品德评价是根据一定的要求和标准,对学生的思想言行做出判断的方法,是对品德发展的强化手段,主要是通过对学生品德进行肯定或否定的评价而予以激励或抑制,从而控制其品德的发展方向,促使其品德的形成、发展和水平的提高,预防和克服不良品德的滋长。① 品德评价的类型和方式很多,从评价形式看包括口头评价和书面评价;从评价的性质看包括肯定性评价和否定性评价,如奖励与表扬、惩罚与批评等;从评价时间看包括即时性评价和阶段性评价,如学期学年的操行评定等;从评价程度看包括不同等级和程度的评价,如肯定性评定有赞许、表扬、奖励等,否定性评定有批评、警告、

---

① 柳海民.教育学原理[M].北京:高等教育出版社,2011:274.

记过、留校察看、开除学籍等。

品德评价法是一种行之有效、强有力的德育方法,德育者在运用这一方法时必须密切注意以下几个方面:① 明确目的,以理服人;② 实事求是,公正无私;③ 重在发展,贵在辩证;④ 因人制宜,因材施教;⑤ 发扬民主,激励参与;⑥ 多加肯定,少作批评。

大家谈

1. 在学校道德教育的具体实践中,如何选择恰当的德育方法?
2. 试区分德育方法、德育手段和德育方式。
3. 试举例说明,如何将学校道德教育方法进行组合运用?
4. 试结合学校道德教育方法的相关理论,谈谈"让学校的每一面墙壁都开口说话""让学校的一草一木、一砖一瓦都发挥教育影响"体现了怎样的德育方法。

第五节 学校德育途径

学校德育途径是学校对学生进行品德教育时所选用的渠道,学校的全部生活、学生参与的各种活动和交往都是德育途径,按照不同渠道分类,学校德育途径主要有政治课及其他各科教学、班级德育工作、课外活动和校外活动、劳动与社会实践、共青团、少先队、学生会工作等,为了有效实现德育目标、完成德育任务,学校和教师必须了解和掌握德育的主要途径,以便能够正确地加以运用。

一、学科德育

学科指在学校制度中为了教学安排将知识或学习内容按照一定的体系完整地呈现出来,成为学校教学的科目,如语文、数学等学科。学科德育是指在进行学科教学时,将各学科教学内容中所蕴涵的德育内容,通过一定的手段和方法,在课堂教学的各个环节中自然而然地体现出来,在教学过程中潜移默化地进行德育。德育越来越成为每个学科和学科教师的责任与任务,是实现全面育人的重要途径。

(一) 直接的道德教学

案例 8-23

设置直接的学科德育课程日渐成为世界各国德育发展的趋势。美国品德教育学院曾经研究和编制了一套道德教育课程。这一课程于 20 世纪 70 年代中期开始设计并曾经在美国的 5 个大城市做过历时 10 年的实验。1986 年基本定稿,正式使用,至 1990 年,美国许多公立学校都开设了此类课程。[①] 美国教育学家威斯康星大学(麦迪逊校区)教授纽曼于 20 世纪 70 年代中期发展起来一个"社会行动"模式的道德教育课程。英国教育家麦克菲尔和英国学校道德教育课程设计委员会的同事们共同设计了一整套道德的课程,是以"体谅"为核心目标范畴,从学生的需要出发设计而成的。英国牛津大学教育学系教授、法明顿道德教育研究所主任威尔逊与他的同事威廉姆斯和舒格曼等人以"道德符号理论"为依据设计了一套别具风格的德育课程,并编写了德育教材丛书《道德第一步》和《道德第二步》。

---
① 檀传宝.德育原理[M].北京:北京师范大学出版社,2007:190.

> **问题**
>
> 从英美两国关于学科德育课程的设置中,说说直接德育课程设置的必要性以及道德课程存在哪些局限性因素。除了直接的道德教学,学科德育还应怎样进行?

直接道德教学是指,通过开设专门的道德课程向学生系统地、有计划地、有目的地教授德育知识。直接的道德教学跟其他教学课的教学方法基本一致,主要是通过教师的讲解和学生的理解达到互动的效果。[1] 专门的道德课程是学校提供给学生思想品德方面最集中、最稳定的课程形态,集中体现了学校道德教育的目标,反映了学校道德教育的主导性。由此可见,直接的道德教学在学校道德教育中的重要地位。伴随着社会的现代化,各种社会道德问题层出不穷,世界各国纷纷加强了对青少年儿童思想道德教育的重视,开设专门的德育课程成为许多国家加强道德教育的重要手段。法国在1882年率先以法令形式把道德课列入学校的正式课程,以解决学科教学与学校德育分裂所带来的问题。随后,世界许多国家纷纷模仿。杜威称这种道德教育途径为"直接的道德教学",以区别于其他有德育功能但主要实施科学知识传授的教学。当前我国在小学设有品德与生活、品德与社会课,中学设有思想政治课,如"公民""社会发展史""社会主义建设常识""共产主义人生观""经济学常识""哲学常识"等课程,并进行一定的普法常识教育,大学则开设有马克思主义理论课和思想品德课等。

直接道德教学的设置既有优点也有局限性。在今天学校课程走向体系化的背景下,设立专门的道德课程进行直接道德教学有着重要意义:它可以使道德教育在内容和时间上获得最低限度的保证;有利于向学生传授系统的道德知识,提高学生的道德认识,这是其他课程教学所不及的;若教学得法,可以有助于提升学生的道德品质和道德水准。设立专门的道德课程进行直接的道德教学纵然有着许多优点,但同时也应当看到直接的道德教学的局限性:将道德教育与其他学科教学并列,实际上贬低了道德教育的地位,我国历来强调德育为先和全面育人,道德教育是贯穿学校全部教育活动的线索,专门德育课程的设置无形中削弱和抑制了其他学科教学执行德育任务的功能;有可能降低德育的最终效果,因为德育内容非常宽泛,没有明确界限,很难限定在具体的一门课程中运行,如果将道德教育限定于道德课程,就可能使教育者在思想和行动上不太注意发挥其他课程的德育功能;教育实践中容易将道德课变成关于道德知识的教学,然而道德不仅仅是知识,用知识教学的方式进行道德教育,很容易出现知行脱节。

(二)间接的知识教学

> **案例 8-24**
>
> 七年级下册语文教材中《最后一课》这篇课文,讲述的是法国阿尔萨斯地区遭受普军侵占以后,师生上最后一堂法语课的情形。韩麦尔先生告诉同学们:"我的孩子们,这是我最后一次给你们上课了。柏林已经来了命令,阿尔萨斯和洛林的学校只许教德语了。新老师明天就到。今天是你们最后一堂法语课,我希望你们多多用心学习。"平日喧闹不堪的课堂今天安安静静的,同学们都为平日里没有好好学习法语而懊悔不已。轮到主人公小弗朗斯背书时,他一句话也说不出来。

---

[1] 柳海民.教育学原理[M].北京:高等教育出版社,2011:275-276.

老师并没有责怪他,而是对他说:"我也不责备你,你自己一定够难受的了。大家天天都这么想: '算了吧,时间有的是,明天再学也不迟。'现在看看我们的结果吧。现在那些家伙就有理由对我们说了:'怎么?你们还自己说是法国人呢,你们连自己的语言都不会说,不会写!……'不过,这并不是你一个人的过错,我们大家都有许多地方应该责备自己。"

在最后的一节法语课上,韩麦尔先生在教学的同时还让同学们受到了什么教育?

间接的知识教学即通过除了专门的德育学科以外的各门学科进行的道德知识的教学形式。道德教育既可以通过直接的道德教学来进行,也可以通过融入各科的教学之中来进行间接的知识教学。用杜威的话来说间接的道德知识教学具有十分重要的意义——"如果我们将品德发展作为一种终极的教育目标,同时又将知识的获得和理解力的发展——这些在学校教育生活中占用大部分时间的工作视为与德育无关的话,学校德育实际上就会是毫无希望的事情"[①]。

间接的知识教学对学校道德教育的直接作用主要体现在两个方面:一方面系统的文化知识学习为道德教育提供了必要的工具性前提;另一方面各科教学本身就蕴涵着许多道德教育的因素。例如语文学科教学中,通过"阅读""写作"中文质兼美的文章的教学,进行继承和弘扬中华民族优秀文化的教育,增强热爱祖国语言文字的感情,增强民族自尊心和爱国主义感情;数学学科教学中,通过从实际问题和生活情境中引出数学知识,进行数学来源于生活又服务于生活、来源于实践又服务于实践的认识论与实践论教育,形成实事求是的态度,培养进行质疑和独立思考的习惯,以及讲求严谨与精确、主动合作与交流、积极探索与创造的精神;音乐学科教学中,通过齐唱、齐奏、合唱、合奏、重唱、重奏以及歌舞表演等群体音乐活动,进行群体意识、合作精神的教育,使学生养成共同参与、相互尊重、人际交流、关心社会音乐生活的素养,用中国民族音乐进行爱国主义教育,使学生了解和热爱祖国的音乐文化、华夏民族音乐传播所产生的强大凝聚力等。

间接知识教学的主要内容包括:① 将爱国主义教育渗透在各学科的教学之中;② 树立崇高理想的教育,学生学习的各学科知识无不体现着先哲对理想的追求和对事业的忠诚,具有强大的感染力;③ 辩证唯物主义和历史唯物主义思想的教育,各个学科中都贯穿了辩证唯物主义和历史唯物主义的思想观点;④ 良好习惯的教育,在教学中通过学生读书、做作业、表述等方式,能够培养学生认真、仔细的行为习惯;⑤ 热爱人民的教育,劳动人民创造了我们赖以生存的物质和精神财富,各学科进行知识教育时都涉及同劳动人民关系的教育;⑥ 社会主义公民意识和法纪观念的教育,学习内容主要体现直接道德教学中;⑦ 良好意志力的教育,学习知识需要付出一定的意志和努力,掌握学习的过程就是学生意志力培养的过程;⑧ 审美情趣的教育,中小学教材都选择了优秀作家的作品,描绘大自然和社会现实生活的美,从而使学生在学习过程中感受到审美情趣的陶冶;⑨ 环境价值观的教育,学校教育不是封闭式的知识教育,还要面向社会问题,如空气污染、水污染和土壤污染等问题,环境教育是一种跨学科的教育,鼓励学生用所学的知识思考和批判我们周围的问题,善待自然,善待地球。

---

① 转引自:檀传宝.德育原理[M].北京:北京师范大学出版社,2007:192.

二、活动德育

> **案例 8-25**
>
> 坎山镇三盈小学的前身是一所农村完小,2007年8月才被升格为中心小学。就在这一所每年仅有两三百个学生、办学条件简陋的农村"螺蛳壳"小学,却一直坚持做着影响一届又一届学生终身发展的大事,那就是"以爱育爱"的感恩行孝教育。
>
> 1993年3月5日,在学校少先队大队辅导员的倡导下,该校六年级少先队员提出了"献出自己的爱心,快乐永远伴着你"的口号。他们把坎山镇敬老院作为第一个目标。刚开始,爱心行动大多集中在打扫卫生、送慰问品上。随着和老人们的接触越来越多,队员们发现,老人们经常感到孤独、空虚,精神生活很贫乏。于是,他们开始与老人谈话、聊天,听老人讲故事,为老人捶背、梳头、修指甲……20个春秋交替,敬老院的老人走了一茬又一茬,学校的领导和师生换了一批又一批,可关心老人的热情没有减,这根爱心接力棒传了一届又一届。
>
> 学校适时提出了"以爱育爱"的教育理念,经过20年的探索,今天的三盈小学已经形成了以"孝爱父母、珍爱自我、友爱同伴、敬爱师长、感恩社会"为总目标,以"环境建设、实践活动、学科教学"为教育途径,以"活动法、体验法"为教育方法的"以爱育爱"感恩教育模式,老师和学生们在爱与被爱中,感受着人生的快乐与幸福。
>
> 学校的感恩活动,得到了社会各界的关注与好评,产生了良好的辐射力:《萧山日报》、萧山电视台、《钱江晚报》等媒体纷纷来学校采访,全国多家媒体对它们的报道进行了转载。学校所在地三盈村这十几年来一直是萧山区的文明村,涌现出了许多"萧山区好媳妇""萧山区敬老好儿女":三盈村10组的村民范丽萍,3年来精心照顾瘫痪在床的婆婆,被评为"萧山区优秀家长";万安村8组的村民陈国君几年来一直照顾由于车祸造成残疾的伯父;三盈村村民沈建萍被评为"萧山区敬老好儿女金榜奖"。
>
> ——http://space.yoka.com/blog/5307531/13796459.html

> **问题**
>
> 通过坎山镇三盈小学,二十年如一日进行"育爱行动",你对以开展活动的形式进行德育有什么启示,还有哪些类型的活动德育?

活动德育模式中的"活动"是指具有道德教育意义或功能的个人外部活动,而"活动德育"是以活动为载体来满足和激发学生的道德需要,并在各种类型活动当中,明确其思想内涵,加强其道德的要求,在活动当中不断地强化学生和提高学生的道德觉悟。简言之,就是在学校的德育过程中,学生以自身的兴趣和需要为基准来自主参与,在活动中不断地促进个体道德的发展乃至实现社会的和谐发展。活动是德育的生命,没有了活动,便没有了德育。活动德育能注重弘扬人的主体性,激发和发挥人的积极性、独创性和自觉性,以学生的兴趣、理想及情感需要为出发点,在活动中提供学生独立思考和发展个性的机会,使他们以现实实践为场域发挥自己的主观能动性并努力探索,在活动中不断地加强自己对道德的认识,培养道德情感,实现自身道德品质的发展。因此,为了更好地发挥活动德育的现实意义,我们有必要来了解一下学校活动德育的几种类型。

(一) 学校常规活动德育

所谓学校的"常规活动"德育就是指在日常生活学习中,学校以规章制度等显性的方式和约定俗成的隐性的方式所规定的学生必须参与完成的一般意义上的具有道德教育价值的活动,例如,每年清明节学校都会组织学生参观烈士陵园、烈士纪念馆;定期举行安全消防紧急疏散逃生演习;每周一的升国旗奏国歌仪式等。这些都是学校的常规活动德育,旨在通过设定这些活动来潜移默化地影响渗透学生们的道德品质和道德意志,增强自我安全意识,培养爱国情感,以现实的活动实践方式为媒介,来更好地实践和融会书本上所学的道德教育知识。

(二) 学校文化活动德育

学校"文化活动"德育指在学校中,通过开展各种渗透学校文化理念的活动,来逐步提升学生道德发展的水平,来完善学生的价值观念、思想道德水准以及健康的心理状态。例如,学校组织举办的各种突出本校特色的艺术节、科技节;文明班级创建活动;学雷锋教育活动日等,作为一种以文化活动为载体来开展道德教育的活动方式,不仅能够积极引导学生参与其中,从而树立积极向上的信仰和思想观念以及意识形态,而且还能够形成一种良好的学校氛围,反过来促进学校文化的建设,使其达到一种"双赢"的效果。

(三) 学校班级活动德育

学校"班级活动"德育是指以班级为单位所开展的有利于增强学生的道德发展水平,提升学生的自身素质的活动,通过班级活动更直接、更深入地提升学生的道德觉悟力、道德认识、道德情感,不断地完善自己,发展自己,实现自己。例如,开展以班级为单位的"平安校园"百日安全竞赛活动,各班设立平安计时牌,时刻警示同学处处注意平安和安全,特别注意避免发生交通、饮食、校园伤害等安全事故;以班级为单位组织开展春游活动,增强学生的集体意识、团结协作意识等等。以班级为单位所开展的德育活动是对学生进行道德教育最直接、最有效的活动方式,能够充分发挥学生的主动性和积极性,帮助学生获得亲身参与实践活动的积极体验,引导学生主动发展。

(四) 学校校外活动德育

学校校外活动德育也称社会活动德育,是指在学校以外的场域中组织的各种各样的教育活动的总称,这些活动不仅与社会上的教育性质的组织有密切的联系,而且与社区组织、民间团体这些非教育性质的组织同样有非常密切的关系。例如,学校组织学生们拜访英雄模范人物;组织学生到敬老院去献爱心等,学校社会活动的内容、形式都是各种各样的,都渗透着德育的因素和效果。这种活动的教育是在真实的情境之中的,相比课堂则更加开放,形式更加灵活,更易激发学生的兴趣,教育效果会更好。

三、专题德育

随着社会的发展变化,一些新的现实问题突出表现出来,向学校德育和学生成长提出了挑战,这些问题不解决就不能很好地实现学校教育功能,不能促进学生的成长,需要将这些现实问题围绕同一主题组织,将某个方面的内容集中整理形成专门化的教育,以达到培养人的功效,这就是专题德育,这些新的专题德育有着很强的现实意义。

(一) 生存教育

案例 8-26

2002年3月17日在上海举行的第15届头脑奥林匹克竞赛中,一些专家纷纷提出质疑,培养

> 青少年创造力的竞赛怎么成为老师比试高低的舞台,而孩子们似乎仅仅只是表演者。昨天的竞赛现场热闹非凡,然而令人纳闷的是,表演所用的道具,孩子们的衣服,制作均十分精良。在"我和我的影子"比赛中,记者看到,几个孩子拿出一块标语,上面有几个漂亮的艺术字"猫和老鼠",那个照相机也做得别致而可爱,上面还有各式各样的手印。这些设计难道是出自三四岁的幼儿园孩子之手?一打听,一位老师向记者透露实情。其实,老师才是幕后的"参赛者"。他们"包办"了参赛作品的所有制作、构思。而孩子只是按照老师的意图上场比赛就可以了。据悉,光表演就准备了整整几个月。与此形成鲜明对比的是,在国外的头脑奥林匹克竞赛中,所有的作品都由孩子们自己制作。幼儿园组和小学组就产生了一个"梯队",虽然粗糙些,但是非常真实。组委会的一位组织者也提出,头脑奥林匹克竞赛本就是集动手、动脑筋、想象、构思、表演、艺术的比赛,其目的就是希望孩子们能够走出课堂。对此。一些外国专家直叹看不懂:这样的竞赛到底是在考老师,还是在考孩子?
>
> ——新闻晨报,2002 年 3 月 18 日

问题

上述案例所反映出的问题可以归纳为:在老师或家长的"包办"下,孩子何时才能走出老师或家长的阴影?即使孩子们走出了老师或家长的阴影走上社会,又如何具有独立生存的能力?请你说一下如何才能改善这种现状。

生存教育是帮助学生学习生存知识,掌握生存技能,保护生存环境,强化生存意志,把握生存规律,提高生存的适应能力、发展能力和创造能力,树立正确生存观念的教育。1972 年,联合国教科文组织提出生存教育理念,认为"教育的使命,正是为了准备未来,使教育对象学会生存"。通过生存教育,一方面可以使学生清楚地明了生存及其掌握生存能力的意义与价值,进而树立人、自然和社会三者和谐发展的正确的生存观;另一方面可以使学生掌握正确的生存方式,学会在困难和危机面前沉着冷静地摆脱困境,克服生存挫折,从而能更有效地解决安身立命等棘手的问题,实现自身更好的发展。我国学校生存教育的实施开展的时间还不长,一些方面还处在探索阶段,实施生存教育还需各方面共同努力。

1. 形成系统的校园课程和正规的师资力量

生存教育是一种教育理念,理想要转化为现实,这一过程必须由系统的学校课程来完成。学校应该根据生存教育的宗旨与目标,结合学生的现实需要,来构建科学的、合理的生存教育的课程,在课程的具体实施中,要把生存教育渗透在学科教学当中,实行多科渗透式教育,从而能更大限度地发挥生存教育的效力。教师是学校生存教育的具体实施者,教师首先要认识到生存教育的内涵、目标、意义,才能有效地在教学中开展生存教育,应设立专任教师在学校开展生存训练、知识讲座,建立完善的教师培训制度,通过举办生存教育研讨会、邀请专家学者讲座,提供教师进修机会等形式使教师达成对生存教育的共识、提升教师教育素质。[1]

2. 形成全社会参与的生存教育体系

生存教育不可能由学校来独立完成,它需要全社会的参与,尤其是学校与家长之间紧密配合。家长应当把塑造孩子健康的人格、积极的人生观和生存能力放在首位,以日常小事开始培养孩子自己动

---

[1] 李晓莉.我国生存教育的理论分析与实践研究[J].黑龙江高教研究,2011(10):78.

手的生活自理能力;家长还应当积极配合学校,关心孩子的学习和成长,参与到学校教育当中去,使学校教育和家庭教育相互促进,形成良性循环。除了学校和家长之外,生存教育的推行还离不开国家行政的推动和新闻媒介的有利的引导,使生存教育成为社会共识,使越来越多的学生家长主动配合学校减轻学生课业负担,加强劳动技能教育,培养学生的兴趣、爱好和特长。①

3. 建立科学的生存教育评价制度

生存教育的效果是一种动态的质量表现,借助评价手段不仅可以促使各学校务实地开展生存教育,发现自身存在的问题,并及时采取措施,改进自我,完善自我,发展自我特色,而且还能考虑到学生的生存意识、生存能力等难以科学考核的方面。如何评价生存教育的实施效果,是当前教育界面临的一大难题。生存教育作为教育的一种方式,与教育本身一样,都有其自身的规律和特点,对于生存教育本身所具有的规律和特点,我们应该着眼于教育实践,在实践中不断地总结经验,积累经验,积极探索,采取多种评价方法和手段,多维度的评价标准进行评价,构建科学、合理的生存教育评价体系,从而实现生存教育实践的良性发展。

(二) 生活教育

> **案例 8-27**
>
> 在一堂语文课上,老师刚教完古诗《村居》。为了提高学生背诵古诗的兴趣,老师提议:同学们背诵古诗,老师就在黑板上默写古诗,谁先完成就算谁赢,输的要认罚。学生的兴趣空前高涨,结果是老师输了,教室里一片沸腾。学生1:"老师输了,罚抄古诗。"学生2:"就是,抄10遍。"(老师不由一愣)学生3:"算了算了,老师和我们闹着玩呢!"学生4:"让老师罚抄古诗,亏你们想得出来!"其他学生纷纷附和,刚才要老师罚抄古诗的两位也点头同意,看来同学们是打算放老师一马了。这时,下课铃响了,老师心中灵光一闪:这是一个多么好的诚信教育的契机啊。老师:"说过的话怎能不算数呢?答应别人的事又怎能不做到呢?好,我就抄10遍古诗!"
>
> 看过那一周学生的周记,老师庆幸自己当初选择的正确。现选录几段。学生5:没想到老师真的抄了,我们都感到震惊。他是一个老师,能够这样做,我想我是忘不了他那句"说话要算数"的话了。学生6:同学们都挺佩服老师的,觉得他是一个讲诚信的人,我也要这样做事,这样做人!学生7:望着老师贴在黑板上的抄写纸,我不由得感动了。我们都知道老师的字很潦草,可这张纸上的字迹却这样工整,可见老师是很认真地在做这件事啊!"说过的话要算数,答应的事要做好。"此时,老师明白了一个做人最基本的道理——诚信。看着那些质朴的语句,老师的心情很激动,趁热打铁组织了"寻找诚信——讲诚信的故事"的语文演讲活动,活动过程中同学们常常感动得泪眼婆娑,他们说,没有这次活动,我们还真不知道有这么多感人的诚信故事,有这么多讲究"一诺千金"的诚信人。紧接着,他们又开展了一次班队活动"实践诚信——做诚信的人",同学们纷纷表示要从生活中的小事做起,从自己做起,做一个真正的讲诚信的人。活动后,班级面貌焕然一新,鸡毛蒜皮的疙瘩事少了,讲真心话、做实在事的人多了,诚实守信的人多了。
>
> ——摘自:杨冬.生活中来,生活中去——"诚信"故事中的生活教育[J].
> 江苏教育研究,2008(14):30-31.

---

① 黄国秋,乔聚龙.生存教育:生存能力和生存意识的培养[J].白城师范高等专科学校学报,2002(3):50.

> **问题** 从上述案例中,老师是怎么使班级面貌焕然一新的?用生活教育理论具体分析这个案例。

生活教育是帮助学生了解生活常识,掌握生活技能,实践生活过程,获得生活体验,确立正确的生活观,追求个人、家庭、团体、民族、国家和人类幸福生活的教育。通过生活教育,使学生们热爱生活,懂得生活,追寻生活;让学生懂得生活不是单一的、乏味的,是物质生活和精神生活、个人生活和社会生活等组成的复合体;帮助学生提高生活能力,养成良好的行为习惯和崇高的品德,使学生养成立足现实、着眼未来的生活追求;让学生真正懂得生活的真谛,学会正确地生活,并恰当处理好个人学习、工作与生活的关系。

生活教育是瑞士教育学家裴斯泰洛齐于19世纪提出的教育学说,这种教育强调适应自然,他把教育理论理解为一个生长或发展的过程——儿童天赋才能的和谐而自发的过程。他在《天鹅之歌》这部总结他的教育思想的著作中提出了"生活具有教育的作用"的箴言。19世纪末,杜威继承了这个学说,并提出了"学校即社会、教育即生活"的主张。① 作为杜威的学生,陶行知并没有沿袭着他的教育思想继续进行下去,而是立足于中国的实际情况,结合自己的独特理解,提出了"生活即教育,社会即学校,教学做合一"的生活教育主张。陶行知认为教育源于生活,是生活所原有、生活所自营、生活所必需的教育;"社会即学校"要求学校要与社会密切联系,扩大教育的范围、对象和学习内容,把教育推广到全部的社会生活中去,把整个社会当做学校,把实际生活当做教材,从而使劳苦大众都有受教育的机会。陶行知认为,"教学做"是一件事,不是三件事;要在做上教,在做上学;在做上教的是先生,在做上学的是学生。在"教学做"三者之中,陶行知主张以"做"为中心,"教的法子要根据学的法子,凡事怎样做就怎样学,怎样学就怎样教"。①

当前我国学校教育与学生生活相脱节,不能满足儿童和社会发展的内在需求,而且在德育实施过程中,"知性德育"和"灌输德育"造成学校德育实效性低下的弊端鲜明显现。鲁洁指出:"道德教育的根本作为就是引导生活的建构,它所指向的是更有利于人之生成和发展的好生活。道德教育要帮助学习者学会关注、反思、改变生活,提高他们的生活建构的品质和能力。"② 我国物质文化生活水平逐年提高的情况下,如何过好生活、处理好生活中的各种关系,是学校实施生活教育的必要性前提。学校生活教育要紧密结合现实,通过课程、讲座、集体活动、社会实践、讨论、调研、写作等方式进行,从生活中来到生活中去,是生活教育的本色。

(三)生命教育

案例 8-28

2013年5月16日,教育部在其官方网站就近期多起中小学生溺水事故进行紧急通报,通报指出,要把防溺水联控落实到每一个乡镇。要提请当地党委、政府协调有关部门和乡镇切实建立防溺水联防、联控机制,加强重点水域和危险路段安全管理。

通报明确,5月11日(星期六)上午,广东省惠州市博罗县罗阳一中8名初二学生在东江边烧烤时,1名学生不慎落水,4名同学施救,造成5名学生溺亡。同日,湖南省永州市东安县大盛

---

① 张勇,张园园.陶行知生活教育思想探析[J].福建党史月刊,2008(3):109.
② 鲁洁.道德教育的根本作为:引导生活的建构[J].教育研究,2010(6):3.

镇林角村 3 名小学生到邵阳市邵阳县白仓镇新华村一水塘玩耍时溺亡。同日,广东省梅州市五华县河东镇油田中学 4 名学生结伴到河东镇油田华裕河段游泳时溺亡。5 月 12 日下午,河南省信阳市固始县沙河铺乡小学 5 名学生到沙河铺乡史河橡胶坝附近游泳时溺水,导致 4 名学生溺亡。同日,四川省内江市东兴区 2 名小学生和 1 名初中学生在东兴区中山乡下河游泳时溺亡。

通报指出,短短两天时间内四省五地连续发生 5 起未成年人溺水事故,造成 19 名中小学生溺亡,令人十分痛心,再次给中小学安全敲响了警钟。需要注意的是:这 5 起义务教育阶段学生溺水死亡事故,多发生在农村地区;都发生在周末;都发生在无人看管的江河、池塘等野外水域;都发生在学生自行结伴下水游泳时,有的是手拉手施救落水同伴致多人溺亡。

——中国新闻网,2013 年 5 月 16 日

问题

上述案例当中所出现的多起未成年人溺水事件,从根本上来说,就是整个社会大环境(学校、家庭、社会)对于生命本身的不够重视,没有把生命摆在重要位置的意识,这首当其冲的就是学校对于学生们的生命教育的缺失。对于案例中短期内所出现的多起未成年人溺水事故,你认为如何才能杜绝这种现象的发生,杜绝年轻生命的泯灭?

"生命教育"是由美国学者杰·唐纳·华特士与 1968 年首次提出,澳洲于 1979 年成立了"生命教育中心"(lief Education center,LEC),明确提出"生命教育"的概念,生命教育是帮助学生认识生命、尊重生命、珍爱生命,促进学生主动、积极、健康地发展生命,提升生命质量,实现生命的意义和价值的教育。通过生命教育,使学生懂得了个体的自我生命和他人的生命的生老病死的过程,认识到了自然界和整个社会的生命存在和发展的规律,并最终树立正确的生命观,顿悟了生命的真正价值与意义,以个体的生命为基准点,来推动个人、他人和群体的生命的和谐发展。生命教育不仅要使学生掌握生命的特点、生存的技能和方法,更重要的是唤醒学生热爱生命的情感。生命教育拷问我国传统的社会伦理观和教育观对生命的蔑视,学校的生命教育首先应该转变传统对于生死的观念,尊重生命,珍视生命,我国学校生命教育主要通过以下途径进行。

1. 通过有形课程实施生命教育

生命教育就是要使学生从体验中感悟生命的可贵及对生命积极的关怀,借以形成对生命正确的认知与态度,所以生命教育的关键在情感,生命教育的课程教学必须从内心感动学生,使其产生强烈的心灵震撼。生命教育可以在学科教育内容中进行渗透,突出生命教育的意识,也可以充分利用班团队活动、节日与纪念日活动、仪式教育、学生社团活动、社会实践活动等多种载体,通过丰富多彩的活动,让学生全方位感悟生命,学会生命保护、生命自救的方法。台湾在通过课程实施生命教育的过程中,提出并实践了阅读指导法、亲身体验法、模拟想象法、欣赏讨论法、随机教学法等,通过课程实施生命教育,不管采取什么方法,最主要的是引导学生去思考他们自身的经验,或在影片欣赏、角色扮演、阅读书籍之后,师生互相分享彼此的心得,因此生命教育主题的设计应尽量生活化,以活动为载体,以体验和分享为关键。[1]

2. 通过无形课程实施生命教育

通过生命化的课堂生活、学校文化、班级管理等方面,使学生处处能感受到生命的关怀,浸润在生

---

[1] 冯建军.生命教育的内涵与实施[J].思想·理论·教育,2006(11):28-29.

命的阳光之中。课堂是学生生命观的主要生成场所,课堂教学以促进生命自由而全面发展为目标,为此课堂教学必须凸显生命的灵动和创造,让课堂焕发生命的活力,成为生命化的课堂。学校不仅仅是一个物理空间,更是一个社会的场所、文化的存在,生命教育要求学校必须给学生提供一个安全、健康、富有人文关怀的文化环境,开展丰富多彩的校园文化活动,努力形成关爱生命、珍视健康的良好氛围。班级作为一个基本的教育场所,应该为学生生命的发展服务,成为生命的家园,教师应秉持人文关怀的理念,以学生的本体生命为依托,呵护和激扬学生的生命,在班级教育管理中绵延人性的情感及爱的关怀。①

3. 通过教育合力实施生命教育

生命教育不同于其他学科的教育,它更多地是一种综合性的教育活动,需要家庭、学校和社会形成教育合力。学校牵头成立专门的生命教育协调机构,招募和聘请一批相关行业和部门的志愿者作为生命教育的兼职教师或指导者。生命教育必须争取广泛的社会支持,几乎在所有的国家,生命教育最初都是先由社会或宗教团体推动建立的;在港台地区,父母、学校、企业界、出版界和政府已初步形成了一套合作机制,共同推进生命教育。生命教育必须争取家庭的积极参与,家庭是与学生生命链接最为紧密的地方,争取父母对生命教育的积极参与至关重要,甚至必要时向家长宣传生命教育的理念、提供合适的技术。②

(四)安全教育

 案例 8-29

2013 年 2 月 27 日早晨,湖北省老河口市秦集小学发生一起因拥挤引起的踩踏事件,导致 11 名学生受伤,4 名学生因抢救无效死亡。因该校新宿舍楼正在建设中,一栋四层楼的综合楼被改造为临时学生宿舍楼。早晨 6 时左右,因值班老师张继辉、杜贵体没有按时打开一楼铁门,致使急于出门的学生们下楼时相互拥挤,将铁栅栏门挤开,之后发生踩踏事故。

——大众日报,2013 年 2 月 27 日

2013 年 12 月 26 日早上 7 点 40 分左右,深圳光明新区高级中学一名高三女生正在教室早读,被一名男同学持刀割伤颈部。女生被紧急送往医院抢救,因伤势严重流血过多,一直在 ICU 病房内,经抢救治疗目前已经脱离生命危险。据知情同学介绍,受伤女生为高三八班学生,行凶男生并非同班同学,而是来自隔壁的高三七班,该男生冲进女生教室后,大声质问女生:"你还有没有遗言?"未等对方反应,便举刀刺向女生颈部,然后迅速逃离现场。据该校学生称,行凶的男同学一直喜欢该女生,在表白遭拒后因爱生恨才下狠手。男同学逃离现场后不久,向当地派出所自首。警方表示,案件疑为感情纠纷引起,警方正在进一步调查当中。

——南方都市报,2013 年 12 月 26 日

问题 从上述两则案例中,对于频繁出现的校园安全问题,我们应该如何来进行安全教育呢?

安全教育是社会为保护学生生命安全,由学校在尊重和保护学生基础上,进行帮助学生提高防范与处理事故能力,以及提高自我保护意识和能力,使学生能应对生活世界中可能遇到的危险处境的教

---

① 冯建军.生命教育的内涵与实施[J].思想·理论·教育,2006(11):29.
② 同上。

育。儿童在社会中永远处于弱势地位,因此他们有权利获得足够的安全与保护。安全教育的核心是儿童在处于危险和困难的处境时提高自我保护意识。必须要认识到:安全教育不等于保护教育,也不等于封闭教育。安全教育不只是注重儿童身体的安全,而是要确保儿童身心协调和谐健康的发展,这才是安全教育的关键所在。安全教育的目的是使学生在事故发生时能保护自己的生命、及时逃生、学会生存。

学校安全教育的实施通过以下方面进行。一是开设和完善安全教育课,制定安全教育大纲和教育计划,对学校安全教育的内容、课时、教材等做出具体明确的规定,形成系统规范的学校安全教育机制,从而使学校都能按要求主动地、有针对性地开展安全知识教育。二是从学校管理上进行安全教育,教育行政主管部门应加强监管、指导和检查,督促学校层层签订安全教育责任书,逐级落实安全责任制和责任过错追究制,将安全责任传递到学校领导和教师,建立健全安全管理和教育的机制、体制,完善规章制度,制订各类安全事故应急预案,定期排查安全事故隐患,把事故消除在萌芽之中。[1] 三是学校应利用一切有利资源来开展灵活、多样化的安全教育。安全教育的关键是对学生进行实地演练,让学生掌握必要的逃生技能,学校的安全教育不能纸上谈兵,避免形式化的安全教育,必须对学生进行实战演练,让每个学生掌握逃生的技能和技巧,开展模拟安全自救演习等教育活动。四是利用学校部分教师和校外安全专业人员的指导,开展系列讲座,旁听各类火灾案件和事故的处理,切身感受安全防范和自救的重要性,通过各种资料、图片、案例和演习活动来增强学生的安全意识观念,教师要结合生活中的事例,给学生讲解各种安全知识,帮助学生树立良好的安全意识和自我保护意识。[2]

(五)升学就业指导教育

> **案例 8-30**
>
> 又到了一年一度的中考时节,面对即将做出自己的人生选择,小明茫然了。对于单亲家庭常年寄宿学校的小明来说,如何选择未来的道路根本就是一头雾水,小明的心情变得越来越压抑,直接表现就是上课听课不集中,特别容易走神,而且性格也变得越来越孤僻,不合群。班主任李老师发现了小明的异常,课下主动找小明谈话,小明就把自己的困惑一五一十地告诉了李老师。李老师问小明是倾向于继续上普通高中还是直接去职业技术学校学一门技术直接就业,而李老师的这个问题,正是小明的困惑所在。随后李老师给小明详细介绍了普通高中和职业高中情况以及以后的发展方向,李老师还说不要对职业高中存在偏见,他和普通高中是一样的,只是发展方向不同而已。李老师帮小明分析了他的情况,认为小明缺乏对于文化课学习的兴趣和热情,反而对于物理中的一些实践性知识特别感兴趣,喜欢亲身操作体验。经李老师这么一说,小明忽然领悟了:是啊,自己平常就特别喜欢维修一些小电器啊,把一些现成的小设备拆了然后再自己重新组装,反而特别讨厌学习一些纯粹的文化课知识。自从那次和李老师谈完话后,小明又回到了之前那个积极向上开朗乐观的自己。在填写中考志愿时,小明选择了一所职业技术学校而且如愿考上了。经过了三年系统的专业技术的学习,毕业后通过自己勤奋上进,小明现在是一家中国五百强企业的售后技术服务顾问。

---

[1] 李全庆.学校安全教育的主要模式、驱动机制与路径选择[J].中国安全生产科学技术,2011(6):170-171.
[2] 李开勇,冯维.论我国中小学安全教育存在的问题及其解决对策[J].现代教育科学,2009(5):87.

> 问题：针对案例中所出现的情况，我们该如何对学生进行升学就业指导呢？

升学就业指导是当前世界各国普遍关注的问题，国外通常称之为职业指导或出路指导等。升学和就业指导是指教师根据社会的需要指导学生树立正确的职业观，帮助他们了解社会职业，进而引导他们按照社会需要和自己的特点为将来升学选择专业与就业选择职业，从而在思想上、学习上和心理上做好准备。升学就业指导的主要内容，就是运用心理测量的方法去鉴定学生的兴趣、能力、气质等心理特征，然后再结合其学业成绩，参照各种职业活动的心理素质要求以及当年招生情况等，预测学生在哪方面最有发展前途，以此来确定毕业生的合理去向。

（一）升学指导

升学指导是一个持续的循序渐进的过程。就其内容而言，特别要注意全面协调的指导，即以正确的思想指导为导向，以完备的知识复习指导为中心，以独特的心理准备指导为辅佐，发挥其最大限度的潜能。主要包括以下三个方面：

1. 思想指导

毕业生选择何种专业，报考何种学校，与其个人的价值观念息息相关。为此，教师应帮助学生树立正确的价值观和人生观，要对学生进行国情教育，使学生懂得在现代的社会中，存在着多种经济结构，国家需要多层次、多方面的建设人才，而改革开放的环境和新技术革命大潮的冲击，更为青年人提供了广阔舞台。所以，没有必要一味追求学历和文凭，要认清社会现实，根据社会需求来选择未来的方向。简言之，要缓解学生片面追求升学率所造成的心理压力。

2. 复习指导

根据学生的知识、智力、性格等方面的差异，将一般指导与个别指导相结合，长计划与短安排相结合，既具体落实，又留有余地。复习指导以下内容：一是要指导学生制订切实可行的复习计划并不断调整复习计划，根据复习备考的不同阶段，有计划、有步骤地进行全面复习、归类复习和重点复习；二要做好各任课教师的联络协调工作，指导学生以教学大纲（或考试大纲）为"纲"，以统编课本为"本"进行复习，注意对"题海战术"，教师之间"争时间、抢地盘"进行调控，为学生创造一个既紧张又和谐的复习心理环境；三是指导学生进行解题技能训练，教师要指导学生熟悉其解题要求；四是指导学生合理安排作息时间，越是临近考试学生群体心理气氛越加紧张，教师应指导学生合理安排作息时间，注意劳逸结合，一张一弛。①

3. 心理指导

在学习过程中，考生会伴随着一些常见的不良心理状态，如焦虑、不安、胡思乱想等，这严重影响了学生的正常复习和临场发挥，为此，教师应及时对学生进行心理指导，但不要对学生频繁地使用鞭策激励性话语，严格控制有关考试的流言，以免造成学生的情绪骚动。此外还要指导学生学会适应考场，采用心理认同、超脱等方法排除自身与外界的干扰并迅速适应考场。

（二）就业指导

就业指导包括就业意识指导、就业准备指导和就业具体指导三个方面。

就业意识是指学生对待职业对象的认识，以及由此产生的对职业对象的意向和态度，就业意识指

---

① 施建农，蒋长好.升学和就业指导[M].北京：中国税务出版社，1997：2-3.

导指帮助学生逐步树立远大的理想,形成正确的世界观,做到"三个了解"(了解社会、职业、自己),树立"三个观念"(正确的劳动观、职业观、择业观),处理好"三者关系"(国家、集体、个人)。其具体任务为:一是要帮助学生初步了解社会分工、当地经济特点、相关的职业群在建设中的地位和作用,以及这些职业对劳动者素质(包括心理素质)的要求;二是对学生进行正确的职业观和劳动观教育,培养其为社会作贡献的精神;三是帮助学生了解个人的智能水平和个性心理特征,指导他们选择今后就业的大致方向,以提高知识学习和个性锻炼的针对性和主动性;四是使学生具备毕业后能根据社会需要和个人特点正确选择职业的能力,以及自荐能力和转业改行的多项适应能力。①

就业准备指导主要包括以下内容:一是督促学生扎实的学习基础知识和基本技能,并能熟练掌握,同时要严格进行一般职业技能的训练;二是要加强对学生的职业心理训练,努力培养学生的吃苦耐劳精神和务实的意识,克服不良的畸形心理状态以及听天由命消极等待的被动心理,针对学生的自身情况和心理特征,加强责任心、理智感、自制力的培养训练,帮助他们正确认识现实社会的种种矛盾,提高面对苦难挫折的能力,培养坚定的职业信念、意志和创造能力;三是重视对学生的职业道德教育,提高学生的职业道德修养,强化职业道德意识。

就业具体指导主要包括两方面的内容:一是教师应结合现实需要向学生介绍各行各业对人才的需要,二是要通过一些心理测验(兴趣、气质、能力等)帮助学生正确认识自己,根据学生自身的现实情况有的放矢地指导他们选择未来的道路与方向。与此同时,教师应从教育要求出发,针对学生的具体特点培养学生对于未来职业选择的兴趣和各方面必备的能力。

大家谈

1. 试分析学科德育与活动德育各自的优劣势及其两者的关系。
2. 对于活动德育的四种类型,试举例来说明一下四种德育活动兼有的情况。
3. 试论述生命教育、生存教育、生活教育三者之间的关系,以及为什么说实施"三生教育"是全面推进素质教育的基本要求?
4. 随着安全越来越引起学校社会的关注,有些学校为避免出事,制定了许多在他们看来是能最大程度确保学生生命安全的规定,就是尽量让学生少动或不动,你认为这样做符合教育要求吗?安全教育等于束缚教育吗?

课后研究

请到一所学校对一个德育活动进行观察,了解此活动的德育内涵及德育效果,写出一篇德育活动的观察报告。事先需要了解活动内容,拟好观察提纲,做好观察记录,如果需要设备支持观察,需要将设备调试好,确定观察的方式与类型,观察结束后,整理观察资料,回溯整个活动情况,根据观察所得写出观察报告。

在线学习资源

1. 教育部人文社会科学重点研究基地(南京师范大学道德教育研究所),http://www.

---

① 施建农,蒋长好.升学和就业指导[M].北京:中国税务出版社,1997:4-5.

nsddys.cn/
2. 北京师范大学公民与道德教育研究中心,http://www.ccme.org.cn/
3. 中国德育,http://www.nies.net.cn/zgdy/

补充读物

1. 檀传宝.德育原理[M].北京:北京师范大学出版社,2007.
2. 鲁洁,王逢贤.德育新论[M].南京:江苏教育出版社,2000.
3. 易连云.重建学校精神家园[M].北京:教育科学出版社,2007.
4. [美]凯文·瑞安,卡伦·博林.在学校中培养品德:将德育引入生活的实践策略[M].苏静,译.北京:教育科学出版社,2010.
5. [法]路易·勒格朗.今日道德教育[M].王晓辉,译.北京:教育科学出版社,2009.

第三部分

学校教育的管理与协调

>> >

第九章 学校教育制度

学习目标

1. 了解学校教育制度的含义。
2. 认识学校教育制度的改革与发展。
3. 掌握我国学制改革的趋势。

内容提要

学制是学校教育发展到一定历史阶段的产物,是国家教育制度的主体部分。学制受一定社会的政治、经济发展和人的身心发展规律制约。当前我国的教育制度改革是普及义务教育、加强中等职业技术、改革高等教育和发展成人教育。

制度化是学校教育的基本特征,学校是制度化教育的积淀与传承。"学校的长处全在于制度,它包括了学校发生的一切事。因为制度是一切的灵魂。通过它,一切产生、生长和发展,并达到完善的程度。"① 社会发展到现代,学校教育制度已经发生了诸多变革。

第一节 学校教育制度的含义

所有制度都是人为建构起来的,在人类的生活实践中,人们按照生活习惯的要求,遵从道德和信仰的指令,形成了一系列行为规则。当这些规则被社会成员普遍接受和采纳,在生活中作为调节人和人之间的关系规则在社会上通行,并由这些规则来对人的行为进行约束和激励,实际上制度就已经诞生了。学校是制度化的产物,制度对于学校教育不可或缺,明晰地理解学校教育制度是提升学校教育效果的重要保证。

一、学校教育制度的概念

界定教育制度是理解学校教育制度的基本前提,究竟何为教育制度,并没有统一的界说,研究者给出的概念也是丰富多彩的。在《中国大百科全书·教育》中,对教育制度是这样界定的:"教育制度是根据国家的性质制定的教育目的、方针和设施的总称。"② 在《中国大百科全书·社会学》中将教育制度界定为:"教育制度是一个社会赖以传授知识和文化遗产以及影响个体社会活动和智力增长的正式机构和组织的总格局。"③ 顾明远主编的《教育大辞典》中对教育制度的界定是:"教育制度指一个国家各种教育机构的体系,包括学校制度(学制)和管理学校的教育行政机构体系。"④ 从这几个关于教

---

① 任钟印.夸美纽斯教育论著选[M].北京:人民教育出版社,1990:242.
② 中国大百科全书总编辑委员会《教育》编辑委员会.中国大百科全书·教育[M].北京:中国大百科全书出版社,1985:187.
③ 中国大百科全书总编辑委员会《教育》编辑委员会.中国大百科全书·社会学[M].北京:中国大百科全书出版社,1991:119.
④ 顾明远.教育大辞典(第1卷)[M].上海:上海教育出版社,1990:68.

育制度的界定中可以看出，教育制度的内涵要么被泛化，要么被窄化了。在全国十二所重点师范大学联合编写的《教育学基础》中将教育制度解释为："一个国家各级各类教育机构与组织的体系及其管理规则。"[1]这个解释对教育制度的内涵把握得还是比较全面的，既把握了教育制度的机构层面，又关注到了教育制度的规则层面。综合各种观点，教育制度指的是一个国家的教育组织结构及其正常运行的各种规则体系的总和。

案例 9-1

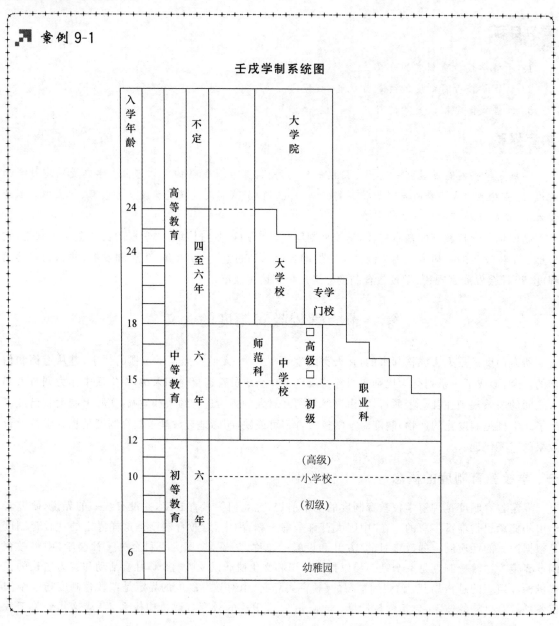

壬戌学制系统图

---

[1] 全国十二所重点师范大学联合编写.教育学基础(第2版)[M].北京:教育科学出版社,2008:94.

1922年制定的"新学制",也称"壬戌学制",是1922年11月1日由北洋军阀政府以大总统的名义颁布的。"新学制"规定:(1) 初等教育为6年,分初、高两级,前4年为初级,是义务教育,后2年为高级。前4年可单设,并规定在小学高年级可根据地方情况,增设有关职业的准备教育。(2) 中等教育为6年,分初、高两级各3年。规定初级中学为普通教育,可以单设。并规定根据地方情况,兼设各种职业科。高级中学分为普通、农、工、商、师范、家事等科,并可根据地方情况,单设一科或兼设数科。旧制的甲种实业学校改为职业学校或高级中学的农、工、商科,乙种实业学校改为职业学校,修业年限可依地方实际需要而定。师范学校为6年,可单设后2年或3年实行分组选修制。(3) 高等教育为4~6年。医科法科为5年,师范为4年,大学采用选科制。规定根据地方情况和学科情况可设专门学校,修业年限3年,大学及专门学校可设专修,修业年限依情况而定。大学院为大学毕业或有同等学力者的研究所。

问题 根据壬戌学制中的规定,试概括学校教育制度应包括哪些方面的内容?如何理解学校教育制度的时代意义?

教育制度包含各种教育机构、各机构间的关系、各机构的任务、组织管理等。教育制度以其涉及的范围可以分为广义和狭义两种,广义的教育制度是大范围的和社会结构密切相关的教育制度,狭义的教育制度就是专门指向教育领域内的学校教育制度。

现代教育制度发端于西方,是伴随着工业革命的发展而确立起来的。教育制度从其产生伊始的不系统不正规,到逐渐完善再到高度的制度化,经历了两百多年的时间,教育制度的作用也从当初仅仅为工业生产服务而转向了全面为社会服务的职能。现代社会的教育制度已经是一个完备的体系,建立了与体系相应的各种规范,在保障教育促使人的社会化方面发挥着独特的作用。教育制度深化了社会控制,通过保障教育活动的顺利进行而对未成年人的思想和行动进行引导和掌控,通过制度内的运行规则重新进行社会资源的选择与分配,形成了以竞争为核心的精英人才培养模式,通过制度设计对社会中的阶层流动进行调整,同时教育制度的变革也为社会革新做准备,在教育制度变革过程中创造新思想和新知识,对旧的教育制度进行批判,彰显社会的进步与弊端,从而为社会造就新人提供新的服务体系和规范。

实质上,教育制度的形成和发展是以学校教育制度的形成和发展为主线的,不同时代、不同国家,形成了不同的学校教育制度,学校教育制度是教育制度的亚层次概念,是制度在学校教育关系中的层次化和具体化。学校教育制度简称学制,是指一个国家各级各类学校的系统,具体规定着学校的性质、任务、入学条件、修业年限以及彼此之间的协调关系。"它包括有关学校性质的制度、招生制度、学位认证制度、专业设置制度、就业制度、考核制度等。"[1]"学校教育是正规教育,是制度化程度最高的教育形式,是现代教育的主体部分。这使学校教育制度在教育制度中居于突出地位,成为现代教育制度的核心"[2],它代表着一个国家教育制度的水平和效用。班级授课制是现代学校教育制度的核心。学制的确立对整个教育事业乃至整个国家的发展都具有重大意义,国家一般通过立法确定本国学制,对各级各类学校做出统一规定。

---

[1] 冯永刚.现代学校教育制度的内涵、表现形式及影响因素[J].教学与管理,2012(22):3.
[2] 刘志军.教育学[M].北京:高等教育出版社,2011:281.

学制能否真正地发挥作用,在于学制的制定是否科学完善,是否符合国情。学制的建立总是受到多种因素的影响和制约。时代不同,民族不同,学制也会不同。因此,学制的建立要受到社会政治经济制度、生产力与科学技术的发展水平、教育对象的身心发展规律、教育思想的变革以及一个国家的文化传统、人口状况等的制约。

学制结构由纵向区分的系统性和横向区分的阶段性构成。在这里,各级学校系统是指纵向的学前教育、初等教育、中等教育、高等教育之间的有机联系;各类学校系统是指横向的各种不同性质的学校之间的有机联系,比如同是中等学校,既有全日制普通为升学做准备的学校,也有半工半读为就业做准备的学校;既有为正常儿童开设的学校,也有为特殊儿童开设的学校;既有政府出资举办的学校,也有个人出资或学校与个人共同出资举办的学校。各级各类学校在整个学校教育系统中所占的比重和所处的地位是不同的,受到一个国家的历史、政治、经济与文化的影响,是历史与社会的产物。

二、学校教育制度的类型

案例 9-2

图 9-1 中国面向未来 10 年勾勒教育改革"路线草图"

问题

试析中国面向未来 10 年勾勒教育改革"路线草图"与我国现行学校系统示意图的关系?

现代学制的产生、发展与工业化的进程紧密相连,工业革命造就了现代化的发展历程,现代化成为从农业社会进入工业社会后社会发展的主要特征和标志。现代化进程对教育产生了广泛和重大影响,推动了现代教育制度特别是现代学制的产生,并为现代学制的发展提供了条件。

(一) 现代学校教育制度的类型

西方现代学制产生于工业革命时期,英国最先发生了工业革命,随后在法国、德国、美国也相继发生了工业革命,工业革命带来了巨大生产力,也带动了生产关系的变革,教育成为西方各个国家改革的重要利器,摆脱教会控制的教育世俗化和普及化要求空前高涨。但是各个国家的教育并没有得到很大的发展,教育既不正规也不系统,学校形式多种多样,学校师资匮乏,学科单调,设施简陋,大部分国家都采用经济有效的办学方式,"贝尔—兰卡斯特制"广为流行,教育质量难以保证。直到 19 世纪中期以后,教育对国家利益的重要意义开始显现,已有的教育制度远远不能满足工业化对人才的培养需求,各国有关教育的规定更加具体,义务教育年限也进一步延长。19 世纪中期到第二次世界大战期间,西方各主要国家都先后确立了自己的学制体系,形成了在那个时代具有代表性的三种学制系统:双轨制、单轨制和介于两者中间的分支制。如图 9-2 所示。

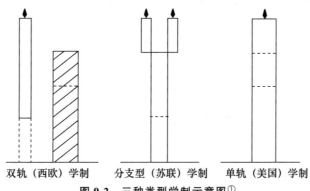

图 9-2 三种类型学制示意图①

 知识链接:贝尔—兰卡斯特制

贝尔—兰卡斯特制(Bell-Lancaster system),又称导生制(Monitorial system),由英国国教会的贝尔(Andrew Bell,1753—1832)和公益会的教师兰卡斯特(Joseph Lancaster,1778—1838)所开创的一种教学组织形式。1791 年,贝尔在印度马德拉斯的兵士孤儿学校中,采取用年长学生来帮助教师教其他学生的教学方法,此法被称为马德拉斯制。贝尔于 1795 年回到英国,并在 1798 年出版《一个教育实验》的小册子,介绍自己的思想和做法。1798 年,兰卡斯特在伦敦的巴勒路自办一所学校,由于学生人数过多,又无钱去聘请教师,便设想先教一些年长而成绩好的学生,然后再由他们去教其他学生,他吸取了贝尔的一些观点,并于 1803 年出版《教育的改良》一书,描述了自己的教育尝试,导生制由此而引起了英国社会和广大公众的注意。它的组织形式是这样的:教师上课时先选择一些年龄较大或较优秀的学生做"导生",教师先将当天的教学内容传授给导生,然后由这些导生负责把自己刚学的内容教给一组学生,其后也由导生对这些学生进行检查和考试。在使用导生制的学校中,一个教师在多名导生的帮助下可教数百名学生,花费少,招生多,被誉为"最经济有效的办学方法",解决了缺乏教师和教育经费的困难。1810—1830 年,导生制在英国极为流行,并传播到欧美各国,曾在英国和美国流行过数十年,为普及初等教育作出过重大贡献。但是由于导生制存在着把教学变成呆板、机械的训练等弊病,1840 年后逐渐丧失了原来的声望,而逐渐被正规的教学制度

---

① 黄济,王策三.现代教育论[M].北京:人民教育出版社,1996:269.

所取代。

双轨制出现最早,18世纪初露端倪,19世纪开始定型。以世界大战前的德、法、英等欧洲国家为代表。如法国1881年公布了《费里法案》,突出强调了国民教育制度的义务、免费和世俗化三原则。19世纪末法国逐步形成了现代学制的雏形,是典型的双轨学校制度,后来经过统一学校运动,法国的双轨制受到冲击,但一直实行到20世纪前半期。在双轨制中,学校系统分为两轨:一轨是供贵族、地主等有闲阶级享用的学校,其发展是自上而下的,先有大学,然后有中等教育性质的预备学校(文法学校),再后有初等教育性质的文法学校的预备学校,再后有幼儿园和家庭教育;另一轨是为劳动人民子女设立的,以培养娴熟劳动力为主要目的,其发展是自下而上的,先有初等学校,后有和与小学相连的职业学校,再有初中和中等职业学校。

双轨制是教育阶级性的具体体现,是教育不平等的最佳说明,它以制度来限制受教育机会,造成阶层之间的隔阂,非民主化是这种学制的缺点。第一次世界大战期间,各国劳动人民和民主进步人士开展了教育民主化的斗争,他们反对双轨学制,提出废除等级性的教育制度。但双轨制含有学校编制和课程的同一性、学生的同质性等。因此,具有简便性的优点。①

图9-3 20世纪初的英国学制图②

单轨制最早确立于19世纪后期的美国,后被世界许多国家接纳。美国是最早实行单轨制的国家,20世纪初实行"八四制",后来因初级中学设立而普遍采用"六三三制",中小学教育发展迅速。19世纪末至20世纪初,美国兴起初级学院运动,初级学院是一种从中等教育向高等教育过渡的教育,招收高中毕业生,学制两年,授以比高中稍广一些的普通教育和职业教育方面的知识,不收费或收费较低,学生入学方便,课程设置多样,办学形式灵活,学生毕业可继续升学或直接就业。初等学院运动是美国高等教育大众化和民主化的产物,成为高等教育机构中的新层次。单轨制之所以最早在美国出现,是和美国的发展历史以及美国所崇尚的民主、自由、平等等立国理念有很大的关系。单轨制是一种自下而上的教育体制,从小学到中学而后进入大学。

单轨制是一个系统,多种分段。它废除了统治阶级和庶民阶级在教育制度方面的差别,有利于教育逐级普及,可以有力地推动教育进展,它具有民主化、教育机会均等扩大等优点,但难于管理。③

---

① 黄玉萍.中日两国近代学制形成和发展的比较研究[D].兰州:西北师范大学,2004:3.
② 黄济,王策三.现代教育论[M].北京:人民教育出版社,1996:271.
③ 黄玉萍.中日两国近代学制形成和发展的比较研究[D].兰州:西北师范大学,2004:3.

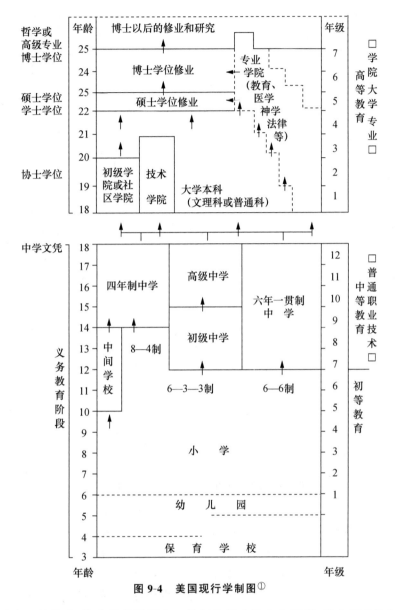

图 9-4　美国现行学制图[①]

分支制相对出现得较晚,综合了单轨制和双轨制的某些特点和因素,是介于双轨制和单轨制之间的一种学制。其中苏联是典型的代表者。也就是从小学到初中是单轨,进入中学阶段开始分离,实现学术教育和职业教育的分轨,这种学制的中学,上通高等学校,下达初等学校,左右与中等职业技术学校畅通,而且职业学校的毕业生也有进入对口的高等学校学习的机会。

分支制试图融合单轨制与双轨制的优点,兼顾公平与效益,但在实践中,学术教育一轨比较受重视,质量也相对较高,而职业教育一轨往往被冷落,质量难以保证,造成实际上的不公平。

---

① 黄济,王策三.现代教育论[M].北京:人民教育出版社,1996:278.

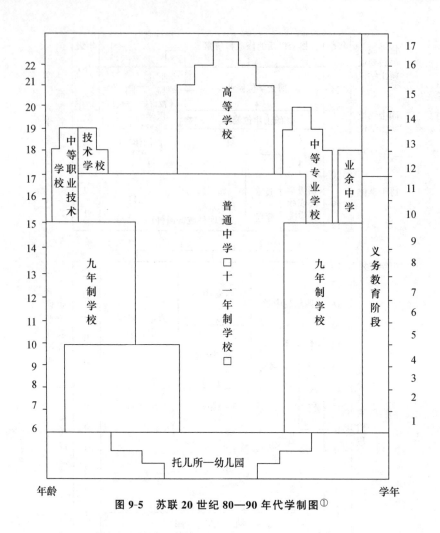

图 9-5 苏联 20 世纪 80—90 年代学制图[①]

（二）我国现代学校教育制度的产生与发展

我国现代学制发端于现代学校的诞生。鸦片战争之后，清朝政府已经岌岌可危，官学名存实亡，一些开明的知识分子和官僚中的改革派积极主张向西方学习，变革旧的传统教育，设立新型学校，培养新型人才，解救当时的帝国危机。1862 年洋务派创办的京师同文馆正式开学，是最早采用西方教学制度进行教学的现代学校，后来洋务派又相继开设了福建船政学堂、天津西医学堂等具有现代特点的学校，标志着新型学校和新的学校教育制度在我国的出现。洋务派秉承"中学为体，西学为用"的宗旨，引进西方的科学技术，在学业程度、课程设置和学习年限等方面参照西方学制，但还没有形成系统的学校制度。19 世纪 70 年代之后，部分改良派人士和维新代表人物以及一些知名的欧美传教士，建议清政府效仿西方建立学校制度，并提出不同学制方案。1895 年甲午战争之后，大量的西方社会科学也输入中国，无论是在教育思想和教育政策，还是在教育内容和教育方法等方面，都给中国的教育带来了前所未有的冲击和挑战。1902 年学部大臣张百熙主持及参照日本

---

① 黄济，王策三.现代教育论[M].北京：人民教育出版社，1996：281.

的学制,拟定了一系列包括《京师大学堂章程》等在内的6个学制文件,清政府于同年8月15日颁布,统称《钦定学堂章程》,该年是壬寅年,又称"壬寅学制",这个学制公布后没有实行,很快就被"癸卯学制"所取代。1904年清政府公布了由张百熙、荣庆、张之洞等主持重新拟定的一系列包括《学务纲要》等在内的十余部学制系统文件,统称《奏定学堂章程》,这一年是阴历癸卯年,又称"癸卯学制"。这是由政府颁布并得到实施的全国性法定学制系统,对各级各类学校的阶段、性质、修业年限及课程设置都有详细说明和规定,是学习西方教育的一个系统性成果,既反映了西方资本主义教育的特点,也反映了清朝末年封建统治依然存在要求教育要维护其延续的本性。新学制的颁布客观上促进了科举制度的废除,并促进形成了一套新的从中央到地方的教育行政系统。

"癸卯学制"颁布后,经过了多次的补充与修订,仍不能满足社会和民众对教育的需求。清政府灭亡,民国政府成立后,修订清末学制成为历史的必然。1912年9月初,民国政府教育部正式公布了民国学制系统的结构框架,因这一年阴历是壬子年,故称该系统框架为壬子学制,至1913年8月,教育部又相继公布了一些关于各级各类学校的法令规程,对壬子学制进行补充和具体化,形成一个相对全面和完备的学制系统,1913年为阴历癸丑年,因此综合起来称壬子癸丑学制,即1912—1913年学制。这个学制反映了民国政府的主张,较多地反映了资产阶级对教育的要求,是民国初期的中心学制,但是这个学制仍然存在不少问题,模仿日本和德国学制的痕迹较重,对本国实际情况关注不多,日益不适应社会政治经济的发展和生产生活的需要,改革学制的呼声一直没有停止,一些教育学界人士还开始进行教育改革实践,为制定新学制提供了理论和实践两方面的支持。1922年9月,教育部在北京召开学制会议,后又在10月于济南召开的教育会联合会第八届年会征询意见,最终在11月1日以大总统令公布了《学校系统改革案》,即1922年的"新学制",这一年是阴历壬戌年,又称"壬戌学制",采用的是美国式的六三三分段法,也称"六三三学制"。新学制颁布了教育宗旨,学段划分更加合理务实,建立了完善的职业教育系统,制定了课程标准。新学制是中国教育界和文化界共同智慧的结晶,更贴切地反映了社会和时代的要求与特征,比较彻底地摆脱了封建教育的束缚,促进了中国学校教育的快速发展,标志着中国现代国家学制体系建设的基本完成。在国民党统治时期,这个学制虽几经修改,但基本没有变动,并一直沿用到中华人民共和国成立。

中华人民共和国成立后,1951年中央人民政府政务院颁布了《关于改革学制的规定》,明确规定了中华人民共和国的新学制。这个学制的组织系统分为幼儿教育、初等教育、中等教育、高等教育和各级政治学校、政治训练班等。此外,还有各级各类补习学校、函授学校以及聋、哑、盲等特殊学校。这个学制充分保障了全国人民,尤其是工农干部受教育的机会;明确规定了各类技术学校在学制中的地位,体现了教育重视培养各种建设人才和为生产建设服务的方针;重视工农干部的速成教育和工农群众的业余教育,显示出终生教育的萌芽。这标志着我国的学制进入了一个崭新的阶段。这个学制在实施过程中也进行了多次修改。

在我国社会主义改造基本完成后,面对大规模的社会主义建设任务,中共中央、国务院1958年发布的《关于教育工作的指示》中指出"现行的学制是需要积极地和妥当地加以改革的"。1958年学制改革的要点是:第一,制定了发展教育事业"三个结合""六个并举"的原则;第二,发展三类学校,即全日制学校、半工半读学校和业余学校。这个学制调动了各方面的办学积极性,促进了我国教育事业的发展,但也存在如:重数量不重质量,重形式轻实效,导致学校教育事业发展过热,学生参加劳动过多等问题,在一定程度上造成教育质量的下降。1961年开始贯彻"调整、巩固、充实、提高"的方针,特别是制定了大、中、小学工作条例,在肯定一些积极成果的同时对当时"左"的表现进行了纠正。

1964年根据当时社会发展的需要,又对学制进行了以下几方面的改革:一是建立"两种教育制度";二是根据城市和农村对生产和教育的不同需要,来确定城乡各级各类学校的修业年限、课程设置、教学内容,适当安排上课、劳动、军事训练和放假的时间,并且照顾少数民族地区对学校教育的不同要求;三是适当缩短各级全日制学校的修业年限。这些改革使教育又获得了一段时间的稳定和发展。

1966年"文化大革命"开始后,我国的学制和教育事业遭到了极大的破坏:毫无根据地将中学(初中和高中)的学制都缩短成两年;对技校和中专大砍特砍,盲目发展普通高中,使普通教育和职业教育比例严重失调;把高等教育缩短为三年和一个层次,很多院校、科系和专业被取消,使人才培养比例严重失调;完全取消成人教育、业余教育。

1976年"文化大革命"结束,经过十一届三中全会的努力,我国着手重建和发展被破坏的学制系统;延长了中学的学习年限;恢复和重建中专和技校,创办职业高中;恢复和重建很多院校、科系和专业;建立了学位制度和完善了研究生教育制度;恢复和重建了各级各类成人教育机构。这些举措使我国的学制重新走上了正规化的道路。

1985年《中共中央关于教育体制改革的决定》中关于学制的主要内容有:加强基础教育,有步骤地实施九年制义务教育;调整中等教育结构,大力发展职业技术教育;对学校教育实行分级管理。

1993年的《中国教育改革和发展纲要》中提出了教育优先发展的重要思想,同时也对教育制度做出了一些新的规定,提出了"两基""两全""两重"的中国教育发展的总目标,确定了基础教育、职业教育、成人教育、高等教育四种类型的教育结构。关于办学体制,改变以往政府包揽办学的格局,逐步建立以政府办学为主体,社会各界共同办学的体制。还提出了要改革高等学校的招生和毕业生就业制度、改革收费制度、改革完善投资体制,增加教育经费,逐步建立以国家财政拨款为主,以征收教育税费、收取学费、校办产业收入、社会捐资集资、设立教育基金等为辅的多渠道筹措教育经费的制度,努力实现"三个增长"。

1995年通过的《中华人民共和国教育法》中以法律的形式巩固了学制的改革成果,并列专章规定了我国教育的基本制度:实行学前教育、初等教育、中等教育、高等教育的学校教育制度,实行九年义务教育制度,实行职业教育制度和成人教育制度,实行国家教育考试制度,实行学业证书制度,实行学位制度。

在《中华人民共和国教育法》中的学制包括以下几个层次的教育:

学前教育(幼儿园):招收3~6、7岁的幼儿。

初等教育:主要指全日制小学教育。招收6、7岁儿童入学,学制为5~6年。在成人教育方面是成人初等业余教育。

中等教育:指全日制普通中学、各类中等职业学校和业余中学。全日制中学修业年限为6年,初中3年,高中3年,职业高中2~3年,中等专业学校3~4年,技工学校2~3年。属成人教育的各类业余中学,修业年限适当延长。

高等教育:指全日制大学、专门学院、专科学校、研究生院和各种形式的业余大学。高等学校招收高中毕业生和同等学力者。专科学校修业年限为2~3年。大学和专门学院修业年限为4~5年,毕业考试合格者,授予学士学位。业余大学修业年限适当延长,学完规定课程经考核达到全日制高等学校同类专业水平者,承认学历,享受同等待遇。条件较好的大学、专门学院和科学研究机关设立研究生教育机构。硕士研究生修业年限为2~3年,招收获学士学位者和同等学力者,完成学业授予硕士学位。博士研究生修业年限为3年,招收获硕士学位者和同等学力者,完成学业授予博士学位。在职研究生修业年限适当延长,完成学业者也可获相应学位。

从形态上看,我国现行学制是从单轨学制发展而来的分支型学制。

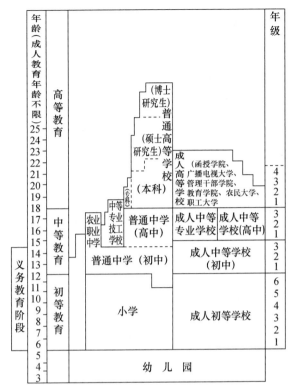

图9-6 我国现行学校系统示意图①

1. 学校教育制度的变化不只是时间的前后相继,更是时代性的社会变化的折射,如何理解社会政治、经济变化与教育自身变化对学校制度变化的影响?

2. 我国的学校制度制定伊始就是国内、国外教育发展交织影响的结果,如何处理好国际化与本土化的关系问题?

3. 学校教育制度的建立无疑带有制定者的主观色彩,但是制定的制度能否施行、施行的结果怎样无疑是客观事实,试析如何保证学校教育制度制定的科学性。

第二节 学校教育制度改革

从20世纪中期以来,教育已经进入高度制度化时期。从教育制度化萌芽到现代教育制度的确立经历了漫长的道路,而且教育制度化的程度不断发展和提高,直至当今时代,教育制度仍然处于不断发展变化之中。教育制度发展演变的历程表明,教育制度总是与社会发展进程相一致的,总是随着社会对人的要求程度提升而不断地变革。

---

① 吴文侃,杨汉清.比较教育学(修订本)[M].北京:人民教育出版社,1999:70.

一、世界学制的发展趋势

> **案例 9-3**
>
> **我国教育事业发展主要目标**
>
> | 指　　标 | 单位 | 2009 年 | 2015 年 | 2020 年 |
> |---|---|---|---|---|
> | **学前教育** | | | | |
> | 　幼儿在园人数 | 万人 | 2 658 | 3 400 | 4 000 |
> | 　学前一年毛入园率 | ％ | 74.0 | 85.0 | 95.0 |
> | 　学前两年毛入园率 | ％ | 65.0 | 70.0 | 80.0 |
> | 　学前三年毛入园率 | ％ | 50.9 | 60.0 | 70.0 |
> | **九年义务教育** | | | | |
> | 　在校生 | 万人 | 15 772 | 16 100 | 16 500 |
> | 　巩固率 | ％ | 90.8 | 93.0 | 95.0 |
> | **高中阶段教育*** | | | | |
> | 　在校生 | 万人 | 4 624 | 4 500 | 4 700 |
> | 　毛入学率 | ％ | 79.2 | 87.0 | 90.0 |
> | **职业教育** | | | | |
> | 　中等职业教育在校生 | 万人 | 2 179 | 2 250 | 2 350 |
> | 　高等职业教育在校生 | 万人 | 1 280 | 1 390 | 1 480 |
> | **高等教育**** | | | | |
> | 　在学总规模 | 万人 | 2 979 | 3 350 | 3 550 |
> | 　在校生 | 万人 | 2 826 | 3 080 | 3 300 |
> | 　其中:研究生 | 万人 | 140 | 170 | 200 |
> | 　毛入学率 | ％ | 24.2 | 36.0 | 40.0 |
> | **继续教育** | | | | |
> | 　从业人员继续教育 | 万人次 | 16 600 | 29 000 | 35 000 |
>
> 注:* 含中等职业教育学生数;** 含高等职业教育学生数。

问题

本土化是发展中国家应对全球化浪潮的必然之举,而其中的关键在于对他国经验的正确解读,如何理解发达国家现代教育制度对我国教育制度构建的影响?

从第二次世界大战之后到现在,英、法、德、美等西方主要国家根据社会经济发展的需求,为培养不同层次和类型的人才,在创建学校教育制度的时候,采用多样化模式成为西方国家教育制度改革和发展的趋势。其总体发展趋势表现为以下几点。①

(一)建构学习型社会

学习型社会是美国学者罗伯特·哈钦斯于1968年首次提出的,20世纪70年代,联合国教科文组织提出人类要向着学习化社会前进。此后,许多国家相继开展了学习型社会创建活动。教育应当担负时代赋予的历史重任,由于受到根深蒂固的传统观念的束缚和羁绊,过去那种为少数人传授知识服务的教育制度,已经不适用于急剧变化时代的大众教育,教育要让人们学会生活,学会如何去学习,学会如何可以终身吸收新的知识,学会自由地和批判地思考,学会合作和创造。因此教育是与社会、政治、经济、生活密切交织的过程,教育是扩展到社会生活各个领域的具有普遍联系的整体,是贯穿在一个人一生各个发展阶段的连续统一体,教育的目的是为社会培养新人,在终身教育理念指导下,以教育社会化和社会教育化来实现教育制度一体化,继续教育得到很大发展。

(二)早期教育越来越受重视

当代生理学、心理学和教育学研究成果的不断涌现和发展,其中关于人的智力发展假说、脑资源的开发和利用,为人们重视早期教育提供了科学的依据和证明。而多元智能理论、人生规划、生存竞争等多种理念让早期教育更深入人心,人们越来越重视儿童早期的养育和儿童早期潜能的开发,学前教育得到很大的发展和普及,有的国家已经将学前教育纳入义务教育体系,各国在建立与完善现代教育制度过程中,普遍把幼儿教育纳入到学制体系之中,如英国、瑞士等国家把小学前的一两年幼儿教育规定为义务教育的组成部分,并重视与初等教育的衔接。

(三)儿童起始入学年龄降低

在当代学制改革中,一个比较普遍的现象是将儿童入学年龄提前。目前世界各国学制对儿童入学年龄的规定不尽一致,从4周岁到7周岁的都有。北欧国家入学年龄比较晚,一般规定在7周岁,像中国、朝鲜、日本等亚洲国家则规定在6周岁,英国、荷兰则是定在5周岁甚至更早些,而美国的规定就相对宽泛些,可以由家长在5周岁到7周岁之间作出自由的选择,各国对儿童入学年龄的法律规定普遍比以前提早了一两年。

(四)义务教育年限延长

义务教育是伴随现代大工业生产的发展而逐渐实行的,它是指适龄儿童和少年必须接受的,国家、社会、学校、家庭必须予以保证的国民教育。义务教育强调普及性、强制性、公共性,它的实施和发展是人口素质提高的必然途径,也是衡量一个国家现代文明程度的最基本标志之一。世界上发达国家的义务教育年限都在不断地延长,如日本1947年颁布的《学校教育法》规定,延长义务教育年限,由原来的6年制义务教育延长为9年。德、美各国也依据各自实际,确立了义务教育最低年限不得低于9年,而英国由10年延至11年,法国则是由小学到高中一年级的10年义务教育。1986年我国颁布的《义务教育法》明确作出了实行九年制义务教育的规定,随着国家经济水平的提升,延长义务教育年限的呼声越来越高,义务教育年限的长短成为一个国家教育发展程度的标志之一。

---

① 李清雁,林永柏.教育学[M].北京:教育科学出版社,2012:143-145.

(五)普通教育和职业技术教育的有机结合

普通教育和职业技术教育是当代世界各国中等教育结构中的两个基本组成部分,近年来普通教育职业化和职业技术教育普通化正成为世界教育发展与改革的主要趋势之一。普通教育的任务是对青少年进行一般的普通科学文化教育,为他们升入高等学校进一步深造做准备;职业技术教育是以职业训练为主,使学生掌握一门职业本领,为其毕业后就业做职前准备。为了使学生不仅具有职业的入口水平,而且具有继续更高层次学习的能力和机会,亦即拓宽职业技术教育对象的"出口"空间,许多国家打破了职业教育与普通教育间横亘的不可逾越的鸿沟。美国多数情况是将普教和职教融合于同一学校当中,被认为"便利、灵活、实际、高效"的美国社区学院的典型特征之一,就是既提供职业技术文凭课程和地区性的教育与培训活动,又提供面向本科大学的升学课程。丹麦 2000 年职业技术教育改革的重要举措是实施职教学生双资格制度(double qualification),规定职校学生具有升学与就业的双重资格,而且学分制使得丹麦的普通高教与成人高教完全是一体的。英国的职业学校教育本身就有两种类型:一种是学生毕业后以升学为主,兼有职业教育性质;另一种是以学生获得职业资格证书为主要目的,主要为学生就业做准备。同时,英国的普通国家职业资格(GNVQ)已被承认可以替代学术性大学的入学资格。法国通过设立过渡班,允许普通高中和技术高中的学生向职业高中过渡,也允许职业高中的学生向技术高中过渡,从而避免了一次性选择所带来的终身遗憾。瑞典、挪威等国综合高中成为高中阶段办学的主流形式。一所综合高中一般分为普通班和职业班,两班学生都在同一所学校就学,不再分为普通高中和职业高中,职业班学生的毕业出路是面向就业,兼顾升学,允许职业班学生直接或经过补习后报考高考院校。

(六)高等教育呈现多样化发展

随着科技革命的进步,高等教育获得了空前发展。半个世纪以来,各国纷纷设立新的高等教育机构,有国立、私立大学,研究型、教学型大学;社区学院、开放大学、广播电视大学、成人继续教育学院,以及跨国界联合办学等教育机构,国内国际相互渗透,向人们提供更多的高等教育机会,满足劳动力市场和受教育机会均等等各种各样的复杂需要。大多数国家都形成了高等教育的三级层次结构,有二至三年的专科高等学校,有四到五年的本科高等学校,以及高层次的研究生教育,培养硕士和博士等科学研究的高级人才。同时高等教育发展的国际化趋势已成为必然,而且高等教育越来越受经济利益的驱动,进入全球范围内的竞争阶段,在人员交流、课程设置、教育协作等方面,从区域内的合作交流走向全球范围。高等教育从为区域发展服务转向为社会服务,其服务内容由注重为区域经济发展服务转向为区域政治、经济、文化综合实力的提高提供全方位服务,尤其注重发挥高等教育在终身学习体系中的作用。

二、我国学制的改革趋势

> **案例 9-4**
>
> 2013 年 11 月 15 日,党的十八届三中全会做出的《中共中央关于全面深化改革若干重大问题的决定》,其中第 42 条对"深化教育领域综合改革"进行了战略部署。

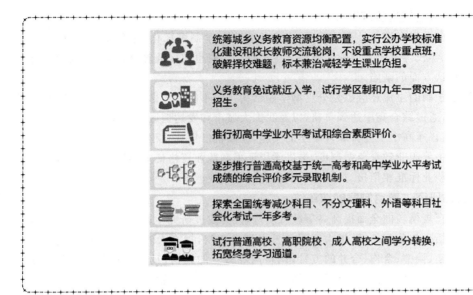

问题

试析上述各项战略部署的着眼点是什么。

关于学制的改革,从中华人民共和国成立后,1951年中央人民政府政务院颁布的《关于改革学制的规定》明确规定了中华人民共和国的新学制起,一直到2010年《国家中长期教育改革和发展规划纲要(2010—2020年)》,在这些文件中涉及学制的内容有许多,如实施九年制义务教育制度、中等教育结构的改革、高等教育制度的改革以及深化办学体制改革等。根据我国教育改革的实际情况,我国现行的学制还需要继续改革,以适应社会发展对教育的要求。我国学制的改革趋势表现为以下几点。

(一)适度发展学前教育

近年来,全世界学前教育发展迅速。发达国家学前有结束期提前、由高班到低班逐步普及和使学前教育与小学低年级联系与结合起来的趋势。目前,我国学前教育发展也显露出上述趋势。但应注意到我国的国情,发展要符合实际并量力而行,在发展的过程中,要明确各方职责,建立政府主导、社会参与、公办民办并举的办园体制,且重点发展农村学前教育,尤其要支持贫困地区发展学前教育。

(二)完全普及义务教育

义务教育是国家统一实施的所有适龄儿童、少年必须接受的教育,是国家必须予以保障的公益性事业。我国实行九年义务教育制度,这对于人的发展、教育发展和社会发展都具有重大意义。在《中华人民共和国义务教育法》中有具体的规定。经过各方面的努力,我国实施的九年制义务教育在普及教育方面已经成果颇丰,但是也还存在一些问题,如:有关法规贯彻不力,法规体系不完备;教育投入总量不足,义务教育资金严重短缺;义务教育在不同地区的发展不平衡;义务教育师资队伍质量不高,待遇较低,队伍不稳定等。因此,要全面普及义务教育,提高义务教育质量,就必须认真解决这些问题。[①] 这样才能达到,到2020年,全面提高普及水平,全面提高教育质量,基本实现区域内均衡发展,确保适龄儿童、少年接受良好义务教育的目标。

---

① 全国十二所重点师范大学联合编写.教育学基础(第2版)[M].北京:教育科学出版社,2008:115.

(三)继续进行中等教育结构的改革

为了适应青年的方向选择和满足社会的需要,义务教育后的学制多样化,即有普通高中、职业高中、中等专业学校和技工学校等不同类型的学校供学生选择。同时也在保证普通教育后的职业教育,来弥补我国过去学制在这方面的缺陷。

我国目前高中阶段学制的主流还应该是分支型学制结构。但不能不考虑世界中等教育发展的趋势由双轨而分支型,而后通过综合高中达到单轨,以及我国大城市和发达地区不久即将普及高中的前景。这就是说,目前即在普通高中里进行综合中学的实验,应该说已提到日程上来了。①

今后还将逐步实现中等职业教育免费制度,推进学历证书和职业资格证书"双证书"制度,推进职业学校专业课程内容和职业标准相衔接,加快发展面向农村的职业教育。

(四)高等教育包括研究生教育制度的改革

高等教育由扩大教育规模转向全面提高高等教育质量,大力发展研究生教育,推进研究生培养机制改革。改革高等教育招生与分配制度,扩大高等学校办学自主权,提高人才培养质量,增强高校的社会服务能力。按照共建、调整、合作、合并的方针,调整高等教育的结构,具体措施有中央和地方政府共建大学,专业相近的大学进行合并、合作等。加快建立一流大学和一流学科,培养世界一流人才。大力发展高等职业教育。②

(五)扎实推进素质教育

中小学要按国家规定开始艺术课程,提高艺术教育教学质量,继续减轻中小学生课业负担过重,更新人才培养观念,创新人才培养模式,改革教育质量评价和人才评价制度,逐步建立终身教育化的继续教育体系,逐步打破正规教育、非正规教育和非正式教育的系统,建立教育的"立交桥",积极发展远程教育、网络教育,构建灵活开放的终身教育体系,全面提高学生的体质和健康水平,全面提高学生的整体素质。③

(六)不断深化办学体制改革

总的要求是坚持教育公益性原则,健全政府主导、社会参与、办学主体多元、办学形式多样、充满生机活力的办学体制,形成以政府为主体、全社会积极参与、公办教育和民办教育共同发展格局。④改革和完善投资体制,增加教育经费投入,加强经费管理,完善学校收费管理办法。建设现代学校制度,推进政校分开、管办分离,落实和扩大学校办学自主权,完善学校管理制度,加强省级政府教育统筹,转变政府教育管理职能。

大家谈

1. 如何看待西方发达国家学制发展中的历史选择与主动选择?
2. 发达国家教育制度发展趋势的社会发展基础是怎样的?
3. 改革不只是描述中国教育的核心词,也是我国教育在未来发展中的关键举措,学校教育制度的改革是所有教育改革中的关键点,一定时期内的政治、经济发展形式固然影响学校教育制度的变革,但社会与人的长久发展更是不容忽视,如何协调好教育制度制定中的长久着眼与短期着手问题?

---

① 全国十二所重点师范大学联合编写.教育学基础(第2版)[M].北京:教育科学出版社,2008:115.
② 李清雁,林永柏.教育学[M].北京:教育科学出版社,2012:146.
③ 李清雁,林永柏.教育学[M].北京:教育科学出版社,2012:146.
④ 张乐天.教育学(第2版)[M].北京:高等教育出版社,2012:70.

课后研究

请调查2~3所具有一定历史的学校,记录一下他们各自学制的变迁情况,你能得出怎样的结论?调查前请先做好调查对象的选择,调查中做好记录和资料的搜集,然后结合本章所学内容,就我国学制的改革趋势谈谈你的看法。

在线学习资源

1. 大学生普遍不认同恢复五年学制建议,http://xiyou.cntv.cn/v-c72e043e-e04b-11e0-b474-a4badb4689bc.html

2. 学制不是弹簧亦非解就业难药方,http://you.joy.cn/video/325741.htm

3. 教育制度创新案例研究,http://video.chaoxing.com/serie_400006414.shtml

4. 教育学原理,http://video.chaoxing.com/serie_400001246.shtml

补充读物

1. 布鲁贝克.教育问题史[M].吴元训,等译.合肥:安徽教育出版社,1991.

2. 黄济,王策三.现代教育论[M].北京:人民教育出版社,1996.

3. 联合国教科文组织国际教育发展委员会.学会生存——教育世界的今天和明天.华东师范大学比较教育研究所,译.北京:教育科学出版社,1996.

4. 国家中长期教育改革和发展规划纲要(2010—2020年).

5. 欧阳光华.学校教育制度:生成、演进与走向[J].当代教育科学,2005(2).

6. 冯永刚.中国学校教育制度的变革趋势[J].教育科学论坛,2011(10).

7. 冯永刚.现代学校教育制度的内涵、表现形式及影响因素[J].教学与管理,2012(22).

第十章　学校教育的管理

学习目标

1. 了解一般组织理论,学校组织的类型和特点。
2. 掌握领导影响力的来源和领导类型。
3. 掌握学校人力资源管理的过程。
4. 了解班集体的作用和班级日常管理的内容。
5. 掌握班级活动的内容、意义和特点。
6. 掌握学校教育评价的含义,理解学校教育评价的本质。
7. 明确学生评价和教师评价的内容,掌握学生评价的方法。
8. 能够运用具体的评价方法实施学生评价和教师评价活动。

内容提要

学校管理工作关系到学生的发展,学校组织具有特殊性,学校组织结构包括了直线型、职能型等几种基本类型,学校的领导方式分为专制型、民主型和放任型三种类型;学校领导具有权力性影响力和自然性影响力两种;学校的人力资源管理过程也是学校管理的重要工作。班主任工作包括建设班集体、班级日常经营以及班级活动组织,需要了解班集体的功能、特点和培养优秀班集体的方法,了解班级物质环境、制度环境、文化创设及突发事件的应对,班级活动的意义、主要内容、特点及组织管理的要求。学校教育评价是对学校教育活动满足社会与个体需要的程度作出判断的活动,其中价值判断是学校教育评价的本质。学生评价和教师评价是学校教育评价的重要组成部分。学生、教师、专家和家长等构成了多元化的评价主体,评价主体的多元决定着自评、他评与互评等多种形式的评价方法。

第一节　学校管理工作

学习学校教育管理的首要原因是学校教育管理关系到每个学生的发展,因为无论是教师还是学生,在学校里每天都在和管理打交道,管理有方的学校将更好地促进学生的发展,而那些管理不善的学校,则影响学生的学习和生活。学习学校教育管理的第二个原因是帮助教师解决现实问题,在学校管理中教师虽然是被管理者,但在班级中教师就是管理者,教师每天要面对各种各样的问题,同样的问题在不同的环境中,解决的方法也是千差万别的,学习学校教育管理的知识就是教人如何迎接挑战,同自己的困境作斗争。

一、学校组织管理

案例 10-1

周末,小林和中学时代的几个老同学聚会,大家相谈甚欢。从生活谈到家庭,转而又谈到各自己的工作。凑巧的是,聚会的几个朋友都来自各级各类的教育领域,他们聊起了各自所在单位的组织结构。小周是本市教育局的一名普通科员,他说:"我的工作说多也多,小科员一个,我不干谁干啊?不过,说简单也简单,只要做好我的直接上司交代的任务就足够了。凡事都讲个程序,一步步做好自己分内的事,也挺好。"小王是大学里电气学院的一名行政干部,他说:"我们学校的大政方针,发展规划是要上层领导决定的,但各个学院在处理本学科业务问题以及学院内经费、具体活动方面还是有相对独立的权力的。"小刘在大学里读博士,他说:"我最近正在参加一个项目,是关于高校人事规划的。人事处、组织处、研究生处、财务处等部门都派了代表,我认识了很多老师呢。"

——摘自:黄崴.教育管理学[M].北京:中国人民大学出版社,2009:146.

问题

你从以上谈话中,能得知他们各自单位的组织结构模式吗?这些模式都有哪些优点和缺点?你所在的学校的主要组织模式是什么?

中国古代"组织"一词原指丝麻织成布帛。《辽史·食货志上》有"饬国人树桑麻,习组织"之说。有关组织活动的论述则更为古老,如《孙子兵法·势篇》有"凡治众如治寡,分数是也","斗众如斗寡,形名是也"。这里"众""寡"指组织形式,"治""斗"指组织方法。从20世纪初开始人类对组织进行有系统的研究,现代学者认为组织是由两个以上的人组成的,为实现共同目标,以一定形式加以编制的集合体。人类社会的组织活动,随着社会分工日益复杂,组织种类愈加繁多,如行政组织、工商企业组织、文化教育组织等,其中行政组织在社会中处于重要地位。

(一)学校组织的特殊性

学校组织是一种社会组织,具有其他社会组织的共同特点。但与其他社会组织相比较,又有其特殊性,有着不同的分类和不同的结构体系。

1. 学校组织目标的多样性

学校组织比其他组织的目标更具有多样性。企业的目标比较单一且非常明确,生产什么或销售什么由管理者根据市场的需要决定。学校组织不同,学校有自己的教育理念,每个教师也都有自己的教学理念,每一个学生都有自己的目标,学生家长也有对学生的期待。实际上,每种目标都在起作用,但都不起决定作用。

2. 学校组织结构的复合性

学校组织结构的复杂性指学校组织在结构上是多样的,存在着行政系统和专业系统的双重复合。没有行政系统,学校组织就不能有序运行,没有专业系统,学校组织的工作就不能保证质量。任何一方作用发挥得不好,教育组织就会处于不健康的状态。

3. 学校组织过程的协作性

任何社会组织都是协作组织,就学校而言,其组织协作更加复杂。有校长和教师的协作、教师之间的协作、教师与学生的协作、学生与学生之间的协作、学校与家长的协作。离开任何一方的参与,学校工作就不能有效地开展。

4. 学校组织结果的价值性

学校组织向社会提供的服务包含着两方面的价值,一是个人的全面发展,二是教育的社会公益性,这两方面的价值是统一的。

5. 学校组织的学习性

其他组织也可以是学习的,但学校组织的学习性是其主要特性之一,学校组织比其他组织更具有学习性。

(二)学校组织结构

学校组织结构是学校各部分排列顺序、空间位置、聚集状态、沟通方式以及各要素之间相互关系的模式,一般分为以下几种类型。

1. 直线型组织结构

这种组织结构的基本形式是组织职位按照直线系统垂直排列,各级职务有严格的等级指挥关系,上级部门对下属机构采取直接管理,下级部门对上级部门全面负责,组织中的每一个人只向一个上级报告并对一个上级负责。它的典型特征是统一指挥,等级管理。它的优点是结构简单,权力集中,等级严格,责任明确,指挥统一,联系方便。缺点是当组织规模较大的时候,管理工作非常复杂,个人不可能胜任所有的管理工作,这就会使组织管理陷入混乱和无序状态。

直线型的学校组织是由校长、各级主任、教师构成基本的组织结构,具有直线型组织结构的一些基本特征,纯粹的直线型学校组织只适用于一些规模小的学校,校长可以直接管理学校中的教学、总务等事务。

2. 职能型组织结构

职能型组织结构是指根据组织的内部分工设置不同的职能部门,分别负责和处理有关的职能工作的一种组织模式。其优点是能够适应复杂的、分工较细的组织,能够发挥职能部门专业管理的作用。职能部门可以协作主管领导者处理相关的业务工作,减轻直线主管领导的工作负担。缺陷是容易造成多头领导,妨碍指挥的统一性,易使下级部门无所适从,工作容易出现混乱。

学校设有教务处、政教处、总务处等职能部门分别管理教学、纪律、后勤等工作,说明职能型结构模式也适用于学校教育组织。

3. 直线—职能型组织结构

直线—职能型组织结构是由直线系统和职能系统结合而成的组织结构,这是现代组织的基本结构模式,其类型有以直线型为主的、以职能型为主的和两种结构模式处于均衡状态的三种组织结构。优点是权力集中,指挥统一,职责明确,工作效率高。缺点:一是可能会走向直线型,导致权力过于集中,下级部门主动权较少,部门间沟通较少,直线部门和参谋部门产生矛盾,组织的适应性较差,不易适应变革的要求;二是职能部门和直线部门都发挥作用,都向下级部门发布指示和命令,产生多头领导,下属任务繁重,无所适从。

大学、科研部门以及专业化程度高的企业往往适用于这样的组织结构,中小学校运用这种组织结构的不多见。

4. 事业部制组织结构

事业部制组织结构指在总部的领导下设置多个事业部门,各事业部门有各自独立的产品和市场,实行独立核算。各事业部内部有自主经营管理权。优点是能够调动各事业部的积极性和创造性,有利于提高组织的灵活性和适应性。缺点是各事业部都有一套人马,机构重叠,造成人力和物力资源的浪费,各部门相对独立经营,容易形成部门侵害,各自为政。

目前大学采用的组织结构基本就是这个模式,以党委书记和校长为首的学校上层领导主要是对学校的整个发展进行决策,各个学院或系则有相对独立处理本学科领域的业务问题的权力。包含了幼儿园、小学、初中和高中部的一贯制学校也会采用这种组织结构。

5. 委员会制组织结构

委员会制是由若干人员或代表组成的处理某一问题或某一领域事务的集体。优点:一是可以集思广益,形成对问题解决的更为合理的决策;二是可以调动组织成员的积极性;三是委员会采取的是集体决策和集体负责制,可以限制少数人专权问题,避免少数人专权的出现;四是可以促进组织中各单位的沟通和协调。缺点:成本高、不能及时决策、责任不明确、个别人或少数人专断。

在教育领域,委员会制组织形式主要适用于学校组织。如学校里设置的各级教学委员会、学术委员会、学位委员会、教职工代表大会等。这些委员会在不同领域发挥着管理的职能。

6. 矩阵型组织结构

矩阵型组织结构是按照项目或服务等划分的部门和按照职能划分的部门结合起来组成的一个矩阵。优点:它是以任务为中心建立的组织结构,可以通过横向职能部门之间的合作以及各职能部门作用的发挥,有效地完成任务,更具有灵活性和适应性。缺点:组织关系复杂,容易造成多头领导。

一所大学为了研究人事发展规划,临时成立在校长领导下的人事规划小组,由人事处、教务处、研究生处、财务处、总务处等部门派出代表组成,就是典型的矩阵型组织结构。一般说来,中学的各个年级组和教研组就属于矩阵型组织结构。

二、学校领导

案例 10-2

下午四点 A 中学的年级组长、教研室主任会议即将开始,与会者面前摆着笔记本,两个座位空着。

差一分钟四点,张校长进来说:"现在开会了,大家都很忙。这是会议议程,每人取一张。大家都知道,教委将在本市选择一些学校,进行内部管理体制改革的试点,我打算争取试点的机会。我相信大家都已经看过教委的文件,以及我为本校拟订的内部管理体制改革的试点计划。"这时,门开了,迟到者小心翼翼进来,关上门,坐到空位上。校长看了他一眼,继续开会。

B 中学:年级组长、教研室主任会议将在五分钟后开始。四点零三分,校长看了一眼室内说:"我们再等宋老师一会儿,我知道他对这个议题感兴趣。"四点零八分,会议开始。大家随便围成一个圆圈坐着。王校长说:"我希望了解各位对教委关于学校内部管理体制改革的试点计划的看法,我们学校是否试点,有什么意见?"这时,宋老师进来说:"抱歉,迟到了。我与家长谈话,多用了一些时间。""没关系。倒杯茶,拉把椅子过来坐,我们告诉你刚才谈了些什么。"校长说。

——摘自:黄崴.教育管理学[M].北京:中国人民大学出版社,2009:146.

两位校长领导方式有哪些主要差异?你认为哪一种领导方式好,为什么?

"领导"这个词极易让人想起富有浪漫色彩、感情丰富和大智大勇的人物形象,同时"领导"这个词本身还展现出能力强大、精力充沛的个体形象,这样的想法也同样适应于教育组织的领导。无论是教育系统内还是教育系统外的,都将对学校日益增长和不断变化的要求视为对教育领导重要性的评价,其结果是学校的领导者备受关注,或带来显赫美名或招来批评获得骂名,当人们宣称学校领导者应因学生学业成绩不良而受到责备时,所关注的焦点就是现在的领导者没有尽全力进行所需要的变革。

(一) 学校领导方式的类型

领导方式是领导者行使权力去影响下属行为的行动模式,是在领导活动中所表现出来的一种较为突出的和稳定的倾向和特征,它体现了领导过程中领导者和被领导者之间的关系。[①] 领导方式大致可以分为以下几种类型。

1. 专制型领导

专制型领导实行个人独裁领导,把权力完全集中于自己手中,所有的政策均由领导个人决定;所有工作进行的步骤和技术,也由领导个人发号施令行事;工作任务分配及人员组合,多由他单独决定;领导对下属较少接触,如有奖惩,往往对人不对事。

2. 民主型领导

领导者实行参与领导,把权力交给群体。主要政策由组织成员集体讨论决定,领导者采取鼓励与协助态度,通过讨论,使其他人员对工作全貌有所认识。在所设计的完成工作的途径和范围内,下属人员对于进行工作的步骤和所采用的技术,有相当的选择机会,民主型领导者关心他人,尊重他人,把自己看做群体的成员。

3. 放任型领导

组织成员或群体有完全的决策权,领导者放任自流,只管给组织成员提供工作所需的资料条件和咨询,而尽量不参与、也不主动干涉,只偶尔表示意见,工作进行几乎全依赖组织成员各人自行负责。

(二) 学校领导的影响力

影响力是领导者的言语指令(命令、建议、劝告)和非言语指令(榜样示范)引起被领导者做出预期反应的感召力量,它在本质上是权力作用的人格表现,是领导者将个人意志以各种方式施加到他人身上的能力。影响力强的领导者能使学校成员团结起来,动员他们争取大的成绩和获得更大的满足。[②]

领导既然意味着要影响下级去行动,那么领导都具有哪些影响力?

1. 权力性影响力

学校领导的地位权力是影响领导行为的强制性影响力。它是由社会赋予个人的职务、地位、权力等条件构成的。因此,该影响力并非人人都有,只有学校组织的领导者才有,它是领导者对被领导者产生的一种强迫性的影响。强制性影响力一般包括以下三个主要因素。一是传统因素。传统观念认为,领导者比一般人高明,具有权威性,必须服从。二是职位因素。居于领导职位的人具有组织赋予的一切权力,强制被领导的个人、组织服从指挥。依据被领导者的表现决定奖惩,事关被领导者的生计,使被领导者有敬畏,职位越高,权力影响力越大。三是资历因素。资历指资格与经历,它是一个人的历史记录。一般来说,一个领导者的资历越深,人们对他越敬重,他的言行对人们的影响力也越大。领导者的资历主要与过去担任过的领导职务有关,往往是资历越深,职位越高,权力越大,强制性也越大。

2. 自然性影响力

自然性影响力也称为非权力性影响力,实际上也就是人们常说的"威信"。这是由于领导者自身具有良好的表现而受到的被领导者的敬佩,靠领导者自己的威信和以身作则的行为来影响别人接受意见,从而起到领导的作用。

自然性影响力包括以下几个方面因素:① 品格因素,领导者的思想、品行、道德、人格和作风等;② 知识因素,领导者具备的专业知识以及相关的学科知识等;③ 才能因素,领导者的决策能力、组织管理能力、创新能力、与人合作共事的人际关系能力等;④ 情感因素,领导者对他人和客观事物好恶

[①] 陈孝彬,高洪源.教育管理学[M].北京:北京师范大学出版社,2008:452.
[②] 陈孝彬,高洪源.教育管理学[M].北京:北京师范大学出版社,2008:450.

倾向的心理以及采取的相应行为等。

自然性影响力与强制性影响力不同。它对被领导者产生的心理和行为的影响力是自觉自愿、心悦诚服的,因此这种影响力作用也比较大。

在学校领导的自然性影响力方面,参照权和专家权是两种最基本的个人权力。如果一个领导者具有相当的人格魅力,成为他人敬仰和模仿的对象,他就具有了影响他人的"参照权";如果一个领导者拥有丰富的专业知识,他就拥有了影响他人的"专家权"。凭借这两种个人权力,领导者不仅可以以组织的名义对被领导者提出工作要求,而且还可以个人名义对被领导者的思想和行为产生积极的影响。从领导学的角度说,领导者影响他人的能力,就是他的权力。领导者要影响的不仅仅是被领导的具体行为,而且要影响被领导者的价值倾向和思想观念。这种影响的有效产生,不仅依赖领导者所具有的职位权力,如奖酬权、强制权和合法权,而且更依赖他所具有的个人权力。

三、学校人力资源管理

案例 10-3

有这样一个故事:

一个刚刚取得会计专业学位的女大学毕业生走进一家中等规模公司的人事部门寻找工作。当她走到了两扇门前面,其中一扇门贴着标签——"有大学学位的申请者";另一扇门贴着标签——"无大学学位的申请者"。她打开了第一扇门。可是,她马上又面对两扇门,一扇写着"成绩平均在 3 分以上的申请者",另一扇写着"成绩不足 3 分的申请者"。自己的平时成绩在 3.6 分,所以她再次选择了第一扇门。她再次面对两扇门,分别写着"管理专业的申请者"和"非管理专业的申请者"。她获得的是会计学位,自然打开了第一扇门——发现自己来到了大街上。

问题 学校要保证教学质量,就必须选择合适的人员。学校在人力资源管理中,应该如何挑选合适的人员从事教育工作?

"为政之要,在于得人。"办好一所学校的根本在于选贤任能。人力是人们的劳动能力的简称,一般所说的人力资源是指一个社会中现在的和潜在的劳动者工作能力的总和。人力,无论从其个体还是群体而言,必须是以成熟和有序的状态投入使用才能产生成效。但现实中,人力的初始状态却是不成熟的和无序的,需要加以组织和转换才能变成有效的人力;即使是已经有效的人力,在新的环境下,也可能又不成熟和无序起来,还需要再组织。另外适合某个部门需要的人力不是自动展示的,他们常常呈现蛰伏的状态,需要挖掘。概括起来,原始状态的人力具有不成熟、分散无序、变动不居等特点,正因如此,管理者才把人力看做待加工的资源而不是成品。人力资源管理就是将人们蕴藏的潜在的劳动能力组织转换成可使用的劳动能力的过程。

(一)人力资源计划

学校不仅要对所需的物资、设备、建筑能力以及资金等进行计划,同时还必须设法使他们的人力资源需求能够得到满足。学校人力资源计划是学校组织成员选拔、作用和发展的依据,可分为长期、中期和短期。长期规划一般来说十年左右,中期规划五年左右,短期规划或年度规划即当年的规划。其内容包括岗位职务规划、人员供给规划、教育培训规划、人员配置规划等。

首先是岗位规划。主要解决的是学校定编、定岗、定员问题。学校首先根据发展规划、发展的规模、专业设置、课程调整等确定学校需要增减的机构、岗位、人员数量,并根据各岗位的任职标准,规划学校的编制、岗位、人员等。其次是学校人员供给规划。主要是解决中期、长期、年度内岗位职务空缺时如何得到及时补充的问题。在对学校供给情况进行预测后,提出学校人员供给的具体的规划。

再次是教育培训规划。是解决现有人员的进修和提高的途径。当代社会是信息化社会,学校组织成员只有通过不断地学习和进修才能够适应社会发展的要求。学校有必要采取积极的措施促进其成员积极地学习和进修。这是学习型教育组织的基本要求。学校根据工作需要和诱惑,对员工进行有计划的培养和培训。

最后是人员配备规划。人员配置是根据每所学校预测的注册学生数来决定的。一旦学生数目确定下来,就可以用人员比或者数量化的员工需求比来确定人力资源的需求。

(二)学校人员招聘

所有学校组织在其一段时间内都需要招募新成员以代替旧成员,或者扩大人员的规模。招聘必须强调应聘者的能力,教学计划的质量好坏,其关键问题在于学校教学人员的能力。因此招募和选择有能力的人员是学校管理者一个非常重要的职能所在。

在招聘前,学校要具体准备岗位分析、岗位说明、岗位规范、关键要求以及申请表格等内容。首先要指导人员了解岗位的任务是什么、如何完成任务以及为什么要完成这些任务。岗位分析通过观察和研究把学校组织成员担任的每一项工作进行分析,搞清楚各项工作的本质特征以及与学校其他工作的关系,为岗位职责、任职条件提供依据。其次,要以文本的形式对岗位工作的任务、职责、要求、任职标准等进行详细说明。学校岗位说明要把每一个岗位的工作任务、范围、内容、要求作具体说明。各方面的岗位任务、工作范围、工作要求以及需要特别注意的问题应详细载明。同时要明确不同的岗位人员应具备的条件,并详细说明对该岗位需要的人的素质和各种岗位的关键部分的要求。最后设计出规范的申请表格,供招聘人员填写。

在招聘过程中,要吸引应聘者、广开招聘渠道。做好了招聘的准备工作后,就需要通过各种途径吸引应聘者。一所学校能否吸引较多的应聘者,取决于多种因素。主要有:学校的目标与发展前景,学校的形象和声誉,学校的工资福利待遇,在学校中发展的机会,学校的地点与工作条件等。其次,要通过电视、广播、报纸、互联网做人才招聘广告吸引应聘者,与大学、人才交流中心、人才市场建立联系,直接获得有关人才信息。

(三)学校人力的甄选

学校人力的甄选过程包括了几个基本环节。

1. 笔试

笔试是当前我国各类人员选拔常用的手段。例如我国领导干部的公开选拔要求应聘者参加笔试。我国学校人员选拔的第一步往往是从笔试开始的。笔试内容是岗位规范所需要的专业知识和技能、一般的知识和技能。选拔教师,需要考查三方面的内容:学科专业知识和能力、教育专业知识和技能、综合知识和能力。例如,目前我国的教师招聘考试普遍选择的笔试内容一般就包括专业知识和教育学、心理学等相关的教育理论知识。但在短短的一两个小时里很难测试出应聘者是否具有招聘岗位所需要的能力。所以考试固然重要,还需要其他测试的配合。

2. 面试

面试是一种经过组织者精心设计,在特定场景下,以考官对考生的面对面交谈与观察为主要手段,由表及里测评考生的知识、能力、经验等有关素质的一种考试活动。面试提供了一个真实的双向交流的机会,通过直接的交流可以发现应聘者是否符合岗位规范要求。我国目前很多省份的教师招聘考试都有面试环节。在面试中,一般考官会选择关于职业理解、职业道德或教学机智方面的问题,来考核学生的教育相关知识和能力。例如,2009年四川省宜宾市教师岗位招聘考试曾问过这样的题目:学校要组织学生们搞一次社会实践活动,校长要你负责这次活动,你会怎么做?

3. 心理测试

心理测试是国内外人事选拔的一种重要手段。测试结果比个人履历和推荐信能发现更多的信息,而且不如面试那样容易产生偏见。心理测试的一种形式是成就测试。美国的全国教师考试就是一种成就测试,所有申请管理职位的求职者通常都要进行闭卷考试,用来测评他们的判断能力。求职者面对着在工作中可能出现的、用于应付学校不同情况的信件、便笺、电话留言之类的东西,回答在这种情势下该怎样处理。我国目前的教师招聘考试中很少使用心理测试,但在笔试或面试中也会设计类似的问题,来考核应聘者的教育教学能力。

4. 工作模拟测试

工作模拟测试是通过模拟岗位的实际情景,让应聘者在这一情景中处理所面对的问题,然后评估应聘者的表现。通过这种测试可以发现应聘者是否具有聘任岗位所需要的能力。学校招聘教师时常常会让应聘者试讲,根据对多位试讲者情况的评估和比较,就可以发现更适合的人选。我国目前的教师招聘考试中通常会有工作模拟测试的内容,一般包括试讲和说课两部分。

5. 征询意见

征询意见是在各种选拔考试、测评之后,正式录用之前,为了对应聘者有更为深刻的了解,学校公开征询校内外人士对拟录用的人员的意见。目前我国称这种方式为公示制度。公示制度是把准备录用的人员的名单公布出来,广泛征询有关人员在规定的时间内对拟录用的人员的意见。如果逾期无人提出意见,就正式录用,如果有人提出意见,就需要对这些意见认真研究,然后做出录用或不录用的决定。

6. 正式录用

正式录用要以书面的形式正式通知被录用者,在被录用者认可后,学校和录用者签订录用合同。录用合同必须明确学校与教职工双方在工作方面的权利与义务的关系。

(四)学校人员聘任

学校人员一经录用就要考虑到对其聘任的问题。任职就是在学校中担任一定的职务,学校不同类别工作人员的职务是不同的。学校领导有校长职务以及其他管理人员职务,学校财会人员的职务有会计、会计师和高级会计师,学校图书管理人员的职务也有图书管理系列的职务,根据不同的职务来任命不同的人员。学校的主体是教师。

我国教师的任用制度主要采用教师职务制度。教师职务类别包括高等学校教师职务、中等专业学校教师职务、中学教师职务、小学教师职务、幼儿园教师职务五个方面。每个系列又分若干职务。《小学教师职务试行条例》规定:小学教师职务设小学高级教师、小学一级教师、小学二级教师、小学三级教师。《中学教师职务试行条例》规定:中学教师职务设中学高级教师、中学一级教师、中学二级教师、中学三级教师。各级教师职务都分别有不同的职责。各级各类教师由于其承担的职务的不同,其职务职责和任职的条件也有所不同。

(五)学校人员的培训

学校人员的培训是学校人力资源管理的重要内容。培训是指对学校人员进行的观念、知识和技能的训练,在招募和挑选完新的工作人员之后,下一步就是对他们进行培训和开发。也就是说,通过学习新知识和最大限度地开发他们的才能,学校有责任帮助所有的工作成员发挥出他们的潜能。莎士比亚曾说过:"我们知道我们是什么,但不知道我们可能成为什么。"无论是学校校长还是教师,都有权利和责任参加培训。

根据培训对象,可以把培训分为新教职工上岗前的培训和教职工的继续教育。新教职工的岗前培训,以及对新招聘的人员进行的培训,让其对学校有一个总体认识,建立其对学校的初步感情,同时对其进行岗位职责、知识和技能要求的培训。对教职工的继续教育主要是业务知识和技能的更新,新的教育观念的更新、新的教育技术和方法的学习等。培训的内容可以根据不同的对象有所不同,但大致上包括知识培训、技能培训和态度培训。

(六)绩效评价

绩效评价是教育人事管理的重要内容。学校成员绩效评价的目的是改进工作,提高绩效,促进发展。我国学校中采取的评价主要是结果评价或终结评价,比如每年进行的年终总结。不同类型的学校对其成员总的要求不一样,评价重点也不一样。例如大学教师,工作绩效的评价和中小学校教师的工作绩效的评价目标是不一样的,对大学教师的评价着力点是评价其科研和教学两个方面,而中小学教师的评价着力于评价其教学情况。评价内容方面包括了品德评价、素质评价、态度评价和成绩评价。

(七)薪酬支付

报酬是一个人为某一个组织或某一个人提供知识、技术或体力等方面的服务而获得的物质或精神上的回报。当一个人在一个组织中获得的报酬是合理的,他就会继续在该组织中工作,如果获得的报酬不合理,他的工作积极性就会降低,还可能会消极怠工,最终可能离开组织。所以,学校不仅要把合适的人吸引来,还需要建立合理的报酬体系将其留住。

我国中小学学校人员报酬主要来源于国家财政拨款以及学费收入、社会捐赠等,其构成包括了工资、奖金、保险、福利几个部分。而其报酬的依据则是学历学位、职务职称、教学时间和效果等。

大家谈

1. 学校组织的常用结构模式有哪些?各有什么特点?
2. 联系实际谈谈如何提高学校领导者影响力?
3. 你认为学者担当校长的利弊何在?
4. 如果你负责本校的教师招聘工作,你将设计什么样的招聘程序?

第二节 班主任工作

班主任工作是学校工作中一项充满挑战的工作。作为教师,是否品尝过当教师的喜怒哀乐,是否体验过教师职业的丰富人生,是否感受过教师职业的幸福感,从而光荣度过从教生涯,这一切都和教师是否有过班主任工作的经历紧密相联。如何打造一个优良的班集体,是摆在每位班主任教师面前的一道解答题,要想给出漂亮的答案,就需要先了解班级、认识班级、掌握相关的班级管理知识。

一、建设班集体

案例 10-4

苏联教育家马卡连柯说:"我自己从17岁起就当教师,我曾长时间地想过:最好先把一个学生管理好,教育好,然后再教育第二个、第三个……第十个,当所有的学生都教育好了的时候,那就会有一个良好的集体了。可是,后来我得到一个结论……要采取这样的方式——使每个学生都不得不参加共同的活动。这样一来,我们就教育了集体,团结了集体,加强了集体,以后集体自身就能成为很大的教育力量了。"

——摘自:马卡连柯.论共产主义教育[M].北京:人民教育出版社,1953:214.

马卡连柯的论述展示了班集体什么样的功能?我们又该如何建设良好的班集体呢?

班级与班集体是两个既有联系又有区别的概念。班级是学校根据培养目标的要求和教育管理的需要,按照一定的条件将学生组合而成的基层单位。但是这并不意味着组成班级就已经形成了班集体,这时的班级只能称为班级群体。群体发展为集体有一个培育与提高的过程,集体是群体发展的高级阶段。班集体是在班级的基础上,在班级教育管理目标的引导下,通过以班主任为核心的班级教育管理者以及班级全体学生的共同努力,逐渐建设和发展起来的具备集体特征的组织,是班级发展的高级阶段。一个真正的班集体,有明确的奋斗目标,健全的组织系统,严格的规章制度与纪律,强有力的领导核心,正确的舆论和优良的作风与传统。

(一) 班集体的功能

一个优良的班集体应该积极进取、全面发展,它对每一个学生的个体发展都将起着潜移默化的教育和激励作用。班集体的功能有以下几方面。

1. 促进班集体成员的个体社会化

班级是一个社会性组织,是个体社会化品质形成和发展的重要空间,个体在班级管理过程中,社会性品质会得到较大的发展和锻炼。班集体成员能够在班集体活动中,逐渐形成与社会相一致的社会态度、价值观、人生观,并按照其所处社会的规范,成长为社会的积极成员。对于青少年学生来讲,他们的社会化主要依赖学校教育系统来实现,而在学校中学生主要学习和生活的场所就是班集体,因此班集体成为学生社会化的重要社会单位。学生在参与各种活动的过程中学习参与社会活动和处理社会关系的规则,增强了在集体中正确处理自己角色行为的能力,从而逐渐养成适应集体生活的思想观念、行为方式和各种能力。

2. 促进班级成员的个体个性化

教育是培养人的活动,如何培养人的丰富多彩的个性、挖掘人特有的天赋、促使人的身心健全发展、实现个体的个性化是教育的重要价值取向。班集体活动作为一种特殊的社会实践活动有着独特的灵活性和广阔性,有利于发展学生的个性。首先,班集体可增强班集体成员的认识能力,为形成个人独特地思考问题的方式打下基础,成员在提升认识世界的水平的同时,自我认识水平也得到提高。班级成员通过与同学和老师的交往,可以增加对自己的了解和认识,促进自我意识的提高,从而促进成员个性的发展。其次,按照班集体成员身心发展的年龄特征及其形成发展的规律来组织各种活动,在活动中使成员不断发现自己的兴趣爱好,促进其发展,形成一定的特长,班级同时也可以为有特长的成员提供表现和发展聪明才智的机会,使他们可把某一方面成功的经验迁移至其他方面,从而助长在新的领域中取得成功的信心,增强个体的效能感,促使他们健康发展;通过集体活动和完成集体交给的工作可以培养学生良好的个性品质,从而促进学生个性的发展。

3. 班集体能够满足学生的归属感

人的归属感是由个人与其他群体或事物联系的密切程度所决定的,人是群居动物,人的生存和发展离不开基本的人际交往,人的情感需求也来自于人际交往。因此,一个人总是希望自己归属于一个或几个集体,在群体或团体生活当中,个体会感到爱和温暖,会产生安全感和归属感,感到充实和幸福。尽管不同年龄阶段的学生在归属需要方面的表现有所不同,但是他们都有被集体接纳、肯定和认同的需要。班集体在形成和发展的过程中,通过班主任的引导,确立集体的共同目标、形成班级的集体意识,使学生逐步产生认同感,并将集体的目标内化为自己追求的目标,在参与班级事务的讨论和决定过程中,学生逐渐形成主人翁的意识,自觉归属于班级,将班级的发展与自身的发展有机联系起来。

4. 班集体可以满足学生学习生活的需要

学生个体在生活中可能承担很多角色,但基本角色就是学习者,这不仅因为学习是学生的主要任务和主要职能,更重要的是儿童青少年时期是人的一生最美好的时期,也是人一生的奠基时期。与其说学习是学生的天职,不如说学习关系到个人的命运。因此,班级管理要首先满足学生学习的需求,促进学生顺利地完成学习活动,取得优异的成绩,为未来生活做准备。

(二) 班集体的特点

班集体既是一种社会群体,也是一种社会组织。作为社会群体,班集体成员之间有交往和互动,存在一定的群体角色、人际关系和群体氛围;作为社会组织,班集体具有组织目标、组织机构和规章制度等。班集体是由同龄学生组成的一个学习性组织,主要是在学校里面开展活动,和社会上的成年人组织相比较而言,班集体缺乏独立性和责任性,不以参与社会活动而是以参与学校教育活动为主要任务。班集体的特点可以概括如下。

1. 共同的愿景

共同的愿景是班集体形成的先决条件和原因,也是班集体得以不断发展的条件和动力。班集体中的成员只有拥有共同的愿景,才能促使他们去憧憬班集体未来的发展,并在心中形成一幅班集体发展的蓝图。当集体有了共同的愿景,会在为其奋斗的过程中产生激励效应,从而形成强大的集体凝聚力,会促进每个班级成员为实现班级发展的目标而共同发奋努力。

2. 健全的组织结构

健全的组织是班集体的重要特征,也是班集体各项工作有序运行的保障。随着班级的组成和逐渐发展,班级的管理机构逐步建立,班干部在开展工作的过程中发挥核心作用,团结起班级成员的力量,带领整个班集体朝着发展的目标前进。他们精心设计和组织各项活动,为全体成员参与各种班级活动创造条件,并通过他们自己的运动影响其他班级成员,使班级成为班级成员共同的温暖家园。

3. 良好的班风

良好的班风是班集体最重要的特征。班风是班集体在长期发展过程中形成的相对稳定的具有班级特色的精神风貌、行为作风。班风是班级成员道德风尚及精神面貌的综合表现,具体体现在班级成员的思想意识、行为习惯和情感表达等方面。良好的班风可以形成一种巨大的教育力量,对班集体中的每个成员起到约束、感染、激励的作用。在良好班风形成的过程中,舆论具有行政命令和规章制度所不可代替的特殊作用。班级优良的班风对班级成员形成集体的荣誉感和自豪感,并自觉维护集体的利益和良好形象产生强大的作用。

4. 规范的制度

规范的制度是班级管理正常运行的保障条件,也是班集体重要的特征。班级教育管理的有序运行需要一套规范的制度的保障。班级规范的制度是班级成员行为的共同准则,能够为班级成员提供行为模式和评判标准,有助于调控班级成员的言行。班级规范的制度的建设,对班级实现良性发展有着非常重要的作用,能够使班集体活动有序地开展,并取得预期的效果。

5．和谐的氛围

和谐的班级氛围是班集体形成和发展的基石。和谐的氛围表现为班级师生之间、同学之间真诚相待、互相信任互相关心、团结互助,在班级的学习和活动中心情舒畅。和谐的班级氛围使学生对班级的认同感和归属感得到强化,从而更自觉地将自己的发展与班级的发展联系在一起,使班级的凝聚力更强,发展的内驱力更足,工作的绩效更高。

(三)培养优秀班集体的方法

班级是学生成长的重要园地,一个积极进取的班集体,必将对每一个学生的发展起到巨大的教育作用和激励作用。

班集体既是班主任培养教育的对象,又是班主任进行教育工作的依靠力量。班集体不可能自发形成,需要班主任进行长期系统的组织和培养,组织和培养班集体,是班主任工作的中心环节。具体包括以下几个方面。

1．全面了解和研究学生

了解和研究学生是培养班集体的先决条件,也是做好教育工作的前提和基础。俄国教育家乌申斯基说:"如果教育希望从一切方面去教育人,那么就必须首先从一切方面去了解人。"[①]班主任只有全面深入地了解和熟悉学生的情况,从学生实际出发,教育才能有的放矢,对症下药,卓有成效。对学生的问题如不作调查研究,不了解情况,主观做出判断和处理,不仅达不到教育学生的目的,也不利于班集体的形成和发展。了解和研究学生包括个体和集体两个方面。在实际工作中,了解和研究学生个体要以整个班集体的情况为背景,而了解和研究班级集体又以学生个体情况为基础。

2．确定班集体的奋斗目标

班集体的奋斗目标是班集体形成和发展的方向和动力。一个班集体如果没有正确的奋斗目标,班级成员就不可能有统一的行动,班集体也不可能形成。从而使学生缺少对集体的热情,缺少共同前进时所需的动力,我们也就难于形成班级强大的凝聚力。明确的集体目标,可以促进学生个性的全面发展,冲破小团体的束缚,更好地发挥主观能动性,同时能够从全局出发看待问题,把全体成员的积极性和创造性充分发挥出来,使班集体更有活力和包容性。

3．选拔和培养班级干部,形成班集体的领导核心

一个良好的班集体,必须拥有一批团结在班主任周围的积极分子,组成班集体的核心,有了这个核心,才能带动全班同学去努力实现集体目标。在班干部的选拔、使用和培养的过程中,班主任要下一番工夫。在实际班级生活中要仔细观察,反复比较,可以征求科任老师和同学们的意见,综合起来考虑,班干部不一定是学习上最拔尖的,但为人一定要正直、热情,在同学中有一定的威信,并且有一定的组织能力,能够有效开展工作。有些同学有为集体工作的热情,自身也挺有潜力,就是有点小散漫或学习上不够踏实。如果让他们当个小组长或课代表,一方面使他们感到老师的信任,另一方面也会促使他们更严格地要求自己,会收到较好的教育效果。班主任要引导班干部学会做同学的工作,为他们加足油;充分信任班干部,放手让他们干,有了成绩及时肯定,热情鼓励,有了困难及时给予具体帮助,使他们克服困难,不断带领全班同学前进。

4．有计划地开展各种教育活动,培养集体荣誉感

没有活动,集体就没有生命力。积极向上的活动是团结、教育学生的有力手段。建立良好的班集

---

① 张焕庭.西方资产阶级教育论著选[M].北京:人民教育出版社,1979:502.

体,必须有计划地开展各种教育活动。通过活动,使师生间、同学间相互交流,相互了解,建立良好的人际关系,为形成集体奠定情感基础;通过活动,培养学生的组织纪律观念、集体主义观念、时间观念和竞争观念等,增强集体荣誉感;通过活动,才能充分发挥各组织机构的能力,发挥每个学生的才能和特长,增强班集体的吸引力和凝聚力。

5. 形成正确的集体舆论

集体舆论是在班级中占优势、为多数人赞同的言论和意见。它以议论、褒贬等方式肯定或否定集体动向或集体成员的言行,是规范个人言行和推动集体发展的重要手段。正确舆论不是自发形成的,而是班主任和班级全体成员在整个教育过程中共同努力培养起来的。只有在集体中形成正确的舆论,集体中的积极因素才会增加,才可明辨是非,发扬集体的优点,抵制不良习气的侵蚀,才能使集体具有巨大的教育力量。

6. 培养优良的班风

优良的班风,是班主任经过长期的有目的有计划的教育与培养才形成的。为此,班主任要制定目标,并得到全体学生的认同,这样班级成员就有了共同努力的方向,就能在教育和自我教育中形成班风。班主任要引导学生制定严格的规章制度,要求学生认真执行,经常检查,及时总结,进行评比。并通过各种活动反复训练,抓反复,反复抓,良好的班风才能形成。

二、班级日常经营

> **案例 10-5**
>
> **我们理想中的教室**
>
> 理想的教室应该充满书香,让教室有一个丰富的图书角。图书角里的书,应该有"学生阅读推荐书目"系列读物,能为学生提供良好的精神食粮;应该有优秀的少儿报纸、杂志,能让学生及时了解不同地区同龄人的生活与学习情况,促进其社会交往意识的形成。课余时间,学生可以在图书角这个广阔的知识海洋中遨游,使他们从小学会阅读,养成良好的阅读习惯,为终身学习、可持续发展奠定基础。
>
> 理想的教室是学生个性放飞的天地,教室里应该有一个学生作品的展示角。在这样的教室里,学生自己满意的作业、试卷,学生自己的美术、书法作品,学生自己喜欢的图片等,都可以得到展示。在这样的教室里,每一个学生的特长都能得到充分发挥,每一个学生的个性都能得到充分的彰显,每一个学生都是成功者。
>
> ……
>
> 理想的教室应该向世界延伸,让教室有一个网络角。在这样的教室里,有电视机、VCD,学生可以看新闻,看动画片,看自己喜欢的节目,听自己喜欢的音乐。
>
> ……
>
> ——摘自:叶建云.一位教师理想中的教室[N].中国教育报:2007-03-27.

问题 当班级形成后,教师和学生每天的大部分时间都生活在班级中。班主任应该为学生创设一个什么样的环境才有利于学生的成长和发展?

班级日常经营是班级管理工作的重要组成部分。班主任要根据各项规章制度对班级日常事务进行管理。班级日常经营的优劣,直接关系着学生能否健康成长。班主任在经营班级的过程中,需要学会对班级物质环境、制度环境、文化环境等方面进行管理。

(一) 班级物质环境的建设

苏霍姆林斯基说过:"孩子在他的周围——在学校走廊的墙壁上、在教室里、在活动室里——经常看到的一切,对于精神面貌的形成具有重大意义。"班级物质环境主要是指班级的教室环境及各种设备、设施。课桌的摆放方式、墙壁的装饰、专用功能区域的设置、展板设计、绿色植物的摆放、窗帘和桌布的设计等,都是班级物质环境建设的内容,能体现出一个班级的文化。

1. 教室的布置

教室的布置不能乱,应使各个部分都和谐统一起来。最好的办法是先确立班级文化的主旨,如布置一个热爱自然的班级,我们就可以以四季的变化来布置,从而激发学生探索大自然奥秘的兴趣。如果要布置成为一个充满书香气息的班级,两侧的墙壁可以贴一些字画、书籍的海报等。

教室布置要力求风格鲜明、美观大方。标语要醒目,图画要精美,装饰要得体,前后左右要对称,栏目大小要相等,字体规格要统一,色彩搭配要适宜。教室布置不能只是装饰与点缀,应该考虑到规范行为、培养品格、陶冶性情、锻炼能力、丰富知识、配合教学的实际需要。

2. 合理安排座位

在座位安排形式的选择和设计时,教师一方面要考虑具体的教学及其目标,座位必须与活动的性质和需要相适应,另一方面也要考虑学生的特点和教师控制课堂的能力。教师应根据班级规模的大小和种种教学的需要采取多样化的座位排列方式。如果是集体讲授,学生座位的安排可以是传统的秧田式,即一排排课桌面向教师讲台,学生与学生前额对后背、左肩邻右肩。如果需要课堂讨论或相互学习活动,可以按圆形排列座位。这样可以从空间特性上消除座位的主次之分,大大增加师生之间、生生之间的言语和非言语交流。

在编排座位时,可以根据学生学习情况或性格情况进行互补性编排座位。把课程学习有差异的学生尽可能编排在一起,结成学习互助对子。还可以把性格不同的学生安排在一起,让他们从性格上相互感染,互相促进。座位的编排应根据学生的年龄特点、班级的实际情况以及教学的要求来选择,但无论选择什么样的方法来编排座位,都应该注意不搞人情座位和不搞歧视座位。

(二) 班级制度环境的建设

科学的规章制度,能够使班级工作逐步走向规范化、程序化、系统化,这也是班主任在班级管理中的一项重要工作。在实际工作中,建立一套系统的、科学的制度规范,如课堂纪律制度、请假制度、劳动制度、学生班委会、团支部议事程序、学生班费使用管理办法、班委会、团支部互相协调配合工作的规定、班级工作评议制度等一系列规章制度。有了规章制度,学生便有了共同遵守的行为规范和工作规程。它可以使各项管理和教育工作有章可循,职责分明,井然有序;可以防止因无章可循而造成工作的漏洞和困难,保证各项工作的协调一致,形成学生工作的整体合力。

(三) 班级文化的创设

不只是有形的教室、座位才能体现出教育的作用。班级要想形成良好的班级文化,班主任要在日常管理中渗透教育的理念,从班级的各项工作入手,创设良好的班级文化。

首先,我们可以为班级凝练班训。班训是一个班级思想价值观和行为规范的文字化浓缩,是学生班级生活的重要文字信条,班训在班级成员的日常生活中经常性地被感知和引用,通过这种日常的潜移默化,使其成为班级成员"怎么做"的重要依据之一,即形成班级文化的核心行为理念。

其次，可以鼓励学生办班报。班报可做成日报或周报，班级日报或周报要有文化色彩，有阶段性主题，要由学生和教师共同来进行策划和管理。在遇到某些重大事件时，要在日报和周报上适时报道，并加以学生和教师的评论，不能只是摘抄，最好采用学生和教师及家长共同投稿的方式来进行，关注发生在班级生活中的各种事件。

再次，要求学生记班级日记或周记。这种形式也经常为现在的班级管理者所采用，但是效果不明显，其原因是没有文化主题，这种日记应该交给学生，去描述在他们生活中所发生的事件，同时班级管理者也要进行修改和评论，好的日记可以选在班报上发表。

最后，班级 QQ 群、班级博客、微博等已成为师生沟通的重要渠道。现代科技提供了更为便捷的沟通方式和形成良好的班级舆论的条件，班级管理者也可利用这些沟通方式，营造正确的舆论导向，如在 QQ 群中发言、给学生的空间留言、在博客中发文章、用微博表扬学生等。

班级文化建设有多种可操作方式，班级管理者和所有成员均可根据班级现实来进行选择性应用，并根据班级成员的现实发展来进行不断调整和发展。

(四) 突发事件的应对

任何一个班级中，突发事件都不同程度、不可避免地存在着，如何处理班级内的突发事件，关系到一个班级的稳定发展，也反映出班主任的管理能力和艺术。处理突发事件，一看能力，二凭经验，这是班主任教育机智的一个基本体现。处理突发事件应有一定的艺术，这种艺术既是班级工作实践经验的总结，也反映处理突发事件时对各种基本矛盾关系的调整与把握的基本规律。班主任只有正确地处理了突发事件，才能在管理班级过程中立于不败之地，进而卓有成效地做好班主任工作，因此班主任对突发事件要注意以下几点。① 关注校园伤害性事情发生的可能性，以预防为主。班主任要告知学生各种活动可能存在的危险性，教给学生在活动中避免受伤的办法，关注班里那些性格内向、人际关系紧张、心理相对比较敏感、情绪调控能力相对较弱的同学，特别是在受到了批评后以及和同学发生了摩擦以后，班主任应密切关注他们的情绪变化，积极主动地做好抚慰工作。② 把握好处理突发事件的时机，及时处理。③ 对于学生的极端行为或情绪化的反应，可以采取"冷处理"。④ 通过特定的程序来处理突发事件，突发事件一旦发生，班主任应该与校方配合，通过法律顾问，邀请当事人双方家长、派出所协商，确实解决不了的，再走司法程序。

三、组织班级活动

> **案例 10-6**
>
> 常州市局前街小学的王奕老师上了很多次班级活动课，这些班级活动课正反映了一个班集体建设形成中的不同阶段。入学将近一个月了，虽然学生天天在一起上课、活动，但王奕老师发现他们之间的交往并不多，交往的面也很窄。于是设计开展了"认识新同学"的班级活动课。半个学期过去了，在集体生活的熏陶下，学生之间有了互相了解，学会了相互帮助，相处得很融洽。但王老师又发现，由于能力有差异，一些能力较强、外向的学生被关注的机会相对要多些，身上的优点很容易被大家所接受了解，而一些平时纪律较差、自理能力较弱、学习能力不强的学生很容易被大家所忽视。于是王奕老师策划了"大拇指活动"，帮助学生发现这些学生身上平时没有被

大家关注的优点。接下来,通过"我们都很棒"活动课,交流在"大拇指活动"中的收获。一个阶段后,又开展了后续活动——"我们都很棒",让学生思考可以通过怎样的努力让自己做得更好的途径。①

问题

班级活动在班集体的建设中有着显著作用,也是班主任工作的一项重要内容。那么,我们该如何开展班级活动?

所谓班级活动,是指班级教育管理者根据班级的教育管理目标以及班级学生发展的实际,在课堂教学之外有目的、有计划地策划和组织引导学生参与的各种旨在促进班级集体发展和学生健康成长的活动。这些班级活动的策划和组织以促进学生全面健康成长为宗旨,根据学生的身心发展特点和班级发展的不同阶段的实际情况为依据,强调充分挖掘和利用多方面的资源,丰富活动内容和形式,优化活动实效。

(一) 班级活动的意义

班级活动是学校教育活动的重要组成部分,是班级教育经常性的形式,是对学生进行教育的重要渠道,也是发展学生素质的基本途径。班级的教育管理,是通过各种活动实现的,组织开展相关活动是班主任工作的重要内容。

1. 班级活动是形成和巩固班集体的重要保证

共同活动是群体形成和发展的主要决定因素。对一个新组建的班级而言,几十个来源不同、情况各异的同学走在一起,这个时候的班级是一个松散的群体。把这样一个松散的群体凝聚起来形成一个成熟的班集体,丰富多彩的班级活动是非常好的形式。例如,一位班主任通过设计以"我爱我班"为主题的演讲会,让每个同学都介绍自己的个性、爱好、简历和最难忘的一件事以及今后的打算,由此增进了班级同学间的相互沟通和彼此了解,促进了班级学生间亲和力的形成。

班级活动也是巩固和发展班集体的重要保证。持续地开展班级活动,可以促使班级集体向更高层次发展,给集体注入生命力。在共同的活动中,学生不断强化对班级奋斗目标的认同,共同为实现班集体的目标而奋斗,班集体的凝聚力和向心力就会日益增强。同时,在活动中表现出来的团结向上的班级风貌也会成为一种无形的力量,促使每个学生力争上游和为班集体作贡献。

2. 班级活动有助于形成正确的集体舆论和良好的班风

正确的集体舆论能够助长班级中健康和进步的因素,促使好人好事不断涌现,引导更多的学生努力向上,积极进取。有效的班级活动能够克服和遏制消极和错误的言行,帮助学生明辨是非,激发他们的荣誉感和责任感。这样将有助于维护集体的利益,巩固集体的团结,促进良好班风形成。在健康、有益的班级活动中,正确的、合理的东西能够得到肯定、弘扬,错误、不良的东西则为大家所不耻。这样,正确的舆论和班风就会逐步形成、发展起来。

3. 班级活动能够培养学生的社会责任感

班级活动可以引导学生关注社会热点问题,促进学生在活动过程中萌生责任意识,强化责任感。班级活动如果能够通过选取与社会生活实际密切相关的课题,如环保问题、食品安全问题、教育改革问题等,引导学生对这些问题进行探究,可以丰富学生对社会的多方面的认识。通过社会实践活动的

---

① 王一军,李伟平.班级活动设计与组织实施[M].北京:教育科学出版社,2010:85.

开展,组织学生参加一些社会公益活动或者志愿者服务,可以培养学生的社会责任感。

4. 培养学生的探究意识和实践能力

班级活动是课堂教学的延续,是巩固所学知识、发展智能的重要途径。在班级活动中,学生将在课堂上学到的书本知识运用到实际生活情境中,建立起这些知识和生活世界的联系。整个问题解决过程以学生的直接体验为中心,注重学生的亲身经历和积极参与,学生在一系列动手操作的过程中理解和感悟生活,探究意识和实践能力都得到了极大的提高。

5. 发展学生的交往和合作能力

班级活动强调学生的参与。要想更好地组织班级活动,学生必须和其他学生共同探讨主题的选择,协调各个小组的关系。在这个过程中,学生的交往和合作能力可以得到很好的发展。班级活动是学生之间的社会交往过程,在活动中,学生有更多的机会面对活动中的人际关系问题。要处理好这些关系,学生就必须了解自己所面对的活动的性质、目标,参与活动者各自的能力及其他特点,并要试图协调相互的关系,从中学习分工、合作、沟通、交流的技巧,以及有效地组织自己的活动、与人合作、宽容和礼让等社会性技能。积极的合作意识和有效的人际交往能力就在活动中得以培养。

(二) 班级活动的主要内容

班级是学生在学校中学习、成长的场所。作为学生在学校中的"家",班级成员之间的关系是否融洽,是每个学生健康成长的保证。因此,班级活动开展的质量,影响着每个学生的个性发展。下面主要介绍一下主要的班级常规活动的开展。

1. 晨会

晨会,顾名思义,是在每天早晨上课前进行的活动。它是中学生开始一天学校生活的序曲。晨会为学生一天的学习生活奠定了主旋律,它影响着学生每天最初的情绪体验。内容充实、形式新颖、气氛和谐的晨会,能够帮助学生扩大视野、提高能力、陶冶性情。

为了让学生在晨会中获得丰富的营养,班主任可选择新鲜活泼的内容,采用多种灵活的形式,有目的、有计划、有针对性地开展晨会活动。晨会的内容应该是多样的。例如晨会上可以讲述历史上的今天,可以采用新闻播报的形式,借助晨会这个平台交流大家感兴趣的新闻。

2. 班级例会

班级例会是指以班级为单位定期召开的全班学生大会。班级例会有两种形式:民主生活会和班务会。民主生活会以引导学生开展批评与自我批评、进行自我教育为内容。班务会是以研究讨论班级内一些重大事务工作为目的。

班级例会一般每周开一次或每两周一次,针对班级管理中存在的问题及时总结通报情况,开展表扬和批评,交流思想,对学生进行常规教育。无论是处理班级日常事务,还是讨论班级内一些重大事务,都要求学生踊跃发言、各抒己见。

3. 主题班会

主题班会是指在班主任的指导下,以学生为主体,围绕某一主题有计划、有目的地开展的形式多样、内容丰富的班集体活动。主题班会可以培养学生的能力、增强学生的合作意识。一次卓有成效的主题班会可以给学生的心灵带来很大的震撼,可以陶冶他们的高尚情操、培养他们的组织协调能力和语言表达能力。主题班会的内容和形式多样,可以是节日性主题班会,也可以是问题性主题活动。可以是即兴式的,也可以是实践性的。例如,在父亲节、母亲节,可以安排感恩父母这类的主题班会。当同学之间出现矛盾,可以采取情景剧的形式,重新模拟当时的情景,让学生换位扮演,既能很好地化解矛盾,又可以更好地教育其他学生。

4. 班级文体活动

班级文体活动是指学校通过健康的文化艺术活动或体育活动对学生进行熏陶和教育,以发展学生的美感或提高学生的健康水平的教育形式。文体活动是班级活动的重要组成部分,是班级集体教育的经常性形式。开展多种形式的文体活动可以陶冶学生的情操,发展学生的个性,还能提高学生的活动能力。同时,班级文体活动的有效开展,可促进班集体的形成、集体纪律的增强、学生间友谊的发展。开展多种有组织的班级文体活动,还可以锻炼学生的身体,增强他们的体质,也可以使学生发展思维,培养主动性、创造性,在克服困难中养成集体主义品质。

5. 班级科技活动

班级科技活动是指以班集体为单位组织学生开展的科技活动。班级科技活动可以给学生创造一个生动活泼的、自由的学习环境,使他们能根据自己的兴趣、爱好、特长,按照自己的意愿有选择性地参加活动。班级科技活动的内容丰富多彩,不受课堂和书本的局限,可以让学生从广阔的自然界和繁杂的社会中去获得知识、信息、技能。通过活动,可以拓宽学生的知识面,提高他们的思维能力、动手能力,能发展学生的个性,并能培养他们的创造性。

6. 班级社会实践活动

班级社会实践活动是指班级学生在教师指导下走出教室、进入实际的社会情境、直接参与并亲历各种社会生活和社会活动领域而开展的各种力所能及的班级活动。[①] 班主任应该引导学生参加社区活动,提供交往的机会,引导学生走出校门接触社会,扩大交往范围,通过参观、调查、访问等形式,让学生获得直接经验、发展实践能力、增强社会责任感、培养正确的劳动观念。同时能够让学生体会到交往与社会发展的密切关系,增进与成年人情感和思想的交流,提高他们的社会交往技能。

(三)班级活动的特点

班级活动是教育过程的一个重要组成部分,人的活动在改造客观世界的同时,也在改造主观世界的外部行为。活动是提升学生的能力、塑造学生的良好品质的最好途径。随着教育改革的逐渐深化,活动将越来越受到重视。

1. 班级活动的灵活性

和课堂教学不同,班级活动没有教学大纲和教材的限制。班级活动从内容、形式到活动评价都可以灵活多样。无论从内容上来看还是从活动形式上看,都是灵活多样的。班级活动可以是科技活动小组,也可以是科普讲座或报告会。同样是以爱国主义作为活动的内容,也可以通过主题班会或晨会的形式开展,还可以根据班级的具体情况,创造出具有自身特点的活动模式。

2. 班级活动的自主性

学生是班级活动的主角。学生选择参与哪一类活动,在活动中承担哪些工作,都是由学生自主选择的,是学生个人意愿、兴趣爱好和自身能力的体现。学生只有作为活动的主体而不是看客,自愿参与到活动中,确定活动主题、选择活动方案、参与活动的准备和实施,才能够较好地发挥学生的积极性和潜能。无数事实表明,要想培养学生的独立感、自信心以及创造精神,就必须让学生自主活动。同时,在活动的全过程中,学生依据自己的条件和对活动的理解自主选择活动的形式、方法,也有利于培养学生解决问题的能力。

---

① 王一军,李伟平.班级活动设计与组织实施[M].北京:教育科学出版社,2010:172.

3. 班级活动的开放性

班级活动不应局限于学校和课室的空间。班级活动从内容到形式都可以是开放的,体现社会的进步、时代的发展。班级活动可以根据当前社会发展过程中出现的问题,引导学生走进社会,通过开展调查,了解问题并提出解决办法,以增加学生的社会责任感。也可以组织学生参观游览,激发学生热爱祖国的情感。还可以利用各种社区资源,开展参观博物馆、科技馆等活动,培养学生的学习兴趣和探究问题的能力。

4. 班级活动的综合性

班级活动是以活动为中心进行的,素材取自学生的生活经验和社会现实。人是社会的人,不可能离开社会而独立存在。社会生活的复杂性和丰富多彩的特点决定了班级活动的综合性。同时,学生在班级活动中不能局限于某个领域的知识的学习和某种能力的运用,而是所学知识的综合运用,是各种能力的综合提升。这对学生的发展也是综合的锻炼和提高。

(四)班级活动组织管理的要求

我们该如何组织好活动?出现问题应该如何处理?这是刚刚承担班级管理工作的年轻班主任所担忧的。事实上,只要有计划、有步骤地开展活动,遵循班级活动基本要求,都会取得较好的教育效果。这些要求有:① 选择一个既有教育意义,又能和学生生活实际相联系的活动主题;② 制订具体的活动计划,撰写活动方案;③ 准备活动的落实,班主任要及时了解学生的需要,帮助学生解决困难;④ 班级活动实施,营造全员参与的活动氛围,要尊重学生的真实表达,排除一切干扰因素;⑤ 班级活动总结,由班主任和学生对活动作一个简单扼要的评价。

大家谈

1. 如果你是初一年级的班主任,你打算如何选择学生感兴趣的主题开展活动?
2. 班级活动在学生发展中有何重要作用?
3. 班级座位编排应注意哪些问题?
4. 在初建班级之时,怎样建立班级的规章制度?

第三节 学校教育评价

在学校教育体系中,我们对教育价值的认知和追求,体现在社会对学校教育的关注与学校教育体系的不断改革与发展。学校教育现状怎样、教育价值几何、教育价值取向是否有利于未来教育的发展,对这些问题的认识和判断都离不开学校教育评价活动。因此在当前,学校教育评价已经成为教育学科的一个重要研究领域和教育实践的一项重要活动。学校教育评价的理论研究和实践探索,对学校教育改革与发展、学校教育管理和决策发挥着越来越重要的作用。

一、学校教育评价的基本概念

案例 10-7

什么样的学校是一所好学校?这涉及一个复杂的评价指标体系,有一级指标、二级指标,甚至有三、四级指标。肖川认为,这个评价的指标体系应包括如下三个一级指标。

一是,看一所学校能不能让所有的学生获得"成功"。无疑,好学校是能够让所有学生获得成功的学校。二是,看一所学校能否成为社会大家庭中富有建设性的成员。三是,看一所学校能不能让所有的教师体验到作为生活者的幸福感和职业的内在尊严。[①] 用这三个标准来衡量某某初中学校,发现这个中学的学生学习成绩都不错,中考升学率也很高,教师也很敬业,家长都愿意把孩子送到这所学校,但在这个学校里每年都有学生因压力过大而休学或者转学,教师也感到工作负荷比较大。根据专家学者标准不能判定这所初中是一所好学校,但是这所学校在当地很有名气,社会口碑也很好,是公认的好学校,这所学校到底是不是一所好学校呢?

问题
什么是学校教育评价的内涵?什么是学校教育评价的本质?这是理解学校教育评价活动的关键所在。

对学校教育评价概念的解读与分析,是学校教育评价研究和实践需要解决的一个根本性问题。基本概念不仅决定了学校教育评价理论体系的建构,而且会对学校教育评价实践产生重大影响,有助于我们认知学校教育评价的本质性内涵。

教育评价(学校教育评价,educational evaluation)这一概念,于1930年由美国俄亥俄州立大学教育科学研究所教授泰勒(R. W. Tyler,1902—1994)首次提出,在"八年研究"(1933—1940)中被广泛使用,并于1965年在美国国会通过的《初等及中等教育法案》中合法化。但对教育评价基本概念的界定,目前国内外学者还未达成共识。如:泰勒认为,评价即为评价判断教育目标或教育计划的实现程度;克龙巴赫(L. J. Cronbach)认为,教育评价是通过评价收集资料,为教育决策服务;美国斯坦福评价协作组认为,评价是成绩考查方法或调查的方法;日本的桥本重治及我国有的学者认为,教育评价是指按照一定的价值标准,对受教育者的发展变化及构成其变化的诸因素所进行的价值判断。

事实上,在教育评价的各种界定中,美国学者格朗兰德(N. E. Gronlund)的评价公式以一种极为简洁的表述抓住了评价活动的本质。格朗兰德认为,评价可以简单地表述为:评价=测量(量的记述)/非测量(质的记述)+价值判断。这就是说,评价是在量(或质)的记述基础上进行的价值判断活动。

借鉴上述界说,特别是格朗兰德的评价公式,我们把学校教育评价界定为:学校教育评价是对学校教育活动满足社会与个体需要的程度作出判断的活动,是对学校教育活动现实的(已经取得的)或潜在的(还未取得,但有可能取得的)价值作出判断,以期达到学校教育价值增值的过程。[②]

把握这一界定,要重点理解以下三方面。

第一,评价依据。学校教育目标受一定社会形态、制度等的影响和规定,它不仅决定学校教育方向和人才培养目标,也决定着学校教育行为的具体价值取向,因而学校教育评价必须以学校教育目标为基本依据。从根本上说,学校教育评价就是评判学校教育目标是否实现及实现的程度。

第二,评价对象。学校教育评价的对象是学校教育活动的全部。从参与者或载体来看,包括学生、教师和管理者等;从活动类别来看,包括学习活动、教育教学活动、管理活动等。学校教育对象是教育活动的全部,即包括对一切教育活动和与教育活动有关的一切人员、机构、方案等的评价。

[①] 肖川.好学校的标准[J].教育测量与评价(理论版).2008(10):12-14.
[②] 陈玉琨.教育评价学[M].北京:人民出版社,1999:7.

第三，评价本质。学校教育评价的本质是价值判断。教育是人类有意识的、自觉的社会活动，它受制于社会的政治、经济、文化，又能动地满足社会的政治、经济、文化发展的需要，而教育满足于社会政治、经济、文化发展的需要又是通过人才培养实现的，这就是学校教育的价值，也是学校教育存在和发展的根源。学校教育的价值不是被动的，而是能动地为社会和个人发展的需要服务。学校教育评价就是要对教育活动提供给社会和个人发展的价值作出判断，借以增进教育活动的价值，推动社会和个人的发展。

二、学生评价

案例 10-8

中国父亲端木，拿着赴美读高中的女儿寄来的美国各科老师的评语，大为感慨：这真的是我的女儿吗？！她"有语言天赋"，她"乐观积极"，她"优雅"而"有创造性"，她有"人格的力量"，她是"宝贵的财富"！其中一位美国老师，在推荐其女儿上大学的信中说："我以性命担保她行。"这句话深深震撼了一个父亲的心。而仅仅在4个月前，端木送走的那个女儿，是一个被老师批评为"没有数学脑子"、垂头丧气地对着父亲说"我厌学了"的孩子。

问题

案例中对学生的评价已不仅局限于对学生学业成就的测评，如何以"为生命主动发展"为价值取向，对学生进行"人"化的评价？评价内容如何构建？评价标准如何确定？评价方法如何选择？评价结果如何反馈？

学生评价是学校教育评价活动中最基本的领域，也是教育评价体系中的核心和重要内容。学生评价是促进学生成长与发展的重要手段，也是学生自我完善的重要参照。教师通过对学生的评价可以了解学生的身心发展与学习等方面的状况，激发学生的学习动机，促进学生的成长与发展，同时，学生评价还有助于教师确定教学目标，了解教学得失，改进教学，提高教学质量。

（一）学生评价的含义

学生评价是学校教育评价中最重要的内容和部分。学生评价是指在一定教育价值观指导下，根据一定的标准，运用现代教育评价的一系列方法和技术，对学生的思想品德、学业成绩、身心素质、情感态度等的发展过程和状况进行价值判断的活动，是学校教育评价的重要领域，也是每一位教师必备的基本素质。

（二）学生评价的基本内容

1. 学科学习效果

学科学习效果既包括学生接受知识的量和质的结果，也包括学生情意领域的发展，是知识和能力的和谐统一。主要包括对学生掌握学科基础知识与基本技能的评价；基本能力发展的评价，即认知能力、实践能力和创新能力三大基本能力发展状态的评价；学习兴趣、方法与习惯的评价；科学精神与掌握科学研究方法的评价。

2. 思想品德和公民素养发展水平

中小学教育是"为人"的教育，通过教育首先使学生成为"人"，然后成才。一个人的思想道德品质和公民素养是做人的基础。根据当前国家和社会的要求，学生思想品德和公民素养发展水平评价的内容包括:政治品质,即对学生掌握政治常识,对政治的看法、态度和政治行为的评价;公民素养,即对学生精神气质、责任感和参加公益活动表现的评价;民主法制素质,即对学生的法制观念、知法、学法、懂法等综合法制素质的评价;劳动素质,即对学生的劳动态度、具体行为表现和未来职业认知的评价;环境保护,即对学生学会关心环境、树立正确环境保护意识态度的评价。

3. 学习能力与交流合作能力

现代教育的任务要求不仅使学生掌握丰富的知识和必要的技能,更重要的是培养学生具有终身学习的能力以及与他人进行交流、合作的能力,学会学习和合作。因此对学生学会求知、学习能力与交流合作能力的评价,是学生评价的重要组成部分。

4. 身心健康水平

根据世界卫生组织给健康下的定义:"健康不仅仅是没有疾病,而是身体的、精神的健康和社会适应良好的总称。"中小学生正处于长身体、长知识的关键时期,健康的身心是学生学习和发展的重要保证。具体包括对学生身体素质发展状态的评价,以及对学生个性心理健康素质的评价。

5. 审美素养

根据我国中小学美育的任务,学生审美素养的评价主要包括:对美的认识,即对美的含义有正确、全面的认知;审美情趣,即具有对鉴赏和创造美的需要;审美能力,主要是对美的感受力、理解力、鉴赏力、表现力、想象力、创造力等;对美的维护与创造。

总之,学生发展评价的内容,就其现实选择来说,主要包括学科学习效果评价、学生思想品德和公民素养发展水平评价、学生学习能力和交流合作能力评价、身心健康水平评价和审美素养评价,反映了学生发展的全面性。在实践中,要注重学生综合素质评价,但也不能面面俱到,要针对不同评价对象及其层次性,确定具体的评价内容,要体现学生发展的阶段性和差异性。

(三)学生评价的主体和方法

学生评价主体的构成趋向多元化,主要包括学生主体、教师、同学和家长等。不同的评价主体在实施具体的评价活动时所采用的评价方法不尽相同,学生为主体时以自我评价为主;同学为评价主体时使用小组评价法;教师为评价主体时更多采用测验法和档案袋评价法。

1. 学生自我评价及一般操作方法

学生自我评价是学生作为评价主体,依据一定的标准对自己的期望、品德、发展状况、学习行为与结果及个性特征进行判断,是学生自我认识、自我分析、自我提高的过程。

实践中学生自我评价的途径和方法很多,教师要充分挖掘可以利用的资源,为学生提供自我评价的平台,使学生在现有基础上谋求实实在在的发展。

(1)自我评价要贯穿于学习的全过程。指在学生在学习活动开始前、过程之中及结束之后,对其学习计划、学习方法、学习策略、学习内容以及学习的质量和效果进行的价值判断的过程。

(2)利用评价项目清单进行自评,撰写个人总结。评价项目清单列举一系列有关学生学习和发展的问题,例如"一学期以来,你对自己的学习方式感到满意吗?为什么?""你认为这学期你最成功的一件事是什么?""你认为学习过程中存在的最大困难是什么?"……学生可以依据问题,根据自己的实际情况做出回答,对自己一学期来的学习和成长情况进行总结。

(3)案例评价。中小学生的自我评价多数是建立在教师或他人评价的基础上,依据外部评价的结论进行自我评价,把教师评价高的学生的表现作为自我评价的标准。

(4)学习日志。学习日志是学生学习经历的一种经常性的总结,是学生用自己的词语描述学习情况与各方面的发展,写自己对学习的态度和感受,记录头脑中闪过的想法或思维的片断,也可以记录自己在不同学科的表现,如针对一篇文章的读书笔记、对一条自然法则的分析,或解释一个数学问题。

(5)学生档案袋。学生档案袋是指用档案袋保存记录、以文件形式呈现的学生在一定时期的作业和作品,以展示学生在一个或几个领域学习的努力、进步状况和知识、技能与态度的发展。其主要目的是强调学生的优点,表明学生在某一时期内所取得的进步。通过这种形式,学生可以看到自己努力学习的结果,并能进行自身的纵向比较,"让每一位学生都留下成长进步的足迹,使每一位学生都获得自信"。

2. 学生小组评价及一般操作方法

学生小组评价是以学生小组为基本单位对学生的学习和表现进行价值判断,是获取评价信息、鼓励学生参与、发挥学生主体性的一条重要渠道。

进行学生小组评价时应从以下几个方面开展。

(1)构建评价小组。教师要对班级学生进行合理分组,一般由5~8名学生组成,小组成员在性别、学业成绩、智力水平、个性特征、家庭背景、思想观念等方面要有合理的差异,使小组"组内异质,组间同质",成为全班的缩影或截面。选一名在学生中具有较高威信、成绩好、责任心强、有一定组织能力的学生担任小组长,负责该组评价工作的组织、协调和评价的开展。教师要向小组成员阐明评价的目的是让同伴看到自己的进步,要用发展的眼光看人,客观地对待他人和自己。要指导学生尊重和正确对待同伴的评价,要善意肯定别人的优点并指出不足。同时,教师要明确评价的标准,教给学生一些评价的技术和方法,以保证小组评价顺利进行。

(2)合理设置评价问题和内容。小组评价包括学习活动及学习以外的内容。内容的选择和问题的设计要鼓励学生参与,获得学生的认可。

(3)恰当选择评价时机。小组评价主要运用于过程性评价,评价次数要适当,三周或四周一次,不能过度使用。

(4)确定小组评价的方式方法。学生小组评价的方式方法很多,如小组讨论、小组评价表、表现观察、小组评分等。评价方法的选择应体现小组间的相互作用和进步。

3. 教师对学生的评价及一般操作方法

黑格尔曾说,教师是"儿童心目中最神圣的偶像"。学生常渴望从教师那里获得评价信息,并以此为"蓝本"给自己"画像"。在中小学生评价中,教师对学生的评价占较大比例。

教师评价学生的方法很多,每一种评价方法都有其适用的对象和范围,也都有其自身无法克服的局限性。在实践中,教师评价学生常用的方法主要有测验法、观察法、作业法、调查法、表现性评价和档案袋评价法等。由于篇幅所限,本部分仅对常用的测验法、观察与调查法、表现性评价进行概述。

(1)测验法

测验法是教师对学生认知、学习结果进行考查的最直接最常用的方法。无论是诊断性评价、形成性评价,还是终结性评价,都离不开测验,如教学前和教学过程中进行的准备性测验,学期或学年结束时的结果性测验,用来了解学生的知识准备情况,反馈教学效果和学生对知识的掌握情况。

运用测验法评定学生学习成绩,要尊重个体差异,考试命题要富有弹性,如语文、数学学科的考试,可设置A、B卷,让学生根据自己的"实力"选择卷型;也可在卷中的各类命题中,增加选做题。考试结果最好是等级+评语,杜绝利用考试成绩给学生排序。教师要注重对测试结果的分析,包括对学生学习成效的总体分析与试题难度、内容结构分析和能力结构分析,如学生的成绩分布、全班的平均成绩、学生的进步状况等。

学业成就测验以笔试为主,要增加口试和操作测验,把平时测验与终结性测验结果综合起来。平时小测验可以实行自考、互考,教师制定出评价标准,让学生自行评分。让测验发挥促进学生发展和提高的功能,很关键的一环是教师要正确对待考试结果,并引导学生和家长正确看待考试分数。教师让学生和家长明白,通过考试所获得的评价信息,表明的只是学生目前的学习表现,不能代表过去,也不能预示将来,一次考试成绩的高低不能决定一个人今后的发展前景。

(2) 观察与调查法

学生的发展是多方面的,涉及认知、情意、动作技能等各个领域。了解学生情意、动作技能的发展情况,如学习兴趣、学习态度、道德水平等,一般采用观察和问卷调查的形式。观察可分为平时观察和课堂表现观察。对于学生的课堂表现,教师可以制定课堂表现记录表,记录学生在学习态度与行为、交往与合作精神和情意表现等方面的内容。教师也可以通过量表和问卷调查获取评价信息,对学生进行客观评价。

(3) 表现性评价

表现性评定是指通过观察学生在生活和学习情景中完成各种任务的表现来评价学生,通常是在学生做作业、从事专题研究、参与感兴趣的作品创作和活动等学习与生活情境下进行,评价学生在真实情景中应用知识和技能的能力。表现性评价需要记录学生在解决问题、创作作品、完成作业过程中的表现。记录可以通过设计观察记录表、评价表、轶事记录本等方式,也可以通过照相机、录音机、录像机等音像设备随时拍下学生的表现,如同伴的互动、实验过程、讨论情形等,让学生在多种自然情境中展现所学,发挥所长。

总之,教师评价学生的方法是多元的,任何单一的方法都是片面的。在实际工作中,要依据评价内容和评价对象,以促进学生发展和提高为指导思想,选择恰当的评价方法,做到多种方法综合运用,以保证评价信息的真实性和有效性。同时,注重与学生的沟通与对话,使教师评价学生的过程成为师生彼此在思想上、情感上、态度上沟通的过程,从而达到评价目标。

三、教师评价概述

案例 10-9

2009年7月,广东省阳江市第一职业高级中学考核小组对全校223名教职员工进行了一年一度的考评。考核小组成员就陈老师应评为优秀还是称职这一问题展开了较为激烈的争论。

陈老师,1982年毕业于贵州大学外语系,现为中学英语高级教师。陈老师热爱教育事业,工作劲头大,做事有魄力,是一位事业心和成就感极强的女性。她从教20年来积累了丰富的教育教学经验,教学水平高,教学效果好,深受学生欢迎。1997年9月进校,学校安排她担任"最让老师感到头痛"的96建工班班主任。这个班班风、学风在联办大中专科中是最差的,换了两次班主任也没有起色。陈老师担任班主任后,为带好这个班想了很多办法,付出了辛勤的汗水,使班风迅速得到扭转,老师们从心底里佩服陈老师的能力。

争强好胜与自信是一个事业成功者应具备的心理素质,但争强好胜与过分自信的人又常常存在自傲、固执等心理缺陷,这些缺陷或多或少在陈老师身上体现出来。因此,这次考核小组成员就陈老师是否应评为优秀争论不休。一方认为:陈老师虽然在教育教学方面成绩是显著的,但她也存在不少缺点和不足,特别是在班主任工作方面爱自搞一套,不配合科里的工作,与同事间又不团结协作,并给科里出难题。另在这次期末考试中,陈老师监考4次,却迟到2次,这说明她组织纪律性差。这样的老师又怎能评为优秀呢？另一方则认为：教师的主要工作职责在教育和教学两个方面，若以德、能、勤、绩四项考核内容来考察，陈老师的能、勤、绩三方面大家无可厚非，争论的焦点是德。"德"对教师而言，主要是指师德。师德不好的老师能教好学生吗？"爱自搞一套"本身不是缺点，没有自己的一套，班主任工作还有特色吗？她本人对监考迟到也作了解释，其中一次是因为在冒雨回校的途中被摩托车碰倒了。当然，我们不否认陈老师存在缺点和不足，但我们不应鸡蛋里挑骨头。总之，我们认为应该评陈教师为优秀。

问题

教师评价是引导教师提升自身素质、实现专业发展、调整教学行为、提高教学质量的有效途径。教师评价的内涵是什么？对教师职业和专业素养的评价包括哪些内容？谁来评价教师的职业活动？评价方法如何选择？

（一）教师评价的含义

教师评价，是指在正确教育价值观指导下，根据教育方针、政策、法规和教育目标、要求以及教师所应承担的任务，结合教师专业的特点，广泛收集评价信息，对教师的素质、工作表现以及工作绩效进行全面、客观的价值判断过程。教师评价是对教师工作现实的或潜在的价值进行判断。理解教师评价的内涵，必须明确以下几点。

第一，教师评价是一种促进教师发展的途径和手段，根本目的在于促进教师专业发展和提高教育教学质量。通过评价过程的反馈、调控，调动教师工作的积极性和创造性，促进教师不断总结、改进工作，不断成长和发展。

第二，教师评价的依据应是：正确的教育价值观、国家教育方针政策和法规、学校的教育目标、教师的根本任务和职业道德规范要求以及教师自身的特点。

第三，由于教师劳动的特殊性，如教育教学过程的多因素、多变化和不确定性，劳动的示范性，劳动过程的长期性，教育成果的集体性等等，决定了教师评价的复杂性。对教师工作质量的评价要运用现代教育评价的手段、方法和技术，多渠道收集评价信息，对教师的全部工作进行多指标、多方位的综合分析和判断，这样才能使教师工作质量和专业素质的评价更科学、更准确，更能反映每个教师工作的真实情况。

（二）教师评价的主要内容

综合教师评价的分类，并结合当前教师专业发展的趋势，教师评价主要包括教师素质评价、教师教学评价和教师专业发展评价。

1. 素质评价

是指教师作为专业人员应具备的专业道德、身心素质，教师作为专业发展人员所应具备的专业知识、专业能力，以及教师要实现专业发展所必需的专业潜能。

（1）专业道德素质评价。是指对教师的职业道德规范、个人修养以及专业精神进行的价值判断。主要考察和判断教师作为师者的行为应符合规范准则；教师应具备完整的人格和良好的个人品德；教师作为专业人员应持有一定的理想信念和专业情操。

（2）专业知识评价。是指对教师知识结构的分析与判断，具体包括本体性知识、文化知识、条件性知识和实践性知识。主要考察和判断教师作为专业人员应具有完备的知识体系，并持有不断更新与活化知识的理念。

（3）专业能力评价。主要是考察和判断教师的教育教学能力，是否具有从事教学的专业知识及教育教学理论知识，是否具有教育教学能力和教育科研能力，包括把握大纲、驾驭教材能力，了解学生的能力，语言与文字表达能力，教育组织能力等。

（4）专业潜能评价。主要是考察和判断教师在教学情境中生成教学机智的能力，专业活动过程中的创造性以及教师个人的实践智慧等。

（5）身体素质评价。主要是考察和判断教师的身体健康状况能否适应繁重的教育教学工作，是否能够更好地完成教育教学任务。

（6）心理素质评价。主要是考察和判断教师的心理健康状况是否适应教育教学工作的要求，是否具有高尚的情感、良好的道德感和坚强的意志、良好的性格及心理的自我调控能力。作为教师，不应为情绪支配，但情绪体验也不能过于迟钝。

2. 教学评价

是指对教师的教学过程、教学效果及教学成绩进行价值判断的过程，是引导教师改进教学工作，提高教学质量的活动。主要包括课堂教学评价和教学绩效评价。

（1）课堂教学评价。主要考察和判断教师的课堂教学设计、课堂教学过程、课堂教学效果及教学特色与创新。

（2）教学绩效评价。主要考察和判断教师在教学工作中的表现和教学结果进行价值判断的过程。

3. 专业发展评价

是指对教师的教学反思能力、教学研究能力以及自我发展所需要的终身学习能力的价值判断过程，以期通过评价引导教师审视以往经验优势，鼓励教师改进不足，从而使教师获得专业发展的动力。

丹尼尔森等人所提出的"区分性教师评价体系"适用于对教师专业发展的评价，其将教师评价分为三个层次，即促进新教师成长的评价、促进教师专业发展的评价和援助教师的评价。

教师专业发展的动力源自他人对自己的尊重和认可，也出于教师内心深处自我实现的愿望。所以教师专业发展评价的出发点是教师自身，目的是促进教师专业发展和学校的发展。

（三）教师评价的主体与方法

教师评价的主体主要包括教师自身、专家、领导和同行。其中教师的自我评价为教师的专业发展提供内动力；专家评价对教师专业发展的判断具有指导性价值；领导和同行的评价对教师工作的现实状态和绩效提供有效的价值依据。

1. 教师自我评价及一般操作方法

教师自我评价就是以自我为主体，依据评价原则，按照一定评价标准和发展目标，主动对自己的知识、能力、道德品质、教育教学工作等作出评价的活动。教师自评是一个批判反思的过程，更是一个自我提高的过程。

在教师自我评价中，教师的自我反思是教师自评最经济、有效的方法，反思的过程就是教师自我激励与提高的过程。教师自我反思是指教师在教育教学实践中，对已经发生或正在发生的教育、教学活动以及这些活动背后的理论、假设，进行积极、持续、周密、深入、自我调节性的思考，而且在思考的过程中，能够发现并清晰表征所遇到的教育、教学问题，并积极寻求多种方法来解决问题的过程。

教师反思的内容包括三个方面：一是对教学活动的整个过程的反思，即教师在教学过程之后对自己的行动、想法和做法的反思；二是对自己教学活动过程中的表现、想法和做法进行反思；三是以上述两种反思为基础，总结经验，指导以后的活动。反思的途径有多种，即教学笔记、反思日志、交流讨论、调查研究和撰写理论文献。

2. 学生评教及一般操作方法

学生评教是对学生教师素质和教育教学行为等进行价值判断。在教师评价中,学生评教自20世纪70年代以来一直为世界许多国家所重视。

学生评价主要包括三种方法。

第一,定量评价与定性评价相结合。学生评教是对教师的教学态度、方法、能力、效果及完成教育教学工作的情况进行测评。在学生评教中,对于确难作出科学定量赋值的评价项目,可分为"很好""较好""较差""很差"等几个层次进行模糊评定,同时,不只是让学生打分或评等级,要有评价意见。

第二,问卷调查与学生座谈相结合。问卷调查就是依据教师评价标准设计一系列学生评教问卷,发放给学生,由学生根据自己对教育教学状况和教师其他方面作出判断,然后由学校统一对问卷结果进行统计处理。同时,随机抽取一部分学生进行座谈,通过与学生的谈话,更进一步了解学生对教师的态度。

第三,期中、期末评教与平时评教相结合。学生评教可以用于终结性评价,但主要用于形成性评价,贯穿于教育教学之中。在学生评教中,要正式评教和个别了解相结合,使学生评价教师成为学生学习生活的一部分。

3. 领导、同行评价

领导评价在我国很普遍,是指教育督导机构、上级教育行政部门、学校领导依据评价标准和准则对教师教育教学行为和专业发展等进行的价值判断。领导评价是促进教师发展的外部机制,以外部的要求刺激和规范教师行为,实现对教师职业发展过程的调控。

同行评价是指本校教师、校外教师和专家对教师工作情况和个人发展所进行的评价,其特点主要有:一是以教师同事或教师群体为评价主体;二是主要目标是促进教师专业发展和整体素质提高;三是要结合教师日常教育教学活动、教科研活动开展定期或不定期的评价;四是评价过程中,评价双方平等交流、对话。同行评价可以使教师从不同的角度了解自己的教育教学和发展情况,获取大量有价值的信息和经验,这对教师的提高及工作的改进都很有价值。同行评价是教师重要的学习和交流的机会。

领导、同行评价在现代学校教育评价中得以不断丰富和发展,归纳起来有以下六种方法。

(1) 运用"走动管理"收集评价信息

"走动管理"策略源于一些优秀的美国公司的管理经验。将这种管理策略运用于教师评价之中,要求教育行政部门的领导,特别是学校校长要经常到学校、教研室、年级组、教室走动,多接触教师和学生,多听听教师和学生的声音,从而获得教师评价的第一手资料。

(2) 运用学生学业成绩评价教师

教师的工作对象是学生,其教学效果主要是通过学生的学业成绩和表现来体现。运用学生的学业成绩评价教师具有合理性。在具体实施中,应通过多种途径收集学生学习、变化的信息,如学生考试成绩、平时表现、学生的进步状况、学生作品集、学生成长档案袋、学习活动、学生的实践能力等来评价教师。

(3) 教师教学档案袋

教学档案袋(teaching porofotios)是真实性评价在教师评价领域中的体现,是教师评价与实际教育教学活动相连接,反映教师教学活动真实面貌的有效途径。

教师教学档案袋包含教师按照评价标准与要求收集的最能代表教师成就的教育教学信息:教学理念和教学目标的表述,单元和课堂教学计划,为学生编制的测验及学生成绩评定准则,学生学业成绩,家长、学生调查情况,职业活动、专业成长证明,正式评价,管理者的报告,科研计划及其结果,自我评价等。

（4）课堂观察与调查

课堂是教师教育教学的平台，课堂观察与调查是收集信息、科学评价教师的有效渠道。学校要建立经常性听课、评课制度，这有助于教师之间取长补短，共同提高和进步，也有助于降低同行评价中的主观臆断成分。听课者包括学校领导、合作教师和骨干教师。

（5）校长—同事评价法[①]

校长—同事评价法的主要倡导者是澳大利亚的安东尼·欣克菲尔德（Anthony Shinkfield）。该评价方法的基本指导思想是：学校视教师评价为教育过程的一个组成部分；唯有采用建设性的教师评价法，才能促进教师的专业发展；评价者与评价对象（教师）之间的合作和相互尊重是必要的；在实施教师评价计划之前，有关各方须达成共识；教师自我评价必须是评价过程的重要组成部分。

评价实施分五个阶段。第一阶段是营造氛围和制定政策，要营造健康的学校氛围，使所有参与者都能以积极的态度支持教师评价，同时将教师评价制度作为一项长期的学校政策列入文件之中。第二阶段是初步面谈，为教师评价获得成功奠定基础。第三阶段是确定目标。约两个星期后评价双方再次面谈，就第二次面谈所列举的优缺点进行比较和分析，在充分讨论的基础上达成共识，并使被评教师接受。第四阶段是课堂听课。评价对象提供听课时间并得到评价者的认可，听课要持续一学年。在听课过程中，校长应该把听课的注意力集中在师生交流、提问技能、课堂管理等方面，学科教师应该把听课的注意力集中在学科内容方面。第五阶段是总结会议。一是要完成评价报告，要充分反映评价对象已实现的努力目标，包括评价前已具备的能力、评价过程中重新获得的能力和重新发现的能力；二是要给予帮助和建议，在肯定评价对象取得进步的基础上，注明评价对象取得进步的措施以及评价者给予教师的建议。领导、同行运用以上方法评价教师时，要注重定量评价与定性评价的结合，单纯地强调量或质都是不科学的。另外，要注重这些方法在诊断性评价、形成性评价和终结性评价中的综合运用。

（6）头脑风暴评价法

头脑风暴是管理决策中经常使用的一种方法，即具有一定研究能力和知识素质的专门人才，进行集体讲座，相互启发，相互激励，相互弥补知识缺陷，引起创造性设想的连锁反应，借助竞争气氛调动每个人的智能潜力。

在教师评价中，采用头脑风暴法进行评价，教师本人可邀请其他评价主体——领导、专家、资深教师，一同就自身存在的一些问题以及发展方向进行集体讨论。进而可以帮助教师本人对问题进行诊断、归因，寻求解决的路径。同时，其他评价主体也可以从多角度来解析评价对象，完善对客体的认识，使评价结果更为真实，具有实际价值。

大家谈

1. 在高考制度改革的政策背景下，我国中小学的学生评价活动的价值取向、评价内容和评价方法将会发生怎样的调整，甚至是变革？
2. 结合所学专业，分析表现性评价方法在评价学生学习方面可能发挥什么样的作用。
3. 结合实际说明应如何评价学生的非认知因素。
4. 反思教师评价现状，试分析如何实施以专业发展为导向的教师评价。

[①] 王斌华.一种有效的教师评价模式——校长—同事评价法简介[J].当代教育科学，2003(10)，40-42.

课后研究

日本学者山田洋次曾这样描述班级:"正如拍一部好电影需要一个好的摄制组一样,成功的教育也得有一个好的班级集体,从这一角度着眼,摄制组的导演也许和班级的教师有很大的共同之处。"请使用观察法选择一个班集体进行观察,并分析这个班级的管理中存在的问题,并尝试提出改进策略。

在对班集体进行观察之前,请事先做好观察计划,观察过程中做好观察记录,最后将观察到的事实和结果进行分析,写出观察报告。

在线学习资源

1. 华东师范大学教科所.激励法:学校管理研究的重要课题,http://www.sooxue.com/teacher/ktnw/xxgl/bxyj/200509/14582.html
2. 吴琼洳.学生反学校文化之研究,http://www.nioerar.edu.tw/basis3/30/all.html
3. 班主任工作案例,http://www.dzherx.net

补充读物

1. 齐学红.班级管理[M].武汉:武汉大学出版社,2011.
2. 王一军,李伟平.课外活动设计与组织实施[M].北京:教育科学出版社,2010.
3. 李伟胜.班级管理[M].上海:华东师范大学出版社,2010.
4. 涂艳国.教育评价[M].北京:高等教育出版社,2007.
5. [日]田中耕治.教育评价[M].高峡,田辉,项纯,译.北京:北京师范大学出版社,2011.

第十一章 学校教育的协作

学习目标

1. 了解家庭对学校教育的作用,掌握学校与家庭合作的原则、方式和注意事项。
2. 了解社区对学校教育的作用,掌握学校与社区合作的原则、模式和注意事项。

内容提要

家庭为学生顺利接受学校教育起了重要作用。家庭对子女的教育不仅为学校教育奠基,支持和补充学校教育,更是学校教育的延续。家庭与学校的合作应在遵循教育性、主动性、平等性、及时性的原则下,采取互相访问、通信联系、召开家长会、成立家长委员会、举办家长学校等形式。在家校合作的具体实践中家校双方需要注重双向平等互动交流,并考虑系统的综合性。对于学校而言,社区在支持、参与学校教育,推进学校素质教育等方面起着重要作用。学校与社区的合作在资源共享、民主平等、法治规范、整体营造原则下,可采取社区主导参与模式、学校主导参与模式、学校与社区共建模式。在学校和社区合作的具体实践中学校和社区双方需要注意保持双向互动,并落实合作机制。

学校教育的协作是指学校和家庭、社区以沟通为基础,互相配合,合作育人,使学生受到行动一致、信念统一、彰显特色、相辅相成的教育影响力,形成终身受益的综合素质,更好地实现社会化。学校不是一个人成长中唯一的教育场所,家庭、社区作为教育环境的一部分都发挥着教育的功能。据有关方面的调查了解,目前,辍学、家庭缺陷,以及居住在风气不正的社区内的青少年犯罪率很高。据中国社会科学院青少年研究所等单位在天津市的调查统计:1981年,天津市初中在校生的犯罪率为0.43‰,辍学率为6.7%,辍学率比在校生的犯罪率高15.6倍。另据一些方面的调查,在青少年犯罪中,家庭有缺陷的达35%以上。辽宁省社会科学院曾对469名犯罪青少年进行调查,发现在他们当中,邻居朋友被判刑的就有181人,占40.7%。可见,学校、家庭和社区中的任何一方出问题都可能导致教育的失败。学校教育的协作有利于教育方向的统一,有利于教育整体作用的发挥,有利于教育互补作用的实现。

第一节 学校与家庭的合作

家庭是建立在婚姻、血缘关系基础和一定经济基础之上的亲密合作、共同生活的社会群体。家庭是最重要、最基本的社会细胞,是人类社会生活的最基本单位。社会学家库利将家庭称为"人类本性的培养所"。儿童正是在家庭中建立起最亲密的感情联系,学习语言,并将文化规范和价值标准内化。国内外学者对学校与家庭合作十分重视,苏联教育家苏霍姆林斯基在论著中写道:"生活向学校提出的任务是如此复杂,如果没有整个社会,首先是家庭的高度教育学素养,那么,不管教师付出怎样的努力,都无法取得完满的效果。"因此,要培养适合社会所需的全面发展的人才,需要学校与家庭密切合作。

一、家庭对学校教育的作用

> **案例 11-1**
>
> 在英国工作期间,女儿随我在那儿上小学。作为家长,我有幸参与一些小学的教学、课外活动。那里的家长在学校各项活动中起的作用使我耳目一新。
>
> 在小学校园里忙碌工作的人中,有不少身为家长的"编外人员",他们参与各种辅助性的教学及管理活动。有的利用空余时间辅导孩子音乐、体育;有的在课外活动时间带来彩纸教孩子们做折纸等手工制作;还有的帮助学校处理卖校服之类的杂物;而有医学专长的家长,在学校体检或对孩子进行生理知识教育的时候,来帮助照顾、指点孩子。
>
> 家长们一丝不苟地做这些"分外事",我起初真难以把他们和老师区分开来。我女儿初到英国时,就接受过不少家长义务给像她那样非英语国家去的学生提供英语辅导。这些妈妈虽不是专业教师,但作为孩子家长,自有她们的有利条件。她们了解孩子,讲课不拘形式,自己的孩子又是这些异国孩子的同学,她们的辅导很容易为这些因语言问题而感到局促的孩子们接受,使他们觉得更轻松自如。家长们参与的活动内容丰富多彩,形式又新颖多样,不仅密切了家庭与学校的关系,同时又给孩子提供了一个充实有趣的外围课堂。
>
> ——摘自:傅道春.教育学——情境与原理[M].北京:教育科学出版社,1999:212-213.

家庭对学校教育发挥着怎样的作用呢?

学校每个成员来源于各个不同的家庭,他们既是学校组织成员,又是家庭组织成员。家庭为学生顺利接受学校教育起了重要作用。

(一)家庭为学校教育奠基

家庭,作为个人群体生活的一种普遍形式,它是人类自身再生产的方式,担负着繁衍与抚育后代的任务,同时家庭与学校一样担负着促使个体社会化、培养下一代的责任。家庭在儿童社会化过程中所产生的影响是广泛的和多方面的。首先,家庭在教导基本生活技能方面起重要作用。其次,家庭在教导社会规范、形成道德情操方面起重要作用。再次,家庭在指导生活目标,形成个人理想、志趣方面起重要作用。最后,家庭群体在培养社会角色过程中也具有独特的作用。在进入学校之前,家庭对儿童的影响是决定性的、占主导地位的。入学以后,家庭教育的作用才逐渐被削弱,儿童对家庭的依赖也因其对学校、教师和同辈群体依赖的加强而逐渐有所减弱。学校对儿童社会化的作用是家庭的继续,而儿童童年期社会化为儿童接受学校教育奠定了基础。

(二)家庭支持学校教育

家庭对学校教育工作的支持表现在多方面。首先,家庭了解学校有关学习、生活等方面的规章制度,了解学校的教学要求,积极配合学校,督促和协助子女完成学校的各项教育计划,为学校完成教育工作提供支持。其次,教育是教育者与受教育者思想的双向活动过程,要使教育有的放矢,收到预期的效果,教育者必须按照受教育者的思想特征有针对性地进行教育。由于教师负责的学生多,教师无法充分了解每一位学生的具体情况,家长主动与教师沟通,密切家庭与学校的联系,为形成教育合力所做的努力体现了家庭对学校教育工作的支持。最后,家长积极参与学校活动,为学校和班级活动献计献策、出资出力,是家庭对学校教育工作的有力支持。如美国家庭尤其是上层社会的家庭中许多父母都责无旁贷地参与孩子们的学校活动,义务为孩子们的校外活动做教练或辅导员。

(三)家庭补充学校教育

学校教育是按一定社会的要求,有目的、有计划、有组织地对受教育者的身心施加影响的过程。学校教育目前的模式一般是班级授课的形式。使学生处于集体之中,有利于培养他们的集体意识、团队精神,帮助他们接受社会规范的限制和纪律的约束,帮助他们养成互助合作以及人际交往能力。但在学校教育的全部活动中,无论是教育内容的确定、教育进程的快慢,还是教育手段和方法的选择,其立足点总是要面向大多数学生。这样集体化的教育,虽然可以保证大多数学生获得大致相同程度的知识和技能,但不能照顾到学生的个体差异。家庭可以弥补学校教育此方面的不足。家庭可根据学生的情况因材施教,也可以根据学生的变化灵活调整教育方法、教育时间、教育步骤。此外,在教育内容上,家庭对学生包括生活礼仪、人际关系、家庭道德等方面的教育都是学校教育的有益补充。

(四)家庭延续学校教育

家庭延续学校教育是指家庭延续学校对孩子进行的知识、技能、品行等方面的教育。学校教育具有阶段性。我国目前的基础教育只有九年,再加上高中教育甚至高等教育也不过十多年。而家庭对一个人的成长具有终身教育作用。家庭对子女的教育不仅为学校教育奠基,支持和补充学校教育,更是学校教育的延伸。从学习、娱乐、休息有序的学习生活规律到工作、娱乐、休息有序的工作生活规律,从尊敬老师、友爱同学到关心同事、善待朋友、善于社交,从独立思考、独立学习到敢于承担挑战和责任,从乐于参加学校劳动到工作勤勤恳恳,子女都在继续接受家庭的教育和影响。其原因在于家庭是以血缘关系联结而成的生活单位,父母与孩子血脉相通,骨肉相连,家庭成员之间这种天然的血缘关系,是一种不可替代的亲情关系,存在着一定程度的不可离异性,亲情优势使学生终生都在接受家庭的影响。

二、家校合作的原则、方式和注意事项

> **案例 11-2**
>
> **北京市第十八中学:家长开始专业参与"家委会"**
>
> "现在的家访很难,有的不希望老师走进家庭,有的老师给学生家长打电话,对方是个保姆,回答'太太在楼上呢'。""一个学习不错的孩子,突然不学习了,一问才知道,爷爷奶奶说了,'家里要有上千万的拆迁费,钱够你花了,别学了'。"
>
> 提到上述的两个真实案例,北京市第十八中学校长管杰感到无语。他指出,家校在合作过程中有几个"痛处"。首先,"学校领导家长"的观念,有的家长委员会被异化为"传声筒""管理工具",有的家委会被挨批"富贵化""官化"。其次,家长的非专业的社会参与,与学校日益专业化教育管理的矛盾。再次,学校教育资源相对不足制约家校合作的推进,校长、教师需要投入大量的时间和精力,又会顾虑家长抓住枝节问题对学校过分指责。
>
> 管杰认为,北京市第十八中学对家校合作进行了初步探索,树立"视家长为同事"的意识,家委会是代表全体学生家长利益的主体性自治组织,是相对独立于学校的教育力量,是学校教育的同盟军。
>
> 北京市第十八中学的家长委员会实施民主选举制度,建立家长代表大会提案制度等,学校与家长委员会进行平等、双向交流的活动。
>
> ——摘自:北京举办家校合作 推广家校合作实践经验[N].现代教育报,2012-11-14.

在我国,家校合作的基本原则是什么?家校合作的方式有哪些?需要注意哪些事项?

(一)家校合作的基本原则

家校合作是指以促进青少年学生健康成长为目的,家庭和学校互相配合和支持而采取协调一致的互动活动。家校合作只有遵循一定的原则,才能保证合作活动的高效。

1. 教育性原则

家校合作是家庭与学校以促进青少年的全面发展为目标,家长参与学校教育,学校指导家庭教育,相互配合、互相支持的双向活动。教育性原则是指家校合作必须以教育学生健康成长为出发点和归宿。学校和家庭是教育孩子最重要的场所,学生的健康成长离不开学校和家庭的共同努力。教育性原则规定着家校合作的方向与性质。任何违背这一原则的合作,都会使学生的健康成长受到严重影响。因此,家校合作必须坚持教育性原则。

2. 主导性原则

主导性原则是家校合作的过程中,学校要发挥主导作用,指导家长运用科学的方法、态度去教育子女。在影响学生成长的诸因素中,教师居于主导地位。因此,在与家长交往过程中,教师必须主动地、充分地发挥自己的主导作用,使家长有目的、有意识地配合教师教育学生。教师设身处地为家长着想,为家长解决教养过程中的困难时,就能取得家长的信任。只有家长信任学校、信任教师,才会接受学校所要采取的一些合作措施。

3. 平等性原则

平等性原则是指家校合作的过程中,教师与家长要互相尊重、平等相待。教师必须放下架子,与家长真诚、热情相待。教师要避免"我是专家我最懂"的高高在上的态度,要把自己看成是与家长同样关心、爱护学生的教养者。平等性原则要求家长和教师对教育政策、教育规律等知识都有一定的储备,以促进教师与家长互相理解,这也给家长提出了提高教育素养的要求。

4. 及时性原则

及时性原则是指教师或家长要及时沟通,保持信息畅通,齐心协力教育学生。尤其是教师或家长发现了学生成长中的问题,更要及时与对方取得联系,共商教育良策。教师与家长及时沟通既能有效地解决学生成长中的问题,促进学生的健康发展,又能增进教师与家长的思想和情感交流。如果教师或家长发现问题没能与对方及时联系,那么沟通所起的作用就会减小或消失。

(二)家校合作的基本方式

随着社会的发展及管理思想的进步,家校合作的方式不断增加,如互相访问、通信联系、召开家长会、成立家长委员会、举办家长学校、设置家长开放日和学校亲子活动等等。下面只介绍几种基本的家校合作方式。

1. 互相访问

优秀班主任以及责任心较强的家长都把互相访问看成是教育学生或子女的一种必不可少的手段。互相访问的内容无外乎三个方面。一是了解孩子所在学校、班级和家庭的基本情况。在教师方面,要了解学生家庭的政治、经济情况,学生生活学习的环境条件,家庭主要成员的职业、文化水平和特长,家庭的传统与作风,以及学生在家庭中成长的历史,学生在家庭中所表现的个性特征、兴趣爱好等。在家长方面,要向熟悉孩子的班主任以及各任课教师了解学校教育的基本要求。二是互相通报学校、家庭近来发生的重要变化,以及孩子在学校、家庭中的主要活动、表现和进步状况。三是共同协商和制定今后教育孩子的步骤和方法,做到互相协调、互相配合,防止不一致现象的发生。

教师和家长相互访问要注意三个问题。一要坚持经常。不要等到问题成了堆,一方面无法解决,才匆忙找另一方面帮助解决,从而使访问变成了"告状"。二是双方都采取实事求是的态度。特别是家长,不要怕孩子"吃亏",而隐瞒孩子在家庭或社会上的一些不正常的表现,以免贻误教育时机。三是教师与家长联系要注意孩子的心理变化,不要让孩子觉得老师和父母在密谈什么对自己不利的事情,从而产生反感。如果条件和内容允许的话,应邀请孩子共同参与谈话,以增进融洽的气氛。

2. 通信联系

通信联系的主要方式有:传递书信或联系卡、打电话、发信息和寄送学校出版的校刊、校报、家庭教育通讯等。这种合作方式的特点是方便、快捷、省时、联系面较大。主要用于传递学生的学习成绩和平常表现的信息,通报学校和家庭发生的重要变化以及提出的新要求,宣传家庭教育的科学知识,推广教育子女的好经验等。

但是应注意,由于这些方式所携带的信息量有限,许多情况用简短的几句话不易说清楚,因此,对于孩子发生的反常行为,或者对某个孩子实施一项较大的教育计划,家长和教师还应通过互访的形式详细面谈,以求得进一步的了解,以及互相配合和支持。

3. 召开家长会

家长会是目前我国中小学与学生家庭保持联系的主要方式之一。主要有全校性家长会、年级家长会和班级家长会三种形式。最常采用的是班级家长会。

召开家长会的特点,是学校方面能在比较短的时间内与绝大数家长取得一般性的联系,联系面广泛,效率高。但教师一般不能与每一位家长就其子女的学习状况与发展问题进行详谈。家长会一般主要在学期期初、期中和期末召开。其主要内容有:教师向家长报告班级或学校教育工作的基本情况和今后工作计划;向家长提出要求、征求家长的意见;请家长介绍教育子女的经验;发放学生学年成绩册等。

召开家长会时,事先应有充分的准备,目的要明确,中心要突出,选择时间要合适,内容要丰富,以利于更多的家长参加会议和更有效地完成学校与家长的联系工作。切忌把家长会开成对一些家长的批判会。

4. 成立家长委员会

学生家长以某种组织的形式直接参加学校教育工作,在国外历来很盛行。目前,这种形式在我国也有所发展。家长委员会一般有学校家长委员会和班级家长委员会两种形式。其人选主要由家长相互推荐,并与学校方面共同协商而产生。

家长委员会主要特点是,家长对学校教育工作的参与性很强,它既有利于提高家长对学校工作的责任感,也有利于争取社会各方面共同支持学校工作。

组织家长委员会最主要的是注意人选问题,应选择那些对学校工作热心、联系和活动能力较强、教育子女有方、在家长中有较高威信的人。同时还要考虑入选家长的代表性。

5. 举办家长学校

由于我国目前还有相当数量的家长的教育素养较低,他们对子女教育问题往往心有余而力不足。因此,我国中小学纷纷举办家长学校,充分利用学校的师资(有一些是从社会上聘请的)和教学条件,向家长们普及家庭教育的知识,提高家长的教育水平。

家长学校的主要教育内容,是请校长、教导主任、教师和有关的专家讲解有关心理学和教育学方面的知识。有时也请家长们互相交流有关教育子女的经验和体会。

家长学校最主要的特点是,能从教育理论方面给家长以指导,从而为今后学校教育与家庭教育的协调一致打好基础。

举办家长学校,要合理地安排时间,尽量争取让更多的家长有机会参加学习。还要精选教育内容,注意联系家庭教育的实际。

(三)家校合作中应注意的事项

1. 家校合作需要注重双向平等互动交流

学校与家庭的合作不是学校对家庭或家庭对学校的单向性影响,而是学校与家庭之间双向交互的影响。从儿童、青少年的发展来说,家庭与学校的影响都非常重要。一方面,学校的做法对家庭产生一定的指导影响,家长往往依据学校的要求来调整自己的行为;另一方面,家长在教育子女的过程中同样也会对学校产生一定的作用,构成学校与家庭影响的双向互动性。家校合作是在学校与家庭之间不断的相互影响和循环往复的互动过程中动态发展的。在具体的家校合作活动中,许多学校形式上是合作,实质上是家长在场作摆设的单向活动。比如,家长会几乎成了学校教师的报告会,学校单向灌输,家长被动接受;家访,成了教师对家长教育工作的检查与批评。家长很少有与学校平等互动交流的机会。因此,家庭和学校都需要认识到双向平等互动的重要性。只有家庭和学校实现真正意义上的双向平等互动交流,双方才能在相互了解、相互配合、相互支持的平等互动过程中实现合作。

2. 家校合作需要考虑系统的综合性

家校合作是一个受多方面影响的包含多种因素在内的综合系统工程,而绝不仅仅是学校与家庭双方交往互动过程的延伸。家校合作必须有相应的机构设置作保证,由设计严密的计划来体现,由灵活多样的形式来展开。家校合作应该注意活动计划与开展的系统综合性。然而,在以往的家校合作实践中,经常出现随意性强、盲目性大的问题。一些学校及教师往往在教育过程中有了问题才想起家长。学校开设的"家长学校""家长中心"等机构,既无固定场所又无稳定有效的学习资源。年级、班级层面上的家校合作难以相互配合、形成时间上的连续和效果上的强化。同时,家校合作的实施过程也缺乏具体的检查和评价措施。显然,在家校合作中如果不考虑系统的综合性,必将导致合作过程的混乱及合作成果的低效。家校合作注重系统的综合性,既是国际化教育观念的体现,也是教育可持续发展的动力。

总之,家庭是帮助学生成长的重要力量,家庭对学校教育的作用日益凸显,家庭与学校密切配合已经成为教育发展的必由之路。在追求高质量教育的进程中,家校合作越来越成为各国教育改革与发展共同关心的问题。除了家庭,社区的参与也是必不可少的,学校、家庭、社区"三位一体"的立体教育网络的建构,是推动教育持续发展的重要前提。

大家谈

1. 著名教育家苏霍姆林斯基有句名言:"没有家庭教育的学校教育和没有学校教育的家庭教育都不可能完成培养人这样一个极其细微的任务。"请从家校合作的角度谈谈你对这句话的理解。

2. "家庭学校"(home-schooling)运动,作为一种提倡自由的教育选择权运动兴起于20世纪50年代的美国。"家庭学校"是在批判学校教育的基础上产生的,它是指学龄儿童不在公立或私立学校接受教育,而是以家庭为基础和地点,在家长的安排下,由符合条件的专业人员(父母或者父母请的专业教师等),通过家庭的管理与实施而接受"系统"的初等教育的一种形式。谈谈你对"家庭学校"的看法。

3. 美国西南教育发展实验室(Southwest Educational Development Laboratory)的一份报告显示:当学校、家庭共同参与教学时,孩子在学校的表现就更好,愿意待在学校的时间更长,也更加喜欢学校。这个报告是基于10年来家长参与教学的一项综合研究得出的。同时,该报告也得出了以下结论:无论家庭的收入和背景如何,只要其家长参与教学,学生就更有可能:①得到更好的考试成绩,选修更高水平的课程;②超过班级的其他学生,同时圆满地获得学分;③按时上学;④社交技能更好,改进行为,更好地适应学校;⑤毕业,而且继续中学后教育。谈谈你对此报告结论的认识。

4. 陈某是初三学生,学习成绩中下,智力发展较好,做事冲动,好表现自己。他对老师、父母有很强的抵触情绪,经常与老师和父母发生冲突。请从家校合作的角度谈谈应该怎样对陈某实施教育。

第二节 学校与社区的合作

社区(Community)是社会学中的从空间形式反映人们社会生活的概念,来源于德国社会学家滕尼斯(F. J. Tonnies)提出德语的 Gemeinschaft 这个词。社区的定义很多,据有人统计,已达140种以上。但比较普遍的定义是,社区为同一地域的人们共同生活的社会区域,即在相互联系的政治、经济和文化生活中形成的群体地域社会。虽然不同学者分别从地域、社会群体心理互动、社会功能、系统论等不同角度对社区进行了解释,但都认为,一个社区在其内部必定有某种同质的因素:共同的价值观、历史传统、地域或相互依存的社会关系等。这些共同的特质是社区间彼此区别的标志,也使社区成员对社区产生强烈的认同感和归属感。依托这种认同感和归属感,社区与学校教育相配合对社区成员发挥着自己的教育功能。

一、社区对学校教育的作用

案例 11-3

月坛街道汽车南居委会是北京市西城区社区建设比较好的典型示范社区。近年来,社区把青少年教育列入社区工作的重要议程,专门成立了青少年社区教育委员会,开展了形式和内容多样的社区青少年教育活动。社区为周围的几所学校建立了宣传栏,让居民了解学校的校风校训。学校也把社区作为校外活动的基地,如33中就在社区成立了校外的"5247"(我爱社区)小分队,每个月都要组织一次活动,到社区捡拾垃圾,养护花草树木;为孤寡老人、军烈属打扫卫生;听爷爷奶奶讲革命故事,以爷爷奶奶的切身体会对青少年进行爱国主义教育;还请自立自强的社区残疾居民闵如春到学校作报告。通过活动,很多学生与居民建立了深厚的情谊,学生也学到了在课堂上学不到的东西。

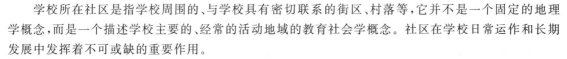
问题 在我国,社区对学校教育有什么作用呢?

学校所在社区是指学校周围的、与学校具有密切联系的街区、村落等,它并不是一个固定的地理学概念,而是一个描述学校主要的、经常的活动地域的教育社会学概念。社区在学校日常运作和长期发展中发挥着不可或缺的重要作用。

(一) 支持学校教育

主要指社区为学校的生存和发展提供物质、经费和信息等方面的支持。社区为学校师生提供各种生活必需品以及良好的校外学习、文娱活动、社会实践的场所和设施,良好的社区自然环境条件和文化氛围是年青一代健康成长的重要外部条件。社区人群是学校最为直接的社会公众群体,社区可以通过利用有效的大众传媒如社区广播、宣传单、社区报纸、黑板报等多种形式,向社区公众反映学校教育教学状况,争取社区公众对学校教育的理解和支持,形成良好的尊师重教的社区风尚。

《中国教育改革和发展纲要》指出,"教育投入不足,教师待遇偏低,办学条件较差",一直是困扰我国教育发展的严重障碍。提出要继续深化中等以下教育体制改革,继续完善分级办学、分级管理的体制。规定改革和完善教育投资体制,增加教育经费,在加大国家财政性拨款和征收力度的同时,设法通过增加校办产业收入、社会捐资和设立教育基金等多种渠道保证教育经费的稳定来源和增长。可见,与学校联系最为密切的社区对教育经费的筹措具有重要的责任。社区通过发动社区公众、个人或企业组织等各种力量筹措教育经费,可以有力地弥补教育经费短缺,改善学校办学条件,提高教师待遇。这对于稳步提高学校办学水平、增加教师队伍的稳定性,进而提高学生素质具有重要作用。

(二) 参与学校教育

社区参与学校教育主要是指社区要积极主动地参与学校教育过程以及参与学校内部管理。对于青少年儿童来说,社区环境和文化氛围对其成长和发展的影响具有直接性和生动可感性。良好的社区文化氛围和治安状况、干净整洁的社区自然状况、较高的社区居民生活质量和生活品位等,对于学生的健康成长具有极其强烈的陶冶作用,能在不知不觉中潜移默化地培养学生健全的人格和高尚的品质。学校教育与社区环境的一致将形成巨大的合力,促进年青一代健康发展。除了对学校教育过程的间接影响,社区还可以直接参与学校教育过程。社区通过向学校开放社区的公共图书馆、科技馆、文化馆、体育馆等教育场馆设施,整合社区内的各种教育物质资源和人力资源。同时,开发革命传统教育资源和反映改革开放崭新成就的社区德育资源,建立德育基地,使学校德育工作在国家一般要求的基础上,更切合地区发展的实际,增强德育内容的可接受性,切实提高学校德育工作的质量和教育效果。

学校是一个多功能开放的动态系统,它不仅受到来自系统内部的刺激的影响,而且也要受到来自外部社会环境的刺激影响,必然要与所在的社区发生人流、物流、信息流上的交换。从社区所处的地位看,社区是沟通学校和社会大环境的中介,所以学校管理应重视社区的参与,社区可以在办学方向、课程结构、培养目标、考核评价机制等方面给予学校管理以监督和指导,使学校管理过程更加透明和公开。在管理和教育过程中充分反映社区的意愿,把教育纳入社区整体发展规划,实现学校教育与社区经济、科技发展的密切配合。

(三) 推进学校素质教育

社区作为区域性的社会共同体与素质教育的实施有着紧密的联系。社区在推进素质教育中的作用主要表现在引导教育观念、创造物质条件、优化育人环境、协调教育力量和直接参与素质教育等五个方面。

社区组织如街道、居民委员会或村民委员会可以引导社区成员树立正确的教育观念,使其认识到教育在推动区域经济长远健康发展和提高社区成员生活质量方面具有重要作用,扫除学校实施素质教育的思想障碍。

通过教育观念的转变,将素质教育的实施与社区的发展紧密联系起来,开拓各种渠道为素质教育的实施创造良好的办学条件,弥补教育经费之不足,保证素质教育的长期实施。

社区可以调动区域内各种力量,净化社区环境,建立文明社区,形成良好的社区文化氛围,消除诱发青少年儿童产生不良行为的因素。

社区通过整合丰富的教育资源和各种形式的教育力量,使各级各类教育与素质教育在方向上统一要求,在时空上密切联系,在作用上形成互补,形成素质教育的合力。

社区还可以通过加强区域教育规划、直接参与素质教育标准的制定和部分教材的编选、对学校素质教育实施的过程和结果进行监督和评估等途径,直接参与学校素质教育的实施。

二、学校与社区合作的原则、模式和注意事项

> **案例 11-4**
>
> **瑞安社区学院**
>
> 瑞安社区学院于 2007 年 12 月经温州市教育局(温教职函【2007】216 号)批准建立,2010 年 4 月瑞安市机构编制委员会(瑞编【2010】26 号)同意瑞安社区学院与浙江广播电视大学瑞安分校合署办公。瑞安社区学院宗旨为:服务社区,满足社区居民多样化的学习需要;努力为构建全民终身教育体系、建设学习型城市,提升居民文明程度,率先实现现代化,提供优质社区教育服务。
>
> 瑞安社区学院行政上隶属瑞安市社区教育工作领导小组及其办公室,业务上接受温州城市大学(社区大学)指导,依托瑞安电大办学力量,指导瑞安市各镇(街道)社区学校工作,是瑞安市社区教育的指导中心、信息中心、培训中心和研究中心。学院内设院务办公室、教育培训处。瑞安社区学院专任教师中中高级职称占 80% 以上,现有在册本专科学生 3 900 多人,年非学历教育培训 2 000 人次以上。

问题 在我国,学校和社区合作遵循什么原则?存在哪些模式?需要注意什么事项?

(一) 学校与社区合作的原则

学校与社会合作是指学校与社区内的各种组织、机构以及社区成员之间的合作。学校与社区合作只有遵循一定原则,才能保证双方顺利合作,共同进步。

1. 资源共享原则

资源共享原则是指在学校与社区互动过程中,并不是一方单纯给予,而另一方单纯地接受,如果这样,就不能称为严格意义上的互动。而且给予的一方如果长期得不到回报,就不会再有为另一方提供资源的动力。学校与社区相对于各自的对方,都有自己的资源优势。学校具有较为丰富的智力资源优势,较强的师资力量和组织性强的密集人群学生,将可以在社区教育、社区精神文明和社区经济建设过程中发挥巨大的作用。社区拥有众多的机关、企业事业单位等组织,相对于学校,社区也具有明显的教育资源优势,可以在学校的教育和管理过程中通过积极参与,提高学校教育效果和管理水平。

2. 民主平等原则

学校与社区在互动过程中居于平等地位,不是一种自上而下的行政关系,而是一种平等主体的民事法律关系。学校具有独立的法人地位,可以在法律允许的范围内独立与社区组织签订合约,享有合约规定的权利并承担合约规定的义务。民主平等原则还意味着学校与社区互动过程中,关于互动的具体事宜以及双方的权利和义务在衡量过程中,彼此尊重对方的意见和建议,设身处地为对方着想。学校与社区的互动过程应当是一个互利过程,任何一方所得利益都不应当以另一方的绝对付出为代价。通过集合社区有效办学资源,学校应当积极发挥这些人力、物力、财力资源的作用,提高办学水平和管理水平,同时确定适当的收费标准,将校园设施向社区公众开放,为社区组织和居民提供更多的在职学习和发展的机会,使社区居民和企事业组织真正享受到积极参与互动过程所带来的实惠。

3. 法制规范原则

学校与社区的互动应该在国家的法律法规的框架内依法进行。在我国依法建立法制化国家的过

程中,社区建设也逐渐纳入法制化进程。2000年11月,经中共中央、国务院同意,中共中央办公厅和国务院办公厅联合转发的《民政部关于在全国推进城市社区建设的意见》,提出坚持政府指导和社会共同参与相结合,充分发挥社区力量,合理配置社区资源,大力发展社区事业,不断提高居民的素质和整个社区的文明程度,努力建设管理有序、服务完善、环境优美、治安良好、生活便利、人际关系和谐的新型现代化社区。中央的决策为社区建设注入了新的活力,为社区建设开辟了新的篇章。但由于我国社区建设才刚刚起步,教育法制还有待于进一步健全,社区与学校互动的研究还需要进一步深入,所以目前我国还没有制定出专门的规范学校和社区互动的法律法规。

4. 整体营造原则

学校与社区互动的整体营造原则要求学校和社区在互动过程中应着眼于社区的整体、和谐发展,同时,也意味着社区与学校互动的良性氛围需要社区内所有相关组织、群体之间的整体力量配合。学校与社区之间的互动并不是盲目的随意互动,而是通过互动,提高学校素质教育效果和提升学校管理水平,以及促进社区经济和精神文明建设的发展,提高社区居民文化生活水准。学校与社区之间的互动应着眼于社区的经济和文化的长远发展,把学校与社区互动的形式、内容以及成功的互动模式列入社区的长远发展规划,这对于提高互动的效果具有重要的意义。

(二) 学校与社区合作的模式

经过20世纪80年代初至今20多年的发展,学校与社区互动呈现出多样化的发展模式。目前,如果从互动主体的主动程度来划分,我国学校与社区互动主要包括社区主导参与模式、学校主导参与模式和学校与社区共建模式等几种主要模式。

1. 社区主导参与模式

在社区教育重新兴起的20世纪80年代初期,学校与社区互动的主要模式是社区主导的参与模式,即在互动过程中,社区居于主导地位,通过动员社区力量为学校的发展提供所需的资金和物力支持,并参与学校教育过程和管理过程,注重社区为学校教育教学和管理服务。社区主导参与模式主要有以下几种表现形式。

第一,为学校发展提供经费支持。动员社会各界,集资办学,捐资助学,大力改善办学条件,提高教师待遇。

第二,建立社区家庭教育机构,促进家长与学校之间的沟通与联系。通过社区居民委员会的积极介入,成立家长委员会,或在社区主持和配合下开办家长学校,出版社区家庭教育刊物等途径,提高家长的家庭教育水平,保证形成学校与家庭教育的合力,以提高学校教育效果。

第三,利用社区教育资源,为学校教育教学服务。社区向学校开放图书馆、文化馆、博物馆、科学展览馆、革命纪念馆、厂矿企业等社区教育资源,为学校举办展览、座谈、演讲、参观以及为学生进行社会实习,参与社会实践等活动提供便利,提升学校素质教育的效果。

第四,社区参与学校管理过程。社区是沟通学校与社会宏观环境联系的中介,学校管理体制改革过程中所面临的一些问题,如教职工社会保险和福利、编写反映地方特色和经济发展需要的乡土教材等问题,离开社区的合作是不可能解决的。同时,通过积极的社区参与学校管理,对于约束学校管理过程中的短期行为、建立合理的学校考核与激励机制也都具有重要作用。

但必须注意到,这种互动基本上是一种单向的互动,社区运用所掌握的资源无条件支持学校,但学校并没有向社区进行回报的义务,这必将在一定程度上降低社区参与教育的积极性。

2. 学校主导参与模式

学校主导参与模式,即在学校与社区的互动过程中,学校居于主导地位,通过利用学校教育资源和智力资源为开展社区大教育工作、促进社区经济发展和精神文明建设服务。学校通过依靠社区力量,开门办学,极大地改善了学校自身的办学条件,增强了发展的活力和进一步发展的空间、提高了教育效果,在此基础上,学校也必将为促进社区经济发展、提高社区成员精神文化素质贡献自己的力量。

学校直接参与社区公益活动,为社区公益事业服务。相对于社区人群来讲,社区内各级各类学校属于规范的人群密集型组织,学生和教师的组织性强,在不影响学校正常教育教学进度的前提下,学校可以在较短的时间内动员起全体教师和学生参与到社区公益活动中去。学校主要通过参与社区环境美化、社区法治宣传、为社区特殊群体提供自愿服务等形式直接参与社区公益服务。

学校参与社区精神文明建设,为提高社区文明程度服务。学校与社区精神文明建设的切合点主要是学校为社区教育提供便利条件、校园文化对社区精神文明的典型示范作用以及学校开展社区精神文明建设研究,为社区精神文明建设献计献策。

学校通过校办产业、为社区进行企业咨询和社会发展咨询等途径,直接服务于社区经济建设。校办产业立足于社区经济发展现实,有机结合社区和学校各种资源,开发研制适销产品,提高企业经济效益,为社区办学提供资金。对于大中专学校来说,学校还可以利用自身所具备的智力资源优势,集合各个学科和专业的优秀人才,与企业和社区行政组织合作,深入企业和社区发展第一线进行调研,为企业进行管理咨询以及为社区发展出谋划策。

3. 学校与社区共建模式

学校与社区的资源互补是学校与社区互动的必要前提条件。因为如果学校与社区彼此都不需要对方的资源来促进自身的发展,则二者就没有互动的必要,当然也就没有互动的动机。

在学校与社区的互动模式的影响下,建立起各种社区教育机构,主要包括社区教育中心、社区学校(市民学校)、家庭教育机构和社区学院等形式。在当前我国经济进行结构性调整、九年义务教育普及和区域经济取得长足发展的情况下,社区学院应运而生。近年来,我国社区成人教育机构和职业教育机构有向社区学院办学模式发展的趋势。社区学院在我国的兴起对于整合社区教育资源、面向社区进行社区教育、成人教育和职业教育具有重要意义。由于社区学院在我国发展不平衡,缺乏政策、法规的支持,有的还处于起步阶段,师资力量较为薄弱,专业设置还不能体现区域经济发展需要,课程内容的地域性不强,教育教学设施也比较简陋,所以当前对社区的影响力还比较薄弱。但不可否认,社区学院在我国的发展前景应是乐观的。只要通过实践找准发展的重点,尽快拓展社区学院的教育功能,进一步调整学科和专业的设置,努力形成社区学院的办学特色,社区学院就能够不断壮大。对于农村来讲,通过举办形式灵活多样的、反映当地农村经济和社会发展实际需要的教育中心或社区学院,对提高农村劳动力素质、促进当地经济发展具有重要的意义。

(三) 学校与社区合作应注意的事项

学校与社区依据自身实际情况通过有效沟通达成双方共同遵守的心理协议,并以健全的合作机制做保障,目的在于双方和谐发展。

1. 学校与社区需要保持双向互动

学校与社区合作保持双向互动包含两层含义:一方面,是学校与社区在沟通方面的互动。即学校联系社区,社区参与学校。另一方面,是双方在资源方面的互动。即社区在提供资源促进学校发展的同时,学校也应该充当社区的"公共产品",为社区居民所享用,为社区提供便利。学校服务社区,并不是单纯地为社区居民提供物质上的便利,更多地体现在对社区居民的人文关怀。学校服务社区包括学校向社区开放设施、设备,实现开放日制度,发起志愿者活动、提供家庭教育指导等。社区在为学校提供有效资源的同时,还应积极与学校沟通交流,多参与学校管理,为学校教育和发展提供重要支持。社区参与学校包括参与学校课程、参与学校决策、提供教育基地等。

2. 学校和社区需要落实合作机制

为实现学校与社区合作的良性运行，必须有健全的机制做保障。合作中所需的保障机制、激励机制及评价机制等均不可缺少，这些机制的完善与否在客观上直接制约着学校与社区的合作进程。学校和社区合作需要有健全的保障机制做后盾。对学校和社区而言，经费保障和政策保障是核心问题。激励机制是推动学校与社区合作的重要力量。在合作中，要做好对学校教师的激励、对社区成员内在学习需求的激励以及对社区教育工作者的激励。为了规范学校和社区的合作行为，保证二者的合作质量，政府应针对学校和社区建立专门的合作评价机制。评价的内容需要包括合作积极意义的评价、合作伙伴的评价、合作内容的评价、合作质量的评价、合作模式的评价等。

在知识经济初露端倪、新科技革命蓬勃发展的今天，教育活动远远不是单一的学校教育所能概括的，教育活动空间已由学校延伸到家庭和社区，家庭、社区乃至整个社会都将成为一个大教育系统网络，在社会资源动态运动过程中发挥着整体协调的大教育功能。

大家谈

1. 谈谈学校与社区合作的重要性。
2. 举一个你熟悉的学校与社区合作的例子。
3. 在学校和社区合作的过程中如何保证教育方向高度一致？
4. 在学校和社区合作的过程中如何实现教育时空紧密衔接？

课后研究

请写一篇记叙自己成长历程的反思日记。

请先分析家庭、社区和学校对你成长产生的影响，然后结合自身经历和相关文献资料提出使家庭、社区和学校整体协调的方法和路径。

在线学习资源

1. 中国教育和科研计算机网，http://www.edu.cn/
2. 中国教育信息网，http://www.edcn.cn/
3. 人民教育出版社网站，http://www.pep.com.cn/

补充读物

1. 傅道春.教育学——情境与原理[M].北京：教育科学出版社，1999.
2. 徐瑞，刘慧珍.教育社会学[M].上海：华东师范大学出版社，2010.
3. 鲁洁，吴康宁.教育社会学[M].北京：人民教育出版社，1990.
4. 刘淑兰.学校与社区的互动[M].成都：四川教育出版社，2003.

参考文献

1. [古希腊]柏拉图.理想国[M].郭斌和,张竹明,译.北京:商务印书馆,2002.
2. [美]艾伦·C.奥恩斯坦,费朗西斯·P.汉金斯.课程:基础、原理和问题[M].柯森,译.南京:江苏教育出版社,2004.
3. [美]Charlotte Danielson & Thomsa L. McGreal.教师评价——提高教师专业实践能力[M].陆如萍,唐悦,译.北京:中国轻工业出版社,2005.
4. [美]霍华德·加德纳.多元智能[M].沈致隆,译.北京:新华出版社,2003.
5. [美]徐碧美.追求卓越——教师专业发展案例研究[M].陈静,李忠如,译.北京:人民教育出版社,2003.
6. [英]乔伊·帕尔默.教育究竟是什么?100位思想家论教育[M].任钟印,诸惠芳,译.北京:北京大学出版社,2008.
7. [日]田中耕治.教育评价[M].高峡,田辉,项纯,译.北京:北京师范大学出版社,2011.
8. [日]筑波大学教育学研究会.现代教育学基础[M].钟启泉,译.上海:上海教育出版社,1986.
9. 常斌,李兵.21世纪国际课程与教学发展趋势初探——对我国课程与教学改革的思考[J].教育与职业,2005(19).
10. 陈桂生.教育原理(第二版)[M].上海:华东师范大学出版社,2000.
11. 陈蒲清注译.四书[M].广州:花城出版社,1999.
12. 陈向明.实践性知识:教师专业发展的知识基础[J].北京:北京大学教育评论,2003(1).
13. 陈玉琨.教育评价学[M].北京:人民教育出版社,1999.
14. 崔允郭.课程与教学[J].华东师范大学学报(教育科学版),1997(1).
15. 范国睿.多元与融合:多维视野中的学校发展[M].北京:教育科学出版社,2002.
16. 冯建军.现代教育学基础[M].南京:南京师范大学出版社,2003.
17. 高德胜.道德教育的时代遭遇[M].北京:教育科学出版社,2008.
18. 顾明远,石中英.国家中长期教育改革和发展规划纲要(2010—2020年)[M].北京:北京师范大学出版社,2010.
19. 广东教育学院教育系.现代教育理论热点透视(第二版)[M].广州:中山大学出版社,2005.
20. 郭成.课堂教学设计[M].北京:人民教育出版社,2006.
21. 郭启华.新课程理念下学生观的重塑[J].通化师范学院学报,2006(5).
22. 胡德海.教育学原理[M].兰州:甘肃教育出版社,1998.
23. 胡谊,杨翠荣,鞠瑞利,等.教师心理学[M].北京:中国轻工业出版社,2009.
24. 胡正亚.师生沟通的艺术[M].呼和浩特:远方出版社,2005.
25. 扈中平,李方,张俊洪.现代教育学(第二版)[M].北京:高等教育出版社,2005.
26. 黄济,王策三.现代教育论[M].北京:人民教育出版社,2001.
27. 黄希庭.心理学导论(第二版)[M].北京:人民教育出版社,2007.
28. 黄政杰.课程设计[M].台北:东华书局,1984.
29. 贾馥茗.教育的本质——什么是真正的教育(第二版)[M].北京:世界图书出版公司,2006.
30. 教育部师范教育司,教育部基础教育司规划指导.班级活动设计与组织[M].北京:北京师范大学出版社,2008.

31. 教育部人事司.现代教育评价[M].上海:华东师范大学出版社,2002.
32. 教育部师范教育司组织编写.教育法学[M].北京:高等教育出版社,2006.
33. 金一鸣.教育原理(第二版)[M].北京:高等教育出版社,2005.
34. 李茂.在与众不同的教室里[M].上海:华东师范大学出版社,2007.
35. 李伟胜.班级管理[M].上海:华东师范大学出版社,2010.
36. 李雁冰.课程评价论[M].上海:上海教育出版社,2002.
37. 历以贤.现代教育原理[M].北京:北京师范大学出版社,1998.
38. 联合国教科文组织国际教育发展委员会.学会生存——教育世界的今天和明天[M].华东师范大学比较教育研究所,译.北京:教育科学出版社,1996.
39. 联合国教科文组织总部.教育——财富蕴藏其中[M].联合国教科文组织中文科,译.北京:教育科学出版社,1996.
40. 林捷,吴志宏.中小学校长与教师人际沟通行为的调查[J].中小学管理,1999(11).
41. 刘启迪.课程目标:构成、研制和实现[J].课程·教材·教法,2004(8).
42. 刘淑兰.学校与社区的互动[M].成都:四川教育出版社,2003.
43. 刘万海.把表达需要的权利还给学生——与《论学生的需要》作者商榷[J].全球教育展望,2006(1).
44. 柳海民.教育原理[M].长春:东北师范大学出版社,2006.
45. 陆清华.关注生成性目标[J].广东教育,2004(4).
46. 陆云.自主合作探究学习方式的基本特征[J].小学教学参考,2003(1).
47. 马和民.新编教育社会学[M].上海:华东师范大学出版社,2002.
48. 马云鹏.课程与教学论[M].北京:中央广播电视大学出版社,2009.
49. 裴娣娜.教学论[M].北京:教育科学出版社,2007.
50. 裴利萍,郭镜.和谐师生关系:和谐教育的关键——鉴于主体性与主体间性的思考[J].平原大学学报,2006(12).
51. 睢文龙,廖时人,朱新春.教育学(第二版)[M].北京:人民教育出版社,2002.
52. 曲振国.当代教育学[M].北京:清华大学出版社,2006.
53. 全国十二所重点师范大学联合编写.教育学基础(第2版)[M].北京:教育科学出版社,2008.
54. 申继亮.新世纪教师角色重塑——教师发展之本[M].北京:北京师范大学出版社,2006.
55. 申素平.教育法学——原理、规范与应用[M].北京:教育科学出版社,2009.
56. 石佩臣.教育学基础理论[M].长春:东北师范大学出版社,1996.
57. 孙培青.中国教育史(第三版)[M].上海:华东师范大学出版社,2008.
58. 孙喜亭.教育原理(修订版)[M].北京:北京师范大学出版社,2007.
59. 谭斌.再论学生的需要——兼作对现阶段合理对待学生需要的建议[J].全球教育展望,2006(6).
60. 檀传宝.教师伦理学专题[M].北京:北京师范大学出版社,2010.
61. 陶海林.班主任班级活动实践艺术[M].长春:东北师范大学出版社,2010.
62. 陶继新,黄思路.妈妈的话[N].中国教育报,1997-04-12.
63. 涂艳国.教育评价[M].北京:高等教育出版社,2007.
64. 王本陆.课程与教学论[M].北京:高等教育出版社,2004.
65. 王斌华.一种有效的教师评价模式——校长—同事评价法简介[J].当代教育科学,2003(10).
66. 王策三.教学论稿[M].北京:人民教育出版社,1985.
67. 王策三.认真对待"轻视知识"的教育思潮——再评由"应试教育"向素质教育转轨提法的讨论[J].教育发展研究,2004(10).
68. 王道俊,王汉澜.教育学(新编本)[M].北京:人民教育出版社,2008.
69. 王景英.教育评价[M].北京:中央广播电视大学出版社,2004.

70. 王坤庆.教育基本理论研究[M].合肥:安徽教育出版社,2008.
71. 王坤庆.精神与教育[M].上海:上海教育出版社,2002.
72. 王守恒,查啸虎,周国兴.教育学新论[M].合肥:中国科学技术大学出版社,2005.
73. 王雁.普通心理学[M].北京:人民教育出版社,2002.
74. 王一军,李伟平.课外活动设计与组织实施[M].北京:教育科学出版社,2010.
75. 吴康宁.教育社会学[M].北京:人民教育出版社,1997.
76. 吴式颖.外国教育史教程[M].北京:人民教育出版社,1999.
77. 熊华军.师生关系的三重境界[J].大学教育科学,2010(6).
78. 徐瑞,刘慧珍.教育社会学[M].上海:华东师范大学出版社,2010.
79. 许建钺,等.简明国际教育百科全书——教育测量与评价[M].北京:教育科学出版社,1992.
80. 杨淑芹.教育学教程[M].上海:华东师范大学出版社,2007.
81. 杨兆山.教育学——培养人的科学与艺术[M].长春:东北师范大学出版社,2006.
82. 叶澜.让课堂焕发出生命活力——论中小学教学改革的深化[J].教育研究,1997(9).
83. 叶澜.教育概论(第二版)[M].北京:人民教育出版社,1999.
84. 叶澜.教师角色与教师发展新探[M].北京:教育科学出版社,2001.
85. 叶澜."新基础教育"论——关于当代中国学校变革的探究与认识[M].北京:教育科学出版社,2006.
86. 叶上雄.教育学[M].北京:人民教育出版社,2009.
87. 袁振国.当代教育学(第三版)[M].北京:教育科学出版社,2004.
88. 谌启标,王晞.班级管理与班主任工作[M].福州:福建教育出版社,2008.
89. 张楚廷.教学论纲(第二版)[M].北京:高等教育出版社,2008.
90. 张大均,江琦.教师心理素质与专业性发展[M].北京:人民教育出版社,2005.
91. 张天宝.学生"四维"特性与现代教学活动.中国教育学刊[J],2008(8).
92. 张作岭.班级管理[M].北京:清华大学出版社,2010.
93. 赵刚.家长教育学[M].北京:教育科学出版社,2010.
94. 赵祥麟,王承绪.杜威教育论著选[M].上海:华东师范大学出版社,1981.
95. 郑金洲.教育通论[M].上海:华东师范大学出版社,2000.
96. 郑利霞.新课程背景下的现代学生观[J].天津师范大学学报(基础教育版),2007(4).
97. 周宏芬.教育制度:概念的厘定[J].当代教育论坛,2006(3)上半月刊.
98. 钟启泉.基础教育课程改革纲要(试行)解读[M].上海:华东师范大学出版社,2001.
99. 周小山.教师教学究竟靠什么——谈新课程的教学观[M].北京:北京大学出版社,2003.

北京大学出版社 教育出版中心 精品图书

21世纪特殊教育创新教材·理论与基础系列

特殊教育的哲学基础	方俊明 主编	36元
特殊教育的医学基础	张 婷 主编	36元
融合教育导论（第二版）	雷江华 主编	45元
特殊教育学（第二版）	雷江华 方俊明 主编	43元
特殊儿童心理学（第二版）	方俊明 雷江华 主编	39元
特殊教育史	朱宗顺 主编	39元
特殊教育研究方法（第二版）	杜晓新 宋永宁等 主编	39元
特殊教育发展模式	任颂羔 主编	33元
特殊儿童心理与教育（第二版）	杨广学 张巧明 王 芳 编著	49元

21世纪特殊教育创新教材·发展与教育系列

书名	作者	价格
视觉障碍儿童的发展与教育	邓 猛 编著	33元
听觉障碍儿童的发展与教育	贺荟中 编著	38元
智力障碍儿童的发展与教育	刘春玲 马红英 编著	32元
学习困难儿童的发展与教育	赵 微 编著	39元
自闭症谱系障碍儿童的发展与教育	周念丽 编著	32元
情绪与行为障碍儿童的发展与教育	李闻戈 编著	36元
超常儿童的发展与教育（第二版）	苏雪云 张 旭 编著	39元

21世纪特殊教育创新教材·康复与训练系列

特殊儿童应用行为分析	李 芳 李 丹 编著	36元
特殊儿童的游戏治疗	周念丽 编著	30元
特殊儿童的美术治疗	孙 霞 编著	38元
特殊儿童的音乐治疗	胡世红 编著	32元
特殊儿童的心理治疗（第二版）	杨广学 编著	45元
特殊教育的辅具与康复	蒋建荣 编著	29元
特殊儿童的感觉统合训练	王和平 编著	45元
孤独症儿童课程与教学设计	王 梅 著	37元

自闭谱系障碍儿童早期干预丛书

书名	作者	价格
如何发展自闭谱系障碍儿童的沟通能力	朱晓晨 苏雪云	29元
如何理解自闭谱系障碍和早期干预	苏雪云	32元
如何发展自闭谱系障碍儿童的社会交往能力	吕 梦 杨广学	33元
如何发展自闭谱系障碍儿童的自我照料能力	倪萍萍 周 波	32元
如何在游戏中干预自闭谱系障碍儿童	朱 瑞 周念丽	32元
如何发展自闭谱系障碍儿童的感知和运动能力	韩文娟 徐芳 王和平	32元
如何发展自闭谱系障碍儿童的认知能力	潘前前 杨福义	39元
自闭症谱系障碍儿童的发展与教育	周念丽	32元
如何通过音乐干预自闭谱系障碍儿童	张正琴	36元
如何通过画画干预自闭谱系障碍儿童	张正琴	36元
如何运用ACC促进自闭谱系障碍儿童的发展	苏雪云	36元
孤独症儿童的关键性技能训练法	李 丹	45元
自闭症儿童家长辅导手册	雷江华	35元
孤独症儿童课程与教学设计	王 梅	37元
融合教育理论反思与本土化探索	邓 猛	58元
自闭症谱系障碍儿童家庭支持系统	孙玉梅	36元

特殊学校教育·康复·职业训练丛书（黄建行 雷江华 主编）

信息技术在特殊教育中的应用	55元
智障学生职业教育模式	36元
特殊教育学校学生康复与训练	59元
特殊教育学校校本课程开发	45元
特殊教育学校特奥运动项目建设	49元

21世纪学前教育规划教材

学前教育概论	李生兰 主编	49元
学前教育管理学	王 雯	45元
幼儿园歌曲钢琴伴奏教程	果旭伟	39元
幼儿园舞蹈教学活动设计与指导	董 丽	36元
实用乐理与视唱	代 苗	40元
学前儿童美术教育	冯婉贞	45元
学前儿童科学教育	洪秀敏	39元
学前儿童游戏	范明丽	39元
学前教育研究方法	郑福明	39元
外国学前教育史	郭法奇	39元
学前教育政策与法规	魏 真	36元
学前心理学	涂艳国 蔡 艳	36元
学前教育理论与实践教程	王 维 王维娅 孙 岩	39元
学前儿童数学教育	赵振国	39元

大学之道丛书

书名	作者	价格
市场化的底限	[美] 大卫·科伯 著	59元
大学的理念	[英] 亨利·纽曼 著	49元
哈佛：谁说了算	[美] 理查德·布瑞德利 著	48元
麻省理工学院如何追求卓越	[美] 查尔斯·维斯特 著	35元
大学与市场的悖论	[美] 罗杰·盖格 著	48元
高等教育公司：营利性大学的崛起	[美] 理查德·鲁克 著	38元
公司文化中的大学：大学如何应对市场化压力	[美] 埃里克·古尔德 著	40元
美国高等教育质量认证与评估	[美] 美国中部州高等教育委员会 编	36元
现代大学及其图新	[美] 谢尔顿·罗斯布莱特 著	60元
美国文理学院的兴衰——凯尼恩学院纪实	[美] P.F.克鲁格 著	42元
教育的终结：大学何以放弃了对人生意义的追求	[美] 安东尼·T.克龙曼 著	35元
大学的逻辑（第三版）	张维迎 著	38元
我的科大十年（续集）	孔宪铎 著	35元
高等教育理念	[英] 罗纳德·巴尼特 著	45元
美国现代大学的崛起	[美] 劳伦斯·维赛 著	66元
美国大学时代的学术自由	[美] 沃特·梅兹格 著	39元
美国高等教育通史	[美] 亚瑟·科恩 著	59元
美国高等教育史	[美] 约翰·塞林 著	69元
哈佛通识教育红皮书	哈佛委员会撰	38元
高等教育何以为"高"——牛津导师制教学反思	[英] 大卫·帕尔菲曼 著	39元
印度理工学院的精英们	[印度] 桑迪潘·德布 著	39元
知识社会中的大学	[英] 杰勒德·德兰迪 著	32元
高等教育的未来：浮言、现实与市场风险	[美] 弗兰克·纽曼等 著	39元
后现代大学来临？	[美] 安东尼·史密斯等 主编	32元
美国大学之魂	[美] 乔治·M.马斯登 著	58元
大学理念重审：与纽曼对话	[美] 雅罗斯拉夫·帕利坎 著	40元
学术部落及其领地——当代学术界生态揭秘（第二版）	[英] 托尼·比彻 保罗·特罗勒尔 著	33元
德国古典大学观及其对中国大学的影响（第二版）	陈洪捷 著	42元
转变中的大学：传统、议题与前景	郭为藩 著	23元
学术资本主义：政治、政策和创业型大学	[美] 希拉·斯劳特 拉里·莱斯利 著	36元

书名	作者	价格
21世纪的大学	[美] 詹姆斯·杜德斯达 著	38元
美国公立大学的未来	[美] 詹姆斯·杜德斯达 弗瑞斯·沃马克 著	30元
东西象牙塔	孔宪铎 著	32元
理性捍卫大学	眭依凡 著	49元

学术规范与研究方法系列

书名	作者	价格
社会科学研究方法100问	[美] 萨子金德 著	38元
如何利用互联网做研究	[爱尔兰] 杜恰泰 著	38元
如何为学术刊物撰稿：写作技能与规范（英文影印版）	[英] 罗薇娜·莫 编著	26元
如何撰写和发表科技论文（英文影印版）	[美] 罗伯特·戴 等著	39元
如何撰写与发表社会科学论文：国际刊物指南	蔡今忠 著	35元
如何查找文献	[英] 萨莉拉·姆齐 著	35元
给研究生的学术建议	[英] 戈登·鲁格 等著	26元
科技论文写作快速入门	[瑞典] 比约·古斯塔维 著	19元
社会科学研究的基本规则（第四版）	[英] 朱迪斯·贝尔 著	32元
做好社会研究的10个关键	[英] 马丁·丹斯考姆 著	20元
如何写好科研项目申请书	[美] 安德鲁·弗里德兰德 等著	28元
教育研究方法（第六版）	[美] 乔伊斯·高尔 等著	88元
高等教育研究：进展与方法	[英] 马尔科姆·泰特 著	25元
如何成为学术论文写作高手	华莱士 著	49元
参加国际学术会议必须要做的那些事	华莱士 著	32元
如何成为优秀的研究生	布卢姆 著	38元

21世纪高校职业发展读本

书名	作者	价格
如何成为卓越的大学教师	肯·贝恩 著	32元
给大学新教员的建议	罗伯特·博伊斯 著	35元
如何提高学生学习质量	[英] 迈克尔·普洛瑟 等著	35元
学术界的生存智慧	[美] 约翰·达利 等主编	35元
给研究生导师的建议（第2版）	[英] 萨拉·德拉蒙特 等著	30元

21世纪教师教育系列教材·物理教育系列

书名	作者	价格
中学物理微格教学教程（第二版）	张军朋 詹伟琴 王恬 编著	32元
中学物理科学探究学习评价与案例	张军朋 许桂清 编著	32元
物理教学论	邢红军 著	49元
中学物理教学评价与案例分析	王建中 孟红娟 著	38元

21世纪教育科学系列教材·学科学习心理学系列

书名	作者	定价
数学学习心理学（第二版）	孔凡哲 曾峥 编著	38元
语文学习心理学	董蓓菲 编著	39元

21世纪教师教育系列教材

书名	作者	定价
教育学基础	庞守兴 主编	40元
教育学	余文森 王晞 主编	26元
教育研究方法	刘淑杰 主编	45元
教育心理学	王晓明 主编	55元
心理学导论	杨凤云 主编	46元
教育心理学概论	连榕 罗丽芳 主编	42元
课程与教学论	李允 主编	42元
教师专业发展导论	于胜刚 主编	42元
学校教育概论	李清雁 主编	42元
现代教育评价教程（第二版）	吴钢 主编	45元
教师礼仪实务	刘霄 主编	36元
家庭教育新论	闫旭蕾 杨萍 主编	39元
中学班级管理	张宝书 主编	39元
教育职业道德	刘亭亭	39元
教师心理健康	张怀春	39元
现代教育技术	冯玲玉	39元
青少年发展与教育心理学	张清	42元
课程与教学论	李允	42元

21世纪教师教育系列教材·初等教育系列

书名	作者	定价
小学教育学	田友谊 主编	39元
小学教育学基础	张永明 曾碧 主编	42元
小学班级管理	张永明 宋彩琴 主编	39元
初等教育课程与教学论	罗祖兵 主编	39元
小学教育研究方法	王红艳 主编	39元

教师资格认定及师范类毕业生上岗考试辅导教材

书名	作者	定价
教育学	余文森 王晞 主编	26元
教育心理学概论	连榕 罗丽芳 主编	42元

21世纪教师教育系列教材·学科教育心理学系列

书名	作者	定价
语文教育心理学	董蓓菲 编著	39元
生物教育心理学	胡继飞 编著	45元

21世纪教师教育系列教材·学科教学论系列

书名	作者	定价
新理念化学教学论（第二版）	王后雄 主编	45元
新理念科学教学论（第二版）	崔鸿 张海珠 主编	36元
新理念生物教学论（第二版）	崔鸿 郑晓慧 主编	45元
新理念地理教学论（第二版）	李家清 主编	45元
新理念历史教学论（第二版）	杜芳 主编	33元
新理念思想政治（品德）教学论（第二版）	胡田庚 主编	36元
新理念信息技术教学论（第二版）	吴军其 主编	32元
新理念数学教学论	冯虹 主编	36元

21世纪教师教育系列教材·语文课程与教学论系列

书名	作者	定价
语文文本解读实用教程	荣维东 主编	49元
语文课程教师专业技能训练	张学凯 刘丽丽 主编	45元
语文课程与教学发展简史	武玉鹏 王从华 黄修志 主编	38元
语文课程学与教的心理学基础	韩雪屏 王朝霞 主编	
语文课程名师名课案例分析	武玉鹏 郭治锋 主编	
语用性质的语文课程与教学论	王元华 著	42元

21世纪教师教育系列教材·学科教学技能训练系列

书名	作者	定价
新理念生物教学技能训练（第二版）	崔鸿	33元
新理念思想政治（品德）教学技能训练（第二版）	胡田庚 赵海山	29元
新理念地理教学技能训练	李家清	32元
新理念化学教学技能训练（第二版）	王后雄	36元
新理念数学教学技能训练	王光明	36元
新理念小学音乐教学法	吴跃跃 主编	38元

王后雄教师教育系列教材

书名	作者	定价
教育考试的理论与方法	王后雄 主编	35元
化学教育测量与评价	王后雄 主编	45元
中学化学实验教学研究	王后雄 主编	32元
新理念化学教学诊断学	王后雄 主编	48元

西方心理学名著译丛

书名	作者	定价
荣格心理学七讲	[美]卡尔文·霍尔	45元
拓扑心理学原理	[德]库尔德·勒温	32元
系统心理学：绪论	[美]爱德华·铁钦纳	30元
社会心理学导论	[美]威廉·麦独孤	36元
思维与语言	[俄]列夫·维果茨基	30元

人类的学习	[美]爱德华·桑代克	30元
基础与应用心理学	[德]雨果·闵斯特伯格	36元
记忆	[德]赫尔曼·艾宾浩斯 著	32元
儿童的人格形成及其培养	[奥地利]阿德勒 著	35元
幼儿的感觉与意志	[德]威廉·蒲莱尔 著	45元
实验心理学（上下册）	[美]伍德沃斯 施洛斯贝格 著	150元
格式塔心理学原理	[美]库尔特·考夫卡	75元
动物和人的目的性行为	[美]爱德华·托尔曼	44元
西方心理学史大纲	唐钺	42元

心理学视野中的文学丛书

围城内外——西方经典爱情小说的进化心理学透视	熊哲宏	32元
我爱故我在——西方文学大师的爱情与爱情心理学	熊哲宏	32元

21世纪教学活动设计案例精选丛书（禹明 主编）

初中语文教学活动设计案例精选	23元
初中数学教学活动设计案例精选	30元
初中科学教学活动设计案例精选	27元
初中历史与社会教学活动设计案例精选	30元
初中英语教学活动设计案例精选	26元
初中思想品德教学活动设计案例精选	20元
中小学音乐教学活动设计案例精选	27元
中小学体育（体育与健康）教学活动设计案例精选	25元
中小学美术教学活动设计案例精选	34元
中小学综合实践活动教学活动设计案例精选	27元
小学语文教学活动设计案例精选	29元
小学数学教学活动设计案例精选	33元
小学科学教学活动设计案例精选	32元
小学英语教学活动设计案例精选	25元
小学品德与生活（社会）教学活动设计案例精选	24元
幼儿教育教学活动设计案例精选	39元

全国高校网络与新媒体专业规划教材

文化产业概论	尹章池	38元
网络文化教程	李文明	39元
网络与新媒体评论	杨娟	38元
新媒体概论	尹章池	45元
新媒体视听节目制作	周建青	45元
融合新闻学	石长顺	39元
新媒体网页设计与制作	惠悲荷	45元
网络新媒体实务	张合斌	39元
网页设计与制作	惠悲荷	39元
突发新闻教程	李军	45元
视听新媒体节目制作	周建青	45元
视听评论	何志武	32元
出镜记者案例分析	刘静 邓秀军	39元
视听新媒体导论	郭小平	39元

全国高校广播电视专业规划教材

电视节目策划教程	项仲平 著	36元
电视导播教程	程晋 编著	39元
电视文艺创作教程	王建辉 编著	39元
广播剧创作教程	王国臣 编著	36元

21世纪教育技术学精品教材（张景中 主编）

教育技术学导论（第二版）	李芒 金林 编著	33元
远程教育原理与技术	王继新 张屹 编著	41元
教学系统设计理论与实践	杨九民 梁林梅 编著	29元
信息技术教学论	雷体南 叶良明 主编	29元
网络教育资源设计与开发	刘清堂 主编	30元
学与教的理论与方式	刘雍潜	32元
信息技术与课程整合（第二版）	赵呈领 杨琳 刘清堂	39元
教育技术研究方法	张屹 黄磊	38元
教育技术项目实践	潘克明	32元

21世纪信息传播实验系列教材（徐福荫 黄慕雄 主编）

多媒体软件设计与开发	32元
电视照明·电视音乐音响	26元
播音与主持艺术（第二版）	38元
广告策划与创意	26元
摄影基础（第二版）	32元

21世纪教师教育系列教材·专业养成系列（赵国栋主编）

微课与慕课设计初级教程	40元
微课与慕课设计高级教程	48元
微课、翻转课堂和慕课设计实操教程	188元
网络调查研究方法概论（第二版）	49元
PPT云课堂教学法	88元